DE VOLTA
ao catolicismo

DE VOLTA
ao catolicismo

José Fernandes de Oliveira
Pe. Zezinho, scj

DE VOLTA
ao catolicismo

Subsídios para uma catequese de atitudes

Dados Internacionais de Catalogação na Publicação (CIP)
(Câmara Brasileira do Livro, SP, Brasil)

Zezinho, Padre
De volta ao catolicismo : subsídios para uma catequese de atitudes /
Padre Zezinho. – 7. ed. – São Paulo : Paulinas, 2011. – (Coleção
catequista e aprendiz)

ISBN 978-85-356-2947-7

1. Católicos   2. Ética cristã   3. Fé   4. Igreja Católica - Obras
apologéticas   5. Igreja Católica Romana   6. Vida cristã   I. Título.
II. Série.

11-12148   CDD-248.482

Índice para catálogo sistemático:
1. Católicos Romanos : Fé : Vida cristã   248.482

Direção-geral: *Flávia Reginatto*
Editora responsável: *Luzia M. de Oliveira Sena*
Assistente de Edição: *Andréia Schweitzer*
Copidesque: *Ruth Kluska*
Coordenação de revisão: *Marina Mendonça*
Revisão: *Sandra Sinzato*
Direção de arte: *Irma Cipriani*
Gerente de produção: *Felício Calegaro Neto*
Projeto gráfico: *Manuel Rebelato Miramontes*

7ª edição – 2011

*Nenhuma parte desta obra poderá ser reproduzida ou
transmitida por qualquer forma e/ou quaisquer meios
(eletrônico ou mecânico, incluindo fotocópia e gravação)
ou arquivada em qualquer sistema ou banco de dados
sem permissão escrita da Editora. Direitos reservados.*

Paulinas
Rua Dona Inácia Uchoa, 62
04110-020 – São Paulo – SP (Brasil)
Tel.: (11) 2125-3500
http://www.paulinas.org.br – editora@paulinas.com.br
Telemarketing e SAC: 0800-7010081
© Pia Sociedade Filhas de São Paulo – São Paulo, 2009

Este livro é dedicado...

*... Aos católicos que, de ingresso na mão,
depois de muitos anos, ainda não embarcaram,
preferindo olhar e até admirar a barca, mas do lado de fora.*

*... Aos católicos que se decidiram por outra barca
e agora pensam em voltar à nave
da qual ainda possuem o primeiro bilhete.*

*... Aos irmãos de outras Igrejas,
a quem porventura interesse saber o que pensamos,
o porquê de nossas atitudes, de nossas práticas
e de nossas doutrinas.*

O primeiro porquê deste livro

Hoje se faz necessário reabilitar a autêntica apologética que faziam os pais da Igreja como explicação da fé. A apologética não tem por que ser negativa ou meramente defensiva *per se*. Implica, na verdade, a capacidade de dizer o que está em nossas mentes e corações de forma clara e convincente, como disse São Paulo, "fazendo a verdade na caridade" (Ef 4,15).

Mais do que nunca os **discípulos e missionários** de Cristo de hoje **necessitam de uma apologética renovada** para que todos possam ter vida nEle (*Documento de Aparecida*, n. 229 – destaque do autor).

O conteúdo

atos e atitudes/ o começo/ o projeto/ o genoma/ o alvo/ os desvios/ o pecado/ o sujeito e o objeto/ as pessoas e as coisas/ a procura/ os encontros/ as perguntas/ a criação/ o criador/ o universo/ a terra/ a ecologia/ a vida/ a morte/ o aprendizado/ as descobertas/ a revelação/ Deus/ a fé/ o livro/ os intérpretes/ os mandamentos/ a disciplina/ os auxílios/ a graça /os carismas/ a nossa religião/ as outras religiões/ os porta-vozes/ histórias, fatos e lendas/ Jesus e os seus apóstolos/ Jesus e sua mãe/ Jesus e os seus santos/ a nossa Igreja/ as outras Igrejas/ as seitas/ a verdade e a mentira/ o fanatismo/ anjos e demônios/ a palavra dada/ o ateísmo/ o diálogo/ o ecumenismo/ a ciência/ o ser humano/ o sentir/ o querer/ o amar/ o sexo/ o corpo/ o espírito/ o prazer/ a dor/ a cruz e as cruzes/ os costumes/ um homem, uma mulher e seus desejos/ um homem, uma mulher e seus filhos/ a família/ os amores/ os conflitos/ o divórcio/ o terrorismo/ a bomba/ o dinheiro/ os poderes/ o medo/

a violência/ a riqueza/ a pobreza/ a informação/ a cultura/ a mídia/ a fome/ o pão/ a justiça/ o presente/ o passado/ o futuro/ o feto/ a pessoa/ a política/ as promessas/ os desvios/ a economia/ a democracia/ a construção da paz/ que políticas?/ que ciência? que religião?/ que progresso?/ o pecado/ a penitência/ o perdão/ as virtudes/ os sinais/ os sacramentos/ o vício/ os valores/ a santidade/ o fim de todos/ atitude final

Parte I

Atos e atitudes

1. Fatos e atitudes

Caiu um avião

Por razões ou culpas até hoje não esclarecidas. Houve luto por 198 passageiros queimados vivos. Um eficiente esquema de defesa dos possíveis réus empurrou as responsabilidades para todas as direções e ninguém assumiu a culpa. O luto continua, sem sinais de justa reparação no horizonte.

Atitude de católico

- Na noite em que foi noticiado o acidente na televisão, houve um grupo de religiosas católicas contemplativas que foi direto para a capela orar pelos mortos, por seus familiares e por quem tivesse alguma culpa. Há coisas que, por não entendermos, pomos nas mãos de Deus. Essas religiosas vivem para pensar em Deus e nos que precisam de ajuda. Fazem coisas concretas quando podem, mas acreditam no poder consolador e transformador de uma prece. Para elas, orar é também atitude concreta.

- São chamadas de irmãs porque escolheram ser irmãs do povo e partilham de suas dores. São contemplativas porque contemplam e oram sobre cada acontecimento que afeta a vida do indivíduo e da comunidade. Essas mulheres acreditam que sua atitude de invocar o céu muda as coisas aqui na terra.

- Invocaram a Santíssima Trindade para que recebesse aquelas almas que, de maneira tão trágica, naquela noite entraram na eternidade. Oraram pelos inconformados, que culpariam Deus e romperiam com ele por permitir aquele tipo de morte. Oraram aos anjos para que assistissem de maneira especial as famílias enlutadas e pediram a eles e aos santos que recebessem no céu os que agora entravam na vida eterna. Pediram perdão pelos pecados porventura cometidos por aqueles que morreram e por aqueles que causaram o acidente.

- Oraram, ainda, de maneira especial a Maria, mãe de Jesus, para que intercedesse ao Filho por quem morrera e por quem ficara. Depois, longamente falaram com Jesus, que morreu pela humanidade em condições de intenso sofrimento, para que, sendo ele o Filho de Deus, desse um sentido àquelas mortes, tanto para quem morreu como para quem ficou. Por crerem que Jesus é Deus, pediram misericórdia por aquelas almas recém-falecidas e que agora ingressavam no colo da Trindade, passando pelas terríveis dores de alguns segundos, até seus corpos serem destruídos pela chama.

- Foi oração solidária e atitude de católico distante, mas não alheio. Os de perto, além de orarem, foram levar conforto às famílias. Houve quem oferecesse carro e passagem para que algumas pessoas fossem à cidade, a fim de ficarem mais perto da tragédia. Ainda agora sabe-se de pessoas que continuam ajudando as famílias mais atingidas pela perda daqueles que ajudavam a provê-las. Um católico, dono de supermercado, dá três cestas básicas por mês a famílias que agora são carentes. A Justiça ainda não obteve acordo para todas.

- São atitudes de católicos. É disso que tratará o livro que agora você começa a ler. A fé leva a orar, ir lá e ajudar. Quem se sente católico de verdade, de atitude abrangente para todos, aberto ao humano e ao divino, sempre faz alguma coisa por quem sofre. Não podendo fazer nada mais de concreto, oram,

DE VOLTA ao catolicismo

entendendo que orar é um ato concreto de solidariedade. É um jeito fraterno de não ignorar a dor alheia.

- Venha comigo. Falaremos da catequese de atitudes.

Atos e atitudes

A moral católica supõe atitudes antes, durante e depois do que se chama de conversão. Subentende um amadurecimento gradativo e progressivo do ser humano. Aos 60 anos espera-se do cristão que tenha mais serenidade e maturidade espiritual do que aos 30. É de se supor que tenha aprendido com suas observações e com sua Igreja. Alguns minutos diante da televisão e do rádio nos mostram como alguns assimilaram a vinda de Cristo e outros não.

Os pregadores, que são os que mais falam sobre Deus e a Deus na frente dos outros, às vezes são os primeiros a trair ou sua pouca fé ou sua pouca formação para Deus e para a vida. O marketing quase histérico da fé e a ânsia de arrebanhar os adeptos das outras Igrejas – com promessas de que na nova Gruta do Milagres, no novo Templo Evangelístico, na nova Tenda da Verdade Plena estão as respostas de ontem, de hoje e de amanhã e as soluções para a dor humana – revelam até que ponto se vai para se ter ouvintes e contribuintes. A religião séria e verdadeira é bem mais humilde. Oferece fé no poder de Deus, mas não dá certeza de que Deus agirá "naquele domingo à tarde".

Atos isolados não nos fazem religiosos. Somados e vividos podem tornar-se atitudes, jeito de pensar e de viver a vida. Aí, sim, poderemos chamar uma pessoa de religiosa. Ela liga-se a Deus e aos outros, cria laços espirituais destinados a elevar os outros, aprende a incluir o outro na própria vida e quer o bem dele, mesmo que ele a tenha prejudicado ou que nunca o tenha visto, e jamais garante milagres através do spray da fé nos pés ou do óleo perfumado por Deus ou de correntes e medalhas infalíveis. Tem fé sem amuletos ou garantias de sucesso financeiro.

Ouviu, falou e deixou falar

O fato de a mulher samaritana ter admitido conversar com um homem judeu e mostrar-se disposta a ouvi-lo foi um ato que depois se revelou atitude. Ela levou adiante aquele diálogo. Sua disposição em falar a verdade foi outra atitude. A decisão de anunciar Jesus aos seus concidadãos foi, ainda, outra atitude. Por isso falamos em moral e catequese de atitudes! Não basta ouvir, fazer uma vez, ir lá uma ou duas vezes. É preciso tornar-se um costume. **Maria foi elogiada porque ouviu e pôs em prática o que ouviu (cf. Lc 11,27-28).** Certamente não o fez apenas algumas vezes. Fazia parte da vida dela!

> Este não é um catecismo. O catecismo para católicos já existe e é um excelente caminho de aprendizado. É o *Catecismo da Igreja Católica (CIC)*. São mais de mil páginas com explicações detalhadas sobre as doutrinas básicas da nossa fé. Além disso, há centenas de tratados, escritos por teólogos e especialistas em catequese, que nos ajudam a entender melhor a Bíblia, a doutrina e a história da Igreja. Procure conhecê-los.

Nutro um objetivo: apontar para a Bíblia e para o *Catecismo da Igreja Católica* (CIC) dentro da ótica de ATITUDES. Abordarei os comportamentos que determinada maneira de crer costuma suscitar. Você encontrará mais profundidade e detalhes em livros como *Nova moral fundamental*, de Marciano Vidal,[1] e *Livres e fiéis em Cristo*, de Bernard Häring.[2] Meu livro talvez ajude os que buscam linguagem mais acessível.

---

[1] VIDAL, Marciano. *Nova moral fundamental*: o lar teológico da ética. São Paulo: Paulinas, 2003.

[2] HÄRING, Bernard. *Livres e fiéis em Cristo*. São Paulo: Paulinas, 1979.

DE VOLTA ao catolicismo

O mundo anda perguntando aos cristãos de hoje em que aspectos são eles diferentes dos seus contemporâneos. Que contribuição acham que podem dar a um mundo excessivamente individualista, hedonista, materialista, monetarista e dividido. Jesus nos levou a dialogar, ao menos entre nós, que nos dizemos cristãos? Se não conseguimos nem sequer tomar juntos um café no bar da esquina e conversar serenamente sobre o nosso amor por Jesus, como esperamos "converter" o mundo para Cristo? Converter alguém para uma Igreja é relativamente fácil. Mais difícil é converter os pregadores para o diálogo e os fiéis para Cristo.

Meu livro seguirá por este caminho. Não estranhe se eu voltar várias vezes ao mesmo tema. Farei o que faço em aula: repito e insisto no que julgo importante para uma catequese comportamental. Também usarei palavras em destaque para enfatizar determinados trechos.

Venha comigo!

2. Questão de felicidade

A questão central de toda e qualquer religião é a busca da felicidade: a própria e a dos outros. É também a busca por respostas, principalmente a grande resposta. Quem consegue fazer os outros felizes em geral também é feliz. Quem não consegue, mesmo assim é feliz, caso tenha, em sã consciência, feito de tudo para dar aos outros uma resposta de paz.

Mas milhões de crentes, embora admitam a existência de Deus e o chamem de Pai, não conseguem ser felizes nem fazer os outros felizes. Não perguntam direito e não respondem certo. Percebe-se pela sua maneira de pregar suas verdades, ou pelo seu jeito de viver e conviver.

Encaram a fé como sucesso pessoal e busca de vantagens perante Deus e perante o mundo, como luta pelo primeiro lugar, privilégios celestes, superioridade espiritual, prêmio e felicidade pessoal. O outro é visto como alguém inferior, que, se quiser encontrar a felicidade, precisa ser como eles são e achar o que eles acham. E muitos concluem que, se alguém não achou como eles acharam, então não achou ou não achou direito. O critério não é a verdade, mas o ângulo deles!

Os que buscam encontrar "seu" Deus para se salvarem e não para salvarem a si e aos outros raramente são felizes.

Crer nem sempre faz alguém feliz. Quando o verbo "crer" não vem seguido dos verbos "respeitar", "dialogar", "abrir-se" e "ajudar", raramente dá certo! É como ter uma chave e não saber em que porta usá-la. A chave da fé só será boa se abrir a porta da solidariedade! Se conseguir, a chance é a de que também abrirá outras... (cf. Mt 25,31-46).

Oferta de felicidade...

FALSAS PROMESSAS. "Cuidado com os falsos profetas: eles vêm a vocês vestidos com peles de ovelha, mas por dentro são lobos ferozes. Vocês os conhecerão pelos frutos deles: por acaso se colhem uvas de espinheiros ou figos de urtigas? Assim, toda árvore boa produz bons frutos, e toda árvore má produz maus frutos. Uma árvore boa não pode dar frutos maus, e uma árvore má não pode dar bons frutos. Toda árvore que não der bons frutos será cortada e jogada no fogo. Pelos frutos deles é que vocês os conhecerão" (Mt 7,15-20).

NÃO BASTA ORAR BONITO. "Nem todo aquele que me diz 'Senhor, Senhor', entrará no Reino do Céu. Só entrará aquele que põe em prática a vontade do meu Pai que está no céu. Naquele dia muitos me dirão: 'Senhor, Senhor, não foi em teu nome que profetizamos? Não foi em teu nome que expulsamos demônios? E não foi em teu nome que fizemos tantos milagres?' Então, eu vou declarar a eles: Jamais conheci vocês. Afastem-se de mim, malfeitores!" (Mt 7,21-23).

CATEQUESE DE ATITUDES. "Portanto, quem ouve essas minhas palavras e as põe em prática é como o homem prudente que construiu sua casa sobre a rocha. Caiu a chuva, vieram as enxurradas, os ventos sopraram com força contra a casa, mas a casa não caiu, porque fora construída sobre a rocha" (Mt 7,24-25).

RELIGIÃO INSTRUMENTALIZADA. "Vão surgir muitos falsos profetas, que enganarão muita gente. A maldade se espalhará tanto, que o amor de muitos se resfriará. Mas, quem perseverar até o fim, será salvo. E esta Boa Notícia sobre o Reino será anunciada pelo mundo inteiro, como um testemunho para todas as nações. Então chegará o fim" (Mt 24,11-14).

ESTEJAM PREVENIDOS. "Quando vocês virem a abominação da desolação, da qual falou o profeta Daniel, estabelecida

DE VOLTA ao catolicismo

no lugar onde não deveria estar – que o leitor entenda! –, então, os que estiverem na Judeia fujam para as montanhas. Quem estiver no terraço não desça para apanhar os bens de sua casa. Quem estiver no campo não volte para pegar o manto. Infelizes as mulheres grávidas e aquelas que estiverem amamentando nesses dias! Rezem para que a fuga de vocês não aconteça no inverno, nem num dia de sábado. Pois, nessa hora haverá uma grande tribulação, como nunca houve outra igual. Se esses dias não fossem abreviados, ninguém conseguiria salvar-se. Mas esses dias serão abreviados por causa dos eleitos" (Mt 24,15-22).

FALSOS VIDENTES. "Se alguém disser a vocês: 'Aqui está o Messias', ou: 'Ele está ali', não acreditem. Porque vão aparecer falsos messias e falsos profetas, que farão grandes sinais e prodígios, a ponto de enganar até mesmo os eleitos, se fosse possível. Vejam que eu estou falando isso para vocês, antes que aconteça. Se disserem a vocês: 'O Messias está no deserto', não saiam; 'Ele está aqui no esconderijo', não acreditem. Porque a vinda do Filho do Homem será como o relâmpago que sai do oriente e brilha até o ocidente. Onde estiver o cadáver, aí se reunirão os urubus" (Mt 24, 23-28).

MUDARÃO DE RELIGIÃO. "O Espírito diz claramente que nos últimos tempos alguns renegarão a fé, para dar atenção a espíritos sedutores e a doutrinas demoníacas. Serão seduzidos por homens hipócritas e mentirosos, que têm a própria consciência como que marcada a ferro quente. Eles proibirão o casamento, exigirão abstinência de certos alimentos, embora Deus tenha criado essas coisas para serem recebidas com ação de graças por aqueles que têm fé e conhecem a verdade. De fato, tudo o que Deus criou é bom, e nada é desprezível se tomado com ação de graças, porque é santificado pela palavra de Deus e pela oração" (1Tm 4,1-5).

A CORAGEM DE FALAR. "Ensinando essas coisas aos irmãos, você se comportará como bom servidor de Jesus Cristo, alimentado com as palavras da fé e da boa doutrina que você tem seguido. Rejeite, porém, as fábulas ímpias, coisas de pessoas caducas. Exercite-se na piedade. Vale pouco o exercício corporal, ao passo que a piedade é proveitosa para tudo, pois contém a promessa da vida presente e futura. Essa palavra é fiel e digna de toda aceitação. De fato, se nós trabalhamos e lutamos, é porque depositamos a nossa esperança no Deus vivo, salvador de todos os homens, principalmente dos que têm fé. Proclame e ensine essas coisas" (1Tm 4,6-11).

NÃO VAI SER FÁCIL DISCERNIR. "Saiba, porém, que nos últimos dias haverá momentos difíceis. Os homens serão egoístas, gananciosos, soberbos, blasfemos, rebeldes com os pais, ingratos, iníquos, sem afeto, implacáveis, mentirosos, incontinentes, cruéis, inimigos do bem, traidores, atrevidos, enfatuados, mais amigos dos prazeres do que de Deus; manterão aparências de piedade, mas negarão a sua força interior. Evite essas pessoas!" (2Tm 3,1-5).

"Em primeiro lugar, vocês devem saber que nos últimos dias aparecerão pessoas que zombarão de tudo e se comportarão ao sabor de seus próprios desejos. E dirão: 'Não deu em nada a promessa de sua vinda? De fato, desde que os pais morreram, tudo continua como desde o princípio da criação!'. No entanto, eles fingem não perceber que no começo existiam os céus e a terra, e que a terra foi tirada da água e firmada no meio da água pela Palavra de Deus. E pela mesma Palavra de Deus este mundo pereceu inundado pela água. Ora, os céus e a terra de agora estão reservados ao fogo pela mesma Palavra, aguardando o dia do julgamento e da destruição dos homens ímpios" (2Pd 3,3-7).

ELES PERDERÃO. "Entre esses encontram-se os que entram nas casas e cativam mulherzinhas cheias de pecados e possuídas por todo tipo de desejos, que estão sempre aprendendo, mas não conseguem chegar ao conhecimento da verdade. E assim como Janes e Jambres se opuseram a Moisés, também esses se opõem à verdade; são homens de espírito corrupto e fé inconsistente. Mas eles não irão longe, pois sua loucura será desmascarada diante de todos, como aconteceu com aqueles dois" (2Tm 3,6-9).

DE VOLTA ao catolicismo

A CORAGEM E O DEVER DE FALAR. "Você, porém, me seguiu de perto no ensino e no comportamento, nos projetos, na fé, na paciência, no amor e na perseverança, nas perseguições e sofrimentos que tive em Antioquia, em Icônio e Listra. Que perseguições sofri! Mas de todas elas o Senhor me livrou. Ademais, todos os que querem viver com piedade em Jesus Cristo serão perseguidos. Quanto aos maus e impostores, eles progredirão no mal, enganando e sendo enganados. Quanto a você, permaneça firme naquilo que aprendeu e aceitou como certo; você sabe de quem o aprendeu. Desde a infância você conhece as Sagradas Escrituras; elas têm o poder de lhe comunicar a sabedoria que conduz à salvação pela fé em Jesus Cristo. Toda Escritura é inspirada por Deus e é útil para ensinar, para refutar, para corrigir, para educar na justiça, a fim de que o homem de Deus seja perfeito, preparado para toda boa obra" (2Tm 3,10-17).

NÃO COMPACTUAR. "Não me envergonho do Evangelho, pois ele é força de Deus para a salvação de todo aquele que acredita, do judeu em primeiro lugar, mas também do grego. De fato, no Evangelho a justiça se revela única e exclusivamente através da fé, conforme diz a Escritura: 'o justo vive pela fé'" (Rm 1,16-17).

PAGANISMO SEM DISFARCE. "A ira de Deus se manifesta do céu contra toda impiedade e injustiça dos homens, que com a injustiça sufocam a verdade. Pois aquilo que é possível conhecer de Deus foi manifestado aos homens; e foi o próprio Deus quem o manifestou. De fato, desde a criação do mundo, as perfeições invisíveis de Deus, tais como o seu poder eterno e sua divindade, podem ser contempladas, através da inteligência, nas obras que ele realizou. Os homens, portanto, não têm desculpa, porque, embora conhecendo a Deus, não o glorificaram como Deus, nem lhe deram graças. Pelo contrário, perderam-se em raciocínios vazios, e sua mente ficou obscurecida. Pretendendo ser sábios, tornaram-se tolos, trocando a glória do Deus imortal por estátuas de homem mortal, de pássaros, animais e répteis" (Rm 1,18-23).

LICENCIOSIDADE GENERALIZADA. "Foi por isso que Deus os entregou, conforme os desejos do coração deles, à impureza com que desonram seus próprios corpos. Eles trocaram a verdade de Deus pela mentira, e adoraram e serviram à criatura em lugar do Criador, que é bendito para sempre. Amém. Por isso, Deus entregou os homens a paixões vergonhosas: suas mulheres mudaram a relação natural em relação contra a natureza. Os homens fizeram o mesmo: deixaram a relação natural com a mulher e arderam de paixão uns com os outros, cometendo atos torpes entre si, recebendo dessa maneira em si próprios a paga pela sua aberração. Os homens desprezaram o conhecimento de Deus; por isso, Deus os abandonou ao sabor de uma mente incapaz de julgar. Desse modo, eles fazem o que não deveriam fazer: estão cheios de todo tipo de injustiça, perversidade, avidez e malícia; cheios de inveja, homicídio, rixas, fraudes e malvadezas; são difamadores, caluniadores, inimigos de Deus, insolentes, soberbos, fanfarrões, engenhosos no mal, rebeldes para com os pais, insensatos, desleais, gente sem coração e sem misericórdia. E apesar de conhecerem o julgamento de Deus, que considera digno de morte quem pratica tais coisas, eles não só as cometem, mas também aprovam quem se comporta assim" (Rm 1,24-32).

3. Questão de rumo

Por que "cristãos"?

Jesus é mais do que um caminho. É "O caminho". Alfa e Ômega (cf. Ap 1,8), ele é o rumo. Para um católico, as descobertas prosseguirão, mas a revelação apontava para ele e terminou nele. Tudo o que veio depois de Jesus pode até ser revelação pessoal, para aquela pessoa, mas não para a humanidade (cf. CIC – *Catecismo da Igreja Católica*, n. 66).

O caminho

A doutrina que Jesus oferecia de mudança de vida, fé e convivência primeiro foi chamada de "O Caminho" (cf. At 9,2; 18,25; 19,9). Em vista do nome "cristãos", que pela primeira vez foi usado em Antioquia (cf. At 11,26), aos poucos ela recebeu o nome de "Cristianismo".

Mais do que lição de bem viver, era lição de viver com os outros, pelos outros e para os outros. "Para que todos sejam um, como tu, ó Pai, o és em mim, e eu em ti; que também eles sejam um em nós, para que o mundo creia que tu me enviaste", orava Jesus (João 17, 21).

A boa convivência faz o Cristianismo. É uma doutrina de diálogo, de perdão ao inimigo, de valorização do outro, de não procurar o primeiro lugar nem passar ninguém para trás, de vencer sem derrotar e de perder sem sentir-se derrotado, de mostrar-se grato e fiel; é uma atitude diastólica, de abertura, de aproximação. Separação, redomas, fechamentos, exclusivismos geram seitas, e as seitas negam a fé cristã porque rejeitam o diálogo.

Os fiéis que nesses vinte séculos aceitaram Jesus e sua doutrina costumam proclamar-se cristãos. Eles creem que Jesus foi o diálogo de Deus no mundo, o Ungido do Pai, o Messias prometido, o Cristo que os judeus esperavam. Afirmam que Jesus é Deus. O leitor pode imaginar o que isto significa num mundo com mais de mil religiões e outros milhares de enfoques: controvérsia.

Dois bilhões de cristãos

No mundo há mais de dois bilhões de cristãos, infelizmente, divididos. São católicos, ortodoxos, evangélicos, pentecostais e milhares de denominações congregadas ou independentes. Dois em cada seis habitantes do planeta declaram-se discípulos de Jesus, aceitam os ensinamentos dos Evangelhos e tentam viver "O Caminho" numa das Igrejas ou denominações que vieram da vertente cristã. Mas o Cristianismo não é uma religião fácil de seguir. Se fosse, seriam bem mais unidos do que são. O problema dos cristãos não é a sua fé em Cristo, mas a sua interpretação do Cristo.

Deus se tornou humano

A maioria dos cristãos afirma que uma das três pessoas que Deus é tornou-se humana. Esta pessoa, Jesus, se mostrou misericordioso, mas comprometedor. Veio propor um jeito exigente de viver. Mas dizer que somos crentes em Jesus é uma coisa. Viver como Jesus viveu é outra!

O desafio torna-se cada dia mais conflitante. Afirmamos que Deus foi torturado e morto numa cruz, esteve sepultado por menos de 36 horas, voltou à vida, 40 dias depois foi para o céu diante dos discípulos e, agora, está vivo na Trindade, em cujo seio é Deus, com o Pai e o Espírito Santo.

Um dia, ele voltará

Cremos que, um dia, ele voltará. Isso nos distingue das outras religiões, que também têm suas **teogonias**, suas **teologias** e **epifanias**. Sustentar esta fé supõe conhecimento e convicção, duas coisas que um grande número de cristãos não tem. Isso também explica o que temos visto e ouvido em templos, estádios e emissoras de rádio e de televisão: pregadores que, num debate com ateus e seguidores de outras religiões, não seriam capazes de levar adiante o seu discurso, como o fez Paulo no Areópago. É que Paulo fora e permanecia um homem estudioso. Ele sabia no que e em quem acreditava.

> Mas pela graça de Deus sou o que sou; e a sua graça para comigo não foi vã; antes, trabalhei muito mais do que todos eles; todavia não eu, mas a graça de Deus, que está comigo (1Cor 15,10).

> A mim, o mínimo de todos os santos, me foi dada esta graça de anunciar entre os gentios, por meio do evangelho, as riquezas incompreensíveis de Cristo (Ef 3,8).

Por que católicos

Nos primeiros séculos não havia nem católicos, nem ortodoxos, nem evangélicos, nem pentecostais, nem coptas, nem romanos, nem luteranos, nem metodistas, nem batistas, nem adventistas, nem assembleia, nem internacionais da graça, nem universais do reino...

Mas havia os marcionitas, os donatistas, os montanistas, os arianos, os nestorianos, os ebionitas, os docetistas, os adocionistas e centenas de outros grupos de crentes em Cristo que se proclamavam "cristãos", ou " de Cristo", muitos deles tentando provar que os outros é que não eram de Jesus. Sentiam-se tão cristãos quanto os outros, ou muito mais do que os outros. Não era muito diferente do que é hoje. Há os "tão" e há os "mais". Atrás da comparação escondem-se as raízes do ecumenismo ou do proselitismo às vezes fanático e intolerante.

A partir dos manuscritos

Além de pregarem de cidade em cidade, assim que foi possível, os cristãos começaram a escrever sobre Jesus. Naquele tempo não havia imprensa. Era tudo penosamente copiado e, é claro, sujeito a muito mais erros e acréscimos. Manuscritos circulavam pelo império, no Oriente Médio, nas províncias romanas, no norte da África, a narrar a vida de Jesus ou de algum apóstolo. A maioria se perdeu.

Os autores assinavam-se como João, Paulo, Pedro, Tiago, Tomé, Filipe, mas na verdade mentiam. Os escritos não eram daqueles apóstolos. As práticas misturavam-se a credos antigos, ou vinham cheias de paganismo. Muitos meio-convertidos passavam a divulgar a sua meia-conversão eivada de conceitos pagãos. **É que muita gente que não fora evangelizada de verdade resolvia escrever o que achava que seria crer em Jesus.** Lembra os livros de cunho pessoal e testemunhal de hoje, escritos por cristãos que também não estudaram catequese, mas precisam narrar a sua conversão. Sem submeter seus livros à revisão de algum teólogo ou catequista, acabam ensinando doutrinas erradas sobre Jesus. Foi assim também naqueles dias.

Personalistas de primeira hora

Cada qual ensinava como queria, ou como achava que Jesus queria. Alguns beiravam ao ridículo. Milhares de pregadores percorriam o império para contar em praças públicas, casas, pátios e templos a história de Jesus, da mãe dele, dos parentes e dos apóstolos. Cada um do seu jeito. Na verdade, não era muito

DE VOLTA ao catolicismo

diferente do que se ouve hoje pelo rádio e pela televisão. Quem conhece Teologia e lê Bíblia e catecismo percebe esta realidade. Muitos pregadores não conhecem nem mesmo o básico da doutrina que pregam. Na hora do Pai-Nosso na missa, quando Jesus já está naquele altar, chamam São Miguel Arcanjo para, com sua "espada luminosa", expulsar um demônio que se apossou de uma fiel durante a celebração...

Normas e cânones

A catequese tinha se tornado um tipo de casa da mãe Joana. Vai quem quer, fala quem quer, faz o que quer. Lembrava muito o que acontece hoje na mídia. E quem pedia mais conteúdo e mais conhecimento era hostilizado pelos seus entusiasmados discípulos. Tudo se resolvia na base do "fui revelado"!

Não se exigia muito estudo nem muito preparo. Logo se percebeu que era preciso estabelecer algumas normas e cânones para os futuros pregadores da fé. Por volta do século IV já se havia estabelecido quais livros seriam aceitos e quais descartados. Hoje temos 27 livros do Novo Testamento aceitos como canônicos. É deles e, no caso dos católicos, de outros 46 livros do Judaísmo, escritos em hebraico e grego, que tiramos as nossas doutrinas.

Nós aceitamos como inspirados alguns livros que nossos irmãos de outras Igrejas não aceitam. Eles rejeitam alguns livros gregos do Antigo Testamento que foram escritos em grego e incluem apenas os livros em hebraico. Alguns livros, como Provérbios (III século a.C.), Eclesiastes (II século a.C.) e Sabedoria (50 a.C.), foram escritos em grego por autores que viviam fora da Palestina e possivelmente não mais falavam hebraico.

Leituras da fé

Ainda hoje há divisões profundas por causa de leituras diferentes desses 46 mais 27 livros, que nem todos os grupos cristãos

28   Pe. Zezinho, scj

aceitam. Os cristãos dos primeiros séculos, a partir das doutrinas que seguiam, ou dos fundadores daqueles grupos de crentes, recebiam algum apelido. Ebionitas, marcionitas, arianos, nestorianos, montanistas, cátaros. Eles mesmos nem sempre se davam tais nomes, mas o apelido colou.

A palavra "católicos"

Por volta do século IV (após anos 300), o substantivo-adjetivo "católico" começou a tomar vulto. As decisões partiam do bispo de Roma, que, com outros bispos, oferecia uma proposta de unidade: o **Cristianismo de todos para todos** – *cat-holou*. Haveria uma Igreja abrangente, **para todos**, universal, *cat-holou*, *catholikós*, **católica**.

Venceu esta corrente, não sem enormes conflitos políticos, que envolveram grupos, bispos, governadores, imperadores e imperatrizes. Os dissidentes montanistas, por exemplo, conseguiram influenciar 270 bispos. Não eram dias de unidade. Em tempos de luta pelo poder, por espaço e pelos favores do imperador, era difícil ser cristão sem ser político. Muitos sucumbiam às tentações do poder. Não era diferente do que é hoje em países como o nosso. Bispos católicos que se afastam da Igreja para serem candidatos à presidência no seu país, pastores e bispos de outras Igrejas que pedem o voto dos seus fiéis para chegarem ao governo estadual, eventualmente à prefeitura ou à presidência da república.

Coincidentes e dissidentes

Os que formaram maioria foram e continuam contestados por outros grupos de cristãos que, ou nunca aceitaram a visão dos "cristãos para todos", ou partiram abertamente para a dissidência por discordarem de Roma. Criavam outra forma de Cristianismo e denominavam-se **ortodoxos** (doutrina original) ou

DE VOLTA ao catolicismo

protestantes (protestavam contra Roma) ou **evangélicos** (o acento era o *eu-anguélion,* a Boa Notícia). Hoje alguns declaram-se **pentecostais.**

Novos nomes

Muitos acabaram recebendo ou aceitando e até criando eles mesmos outros nomes, a partir de algum acontecimento, de algum fundador ou de um grupo de crentes: **nestorianos, arianos, donatistas, luteranos, metodistas, albigenses, calvinistas, batistas, adventistas.** Nasceram da discordância, da discórdia e, em muitos casos, da desunião.

Faltou diálogo

Houve culpa de todos os lados. Faltou diálogo pleno. A leitura dos livros por eles escritos e das polêmicas por eles sustentadas chega hoje a causar tristeza. Ainda agora se pode ler nos seus livros a fúria com que um agredia o outro. Havia ódio nas palavras de ambos os lados. O leitor os encontrará em livros sobre História da Religião e em livrarias especializadas em tais temas. Lançam uma luz sobre como uma crença ou a defesa de um dogma despertou ódios e paixões, às vezes prisão e morte.

Este livro, como acentua o seu título, abordará comportamentos e atitudes que nascem de conceitos ou de preconceitos. Se alimentarmos preconceitos, nenhum diálogo dará certo. É o que tem acontecido dentro das Igrejas. Há os que dialogam, mas infelizmente há também os preconceituosos, muitos deles com acesso a milhões de ouvintes e telespectadores.

"Católicos romanos" hoje

Nós, católicos de hoje, fazemos parte dessa corrente de fé, costumes e ritos que venceu. Com ela, estabeleceu-se a liderança do bispo de Roma, a quem chamamos de Papa, palavra grega que carinhosamente significava, em estilo Brasil de agora, "paizão" ou "painho".

Um dos seus títulos tem sido *Servus servorum Dei* (servidor dos servos de Deus). Outro é **Sumo Pontífice** (o principal construtor de pontes). Também o apelidamos carinhosamente de Santo Padre. Seu cargo exige santidade e consagração total. Se houve papas que não conseguiram ser Sua Santidade, foi problema deles, porque para nós este é um chamado a todo aquele que lidera nossa Igreja: deve ser um padre santo. Esperamos isso do nosso líder na terra.

Menos poderosos

Houve tempo, período triste, em que bispos e famílias disputavam o poder em Roma, chegando ao extremo de eleger até adolescentes para esta missão. Papas eram impostos por potentados e nobres. Famílias no poder decidiam quem dos seus membros seria o Papa. Afirma-se que Bento IX tinha pouco mais de 12 anos quando foi nomeado e imposto como Papa. Mas há quem o descreva como um jovem (1032-1044)... Gregório V tinha 24 anos (996-999). Hoje, os eleitos, em geral, têm mais de 40 anos de sacerdócio e encaram esta missão como um ato de obediência. Já não há mais "candidatos" a Papa.

Na hora da escolha, alguns são apontados pelos cardeais e, mesmo sem serem candidatos, de consenso em consenso escolhe-se um deles. Uma vez escolhido, uma fumaça branca sai por uma chaminé do Vaticano para avisar aos fiéis em vigília, do lado de fora, que *habemus papam*: temos um novo pai espiritual na terra.

Sua Santidade nem sempre santa

Alguns irmãos de outras Igrejas gostam de nos jogar no rosto que houve Papas pouco santos. Um dia, quando se contar a

DE VOLTA ao catolicismo

história de muitos fundadores das Igrejas de agora, haverá certamente escritores a lembrar episódios nada agradáveis aos membros dessas instituições. Principalmente porque suas falas e seus escritos contra nós estão registrados e filmados. Ainda comentaremos neste livro sobre o poder excessivo de não mais que dez famílias exercem sobre a mídia religiosa do Brasil. Acontecia o mesmo naquele tempo. O poder político e o poder de comunicação eram exercidos por apenas alguns grupos, que não abriam mão da sua influência sobre a Igreja.

Para quem sabe ler italiano, sugiro o livro de Cláudio Rendina, *I Papi, Storia e Segreti*, publicado em Roma em 2004 pela Newton Compton Editori. Em português, recomendo *Os Papas*, de Richard P. McBrien, editado pela Loyola em 2000.

Santos e mártires

Mas houve santos e mártires de vida exemplar nas mais diversas Igrejas. E foram muitos. Entre nós, o título de **Sua Santidade** coube muito bem a um grande número de Papas, título que também é dado ao Dalai Lama, líder máximo do Budismo tibetano, a quem o mundo aprendeu a respeitar. Recentemente, homens como João XXIII, Paulo VI, João Paulo II deixaram marcas no mundo. Sua Santidade é expressão que vem da palavra *sanctus*: escolhido, selecionado, sancionado. Se *kdosh* (santo, em hebreu) significava excelso, inacessível, para nós *sanctus* passou a significar correto, puro, consagrado, acessível. É o que se espera de um Papa.

Porque ecumênicos

Esses últimos vinte séculos foram de muita divisão entre os seguidores de Jesus. Tem sido um caminho penoso conviver, orar e estudar juntos e como irmãos. Conflitos enormes trouxeram graves e até violentas cisões entre os seguidores de Cristo, que, à medida que rompiam entre si por causa de doutrinas, território, poder político, trechos da Bíblia, apoio de príncipes e imperadores, adotavam novos adjetivos atrás do título "cristãos", para caracterizar ou o seu rompimento (protestantes) ou a sua nova ênfase (ortodoxos, evangélicos, pentecostais).

Únicos, mais fiéis e melhores?

É óbvio, e precisa ser cada dia mais óbvio para qualquer cristão católico, que sua Igreja não é a única dentro do Cristianismo e que o Cristianismo não é a única religião do mundo. Podemos até afirmar que somos os herdeiros e os únicos chamados de maneira mais plena a anunciar o Cristo – coisa que de resto outras Igrejas também dizem –, mas não podemos negar a existência de cristãos e santos fora da Igreja Católica.

Por isso nossa *oikia* (lar, casa, familiares) precisa dialogar com eles. Não estão da porta para fora. Estão dentro da fé cristã e no mesmo colo paterno que Jesus veio mostrar. Sem diálogo ecumênico nem nós nem eles seremos cristãos serenos e conscientes. Houve, há e haverá diferenças, porque o ser humano é livre nas suas escolhas e convicções, mas, se cremos no amor, temos que aprender a administrar nossas diferenças e vivê-las sem ofender ou diminuir a quem quer que seja. Discordar é uma coisa, ferir a fraternidade é outra. É perfeitamente possível viver a concórdia, mesmo quando não concordamos em tudo.

Separados e descontentes

Mais do que centenas, infelizmente, foram milhares as pequenas cisões nascidas de três ou quatro grandes cisões. As cisões continuam e se acentuam cada vez que algum pregador, em geral sacerdote, decide formar uma nova assembleia à qual chama Igreja, com mensagens e ideias diferentes daquela na qual foi ordenado. Ninguém começa uma nova Igreja quando está satisfeito com a sua...

Aí começam as **raízes do conflito**: insatisfação com doutrina, liderança ou prática da fé. Quem ia embora ia com mágoa; quem ficava guardava mágoa. Martinho Lutero, que foi monge agostiniano, ordenou-se padre aos 24 anos; aos 38 rompeu com a Igreja, casou-se com uma ex-religiosa aos 42 e, ainda em vida, viu agigantar-se o seu conflito com Roma, porque seu passo não ficou apenas na esfera religiosa. Tomou contornos políticos.

Irmãos em conflito

Os confrontos em torno dos dogmas extrapolavam para lutas políticas. Igrejas significavam poder. E mudança de Igreja era mudança de poder! Daí a dizer que o outro era herege, era ateu, tinha o demônio ou estava nas trevas era apenas mais um passo. Pregadores sérios de hoje não repetiriam o que, em alguns casos mais graves, disse e fez o fundador da sua Igreja, congregação, ordem ou movimento. Mudaram os tempos e mudou a Teologia. Progrediram. É difícil admitir que alguém que se considera cristão e movido pelo Espírito Santo escreva livros como alguns que se veem nas livrarias de algumas Igrejas de ontem e de hoje. A discordância virou discórdia!

De volta à fraternidade

Embora ainda haja aqueles com quem é impossível dialogar, um razoável número de cristãos procura hoje, humildemente, o diálogo perdido. No que concordam, trabalham e atuam juntos. No que ainda discordam, expõem com clareza as suas diferenças e se respeitam. Suas discordâncias não acabam em palavras ou atos violentos, como sucedia no passado, quando até crimes, massacres e mortes aconteceram em nome da doutrina e da verdade mais pura e mais verdadeira.

Hoje, cristãos que atacam os outros, lançam mão de calúnias ou distorções e situam a outra Igreja nas trevas e ao lado do demônio são exceções. Com o progresso da Psicologia é fácil perceber que pregadores agressivos são muito mais um caso de polícia, ou de hospital psiquiátrico, do que de religião e Teologia. Os cristãos já perceberam que, para honrarem a memória de Jesus, seu cristianismo e sua Igreja precisam ser fraternos, ecumênicos e abertos ao diálogo. O outro existe e também procura Deus!

Crentes que não buscam

Se estamos progredindo neste diálogo, estas páginas são também uma tentativa de chegar aos que **quase não leem livros de religião** e, menos ainda, revistas e livros sobre a sua fé. Talvez eu erre! Se errar, corrijam-me os doutos leitores. Escrevi sabendo que sei menos do que os doutores, mas um pouco mais do que a maioria dos que me lerão. Na nossa Igreja é assim: quem acha que aprendeu, ensine! Quem acha que não sabe, aprenda!

Crentes que procuram

Sonho com católicos seguros na doutrina, que entendem as principais propostas da Igreja na qual congregam e que acham que vale a pena continuar perto da pia do seu Batismo! Que me desculpem os pregadores de outras Igrejas, se neste livro acentuo a Igreja na qual congrego. Eu os desculpei quando, com o seu discurso e seus acentos, levaram parentes e amigos meus para os seus templos. Agora é a vez deles. Como acho que minha Igreja, de muitos séculos, tem mais a mostrar, ao menos em termos de caminhada, do que Igrejas de 30 a 40 anos, estou dando a minha contribuição aos que quiserem ler os meus escritos.

DE VOLTA ao catolicismo

Não cabe a nós dizer que as outras Igrejas não sabem de Cristo ou não o servem. Cabe-nos afirmar o que deve ser dito a respeito da nossa Igreja, a Católica Apostólica Romana, tão amada por alguns, tão mal-amada e deturpada por outros, e tão combatida, às vezes, até por filhos que a frequentam.

Que o leitor decida. Os outros púlpitos andam falando alto? Que o nosso também fale! O caminho mais certo? Não depende nem do tom, nem do volume de nossas caixas de som, nem da altura dos nossos púlpitos, nem da potência das antenas desta ou daquela Igreja. Só Deus sabe quem está perto da verdade! A nós cabe procurá-la e, como fez Maria, guardá-la no coração como tesouro de enorme valor (Lc 2,19). São páginas para quem acha que vale a pena repensar a sua fé!

4. Questão de ouvidos

Ver nem sempre é crer e ouvir nem sempre é seguir!

"Alguns dentre vocês não creem!" Bem sabia Jesus, desde o princípio, quem eram os descrentes, e quem o entregaria. E dizia: "Por isso eu lhes disse que ninguém pode vir a mim, se isto não lhe for concedido por meu Pai". Desde então, muitos dos seus discípulos voltaram atrás, e já não andavam com ele.
Então disse Jesus aos doze: "E vocês, também querem ir embora?". Respondeu-lhe Simão Pedro: "Senhor, para quem iríamos? Tu tens palavras de vida eterna. E nós acreditamos e reconhecemos em Ti o Cristo, o Filho do Deus vivo" (Jo 6,64-69).

Os apóstolos tinham suas dúvidas, mas ficaram, não sem ter que aprender o diálogo e a unidade. Um dos que comeram à mesma mesa não quis dialogar, entregou Jesus e não acreditou em misericórdia. Destruiu-se carcomido de remorso (Mt 27,5). Pedro também o negou, mas superou sua culpa. Acreditou no perdão (Mt 26,75). Ele e os outros dez, com Paulo, que veio mais tarde, deram a vida por Cristo. Com eles, milhões de discípulos que nesses vinte séculos de fé permaneceram firmes na Igreja da sua primeira catequese.

Também merecem respeito os que ficaram, enquanto seus irmãos e parentes mudavam de Igreja, mas conseguiram não perder o respeito pelos que foram orar num outro templo e de um outro jeito. Não acham certo, mas não agridem!

O urgente e o básico

Se um grupo de católicos me pedisse dois meses de aulas sobre o que significa ser católico hoje, sugerindo que resumisse para os alunos **o básico e o indispensável**, eu teria dificuldade.

> Teria que saber: a) o seu nível de catequese, b) que livros já leram, c) que pregadores ouviram e ouvem e que ênfases, d) que programas de rádio e de televisão veem e ouvem, e) a que movimentos se filiaram, f) que canções conhecem e cantam, g) quem são os seus pregadores preferidos.
> Indicaria, como sempre, a Bíblia, o Catecismo da Igreja Católica, o Compêndio da Doutrina Social, e, por estarmos na América Latina, os Documentos do Celam, os principais documentos da CNBB e alguns livros de excelentes escritores católicos.

Se meus interlocutores insistissem em me ouvir, eu lhes daria minhas anotações, parte delas contida neste livro que você lê. Não é tudo, mas é o que eu daria aos meus leitores que não conhecem a maioria dos escritos da nossa Igreja.

Sugeriria que, na dúvida, seguissem os documentos oficiais e seu pregador preferido. Mas que o seu pregador não fosse nunca o primeiro da lista! Primeiro, os livros oficiais e a voz dos Bispos! É sempre um risco seguir apenas uma pregação. Vai cair na mesmice. A influência excessiva de um só pregador empobrece. Ninguém é assim tão santo e tão culto. Ninguém sabe suficiente catequese. O pregador único pode errar, como, de fato, muitos fundadores de comunidades erraram através da história. Há que haver outras referências numa Igreja tão grávida de História e de Teologia.

Ouvir os bispos e os teólogos

O discípulo e missionário católico deveria dar uma chance especial aos teólogos e pastoralistas que levantam algumas questões essenciais ao Catolicismo. Jesus questionou os apóstolos e Paulo fez o mesmo com quem o questionava. Foi bom para a Igreja. É muito pobre o grupo de Igreja que não pergunta, não deixa perguntar, expulsa quem pergunta demais, não deixa ler os outros e não admite que seus membros abram os olhos, o coração e os horizontes com outros pregadores e outras leituras. Alguém está aprisionando aquele grupo! Orar é vital e perguntar também o é!

E Jesus, respondendo, disse-lhes: "Eu também vos perguntarei uma coisa; se ma disserdes, também eu vos direi com que autoridade faço isso" (Mt 21,24).

E, quando entrou em casa, os seus discípulos lhe perguntaram à parte: "Por que o não pudemos nós expulsar?" (Mc 9,28).

E agora vou para aquele que me enviou; e nenhum de vós me pergunta: "Para onde vais?" (Jo 16,5).

5. Uma lente para cada crente

Depois de ouvir Jesus, houve quem se alegrasse com as maravilhas que via! (cf. Lc 13,17). Mas houve também quem rasgasse as vestes, garantindo ter ouvido uma blasfêmia. Quem estava aberto a novas propostas viu o suficiente. Quem se fechara viu e ouviu exatamente o que desejava ter ouvido. O ser humano corre mais atrás da própria verdade do que da verdade como ela poderia ser. Isso explica os milhões de Igrejas e os milhões de pregadores da fé. Isso também explica as estantes e gôndolas de supermercados cheias de produtos de todos os sabores. As pessoas escolhem o mais barato ou o mais saboroso, mas nem sempre o mais saudável...

Visão de católico

Pesquisas recentes revelaram que apenas 6% de nossos adolescentes de escola média consideram Jesus um líder admirável. Mas 86% acham Che Guevara um líder positivo, com nada de negativo em sua biografia: ele, que foi guerrilheiro, matou e ensinou a matar. Lenin ganhou 65% de positivo e apenas 9% de negativo. Ghandi, o pacifista, recebeu 10%, Einstein, o cientista, 6%. Isto mostra quem os está catequizando e fazendo suas cabeças. Não são nem a Igreja nem os pacifistas. São educadores com outra visão da vida.[1]

Em termos de catequese de atitudes, somos todos míopes. Nosso olhar jamais alcançará o suficiente. Mas nossa miopia

---

[1] Cf. *Veja*, ano 41, n. 33, 20 ago. 2008.

poderá diminuir se buscarmos amplitude e se aceitarmos corrigir nossas lentes.

Ao rapaz que me perguntava se eu via tudo com olhar de católico lembrei, brincando, que embora minha Igreja não fosse um par de óculos ela me ajudava a ver o mundo melhor do que eu o via apenas com os meus recursos.

Sim, minhas lentes eram de católico e também o meu olhar. Fui batizado não para trocar de óculos a cada nova situação, mas para, mesmo com os meus limites, olhar o mundo com os recursos da minha Igreja.

Se, para ver melhor, tiver que tomar emprestadas algumas lentes, certamente usarei as da Igreja Católica. Elas me servem. Posso até usar outras lentes, mas é nas da Igreja Católica que eu confio.

As pessoas olham para o céu, para o mundo, para os outros e para a vida com olhar **crente, descrente** ou **indiferente**.

A nós, convém contemplar tudo com o olhar de crentes católicos. Isso quer dizer que primeiro teremos que assumir nosso Cristianismo. Conhecer Jesus e a ele como Cristo. A vida para nós faz sentido a partir da nossa convicção de que o Messias já veio. Irmãos judeus, budistas, muçulmanos, evangélicos, espíritas, pentecostais olham a vida do ponto de vista de suas crenças. Alguns ainda o esperam. Outros não acham que haverá um messias. Mas a esperança que vem com a religião está por toda parte.

É impossível agir como se o mundo não cresse. O mundo crê. Se somos crentes, sem o perceber veremos quase tudo com as lentes da fé. Para algumas coisas exigimos provas; outras, porém, aceitamos porque cremos. Crer vem de *credere, cor dare, dar o coração, assentir*. Isso não nos exime de usar a razão. Mas precisa ser permanentemente corrigida e ajustada para não acabar em fé seletiva e míope. Em *Jesus: a história de um vivente*, Edward

DE VOLTA ao catolicismo

Schillebeeckx fala do perigo de uma visão de Jesus dissociada do Cristo, ou do Cristo dissociada de Jesus. Precisamos também ter noção do Cristo histórico e do Cristo da fé. Como saberemos isso se não estudarmos o mínimo de História, de Teologia, de Antropologia, de catequese e de ascese?

Visão se aperfeiçoa

Nossa visão precisa ir se acostumando às luzes do saber, para que aprendamos a distinguir os fatos como eles são e como parecem. A fé não é um par de óculos. Ela é uma visão. O par de óculos se tira, se aumenta ou se diminui. A visão está em nós e precisa das lentes adequadas. Nossa visão é a fé. Os livros sobre a fé são como o par de óculos ou as lupas. Livros, cursos, programas de rádio e televisão podem ampliar ou obscurecer nossa visão de católicos. É questão de saber usá-los, como é preciso saber que óculos usar para ver mais perto ou mais longe.

Ajustar a visão

Podemos até mudar nossos conceitos a partir da leitura de algum texto da nossa própria Igreja ou de outros irmãos e pensadores. Mas nossa fé precisa ser maior do que aquilo que lemos. De um católico se espera mais do que informação religiosa. Sua vida há de repousar sobre algo mais estável. Somos chamados a melhorar sem desmoronar. É como se mudássemos armários, tamanho de janelas, abríssemos novas portas, buscássemos maior ventilação, escolhêssemos novas cortinas, redistribuíssemos os degraus e as cores e até os espaços na casa onde moramos. Toda mudança é viável, mas só poderá ser feita se a casa for sólida, bem construída a ponto de aceitar reformas sem ruir. Os que perdem a fé por conta de alguma leitura mostram que sua casa interior não tinha solidez. Na primeira sacudida perdeu o telhado.

Nossa fé precisa ter uma raiz e um cerne. Em cima disso poderá haver mudanças. Mas, querer viver sem o fundamento, o essencial, a seiva, o conteúdo básico, é um enorme risco. Ouse até podá-la, mas não transplante a mangueira do seu jardim. Ela poderá nunca mais dar os frutos e a sombra que lhe dava! Há que haver solidez de raízes e de visão para que alguém persevere na sua fé. A maioria dos que foram embora da nossa Igreja não a conhecia. Balançaram porque não tinham firmado as raízes. Casamentos sólidos não desmoronam. Fé também!

6. Um outro mapa-múndi

O mapa social, econômico e moral do mundo não é alvissareiro. É tão grande o desrespeito ao Criador e às suas criaturas que não há como silenciar. O cristão veja, analise e, então, fale!

A METRÓPOLE. Doze milhões de habitantes, seis milhões de carros, um para cada duas pessoas, congestionamentos de 230 km, gente cansada, nervosa que perde de três a quatro horas no caminho de casa para o trabalho e do trabalho para casa, sem perspectiva de mudanças. Ricos com dinheiro de sobra, para três ou quatro viagens ao exterior. Funcionários que ganham 40 vezes mais do que outros trabalhadores e, ainda assim, fazem greve de 50 dias para ganhar 60 vezes mais. Gigantescas construções, apartamentos de luxo inimaginável, viagens ao exterior, dinheiro a crescer, chances cada dia mais promissoras para eles, melhores hospitais, carros vistosos, filhos nas melhores escolas, droga ao redor, sequestros e violências a rondá-los porque alguém quer um pouco daquele conforto, alguns daqueles carros e parte daquele dinheiro.

A VIOLÊNCIA. Vinte e quatro mil pessoas que desaparecem por ano, trinta mil homicídios, os pobres com salário que não cobre as despesas do mês, três ou mais filhos, casas de 3x4m ou 4x8m, droga ao redor, violência, desemprego, falta de chances para os filhos, escolas sucateadas, hospitais e postos de saúde sem médicos, sem remédios e sem recursos, oito horas de espera para uma consulta, quinze dias para uma internação e seis meses para a extração de um tumor.

CORRUPÇÃO. Pense nos pobres que sabem o que se desperdiça em dinheiro nas repartições do governo. Leram nos jornais que a última façanha dos corruptos foi um desvio de 700 milhões dos cofres públicos e ninguém foi punido; partidos políticos aliados a banqueiros corruptos desviaram milhões para suas campanhas. Houve gente que morreu por não colaborar ou por saber demais. Há séculos que se rouba esta nação. Puseram impiedosamente a mão na coisa pública! Imagine a fome ou a subalimentação que ainda ameaça parte significativa da população...

É possível ser católico, jamais falar sobre isso e fingir que não é problema nosso?

IMAGINE UMA CIDADE... Ali, todos são livres para divulgar fé ou pecado, santidade ou vício. A cidade está cheia de católicos. 73% da população afirma pertencer a uma Igreja que combate o vício. Ali, no *talk show*, a moça que acaba de posar nua na *Playboy* é entrevistada, afirma-se católica e admite que o fez por dinheiro irrecusável. É aplaudida pela sua mente aberta, perante 60 milhões de telespectadores. Sua Igreja condena o que ela fez. Mas ela carrega um crucifixo no peito e sustenta que não fez nada de errado.

Olhe as bancas de revistas e a nudez que elas estampam, ligue a televisão e a internet, veja o que ensinam as novelas, o que a mídia mostra ao povo, noite após noite, leia os sites, os e-mails; continue ligando ou digitando e veja a oferta de milagres, curas, salvação, sexo, pornografia e pecado.

Preste atenção nas avenidas e veja homens e mulheres em prostituição a oferecerem seus corpos, a venderem drogas, gente a dormir sob os viadutos ou em barracos pendurados nos morros, à espera do próximo deslizamento de terra. Pense nos tratores e guindastes da prefeitura que não estão lá para prevenir, mas lá estarão quando acontecer a tragédia.

O que se espera de um católico numa cidade como esta? Apenas a missa de domingo e o eventual encontro de quarta-feira?

DE VOLTA ao catolicismo

IMAGINE UM PAÍS... Enormes cidades inchadas, mal traçadas e mal geridas, carros demais, casas espremidas nos morros, habitações inseguras, o campo com pouco emprego, as cidades com subempregos, os políticos a prometer milagres e a maquiar números, sempre a seu favor, as Igrejas a garantir bênçãos de prosperidade e a garantir que lá é que se encontra a verdade mais nova e mais verdadeira e que foi a eles que Jesus escolheu; as outras Igrejas o traíram. Garantem que só lá acontecem milagres e curas, só lá os demônios perdem a batalha.

Imagine milhões de bares e de casas noturnas, milhares de antros de perdição, praias lotadas e corpos quase nus, droga em toda parte, bandidos organizados e fortemente armados, sequestradores agindo à luz do dia, corruptos e corruptores a desviar bilhões dos cofres públicos. Imagine um país onde poucos dos grandes pecadores são punidos ou devolvem o que roubaram.

Como ser católico num país como este?

IMAGINE O MUNDO... Sequestros de aviões, agressões a anciãos, adultos e crianças, explosões em metrôs, bombas, terror incontrolável, grandes edifícios destruídos por aviões tomados à força, ônibus a explodir com crianças, escolas a registrar chacinas promovidas por alunos desequilibrados, áreas inteiras destruídas por idealistas políticos frustrados, terroristas profissionais, alguns deles religiosos, que garantem que Deus os quer assassinos.

Povos ricos que não repartem e não deixam os pobres ou emergentes venderem os seus produtos pelo preço real. Imagine os povos pobres mantidos na pobreza e os povos ricos cada vez mais ricos. Calcule o ódio e a raiva de milhões de cidadãos diante de tantas injustiças.

Como ser católico no meio de tanta ira?

MIL RELIGIÕES. Milhões de púlpitos, altares, emissoras e esquinas e, ali, vozes de pregadores anunciando que Deus está falando com eles, agindo por eles e com eles. São os novos profetas e secretários do Senhor. Se o mundo aceitar a sua doutrina, isto é, o seu par de óculos, será salvo. Dizem abertamente que os outros pregadores não têm o que eles podem oferecer. Imagine-os a bater de porta em porta, a entrar nos lares e a mostrar que, com eles, sim, a salvação chegou; só estava faltando uma Igreja como a deles! Era por pregadores como eles que o mundo esperava há séculos!

Como enfrentar o seu poder de marketing e sua profecia "canto de sereia" sem comichão nos ouvidos? (1Tm 4,1-11 e 2Tm 4,1-5)

Milhões de não crentes lutam por suas ideias e questionam todas as religiões, toda e qualquer afirmação de Deus e afirmam que as soluções estão aqui mesmo. Condenam o fanatismo religioso e, quando podem, mostram a podridão das religiões. Mas omitem o fato de que, apenas no século XX, quando descrentes como eles governaram na Europa, na Ásia e na América Latina, os próceres ateus não hesitaram em matar milhares ou milhões de cidadãos. Na maioria dos casos, eles empobreceram seus povos, enquanto se armaram até os dentes. Foi o caso de Hitler, Stalin, Fidel Castro, Pol Pot, Enver Oxxa e outros regimes de direita ou de esquerda, autointitulados democráticos. Fizeram milhões de órfãos. Em alguns casos, até mais do que os regimes que eles substituíram.

Intitularam-se "humanistas", mas nem o seu "homem novo" à la Proudhon, nem sua visão coletivista do mundo os fizeram mais humanos e misericordiosos do que os crentes alienados que eles condenavam. Tiraram a liberdade de qualquer um que não pensasse como eles e seus partidos. Puseram seus companheiros de revolução a apodrecer no cárcere, enquanto recebiam aplausos e elogios dos correligionários do mundo.

Indiferentes a quem é ou possa ser o autor da vida, os descrentes propõem pesquisas com embriões que teriam que ser mortos para deles se retirarem células-tronco vivas. Optam pela morte de uns em favor da vida de outros e decidem quem é humano e quem não é. Um dia isso mudará, quando a ciência descobrir que não precisa das células embrionárias, mas por enquanto eles são utilitaristas: vale a causa e não a pessoa. Tratam um feto como se fosse um tumor em formação. Acontece que tumor se extrai, e embrião se deixa amadurecer!

Como ser católico num mundo que considera ultrapassado e caduco o cientista que defende um embrião congelado e condena o aborto, seja qual for a idade do filho feto?

Ciência e fé em conflito

Nós dizemos em nome da fé e da ciência que por menor que seja uma vida humana é vida humana. Eles, em nome da sua ciência afirmam que o embrião só se torna ser humano depois do 14º dia. É o que se ouve na televisão e se lê em artigos pró-aborto ou pró-pesquisa com embriões vivos.

Querem o direito de matar esta vida um pouco maior do que um alfinete porque, para eles, Deus é relativo, a alma é relativa, a vida humana é uma incógnita e os humanos que sofrem precisam ter uma chance.

Seu argumento é ferino! Se Deus com seu amor não curou tais enfermos, eles querem uma chance de curá-los com a sua ciência, que consideram mais humana e mais concreta do que a fé. Acreditam que, um dia, a ciência achará a cura para a maioria das doenças e querem leis que lhes possibilitem chegar a isso. Se o pequeníssimo embrião vivo tem que ser sacrificado, que o seja por uma boa causa...

Como ser católico num mundo assim pragmático?

Uma Igreja contestada

Chamados de retrógrados, inimigos da ciência e da vida já nascida, tidos como defensores inúteis de uma vida que ainda nem é um ser humano, atravancadores do progresso, defensores do que talvez venha a ser, e contra o que já é uma vida humana ferida; acusados de mil pecados e defeitos, no centro da luta pela vida no planeta estamos nós, os católicos.

Brigamos pela vida

Falem de nós o que quiserem. Nós também queremos mais vida, mas não à custa de milhões de mortes de embriões. Como aos pesquisadores não interessam embriões mortos, o choque se estabelece. Eles os querem vivos e os matam durante a pesquisa. Com as suas mídias e o seu poder de persuasão jogam duro contra nós. Mas, com nossos templos, nossas mídias e igual poder de persuasão, enfrentamos o conflito. Cremos que depois do encontro de espermatozoide e óvulo já existe um ser humano e ousamos brigar com o mundo inteiro por esse embrião e pelo seu futuro.

O mundo nos ridiculariza

Como no passado riram de Jesus que morria na cruz e de Paulo (At 26, 27-28), hoje há os que riem de nós e nos ofendem gravemente, como se fôssemos todos um bando de ignorantes, debiloides, fanáticos, estúpidos e desinformados, que nada entendem da vida e de ciência da vida.

Falam como se não tivéssemos cientistas, estudiosos de genética, de bioengenharia, de Antropologia, de História e dos rumos do mundo. Gritam como se também não tivéssemos doutores, biólogos, antropólogos e professores de primeira linha entre nós.

DE VOLTA ao catolicismo

Ironicamente, onde estudaram muitos deles? Em universidades católicas...

Igreja controvertida

Imagine uma Igreja de muitos séculos, controvertida e agredida, rica de história na qual, como em todas as sociedades e associações do mundo, houve santidade, corrupção e graves pecados. Imagine milhões de santos e milhões de católicos errados, mas todos a falar em nome da Igreja Católica.

Houve os maduros e os imaturos. Para alguns faltou catequese, para outros, honestidade, da mesma forma que, no tempo dos apóstolos, havia os mártires como Estevão e Tiago, leigos e profetas como Ágabo e magos recém-convertidos. Também houve Ananias e Safira, que mentiram para a comunidade, e Simão, esperto no uso do marketing, mágico prestidigitador à procura de uma religião que o ajudasse a ter mais poder. Ontem como hoje há de tudo entre os cristãos: os que visam a riquezas, à fama e ao poder e os que simplesmente servem, nada tendo em seu nome nem guardando para si.

Como permanecer católico em tempos de confronto e de conflito?

Imagine os pensadores e empreendedores católicos

Pense numa Igreja que, depois dos apóstolos, teve Santo Agostinho, São Gregório Magno, Gregório VII, Thomas Morus, Santo Tomás de Aquino, Guilherme de Occam, Anselmo de Cantuária, Duns Scotus, Santo Ambrósio, Santo Alberto Magno, João XXIII, João Paulo II, Bento XVI, especialistas em genética, inventores, médicos, juristas, homens de extremada cultura e abertura ao diálogo, filósofos, teólogos, reis, chanceleres, estadistas, reitores de universidade, prefeitos, governadores e doutores de profundo saber e sensibilidade social.

Imagine os santos ricos que escolheram viver como pobres, Francisco e Clara de Assis, os milhares que viveram e lutaram pelos leprosos, pelos doentes e pelos abandonados, como Camilo de Lellis, Simão de Veuster, Charles de Foucauld, Raul Follereau, Irmã Dulce, Dom Helder e Tereza de Calcutá; pense nos que viveram para resgatar escravos e prisioneiros, como Vicente de Paulo, nos que serviram os imigrantes, os colonos, os sem-terra, os trabalhadores, as escolas, o povo de rua, ou os que na política buscaram criar leis justas.

Pense nos milhares que deram sua vida pelos outros: os apóstolos, milhares de mártires em Roma e no império, milhares na Espanha vítimas dos comunistas, São Maximiliano, padre polonês que morreu no lugar de um pai de família judeu, Pe. João Bosco Lukenbein, o índio Simão, o operário e sindicalista Santo Dias da Silva, Irmã Dorothy, Pe. Josimo... Hoje nem sabemos que eram católicos, mas eles estavam lá, arriscando a vida e influindo na vida de seus povos. Somos, sem dúvida alguma, a Igreja que tem maior número de mártires: gente que deu a vida pelos outros.

Pense nos santos e nos menos santos

Imagine uma multidão incontável de santos que todos os dias liam a Palavra de Deus ou iam à mesa da Eucaristia para buscar forças e viver o dia inteiro, em preces ou a serviço dos outros.

Imagine também os que se chamavam católicos, mas mataram, roubaram, mantiveram casas de prostituição, desviaram dinheiro público, cometeram crimes, ou mergulharam em fé supersticiosa, fingindo que Deus falava com eles, garantindo que Jesus lhes revelava todos os dias uma nova mensagem, sabendo que mentiam para parecerem santos.

DE VOLTA ao catolicismo

Imagine os que se puseram como profetas, porta-vozes e videntes que não eram, os que fundaram comunidades que, depois, romperam com a Igreja, porque teria que valer a sua revelação, a sua opinião e o seu jeito de ser católicos... O poder, o dinheiro e a fama os derrotaram.

Como ser católico no meio de tanta manipulação da fé?

7. Monóculos e lupas

Tempos houve em que, para ver melhor, usava-se apenas uma lente. Depois vieram duas. Mais tarde, as lentes multifocais. Houve e há quem precise de lupas. Ver e ler melhor é um processo que exige humildade. Sem ajuda, simplesmente não vemos direito. Depende do nosso grau de miopia.

Que tipo de católicos somos? Que tipo de Catolicismo pretendemos viver? Aceitaremos ajuda? Quem é modelo de vida católica para nós? Quem é o meu e quem é o seu pregador preferido? Que livros temos lido nos últimos dez anos?

Questão de escolha

Imagine duzentos mil pregadores que todos os dias falam com Deus e de Deus, mas que quando se encontram não conseguem falar um ao outro. Moram na mesma avenida, um passa perto da casa paroquial e do templo do outro ao menos três vezes por semana, mas nunca se procuram. Pertencem a Igrejas que raramente se encontram. Não poucas vezes um puxa o fiel do outro para o seu templo. E dizem que Deus quer isso! Será verdade? Que verdade querem ensinar: a de Cristo ou a do grupo deles? Para curar a miopia do mundo só servem as lentes deles? Jesus está de que lado daquela avenida? Em qual daqueles templos?

Ontem como hoje

E se alguém lhe dissesse que nos primeiros 300 anos do Cristianismo aconteceu a mesma coisa? Já mencionamos que circularam entre os cristãos aproximadamente quinhentos manuscritos falsificados – fala-se em mais –, dos quais foram recuperados

56 Pe. Zezinho, scj

entre quarenta e cinquenta. Também intitulavam de evangelho, "protoevangelho", "epístolas" e "atos" aos seus escritos. Pretendiam contar a história de Jesus, de Maria, dos apóstolos, mas do jeito deles. Achavam que tinham algo a acrescentar ao que já fora relatado.

Quanto às versões copiadas a mão, antes da era da imprensa, Bart D. Ehrman[1] fala de cerca de dez mil manuscritos conhecidos que trouxeram até nós a Vulgata Latina, isso sem falar dos manuscritos de outras versões como a siríaca, a copta, a armênia, a eslava e outras. Todos eles tinham variantes porque passavam por mãos de copistas. Exatamente por isso vinham cheios de imprecisões.

Erros admissíveis

Nem sempre houve má intenção. Os copistas deturpavam os escritos sem o saber, às vezes trocando palavras, sem o querer. Punham em primeiro lugar o seu desejo de ajudar o leitor; a verdade era secundarizada. As palavras escolhidas na versão para o grego, para o latim ou para o vernáculo não eram exatamente as que traduziam o que fora dito. Hoje há centenas de livros que tratam exatamente dessas imprecisões vocabulares.

Por séculos, para seus leitores, aqueles manuscritos pareciam relatos autênticos. Em geral, não eram. Não sendo facilmente multiplicáveis, valiam muito para quem comprava. Não sendo fácil perceber se eram falsos, pararam em bibliotecas famosas. Hoje, em livros e revistas sensacionalistas, articulistas e autores tentam convencer os leitores de que aqueles relatos contavam, sim, a verdade sobre Jesus.

Você já deve ter visto tais livros nas livrarias de aeroportos ou rodoviárias. Um deles, cujo furor já passou, é o muitas vezes

---

[1] EHRMAN, Bart D. *O que Jesus disse? O que Jesus não disse?* Rio de Janeiro: Prestígio Editorial, 2005.

DE VOLTA ao catolicismo

citado *Código da Vinci*, de Dan Brown, que achou um casamento entre Jesus e Madalena, inventou-lhes um filho, é claro, sem nome, uma fuga para a Gália, como paralelo à fuga de Maria com Jesus para o Egito, e mais tarde fantasiou uma dinastia nascida do filho carnal de Jesus. Madalena teria sido expulsa da Palestina porque Pedro lhe teria aplicado um golpe político, já que a herdeira da fé cristã seria ela. Tipicamente apócrifo! Não admira que os cristãos sensatos desde o começo rejeitaram esses livros.

Tiveram que fazer uma escolha e fizeram. Quem nunca leu os Evangelhos nem jamais se interessou por eles imediatamente aceitou que Dan Brown era autêntico e que os Evangelhos e todos os outros livros e documentos do Cristianismo eram mentirosos. Todo mundo teria mentido, menos Dan Brown, que, finalmente, descortinava a verdade mais verdadeira... Significativamente os outros quatro livros do mesmo autor lançados na mesma esteira de mistérios desvendados praticamente não repercutiram. É que interessava a um certo tipo de pessoas e movimentos repercutir o que provocava os cristãos, principalmente os católicos.

A verdade é que, no mundo dos livros e da televisão, a contradição e a dúvida interessam e vendem. Não importa se, no decurso da narrativa que o próprio autor afirma ser fantasiosa, se atropela a verdade. O leitor compra alhos por bugalhos. Começa a pensar que o relato é histórico e fundamentado. Pelo visto, a controvérsia interessa a quem nem sequer tem ou abre uma Bíblia, mas corre para comprar aqueles livros... É a história dos livros apócrifos e esotéricos que se repete num viés moderno.

Escritos apócrifos

Já que o assunto é controvérsia, saiba o que anda agitando o cenário da fé nos últimos tempos: os livros apócrifos e esotéricos. Católicos e evangélicos não admitem nada mais além dos 73 ou

58 Pe. Zezinho, scj

66 livros que há nas suas Bíblias. Mas atualmente insiste-se no conteúdo de livros que os cristãos em geral não aceitam.

Citemos alguns deles:

O Primeiro Livro de Adão e Eva, o Segundo Livro de Adão e Eva, Livro dos segredos de Enoque, Livro da Ascensão de Isaías, o Testamento de Abraão, a Assunção de Moisés, o Hino da Pérola, o Livro dos Jubileus, Livro da Infância do Salvador, Evangelho Árabe da Infância, História de José o Carpinteiro, Evangelho Pseudo-Mateus da Infância, Evangelho Pseudo-Tomé, Pro-Evangelho de Tiago, Descida de Cristo ao Inferno, Evangelho de Nicodemos, Evangelho de Bartolomeu, Evangelho de Pedro, Evangelho segundo Tomé, o Dídimo, Excertos do Evangelho de Maria, O Evangelho da Verdade, Cartas do Senhor, Apócrifos da Assunção, Apocalipse de Moisés, Apocalipse de Elias, Apocalipse de Tomé, Apocalipse de Pedro.

Apócrifos são livros escritos "depois" e quase sempre por "pseudos". João não era João, Tomé não era Tomé e Maria não era Maria. Se você os tivesse em mãos, em qual deles acreditaria? Hoje, são milhares de pregadores que dizem que Jesus lhes fala e que o Espírito Santo os inspira e lhes traz novidades e revelações. Naquele tempo também.

Perguntamos sobre os pregadores. Perguntemos agora sobre os videntes. Em qual deles você acredita? Ele vê ou fantasia? Está dizendo a verdade? Você o aceita passivamente e sem questionar? Jeremias e Jesus questionaram os profetas do seu tempo. Leia os "ais" do capítulo 23 de Jeremias e 23 de Mateus. A condenação de ambos a quem diz que viu e ouviu, quando nada disso aconteceu, é duríssima. São impostores. Quem afirma que Jesus está lhe falando, que o prove, senão será julgado como impostor.

DE VOLTA ao catolicismo

Seu vidente preferido, cujo livro você até dá de presente aos outros, não pode estar enganado? Quem é que não deseja ouvir e ver um pregador que afirma conversar com Deus e garante que Deus fala com ele? As chances de um vidente fazer adeptos são bem maiores do que as de um teólogo que aprofunda e explica a palavra de Deus através dos tempos, mas deixa claro que Deus não lhe sopra recados. A questão, porém, não é o número de ouvintes que reunimos e sim a veracidade do que anunciamos.

Milhões de videntes

Foram milhões e hoje talvez sejam milhões os homens e as mulheres que se afirmam videntes e garantem possuir algum dom fora do comum, principalmente o da cura ou o de expulsar demônio e quebrar maldições. Chegam a anunciar seus dons por revistas famosas, pelo rádio e pela televisão. Garantem hora e local. Mas não se retratam nem se arrependem quando a pessoa curada morre da doença que se dizia vencida... São centenas os livros a falar sobre o dom da cura. Ele existe, mas será que todos os que dizem possuí-lo o possuem?

Em três editoras católicas contaram-se 55 títulos, 52 em editoras pentecostais. Deve haver muito mais. Lembram os manuscritos do início do Cristianismo. Cada qual queria dar o seu testemunho e sua catequese de cura e libertação. Sim, ele possuía o poder e suas orações eram de poder! Como ninguém os questiona, eles prosseguem dizendo-se porta-vozes do Senhor.

Que maldições?

Bênção e maldição são temas urgentes e da hora. Milhares de pregadores dizem que podem quebrar maldições até de quatro gerações. Como os cristãos são formados no Novo Testamento, fica difícil aceitar que irmãos que acreditam no poder do sangue de Cristo ainda ensinem que Deus permite que uma família herde a maldição do tataravô. Menos ainda, que ele puna o tataraneto de quem pecou há cem anos...

Há CD's e livros com tais orações e a dizer exatamente isso. Quem os escreve e publica acredita que Deus está amaldiçoando ou permitindo que o demônio domine quatro gerações. Não estaria faltando alguma coisa chamada misericórdia e redenção nessa teologia? Não é Deus riquíssimo de misericórdia? (Ef 2,4; Rm 11,32); o hino de Maria não diz que Deus se recordou da sua misericórdia ao nos dar Jesus e que sua misericórdia passa de uma geração para a outra? (Lc 1,52-54). Não faz parte do cerne do dogma católico a compaixão do nosso Deus? Jesus não olhava o povo e, tomado de compaixão, não o comparava a ovelhas sem pastor? (Mc 6,34).

São milhares os programas de rádio e televisão a garantir milagres, curas e libertação do demônio, do inimigo ou dos males que ele causa. Há milhares de livros garantindo que Jesus é exatamente como eles o anunciam. Garantem conhecer as estratégias do inimigo, o demônio; que sabem libertar do maligno; que em nome de Deus a prece deles tem o poder de vencer o inimigo. Em qual desses pregadores você crê? Com que livros fica? A qual das Igrejas você pretende seguir entre as duzentas ou mais que já conhece?

Reveja o seu Cristianismo

Quem era Jesus para os primeiros discípulos? Quem é Ele hoje para você? Quando e como Ele fundou a Igreja? Semeou ou fundou? Que tipo de Catolicismo você pratica? Converteu-se onde, quando e em que movimento? Se aderiu a um movimento, só dá ouvidos àqueles pregadores porque não se sente bem ouvindo os outros católicos? Só lê aqueles livros e só canta aqueles cantos? Já leu ao menos três das mais de cinquenta encíclicas dos dez últimos

DE VOLTA ao catolicismo

> Papas: Leão XIII, Pio X, Pio XII, Bento XV, Pio XII, João XXIII, Paulo VI, João Paulo I, João Paulo II, Bento XVI? Já leu ao menos três dos mais de quatorze Documentos e Declarações do Vaticano II ou ao menos um dos cinco Documentos e Declarações dos Bispos da América Latina (Celam)? Já leu o último, o Documento de Aparecida?

Pregadores modernos

> Você dá testemunho da sua conversão? Ora? Vai ao microfone e garante que agora está mais santo e peca menos? Deus mudou a sua vida? Aceita ouvir e caminhar com outros grupos católicos? Vai lá com os outros ou frequenta apenas as reuniões do movimento que o converteu? Proclama-se católico ou é encontrista e encontreiro? Por quê? Os outros não têm a mesma catolicidade do seu grupo? Quem não fez o encontro que você fez ainda não encontrou Jesus, ou você admite que há outras maneiras de encontrá-lo? Os teólogos, psicólogos, historiadores, sociólogos e antropólogos dos outros são iluminados ou não?
> Que livros há na sua estante? Que álbuns de músicas? Os dos outros com mais cultura e, talvez, com a mesma unção não servem? Quando há manifestações coletivas da Igreja em defesa de pobres de rua, de grupos feridos, você vai? Você tem paz, mas a sua paz é inquieta? Preocupa-o tanta dor, tanta miséria, tanta pobreza, tanta injustiça?
> Enfia a mão no bolso e ajuda a qualquer grupo carente ou só envia sua oferta para o seu grupo espiritual? Mais pede do que dá ou mais dá do que pede? Vai servir como voluntário? Onde? Doa sangue? A comunidade pode contar com você ou sua fé se resume nos congressos, nos encontros, nos testemunhos, nos cantos, no enlevo das missas de duas horas, nas capelas? É visto com outros irmãos seus no meio dos pobres e dos sofredores? Vive pelos outros ou vive para dizer o que Jesus fez na sua vida, que era pecadora e miserável e agora é uma vida de entusiasmo, de fé e de oração?

Santos modernos

Alcançou a santidade pessoal? E é santidade solidária? Leva aos pequenos e sofridos? É fé compassiva? E a doutrina social? Você a leu? O que sabe sobre a *Gaudium et Spes* e a *Sollicitudo Rei Socialis* ou a *Laborem Exercens*? Você gosta desses temas ou quando o pregador entra em temas políticos e sociais você sente desconforto e vai embora ou se distrai? Por quê? Porque algum pregador lhe disse que isto não vem de Jesus ou não leva à espiritualidade?

Já ouviu falar dos santos que fizeram política? Já leu as mais de quarenta encíclicas ou urgentes pronunciamentos sociais dos Papas dos últimos dois séculos? Já leu a *Mater et Magistra* ou a *Populorum Progressio*? Como vai o seu ecumenismo e o diálogo com pessoas de outras Igrejas? Já leu a *Ut Unum Sint*, de João Paulo II? Leu o *Decreto Unitatis Redintegratio* sobre o Ecumenismo do Concílio Vaticano II?

Como ser católico, quando não se lê quase nada do que a Igreja ensina?

Perguntas incômodas

Precisamos nos questionar antes de questionar os outros. Jesus quis saber por que os seus discípulos deixaram de perguntar.

> E agora vou para aquele que me enviou; e nenhum de vós me pergunta: "Para onde vais?" (Jo 16,5).
> Disse-lhes Jesus: "Vinde, comei". E nenhum dos discípulos ousava perguntar-lhe: "Quem és tu?", sabendo que era o Senhor (Jo 21,12).

Perguntar-nos e perguntar à Igreja é preciso, todos os dias, se quisermos aprender o tempo todo com todas as correntes do Catolicismo. O aprendizado é árduo e jamais se esgota. Mas sem ele fica difícil fazer perguntas e dar respostas verdadeiramente católicas, em um mundo que nos questiona o tempo todo. Os

DE VOLTA ao catolicismo

bispos, com todo o seu preparo, se reúnem várias vezes ao ano para estudar e aprender. Lá, ouvem mais do que falam. E são mestres! Mas também são aprendizes.

Posso perguntar?

Você mais estuda do que prega ou mais prega do que estuda? Vive um Catolicismo feito de perguntas e respostas e aprofundamentos? Ou repetirá, ano após ano, o que ouviu alguém dizer, sem pessoalmente estudar o que a sua Igreja lhe oferece através dos documentos e escritos de seus mestres de todas as correntes?

Instruído na fé

No Congresso Nacional e nas escolas públicas, há deputados e professores querendo legitimar a maconha; em alguns casos extremos e ousados, o aborto até os nove meses, a pornografia, o casamento entre pessoas do mesmo sexo, a união matrimonial com crianças de 10 a 12 anos, a redução da maioridade penal para 16 anos... Há os que incentivam ou justificam a invasão de terras e de edifícios públicos. Lá fora há quem defenda o terrorismo, as ditaduras, o extermínio de bandidos, a morte de quem discorda.

Você tem argumentos para entrar neste debate ou se contentará com preces ao cair da tarde e silêncio, quando deveria debater e falar como católico instruído na fé? Mas, se ninguém o convenceu a ter uma pequena biblioteca em sua casa, com os livros essenciais da fé, de onde você tirará os seus argumentos? Ou você é dos que apostam que o Espírito Santo vai lhe soprar **todas** as respostas e acender **a todo o momento** a sua vela apagada? (At 11,14; Jo 16,13) Será mesmo verdade que o Espírito Santo nos diz **tudo**, sopra **tudo**, inspira **tudo**? Ou teremos que buscar sabedoria com leituras e estudos profundos e fazer a nossa parte?

64   Pe. Zezinho, scj

Virá tempo em que não suportarão a sã doutrina; mas, tendo comichão nos ouvidos, amontoarão para si doutores conforme as suas próprias concupiscências (2Tm 4,3).

Toda a Escritura é divinamente inspirada, e proveitosa para ensinar, para debater, para corrigir, para ensinar a justiça (2Tm 3,16).

Saiba, em primeiro lugar, que nenhuma profecia da Escritura é de particular interpretação (2Pd 1,20).

Desde a tua meninice sabes as Sagradas Escrituras, que podem fazer-te sábio para a salvação, pela fé que há em Cristo Jesus (2Tm 3,15).

Tu tens seguido a minha doutrina, modo de viver, intenção, fé, longanimidade, amor, paciência (2Tm 3,10).

Ele era instruído no caminho do Senhor e, fervoroso de espírito, falava e ensinava diligentemente as coisas do Senhor, mas conhecia somente o Batismo de João (At 18,25).

Quanto a mim, sou judeu, nascido em Tarso da Cilícia, e nesta cidade criado aos pés de Gamaliel, instruído conforme a verdade da lei de nossos pais, zeloso de Deus, como todos vós hoje sois (At 22,3).

Quem é instruído na Palavra reparta de seus bens com aquele que o instrui (Gl 6,6).

O Espírito expressamente diz que nos últimos tempos apostatarão alguns da fé, dando ouvidos a espíritos enganadores e a doutrinas de demônios (1Tm 4,1).

DE VOLTA ao catolicismo 65

Propondo estas coisas aos irmãos, serás bom ministro de Jesus Cristo, criado com as palavras da fé e da sã doutrina que tens seguido (1Tm 4,6).

Cuida de ti mesmo e cuida da doutrina. Persevera nestas coisas, porque, fazendo isto, te salvarás, e não somente a ti como aos que te ouvem (1Tm 4,16).

Coração inteligente

Os textos citados falam de uma fé inteligente que passa pelo estudo e não permite a ninguém pregar sem ler e sem estudar a sua fé. Mas é o que tem acontecido. Como entender um pregador que *em nome de Jesus e da Igreja, com o poder a ele conferido, expulsa solenemente do Brasil o demônio da dengue com os seus mosquitos* para que o diabo pare de prejudicar as famílias brasileiras?... Estudou Teologia? Onde? E passou? Mas prega para milhões de pessoas...

8. Questão de ver mais longe

As páginas do mundo

Já que falamos de livros católicos, reflitamos sobre os livros dos outros que ajudaram ou confundiram a fé dos católicos nessas últimas décadas, assim como atrapalharam ou ajudaram a de milhares de outros no passado. A fé, para milhões, veio por meio de livros ou acabou por causa deles.

O mundo conhece a doutrina cristã por causa dos que escreveram dizendo que Deus falou com eles e dos que leram e depois repercutiram; também por causa dos que estudaram para transmitir com mais profundidade o que foi dito naqueles livros.

> Os livros tinham muito a ver com a Igreja de ontem. Os microfones e as câmeras têm muito a ver com as Igrejas de agora. Quem souber usá-los terá milhões de adeptos. Mas convencimento é uma coisa; verdade é outra. Chegar a milhões de olhos e ouvidos não é o mesmo que chegar com a verdade!

Livros dão o que pensar

> Os livros registram ou determinam mudanças de pensamento, de crenças, de comportamento. Por eles sabemos como pensa ou pensava uma geração, como se viveu um período da história e que perspectivas nos oferece o amanhã. Ler é ver com olhos alheios. E pode ser um mergulho no antes, no durante e no depois do ser humano.

Nossos templos diminuíram

Tempos houve em que os edifícios mais altos das cidades eram as catedrais. Seus sinos eram ouvidos por toda a região e chamavam os fiéis para unir-se, defender, ouvir a Palavra, orar e celebrar. Eram a internet e os alto-falantes daqueles dias. Os fiéis tinham que olhar para cima, pois as moradias estavam abaixo da torre das igrejas. Imperavam as catedrais. Hoje, os fiéis olham para baixo. O simbolismo deve nos fazer pensar. Diminuiu o status das Igrejas ou cresceram o status e o *establishment* do povo e do mundo? Quem manda e quem influencia quem? Quem olha para cima? Quem olha para baixo?

O pensamento católico era praticamente o único. Ninguém ousava discordar. O púlpito reinava sobre a cátedra, como acontece hoje em alguns países muçulmanos, ou em alguns grupos de fé, que vivem em redoma, dominados pelo seu pregador-mor e pelos seus fundadores. Vale o que eles permitem. Não se leem nem se ouvem canções que eles condenam. Eles decidem o que é de Deus e o que é do demônio. A palavra de ordem é a **docilidade**, de *docere:* **ensinar e deixar-se ensinar.** Quem não aceita o pensamento do líder que vá embora, com a pecha de rebelde, não santo, não dócil, dominado por satã... Diferente de Jesus perante o jovem rico, raramente olham com amor aquele que não adere. Não sai um centavo de ajuda a quem passou anos ao lado deles, mas discordou... Continua difícil ser santo. Orar e cantar é mais fácil do que dialogar.

Novos pregadores

Os católicos perderam espaço. Também os evangélicos. Nossos templos, ontem tão majestosos, hoje parecem minúsculos perante os enormes prédios e monumentos das urbes. Começam também a surgir templos pentecostais maiores do que os nossos. Alguns estão bem perto de nossas Catedrais da Sé, com título sobre o qual convém refletir: "Catedral da Fé". O desafio é aberto e frontal. Não é acaso. Querem dizer alguma coisa, já que nossos templos, por séculos, eram Catedrais da Sé, que significava *lugar de governo, lugar da cátedra, da cadeira*. Para um fiel que não sabe das coisas, o marketing sugere que uma é lugar de fé e a outra não. O marketing é estudado! Quem conhece marketing e comunicação sabe do que se trata. Não são palavras casuais. Têm endereço. É confronto!

Desafiados

Para bom entendedor, meia palavra basta. Não apenas mostram, mas dizem que um dia ocuparão o lugar que hoje é nosso. Não é raro ouvi-los dizer no rádio e na televisão que, um dia, o Brasil será uma nação evangélica. Vale dizer que agora é católica e não segue o Evangelho. Não sugerem: dizem-no abertamente. Há pregadores a dizer que a hegemonia dos católicos acabou. Ainda somos 74% da população e eles 15% a 20%, mas alguns de seus próceres garantem que a balança mudará em definitivo a favor do seu credo. Ainda falaremos desse linguajar.

Respondemos? Podemos ficar histéricos, ofender, agredir, dar o troco, ou simplesmente ser mais católicos do que temos sido e deixar que o tempo e o Senhor do tempo decidam. Marketing é uma coisa. Graça e vontade de Deus, outra. Grupos como os nazistas de Hitler, que ainda ontem falavam em reinar por 1.000 anos, duraram menos de 10; os comunistas duraram menos de 7 décadas. Marketing assusta a quem não lê as suas entrelinhas. Nem nós, católicos, devemos arrotar vitória por conta dos números de ontem e de hoje, nem eles pelos números de agora. O reino dos céus não depende desses percentuais.

Sim, muitos nos deixaram

Algo mudou. Não se tapa o sol com uma peneira. A cidade secular cresceu e a religiosa diminuiu, mesmo tendo aumentado em número. Há novas Igrejas, de menos de 40 anos, erguendo, em poucos meses, templos enormes, onde ontem só os católicos tinham obras tão monumentais. Onde arranjam o dinheiro? Do dízimo ou de outros empreendimentos bem-sucedidos? Vale a pena ler o que escrevem os seus defensores e os seus dissidentes. Fica-se menos ingênuo.

A verdade é que, hoje, **os templos do ter e do comprar** superam de longe os **templos do crer e do orar**. Os cristãos que oram em templos de tamanho médio, depois da missa almoçam em gigantescos shoppings, onde muitos deles instalaram suas lojas. Somos mais uma voz e mais um vulto no meio da selva de cimento. Faz tempo que não somos hegemônicos.

O saber cristão encolheu

Deu-se com os livros o que sucedeu com os templos. Nossas livrarias também perderam espaço. As obras literárias ou catequéticas de cunho religioso, exceto por alguns livros muito selecionados, nem sequer são vistas em grandes livrarias do país e do mundo. Os grandes pensadores da fé, teólogos profundos, também não são vistos nem mesmo em livrarias católicas ou evangélicas, que se especializam em livros mais suaves e testemunhais. Poucas possuem as obras que fizeram história.

Os livros de doutrina espírita ou judaica, dos ateus ou de cabala, estão lá nas rodoviárias, aeroportos e shoppings. Os nossos, só nas livrarias católicas. Na maioria das pequenas livrarias não se acham nem mesmo os documentos oficiais da Igreja ou os livros de teólogos de renome. Mas há livros de testemunho do mais novo convertido que resolveu escrever as suas experiências com Cristo. Por que estes e não os outros? Temos medo de Teologia? Segregamo-nos? Segregaram-nos? Fecharam-nos as portas ou não soubemos abrir-nos?

Perigo à vista

As Igrejas cristãs correm, hoje, dois grandes perigos: de um lado, por parte dos grupos centrados mais no vislumbre do que no prodígio e nas curas, a intolerância diante das novas linguagens, dos novos deslumbramentos, das ênfases e dos gestos dos novos carismáticos e suas novas comunidades. De outro, a afoiteza e a ingenuidade das novas comunidades de crer que novos caminhos são sempre caminhos mais iluminados.

Gamaliel soube interpretar com serenidade as mudanças que o novo grupo de Jesus trazia ao Judaísmo e, talvez, ao mundo. Pediu tempo e respeito à graça de Deus (cf. At 5,33-42). O risco de ruptura existe. Uns podem rejeitar por rejeitar as novas manifestações da graça, e outros, achar que com eles acontece o definitivo. O perigo está nos pregadores de um lado não saberem mais falar aos fiéis do outro. Prisioneiros dos antigos ou novos vocábulos talvez não saibam mais orar ou dialogar com os outros irmãos da própria Igreja. Não é que pode acontecer. Já está acontecendo...

Sua volta...

Seu retorno a um Catolicismo mais bem informado e mais comprometido passará pelos livros de lá e de cá. Cristãos e religiosos de todos os caminhos e ateus das mais diversas posturas estão escrevendo sobre Deus e contra Deus, sobre Jesus e contra Jesus, sobre e contra o Catolicismo.

Livros como o de Carl Sagan, *Variedades da experiência científica: uma visão pessoal da busca por Deus*,[1] mostram de quan-

---

[1] SAGAN, Carl. *Variedades da experiência científica*: uma visão pessoal da busca por Deus. São Paulo: Companhia das Letras, 2008. p. 50.

72 Pe. Zezinho, scj

ta teologia natural é capaz um famoso e respeitado astrofísico ateu que faz perguntas inteligentes e embaraçosas aos crentes de todas as religiões.

Ele nos acusa de retratar "um Deus pequeno demais, um deus de um mundinho, e não o deus de uma galáxia, muito menos o de um universo [...]". E prossegue perguntando se não é mais humilde e adequado afirmar que Deus fez o ser humano para o universo e não o universo para o homem. Por que deveríamos ser o centro da Criação? "Se um Deus Criador existe, Ele ou Ela, qualquer que seja o pronome adequado, vai preferir um bronco que o adore sem nada entender, ou preferirá que seus devotos admirem o universo em toda a sua complexidade? Sugiro que, pelo menos em parte, a ciência é adoração informada [...]".

Os livros dos outros

Em novembro de 2007, a trabalho em Roma, Madrid e Lisboa, dei-me um tempo e fui visitar 25 livrarias. Já o fizera, meses antes, em 15 livrarias do Brasil: religiosas e leigas. Pesquisava para um curso de Prática e Crítica de Comunicação nas Igrejas. Eram espaços enormes, aboletados de livros. Dentro deles, os pensamentos de milhares de escritores. Algumas lojas na Espanha anunciavam 30 mil títulos à venda. A maioria, evidentemente, não trazia o pensamento católico.

A religião perdeu espaço

Anotei os títulos em destaque, principalmente os que nos últimos anos despertaram curiosidade e ganharam as manchetes. A religião ali perdeu espaço. Quem escreve quer ser lido. Escritores querem se comunicar e leitores querem ler. Há milhares de escritores e milhões de leitores. E deve haver bilhões de exemplares de livros, revistas e folhetos nas prateleiras, estantes de livrarias, escolas e lares do mundo. A humanidade está lendo e escrevendo.

Um número reduzidíssimo de autores realmente faz história. Mas bastam eles para registrar ou determinar mudanças de pensamento, de fé e de comportamento. Por eles sabemos como pensava uma geração e um período da história.

Livros e binóculos

Enxerga-se mais longe com um livro na mão. Livros foram e são as delícias e alegrias de estudiosos em busca de luzes e de maior profundidade ou de adolescentes sonhadores. Também houve e há páginas escritas com ódio, destinadas a ferir e demolir, questionar, diminuir e, se possível, dilacerar. Alguns autores querem discípulos. Outros semeiam a morte. E há os que procuram diálogo.

O mundo nos desafia e interroga em livros, discos, cinemas, teatros, canções, blogs, sites, twitters, e-mails, rádio, televisão, outdoors, jornais, revistas, folhetos e pichações. O que faz um católico que não escreve, não lê e depende apenas do que ouve no púlpito e no rádio e vê na televisão? Não haveria uma grave lacuna no seu aprendizado?

Testemunhas e acusadores

Os livros ontem e os vídeos e CDs hoje, felizmente ou infelizmente, são testemunhas do que disseram seus autores. A religião e as ciências progrediram, e hoje, pelo que disseram ou dizem pelos livros e CDs, pode-se saber o que pensavam fundadores de religião, de Igrejas, de movimentos dentro da Igreja.

Verba volant, scripta manent: palavras voam, escritos ficam! Semblantes revelam equilíbrio ou anormalidade. Quando, portanto, alguém se diz portador de um dom, de uma profecia, de uma revelação, e os registra por escrito ou em gravação, corre o risco de ser questionado, processado e desmascarado dias ou meses depois. É que Deus também inspira os psicólogos e psiquiatras. Quando alguém garante que foi Deus que o levou a profetizar, que Deus mandou um recado para os presentes, este pregador corre o risco de ser analisado e esquadrinhado por psicólogos e psiquiatras sérios, que saberão se ele estava no seu normal. A televisão hoje é instrumento poderosíssimo de persuasão em busca de novos ouvintes, mas também ajuda o estudioso a saber do estado mental do pregador que gritava e gesticulava diante daquelas câmeras. As Igrejas são hoje vigiadas pelos mesmos holofotes que elas utilizam.

Sem grandes pretensões

Olhemos para os nossos atuais pregadores católicos. O que estão dizendo ou deixando de dizer? O que diz a imprensa dos outros a seu respeito? Em que controvérsias os católicos andam envolvidos? Quem somos nós para os ateus, os judeus, os que se intitulam protestantes, os evangélicos, os pentecostais? Protestam, agora, contra o quê? Ainda há alguma oposição entre os adjetivos *evangélico* e *católico*? O que é ser pentecostal? Existem católicos pentecostais? O que pretendem a Teologia da Libertação e as outras teologias do nosso tempo? O que pretendem para a nossa Igreja até mesmo os sacerdotes que, em livros ousados, chegam a propor que em vez de "cristãos" os membros de seu movimento se definam como carismáticos? Seria este adjetivo sinal de um passo adiante na fé, ou um passo mais definido sempre dentro do Cristianismo? Não temos que ser doutores, mas temos que ser leitores. Quem sabe ler não pode agir como se os livros e os documentos da Igreja não existissem.

9. Ex-católicos

Irmãos que nos deixaram

Milhões de crentes evangélicos ou pentecostais já foram católicos e deixaram a nossa Igreja. Alguns não se sentem mais nossos irmãos. Não estão satisfeitos conosco. O modo de falar de alguns deles é o de quem não nos ama. Repetem-se os tempos do montanismo, do donatismo, do arianismo e de outras divisões acirradas na Igreja.

Há os que nos respeitam e até nos admiram. Tenho centenas de e-mails e textos pró e contra a nossa Igreja. Segundo muitos, acharam um caminho e uma Igreja melhor. Pelo teor de suas mensagens parecem serenos e felizes, mas muitos não. Suas palavras são reveladoras. Precisam agredir.

Vejo-os a lotar seus pequenos e grandes templos, aos domingos e quartas-feiras, e a confiar nas explicações dos seus novos pastores e reverendos. Não confiam mais nas pregações de quem, meses ou anos atrás, chamavam de reverendíssimo padre, ou seja: pai. Trocaram o papel de filhos pelo de ovelhas. Antes ouviam os "pais". Agora ouvem o pastor.

Aprendi a respeitá-los, sem fugir da raia, como respeito aos que, um dia, foram ministros na nossa Igreja. O povo os chamou de padres, "pais". Hoje, não mais atuam naquele altar e naquele púlpito. Seus sentimentos e suas escolhas os levaram para outros caminhos. A mesma reflexão serve para quem já foi casado e hoje constituiu outra família. Os fatos mudam, as pessoas mudam, mudam as atitudes. O que não se pode mudar é a passagem de Mateus 7,1-2, na qual Jesus proíbe julgar os outros e avisa que, se o fizermos, receberemos o mesmo julgamento da parte do céu. Não sabemos o que se passou lá dentro deles para julgá-los. E, mesmo que soubéssemos, não teríamos o direito.

Outra vez o tema "discordar"

Posso pensar diferente e discordar, como, de resto, os que nos deixaram também fizeram e fazem. Foi por isso que buscaram outros caminhos! Discordaram de alguém ou de alguma doutrina, razão pela qual não mais oram ou atuam ao nosso lado. Escolheram outros mestres.

Se este é o seu caso, gostaria de incluí-lo entre os destinatários deste livro. Aconteceu com alguns dos meus parentes! Eu nunca os chamei para uma conversa sobre sua decisão. Achei que o tempo e a hora chegariam. A hora chegou e decidi escrever o que sentia. Se o lerem, saberão o que penso e porque jamais polemizei. Quem se abriu recebeu uma palavra de carinho. Religião às vezes pode separar uma família. Melhor é não ferir.

Eles querem voltar

Em questão de fé pode-se voltar sem nunca ter ido ou voltar porque se foi. Há católicos que nunca deixaram de ser católicos, mas também nunca assumiram o seu Batismo. Fazem como o sócio do clube que assinou, tem carteirinha, mas nunca foi lá e não se entusiasma pelo clube. Mantém os laços porque ser sócio faz bem para a esposa e para os filhos. Ele mesmo não vai. Muitos católicos nesta situação estão hoje interessados em voltar a participar, mas admitem saber pouco sobre os temas mais "quentes" da fé. Algum livro ou algum sermão mexeu com eles.

Ouvi de um razoável número de irmãos e irmãs:

– Voltei porque achei sentido no que disse o Papa na televisão. Voltei porque gosto do nosso novo cardeal. Estou gostando da

DE VOLTA ao catolicismo

atuação do novo pároco. Assim vale a pena ser católico. Ouvi sua canção, seu programa, o programa do Padre X ou do Padre J.

Repensaram sua fé

Longe de mim pensar que fui eu quem motivou os que estão voltando. Se a canção e as palavras que ouviram os tivessem encontrado num outro momento, talvez não os tivessem afetado. É que já estavam à espera quando a canção ou a palavra passou por eles. Somos todos viajantes à espera do trem ou do avião que, mais depressa e com mais garantias, nos levará para onde sonhamos ir. Não são poucos os que, sem pensar no que fazem, embarcam em mais uma crise. Um dia explode-lhes na alma a pergunta: "Fiz a coisa certa? Troquei de mãe e de raízes e deixei meus irmãos em troca de outros. Foi justo?".

Palavra dada

O desejo de ser feliz de outro jeito leva muitos a se casarem duas ou três vezes e outros a mudarem duas ou mais vezes de religião e de profissão. Nem todo mundo mantém a palavra dada até o fim de seus dias.

Era a isso que Jesus se referia quando disse, falando das dificuldades de quem o seguisse: "Aquele que **perseverar** até o fim, esse será salvo" (Mt 10,22). O mesmo Jesus disse em Lucas 21,19: "Pela vossa **perseverança** ganhareis as vossas almas". Paulo diria mais tarde aos Romanos (5,1-5):

> Justificados, pois, pela fé, tenhamos paz com Deus, por nosso Senhor Jesus Cristo, por quem obtivemos também nosso acesso pela fé a esta graça, na qual estamos firmes. Gloriemo-nos na esperança da luz de Deus. Não só isso. Demos glória inclusive nas tribulações, sabendo que a tribulação produz a **perseverança**, a **perseverança** a experiência e a experiência, a esperança. Ora, a esperança não

desaponta, porque o amor de Deus está derramado em nossos corações por ação do Espírito Santo.

Se você considera voltar a orar, a pensar a vida e o mundo com os católicos e, quem sabe, seguir este ou aquele enfoque, talvez este livro lhe seja útil. Falarei a irmãos e irmãs com o seu tipo de questionamento. Católico, sim. Mas que tipo de Catolicismo?

Não pensam em voltar

Não há como negar que há irmãos felizes por terem ido embora. Ouvi isso muitas vezes em programas de rádio, e também certa vez no avião e no vagão de metrô, em testemunhos de quem deixou o Catolicismo. Falavam alto, para ofender. O alvo era eu, com meu crucifixo à mostra no peito. Um senhor garantia ao amigo no assento "14 A" que agora era feliz porque aceitara o verdadeiro Jesus. Insistia que, quando era católico, sua vida tinha sido um atraso. A linguagem era a de um irmão pentecostal incomodado com um livro sobre Maria, a mãe de Cristo; livro que eu lia e no qual anotava ao seu lado. Excedeu-se.

Um outro desconhecido mandou-me de presente um CD com uma flecha numa canção que lembrava que o Deus dele não era de barro. Mandei-lhe um CD com a canção "Imagens".

Num outro caso, uma senhora simples, no vagão de metrô, também falando alto para ser ouvida, insistia que perdera 50 anos de sua vida como católica, adorando imagens e ouvindo as mentiras dos padres. Sua fala tinha endereço. Olhava para o crucifixo que eu levava no peito. Os presentes que me conheciam esperaram minha reação. Sorri levemente, abri um livro que acabara de comprar na livraria das edições Paulinas. Não comprei a provocação. Mais tarde, orei por ela, que mostrava ira, ressentimento e ódio. Encontrara um Igreja, mas não uma fé centrada no respeito aos outros. Se não fora boa católica, não estava sendo boa evangélica. Trocara de aro, mas não de lente!

DE VOLTA ao catolicismo

Aqui e acolá percebo que a lembrança, no meu peito, da imagem do Cristo que morreu por nós às vezes incomoda os cristãos que por força do marketing das novas Igrejas se proclamam "vencedores em Cristo". Para eles a cruz ainda é um escândalo. Não assimilaram a mística dos sinais, entre eles, o da cruz. Confundem o "morreu" com "está morto". Alguém não acentuou a palavra "ressuscitou ao terceiro dia". Entre nós, católicos, todos os dias na missa lembramos, logo depois da consagração, a paixão, a morte e a ressurreição de Jesus. Para nós são três realidades que se proclamam simultaneamente.

Por isso levo cruzes no dedo e no peito. Proclamo, sem falar, que Jesus morreu e ressuscitou. Carrego a lembrança das suas dores, mas prego também que ele está vivo. Quando me perguntam, eu explico! Em geral, criticam meus símbolos sem perguntar porque os uso.

Feridas abertas

Pelo grau de mágoa e pela provocação a quem estava quieto ao seu lado e à sua frente, imagino que este livro jamais cairá em mãos daquele senhor e daquele senhora de outra Igreja. Nunca lerão um livro de um católico. Mas imagino que algum crente ex-católico que jamais voltaria a ser católico quererá, um dia, ler meu livro. Eu também jamais pensaria em ser de outra Igreja. Nem por isso deixo de ler alguns livros de cristãos não católicos. Acho que é sinal de respeito querer conhecer o pensamento de um irmão que ora e prega diferente de nós. Isso de explicar serenamente está recomendado no Decreto *Unitatis Redintegratio*, do Concílio Ecumênico Vaticano II, de 21 de novembro de 1964.

Entre os teólogos e pensadores cristãos que admiro estão, por exemplo, Karl Barth, Emil Brünner e outros evangélicos de grande profundidade, muitos dos quais nos respeitam muito e a quem também respeitamos. Foi com Karl Rahner, Hans Urs

Pe. Zezinho, scj

von Balthasar, Hans Kung e centenas de autores católicos do século passado, mais uma centena de pensadores cristãos desses últimos dezoito séculos de Cristianismo, que construí minha visão de católico, visão que a cada semana é reforçada com novos pronunciamentos do Papa e novos livros de nossos pensadores e teólogos. Neste exato momento estou lendo, de Agenor Brighenti, *A Igreja perplexa*.[1]

> Uma Igreja sem pregadores populares seria um fracasso, mas sem os teólogos, com seus 30 a 40 anos de pesquisas, seria um fracasso ainda maior. Seria uma Igreja sem conteúdo e sem profundidade, com gente sem catequese ou leitura, repetindo palavras de ordem e slogans, mas quase nenhuma teologia! Foi isso o que Dietrich Bonhoeffer, um mártir judeu, vítima do nazismo, disse em *Resistência e submissão: cartas e anotações escritas na prisão*[2] a respeito dos nazistas: viviam de repetição e de frases feitas. Não pensavam; repetiam palavras e frases pré-fabricadas.

---

[1] BRIGHENTI, Agenor. *A Igreja perplexa*: a novas perguntas, novas respostas. São Paulo: Paulinas, 2009.

[2] BONHOEFFER, Dietrich. *Resistência e submissão*: cartas e anotações escritas na prisão. São Leopoldo: Sinodal, 2003.

10. Convite à infidelidade

Conversão é algo muito sério. O convertido precisa saber se de fato se voltou para Deus ou apenas para a pregação de um grupo ou de uma Igreja. Seu comportamento dirá se foi mudança de atitude ou apenas de um templo para o outro.

Mudaram de religião

Imagine Paulo em linguagem de agora, diante das câmeras e dos microfones de hoje. De que palavras usaria? Quem o patrocinaria? Seria convidado por quais emissoras? Teria espaço? No seu tempo, controvertido como era, muitos cristãos não acreditavam na sua conversão. Mas foi ele quem disse e talvez dissesse em palavras de hoje:

> Nos últimos tempos haverá momentos difíceis. Com efeito haverá pessoas egoístas, ambiciosas, vaidosas, orgulhosas, difamadoras, rebeldes a seus pais, ingratas, sem religião, sem coração, desleais, caluniadoras, destemperadas, cruéis, inimigas do bem, traidoras, atrevidas, cegas de orgulho, mais amigas do conforto do que de Deus, mas manterão aparências de piedade enquanto renegarão a sua essência. Fuja desse tipo de gente [...] Seu negócio não é a verdade. Seu espírito é corrupto, foram reprovados em matéria de fé. Mas não irão muito longe. Sua loucura será desmascarada em público, como foi o caso daqueles dois! (2Tm 3,1-9)

Vocês também pretendem me deixar?

Essas coisas falou Jesus, quando ensinava na sinagoga em Cafarnaum. Muitos dos seus discípulos, ouvindo isto, disseram: É duro ter que aceitar essa pregação. Quem aguenta um discurso desses? Não faz sentido algum! Percebendo Jesus que até seus discípulos murmuravam, provocou: "Isto os escandaliza? E se eu dissesse que vocês ainda verão o Filho do homem subir para onde primeiro estava? Quem dá a vida é o Espírito de Deus. A carne não entende essas coisas. As palavras que eu lhes tenho dado são espírito e são vida. Mas há alguns de vocês que não aceitam". *Jesus sabia, desde o princípio, quem de fato não acreditava e quem era o que o trairia.*

E continuou: "Foi isso o que eu quis dizer quando falei que ninguém pode vir a mim, se o Pai lhe não conceder este dom".

Muitos dos seus discípulos voltaram para trás e o abandonaram. Deixaram a comunidade que o seguia. Então Jesus perguntou aos que tinham ficado: "E quanto a vocês? Não querem também aproveitar e ir embora com os outros?".

Pedro respondeu: "E a quem nós seguiríamos? O Senhor é o único que tem palavras de vida eterna" [...] E Jesus concluiu: "Pois é, eu escolhi os doze. Mas um de vocês faz o jogo do diabo. Está com quem age contra mim". Jesus falava de Judas Iscariotes (Jo 6, 59-71).

Procurarão quem lhes pregue o que desejam ouvir

Diante de Deus e de Cristo Jesus, que há de julgar os vivos e os mortos, pela sua vinda e pelo seu reino estou lhe dando uma ordem: pregue a palavra, insista, não importa se for hora ou não for, admoeste, repreenda, exorte com toda paciência, mas ensine.

Porque haverá um tempo em que muitos não suportarão ouvir a doutrina certa. Cheios de desejo de ouvir coisas agradáveis, correrão para os lugares onde encontrarão mestres a dizer o que querem ouvir. Não apenas desviarão os ouvidos da verdade, mas irão atrás de quem tiver a história mais envolvente.

DE VOLTA ao catolicismo

Você, porém, seja equilibrado em tudo, sofra as aflições, faça a obra de um evangelista, cumpra o seu dever de pregador (2Tm 4,1-5).

Eles falam em nome do céu

Todos os dias milhões de pregadores entram em nossos lares pelas antenas do rádio e da televisão, a dizer que nos falam em nome de Deus. Mas a verdade é que Deus não é como o imaginamos, nem como eles o imaginam. É infinitamente mais. Nem sempre age como eles dizem que Deus age. Por mais sinceros que sejam, não poucas vezes os pregadores se enganam e enganam seus ouvintes. As coisas nem sempre acontecem como eles predizem.

É tamanha a convicção de que Deus os inspira e lhes diz o que dizer, que nem mesmo se examinam. Fazem profecias inverídicas e anunciam milagres que Deus não fez. Chegam a anunciá-los no rádio e na televisão com grande estardalhaço. Mas, quando o fiel volta portando a mesma enfermidade, não lhe cedem os microfones ou câmeras como da primeira vez. Prejudicaria sua pregação de curas garantidas.

O marketing do sucesso derrotou a verdade em muitos templos. Para eles só vale o testemunho da fé que deu resultado. Nunca o fato real. Mereceriam mais crédito se pedissem desculpas pelos seus enganos ou se permitissem ao mesmo fiel voltar e testemunhar que o câncer voltou e que, outra vez, orassem por ele!

Deus não pensa do jeito exato como achamos que ele pensa. Ele sinaliza e se comunica, mas nem sempre é compreendido na sua comunicação. Ficamos sempre aquém. Até mesmo grandes santos erraram. Isso não os impediu de ser santos. Santo não é quem não tem limites. É quem sabe administrá-los na humildade e na caridade.

Presença misteriosa

Muitos dos que dizem que acharam Deus na verdade ainda não o acharam, enquanto outros que o procuram, pensando não tê-lo achado, já vivem nele. Milhares de fiéis que disseram tê-lo visto na verdade não o viram.

Em resumo: **Deus é encontrável, mas não é visível.** Milhões que não o viram e sustentam jamais tê-lo visto sabem, contudo, o suficiente para continuar a procurá-lo. O verbo "crer" supõe o verbo "prosseguir". Se pararmos a procura, perderemos o equilíbrio. Não se deve parar na placa. Há muito mais além dela. *Deus é para ser procurado, mesmo depois de encontrado!* Ir à fé é como ir ao garimpo. Quem achou uma pedra preciosa prossegue garimpando na esperança de achar mais. Alguém talvez o faça por interesses escusos, mas o verdadeiro crente em Deus o procurará porque sabe que Deus é e tem muito mais a nos oferecer.

A Igreja Católica, nos seus documentos, propõe uma fé que não estaciona nas primeiras verdades, proposta que está nas primeiras páginas do *CIC* (Catecismo da Igreja Católica). Ele deve servir de referência, doutrina segura, mas as Igrejas locais precisam ter os seus catecismos e prosseguir na sua busca dentro da realidade de cada povo. Resumindo: nada de frases feitas e respostas mecânicas. Tudo deve ser aprofundado.

11. Questão de coerência

Quando elogiaram Maria por ter sido o ventre e os seios que no-lo deram, Jesus a elogiou não apenas por isso, mas por ser fiel e coerente. Ouviu e praticou.

> E aconteceu que, dizendo ele estas coisas, uma mulher dentre a multidão, levantando a voz, lhe disse: "Bem-aventurado o ventre que te trouxe e os peitos em que mamaste". Mas ele disse: "Antes bem-aventurados os que ouvem a palavra de Deus e a praticam" (Lc 11,27-28).

E Jesus frisava:

> O que ouve e não pratica é semelhante ao homem que edificou uma casa sobre terra, sem alicerces, que a enxurrada arrastou com força, e ela não resistiu. Foi grande a sua ruína (Lc 6,49).

Crente infiel

O rei Salomão viveu há cerca de 3 mil anos. Proclamou-se crente! Foi tido como sábio, escritor, pensador, poeta e rei. Interpretou Deus com fina inteligência, mas, na hora de interpretá-lo com o coração, falhou de maneira fatal. Abandonou o Deus a quem louvara com belíssimos hinos, mas a quem não soubera nem amar, nem interpretar com a própria vida.

Para glorificar o Deus de quem ele tanto entendia, o rei Salomão levou 7 anos a construir um templo de 27x9x13m (cf. 1Rs 6,2). Mas na hora de construir o próprio palácio, em 13 anos fez uma obra monumental de 44x22x13,5m (cf. 1Rs 7,1-3). O rei gastou com ele muito mais do que com Deus...

Vidente ou marqueteiro?

Segundo o livro que lhe tece loas, Deus teria aparecido a Salomão duas vezes: uma em Gibeão (cf. 1Rs 3,5) e outra depois da construção do Templo (cf. 1Rs 9,2). Assim mesmo, o poderoso rei e poeta, que escrevera para Deus mais de três mil provérbios e mais de mil canções (cf. 1Rs 5,12) e lhe erguera um templo, terminou seus dias adorando os deuses de várias das suas setecentas mulheres e trezentas concubinas. Também ergueu altares e templos para os falsos deuses Moloque, Astarote e Quemos. Mudou do monoteísmo para o politeísmo e morreu crendo em deuses e negando o Deus único para quem cantara, escrevera e erguera um templo.

> O que teria levado Salomão a virar as costas ao Senhor? Em que momento da vida começou ele a mudar de religião? Uma leitura do marketing que ele fazia de si talvez nos dê uma resposta. Havia Salomão demais no reino de Salomão! A fama, o dinheiro e os prazeres o haviam derrotado.

Gedeão, o vencedor que se perdeu

Gedeão foi outro personagem trágico, ainda hoje celebrado por alguns escritores e pregadores católicos e pentecostais como exemplo de luta pela fé, porque combatia os ídolos dos outros. Só não revelam que ele também teve seus próprios ídolos e usou de métodos injustos e espúrios para defender a sua fé, que ele pôs acima da justiça e da caridade. Ficam apenas nos dois primeiros capítulos da sua história, em Juízes 6 e 7. Se fossem mais adiante, procurariam outro modelo, porque nos capítulos 8 e 9 vemos um Gedeão infiel a tudo pelo qual lutara, vencido pela fama, pelo poder e pelo dinheiro.

DE VOLTA ao catolicismo

No começo, o humilde jovem do campo, chamado a salvar seu povo, pede três sinais para não se enganar na sua profecia, e Deus os dá. Torna a pedir mais um sinal e Deus torna a dar. Então, Gedeão partiu para defender seu pequeno e oprimido povo contra os poderosos midianitas. Com apenas trezentos homens torna-se um crente vencedor. Mas sua humildade vai só até a vitória.

Vencedor e prepotente

Dali por diante, volta, deixando rastros de sangue e de vingança contra quem não colaborara com o seu exército e o seu ministério. Puniu, feriu, matou como fera. Dos espólios de guerra fez um rico éfode, e em pouco tempo virou ídolo. Diz o Livro Santo que aquela ostentação foi o começo da sua ruína. Passou a viver como rico. Teve setenta filhos de muitas mulheres e um outro de uma concubina. Abimelec, o filho da concubina, por ganância e poder, matou os setenta irmãos. Somente Jotão escapou. Os dois entraram em guerra e Abimelec perdeu. Uma mulher jogou sobre ele uma pedra de mó. Ele pediu a um imediato que o matasse para não ser morto por mãos de mulher.

O humilde defensor de um povo fraco fora vencido pela fama, pela fortuna, pela revanche e pela incapacidade de perdoar. Era um crente rancoroso. Que os gedeões de hoje não o imitem! Ele não serve de modelo! Pareceu ser um herói na hora de destruir os ídolos dos outros (cf. Jz 6,27-32), mas foi incapaz de perdoar e de conviver com quem pensasse diferente dele.

Anjos orgulhosos

> Lúcifer é, segundo lenda antiga, o próprio demônio, o pior de todos os seres que, de anjo porta-luz, tornou-se o revoltoso, o que procura fazer o mal ao ser humano. Seu horrendo pecado foi pensar que podia ser como Deus.

> Muitos povos sustentam lendas semelhantes. A pedagogia por detrás dessa história, de um anjo porta-luz de Deus que se tornou o anjo das trevas, aponta para a corrupção dos bons. A doutrina é a de que ninguém pode se considerar seguro na sua bondade. Também os puros se sujam e os bons se corrompem. Inclusa nesta catequese está a doutrina sobre a tentação. Ninguém é capaz de resisti-la apenas com os recursos da inteligência e da vontade.

Cair em tentação

Precisamos, segundo Jesus, "vigiar e orar" para não cedermos à tentação. Ele recomenda vigilância e oração (cf. Mt 26,41). Em Lc 11,4, no Pai-Nosso, Jesus ensina a orar para que Deus não nos permita *cair em tentação*. Ela é uma realidade. Assim como há pecadores que se convertem, há anjos e santos que se pervertem. O perigo da busca e aceitação de prêmios, títulos, homenagens, aplausos, mais e mais dinheiro, mais e mais poder, holofotes sobre si, consiste em, com o tempo, esquecermos de mostrar a luz de Deus e a luz dos outros para mirar esse facho sobre nós mesmos e aceitar o halo e a fama de santos.

Quem faz isso nem sequer percebe a extensão da sua vaidade. Age como o alcoólatra que não admite estar viciado. Quando tudo gira em torno de uma pessoa, começa a derrocada. Faz mal quem o idolatra, faz mal quem aceita passar por santo profeta e taumaturgo. A Bíblia e as Igrejas estão cheias dessas histórias. Sirvam de triste exemplo: Gedeão, Salomão, Judas e Simão, o Mago. Poder, fama ou dinheiro escuso e um intenso marketing de si mesmos os derrotou!

Crentes fiéis

A Bíblia, que narra o lado santo e o lado pecador dos patriarcas, profetas, catequistas e pregadores da fé, registra a história

DE VOLTA ao catolicismo

de um ancião bem menos culto e famoso que Salomão e Gedeão, mas muito mais fiel e mais sábio. Chamava-se Eleazar.

Era um homem sério e admirado pelo seu povo. Foi descrito como um homem bonito, mestre da lei e grande catequista entre os hebreus. Os dominadores do seu povo quiseram forçá-lo a comer um tipo de carne que, por questão de fé, um judeu não comia. O conquistador e rei Antíoco pensava esmagar a religião dos judeus ao levar seus membros mais ilustres a quebrar tal juramento. Dobrando-os, dobraria os outros. Eleazar escolheu morrer.

Um catequista não mente

A carne de porco era apenas um pretexto do rei. O que ele queria era dobrar a fé no Deus único. Houve quem sugerisse a Eleazar que, para salvar a própria pele, fingisse comer. Bastaria substituí-la, sem que ninguém soubesse. Ele rejeitou esta falsidade para não ser um catequista fingido e um péssimo exemplo para os jovens. **Não trocara de fé e não era agora aos 90 anos que mudaria de religião. Morreu chicoteado** (cf. 2Mc 6,18-31).

Ter uma fé, juntar-se a um grupo, ir embora desse grupo, voltar, achar que finalmente achou, tatear na penumbra, deslumbrar-se, deixar-se cegar pela luz que procurava, exaltar-se e proclamar-se mais fiel, mais iluminado, proclamar-se profeta e porta-voz de Deus e, de repente, mergulhar na dúvida, ou ser fiel até o fim e morrer em paz com as suas promessas e com a sua consciência... Tem sido essa a história do ser humano.

Há, nos crentes de todos os caminhos, um pouco de Salomão, o rei, outro pouco de Gedeão, o guerreiro, e outro pouco de Eleazar, o catequista (cf. 2Mc 6,18-31). O rei instrumentalizou a fé e a fez trampolim para a riqueza e o poder, com enorme ênfase na própria pessoa. O guerreiro não soube perdoar e vingou-se de maneira absurda de quem não cooperou com ele. O catequista viveu a sua fé sem medo e sem pensar em dinheiro, riqueza ou poder. Dois mudaram de religião e trocaram de fé segundo suas conveniências; o outro perseverou até a morte, seguro de que estava no caminho certo.

O mundo sempre balançará entre Salomão, Gedeão e Eleazar. A escolha de ficar ou ir embora nunca será simples. As perguntas continuarão! Deus educa. E quem educa faz perguntas!

12. Crer para entender

Espero que esteja claro que,
se não vejo provas da existência de Deus,
isso não significa que, a partir deste fato,
eu diga que sei que Deus não existe.

Carl Sagan[1]

Podemos primeiro entender para depois crer, ou primeiro crer para depois entender. Santo Anselmo de Cantuária propõe a Teologia como um ato de aceitar e ir aprendendo e compreendendo o que se aceitou. *Credo ut intellegam.* Ao apóstolo Tomé, Jesus diz que fazem melhor os que mesmo sem tocar e ver aceitam e creem. Não ficarão sem respostas.

Desde a tua meninice sabes as Sagradas Escrituras, que podem fazer-te sábio para a salvação, pela fé que há em Cristo Jesus (2Tm 3,15).

Toda a Escritura é divinamente inspirada e proveitosa para ensinar, para redarguir, para corrigir, para instruir em justiça (2Tm 3,16).

Sabendo primeiramente isto: que nenhuma profecia da Escritura é de particular interpretação (2Pd 1,20).

A palavra de Cristo habite em vós abundantemente, em toda a sabedoria, ensinando-vos e admoestando-vos uns aos outros, com salmos, hinos e cânticos espirituais, cantando ao Senhor com graça em vosso coração (Cl 3,16).

---

[1] SAGAN, Carl. Op. cit., *Variedades da experiência científica.*

TEODICEIA, para os filósofos, é a parte da filosofia aristotélico-tomista que trata de Deus, da sua existência, e dos seus atributos e da sua santidade em relação ao mal moral, sua bondade em relação ao mal físico e sua justiça que harmoniza com o bem e a virtude. É também chamada de Teologia Natural. Vem das palavras *Theós* (Deus) + *diké* (justiça).

TEOGONIA era todo o sistema religioso da antiguidade pagã, fundado nas relações dos deuses entre si e deles com os seres humanos. Narrava a origem dos deuses, seus sentimentos, amores e humores, suas ações e as consequências delas aqui neste mundo. O nome deriva de uma das célebres obras do poeta Hesíodo, que viveu no século VIII a.C. Retrata como era a religião dos gregos oito séculos antes do Cristianismo.

TEOLOGIA é a busca e o aprofundamento do que já se sabe sobre Deus em si, das suas perfeições, das suas relações com suas criaturas, principalmente conosco, os humanos, e das implicações que tal conhecimento ou vivência podem significar para os indivíduos e povos. A Teologia supõe muito mais do que conhecimento. Propõe um relacionamento inteligente, nascido de uma fé inteligente. É mais do que estudo. É tentativa de compreender o indizível, o inefável.

> Mais do que conhecimento de Deus, estudo de Deus, busca e procura, desejo de conhecê-lo melhor, de estar a par de tudo o que com Ele se relaciona, a Teologia é um mergulho no mistério de um Criador que nunca vimos nem nunca veremos neste mundo, mas que deu, dá e dará sinais de sua existência e do seu amor por nós.

Não o entendemos e jamais o entenderemos, mas podemos vislumbrar um pouco da sua luz. O homem é capaz de Deus, afirma o nosso *Catecismo* (*CIC* nn. 27-49). Também o pequeno

DE VOLTA ao catolicismo

balde é capaz de água, mas nem por isso cabe nele toda a água do oceano.

Ser capaz de Deus não é o mesmo que saber tudo sobre Ele, menos ainda saber interpretá-lo sem erros. A história das religiões registra acertos, aproximações, procuras colossais e erros igualmente colossais. Deus é para ser procurado, mesmo depois de encontrado. Nenhum encontro com Ele é definitivo neste mundo. Descobrir um veio de ouro não é encontrar todo o ouro da mina. Achar a mais pura das fontes não é o mesmo que nunca mais sentir sede. Teremos que voltar lá o tempo todo, porque ninguém é capaz de beber de uma só vez toda a água de que precisará para a sua vida.

Amor e teologia

Afirma João, numa das cartas a ele atribuídas: "Ninguém jamais viu a Deus" (1Jo 4,12). Mas acrescenta que quem é capaz de amor está mais perto de vê-lo. O mesmo João afirma que Deus não apenas tem amor: Ele é amor (cf. 1Jo 4-8). Paulo diz que agora o que temos é um vislumbre, como por um espelho, mas um dia veremos como Deus realmente é, com clara visão, sem véus (cf. 1Cor 13,12).

Procura serena

Uma teologia digna deste nome se ocupa dessa procura serena e sincera do rosto de Deus, que não é um rosto humano. Verdadeiros teólogos não se fecham em redomas nem parcializam a fé. Ouvem muito, pensam muito e não se apressam nas suas conclusões. Como todos os crentes, eles também procuram a Deus, mas o que acham eles submetem à reflexão de seus pares.

Há uma enorme diferença entre o pensador da fé e o pregador da fé. O teólogo é um pensador que em geral prega a fé com bastante serenidade. Mas nem todo pregador é um teólogo.

Pregadores costumam fazer mais barulho. O teólogo analisa o que Deus teria dito aos outros ou o que os outros disseram que Deus lhes teria dito. Um grande número de pregadores diz o que o céu lhes disse ou está dizendo. De fato muitos pregadores não leem mais do que dois livros por ano, mas garantem que o que ensinam é a verdade. Ensinam o que sentem. Não fazem Teologia. Mais afirmam do que estudam Deus.

Procurar o rosto de Deus

Jesus afirma que quem o conhece conhece o Pai (cf. Mt 11,27; Jo 14,7-9). Mas exige reflexão dos discípulos e convida-os a irem mais longe com Ele. O Pai não tem um rosto humano, o Filho não o tinha até encarnar-se e ser Deus e homem, o Espírito Santo não tem rosto humano. Essa é a doutrina dos cristãos. Outras religiões terão sua própria versão do "rosto" de Deus. Estudá-las ajudará no diálogo entre os que procuram Deus de coração sincero. É sabido que todos os povos o buscam e a quase totalidade dos homens e mulheres admitem e afirmam que Deus existe. Isto mostra que o ser humano é *um ser religioso* (CIC nn. 28, 2566).

Para entender isso que está nos Evangelhos, nos Atos dos Apóstolos e nas cartas, a Teologia Cristã começa pelo Antigo Testamento e procura os sinais que Deus foi dando, até que, em Jesus, ele se revelou mais perto de nós. De Jesus até os dias de hoje o estudo de Deus ocupa a mente e o coração dos cristãos que o buscam, sabendo, porém, que jamais acharão todas as respostas neste mundo.

A Teologia não consiste em saber tudo sobre Deus, mas em procurar tudo o que se pode saber para agora e para depois da nossa morte. Nunca saberemos Teologia suficiente. Sempre teremos o que aprender e o que corrigir. Não se faz teologia sem uma grande dose de humildade! Não há teólogo que não saiba isso.

A Teologia não é feita só de certezas. Ter dúvidas e questionar também faz parte desse aprendizado. Mas ela se auxilia da fé, da esperança, da caridade e da busca sincera do mistério do Deus que se manifestou e se manifesta através da História. O sol existe e brilha. Cabe a nós abrir as cortinas e aprender a olhar o mundo que o sol ilumina. Se algo nos parece pequeno demais, temos lupas e microscópios. Se parece longe demais, temos telescópios. Se não parece nítido, temos lentes corretivas. A fé em Deus é um pouco de tudo isso. A Teologia é um dos instrumentos que, bem-utilizado, pode nos mostrar para onde olhar, como olhar e como procurar.

Imagine Deus a criar

Imagine um número que enchesse um livro inteiro de zeros. Talvez ele não traduzisse o número de átomos que existem no universo. E se no vasto universo, que não pode nem sequer ser traduzido em números, o Criador tivesse preparado outras Terras, com seres inteligentes, mas não humanos, com pessoas não como nós, mas capazes de escolher e de pensar, amar e servir a Deus? Impossível porque nunca ninguém viu, ou impossível porque temos que ser os únicos seres pensantes das galáxias? E por que teríamos que ser únicos?

Imagine o impossível

E se, conhecendo tais vidas, tivéssemos que mudar nosso conceito de pessoa? E se o ser que é Deus e é três pessoas tivesse criado outras semelhanças em outros lugares do universo? Alguém dirá que é matematicamente impossível. Pergunte aos que lidam com senos e cossenos, com a mais avançada matemática, e talvez eles lhe digam que um número é mais do que um número, muito mais do que imaginamos que seja. Também o universo é mais cheio de versos, anversos, contrários e inversos do que se sabia.

Se um dia você tiver a oportunidade e os médicos lhe derem permissão, visite um hospital para pessoas portadoras de gravíssimas deformações. No mundo há pouquíssimos hospitais para elas. Nesse dia você entenderá o que é um ser humano. Alguns deles não se parecem em quase nada com o que entendemos por ser humano, mas são. Ao vê-los, como ficaria a sua fé e em que aspectos isso mudaria o seu conceito de pessoa divina, pessoa humana ou pessoa de algum planeta da nossa ou de outra galáxia? Se uma pessoa tivesse quatro olhos e duas bocas, você ainda a consideraria humana? E ela deixaria de ser humana porque você não a considera homem ou mulher?

O Criador mal-amado

Há quem não se ama e não ama os outros. Para começo de assunto, milhões de filhos não conseguem nem sequer amar seus próprios pais. Neles, o sangue e a carne não falam alto. Nas prisões há pais e filhos desnaturados que mataram seus familiares.

Milhões de crentes falam com o Deus em quem acreditam, mas a quem não amam. Não se sentem agradecidos a Ele. Uma coisa é saber e admitir que Deus existe e outra é conversar com Deus e amá-lo sobre todas as coisas. Milhões de pessoas falam dele, mas não o amam. Você pode dizer que ama uma pessoa da qual fala, mas com a qual jamais conversa?

Deus existe ou não existe?

Se tiver chance, preste atenção nos pescadores a jogar as redes. Olham a superfície das águas e sabem que ali há peixe. Quem não vive a experiência de pescar, nada vê e nada percebe. Mas o pescador vê o que não vemos! Seus olhos percebem mais, assim como os dos astrônomos descortinam mais do que os nossos. Sem estudar as águas e o céu continuaremos a não ver nada, a menos que aprendamos a ler o que vemos...

DE VOLTA ao catolicismo

A polêmica é antiga. Deus existe ou não existe? Ele dá ou não dá sinais de sua existência? Seus sinais são confiáveis e claros? Você provavelmente tem amigos que duvidam dele. Também conhece os fanáticos que a toda hora pronunciam o seu nome e até se dizem seus porta-vozes. E há os crentes serenos que admitem que crer em Deus é uma experiência pessoal, mas é também um dom que nos faz humildes. Não se pode provar nem negar por a mais b que Deus existe ou não existe. Ele nunca foi visto por olhos humanos. Nós, cristãos, dizemos que só Jesus sabia quem é Deus (cf. Jo 7,29), porque ele e o Pai eram um só ser (cf. Jo 10,30). E quem o conhecesse conheceria o Pai (cf. Jo 14,9). Outros crentes não pensam como nós.

> "Mas eu o conheço, porque dele sou e ele me enviou" (Jo 7,29).

> Disse-lhe Jesus: "Estou há tanto tempo convosco, e não me tendes conhecido, Filipe? Quem me vê a mim vê o Pai; e como dizes tu: Mostra-nos o Pai?" (Jo 14,9).

> "Eu e o Pai somos um" (Jo 10,30).

Crer em Deus é saber e admitir que Deus existe, mesmo que nossos sentidos não o registrem. Foi o que Jesus disse a Tomé, que exigia provas palpáveis de que ele ressuscitara: "Creste porque me viste? Bem-aventurados os que não viram e creram" (Jo 20,29).

> Ora, **Tomé**, um dos doze, chamado Dídimo, não estava com eles quando veio Jesus. Diziam-lhe, pois, os outros discípulos: "Vimos o Senhor". Ele, porém, lhes respondeu: "Se eu não vir o sinal dos cravos nas mãos, e não meter a mão no seu lado, de maneira nenhuma crerei". Oito dias depois estavam os discípulos outra vez ali reunidos, e **Tomé** com eles. Chegou Jesus, e estando as portas

fechadas pôs-se no meio deles e disse: "A paz seja convosco". Depois disse a **Tomé**: "Chega aqui o teu dedo e vê as minhas mãos; chega a tua mão e mete-a no meu lado; e não mais sejas incrédulo, mas crente". Respondeu-lhe **Tomé**: "Senhor meu, e Deus meu!". Disse-lhe Jesus: "Creste porque me viste? Bem-aventurados os que não viram e creram" (Jo 20,24-29).

Eles dizem que Deus existe...

Vimos no início dessas páginas que há milhares de livros escritos para provar ou testemunhar a existência de Deus. Bilhões de crentes através da História afirmaram que ele existe, age e ama. Nunca o viram, mas sentiram e perceberam sua existência. O Evangelho de João começa apontando para esta experiência. É uma belíssima e poética proclamação de fé. Nove entre dez habitantes da maioria dos países garantem que Deus existe. Não o viram, mas sentem que ele existe.

Eles dizem que Deus não existe

Mas há os pregadores do ateísmo. Garantem que Deus não existe. Você talvez tenha lido José Saramago, Sartre ou Dan Brown, e talvez um dos muitos livros atuais que afirmam a não existência de Deus. Enquanto redijo estas páginas tenho cinco deles em minha mesa. Comprei-os em livrarias de shoppings e de aeroporto. Livros que pregam religião são mais encontradiços em livrarias religiosas. Os que pregam ateísmo estão nessas livrarias que se pretendem isentas e leigas, mas vendem livros que ou não ressaltam a religião ou a atacam; raramente livros que a promovem. Quem quiser livros de religião, teologia, catecismos, terá que procurar em livraria religiosa. Mas, quem quiser ateísmo, os achará nessas livrarias. Faça a experiência!

DE VOLTA ao catolicismo

Ateísmo militante

Milhares de livros escritos por descrentes afirmam que Deus não existe, ou jogam sombras sobre as Igrejas ou grupos que afirmam que Deus vive e age. Artistas, escritores, jornalistas, colunistas de importantes revistas, desportistas, poetas, filósofos, cidadãos desconhecidos já afirmaram e ainda afirmam que Deus não existe.

Milhares de seus colegas de profissão discordam. Assim como os crentes estão por toda a parte, afirmando; também os descrentes estão lá, negando a existência de Deus. Seu número é menor, mas não deixam de se fazer ouvir. Temos o direito de afirmar, mas as Constituições da maioria dos países do mundo dão a eles o direito de negar. Nem nós podemos desrespeitá-los, nem eles a nós.

Fanatismo militante

Cientistas de renome não tiveram dificuldade alguma em conciliar sua ciência com a fé. Outros registraram sua dúvida ou descrença. Alguns governos puniram e até mataram quem acreditava, e houve os que fizeram o mesmo contra quem duvidava. Bento XVI canonizou, em 2007, 490 mártires espanhóis que nos anos 1934-1939 foram mortos não por suas posturas políticas, e sim porque eram religiosos e acreditavam em Deus.

Ateus comunistas aguerridos que buscavam o poder e desprezavam a herança católica do país mataram os religiosos por causa da fé deles. Mas também houve religiosos que mataram o outro porque este outro não acreditava em Deus do jeito que eles achavam certo... Mortos por quem dizia que Deus não existe e mortos por quem garantia que Deus não era daquele jeito... É o lado negro das ideologias, da política ou da religião intolerante. Não se iluda. Tais religiosos ainda existem em pleno século XXI.

Deslumbrados com o ser primeiro

Diante da grandeza de Deus e da sua obra, alguém pode deslumbrar-se ou vislumbrar. O deslumbramento é luz repentina e em excesso. Já falamos dele. Nossos olhos não veem direito por não serem capazes de assimilar tanta luz. Deus poupou Moisés do deslumbre. Não se deixou ver e colocou-o em situação de vislumbre. Moisés veria muito pouco. O suficiente para saber que Deus existe.

> E disse mais: "Não poderás ver a minha face, porquanto homem nenhum poderá ver a minha face e viver" (Ex 33,20).

> E acontecerá que, quando a minha luz passar, por-te-ei numa fenda da penha, e te cobrirei com a minha mão, até que eu haja passado. E, havendo eu tirado a minha mão, me verás pelas costas; mas a minha face não se verá (Ex 33,23-24).

Se o vislumbre é luz menos definida, é luz bem mais suportável. Paulo a isto se referia, dizendo que agora o que vemos é vislumbre. Um dia será visão clara e sem véu. Certamente não será deslumbramento. Ele cega! Os fanáticos não são cegos por falta de luz e, sim, por excesso!

> Porque agora vemos por espelho em enigma, mas então veremos face a face; agora conheço em parte, mas então conhecerei como também sou conhecido (1Cor 13,12).

Entre o cristão deslumbrado com a sua fé e o que aceita os vislumbres e as imprecisões da ciência e da fé está mais perto da verdade o que não se deslumbra e não anuncia que viu tudo, nem alardeia não ter o que aprender com este mundo. Corre maior risco de tornar-se um fanático, iluminado demais, alguém que, de tanta luz, ficou cego para outras realidades, passou a ver

DE VOLTA ao catolicismo

apenas o que o cativou e, com isso, perdeu o equilíbrio mental. Outra vez, aprendamos com Pedro, Tiago, João e Paulo, que tiveram um vislumbre, mas voltaram à realidade.

Conheço um homem em Cristo que há catorze anos (se no corpo, não sei, se fora do corpo, não sei; Deus o sabe) foi arrebatado ao terceiro céu. E sei que o tal homem (se no corpo, se fora do corpo, não sei; Deus o sabe) foi arrebatado ao paraíso, e ouviu palavras inefáveis, que ao homem não é lícito falar. De alguém assim me gloriarei eu, mas de mim mesmo não me gloriarei, senão nas minhas fraquezas. E, para que não me exaltasse pela excelência das revelações, foi-me dado um espinho na carne, a saber, um mensageiro de Satanás para me esbofetear, a fim de não me exaltar. Acerca do qual três vezes orei ao Senhor para que se desviasse de mim (2Cor 12,2-8).

E transfigurou-se diante deles; e o seu rosto resplandeceu como o sol, e as suas vestes se tornaram brancas como a luz (Mt 17,2).

E os discípulos, ouvindo isto, caíram sobre os seus rostos, e tiveram grande medo. [...] E, erguendo eles os olhos, ninguém viram senão unicamente a Jesus (Mt 17,6-8).

E, descendo eles do monte, Jesus lhes ordenou, dizendo: "A ninguém conteis a visão, até que o Filho do homem seja ressuscitado dentre os mortos" (Mt 17,9).

13. Nossos pais nos contaram

Sabemos muitas coisas. Mas há muitas outras que jamais saberíamos se não nos fossem reveladas. Uma vida inteira não bastaria para um homem saber o que lhe revelaram os quinhentos escritores que ele leu. Há verdades que os estudiosos nos mostram e há outras que o céu revela. Nem todos os cientistas e religiosos do mundo conseguiriam descobri-las. Vivemos de descobertas e de revelações.

Descobertas

O ser humano é capaz de Deus. Assim começa o *Catecismo da Igreja Católica*, nn. 27-49. Isto não significa que ele sempre acerta nas suas descobertas e interpretações. Animal inteligente, ele experimentou e descobriu inumeráveis verdades, mas, afoito e apressado, também errou de rumo e direção em muitas de suas descobertas e afirmações.

Por quase quinze séculos o mundo acreditou que a Terra era plana e que o universo girava ao redor dela. Grandes sábios, filósofos e teólogos de primeira grandeza não sabiam, e não se soube até meados do século XX, como se dava a concepção de um ser humano. Bactérias e vírus da gripe eram vistos como demônios do ar. Demorou séculos até os sábios e cientistas da época descobrirem que a pequena Terra é que gira ao redor do Sol e que talvez o universo não tenha sido feito para o ser humano, e sim este para incluir-se no universo.

Acertos e erros

Sem ler direito as revelações de Deus, que vieram devagar e lentamente, geração após geração, a mente humana não chega lá. Nem tudo o que achamos que é, é o que achamos que seja. Uma coisa é ser capaz de crer em Deus e outra é um cientista ou um religioso pensar que chegou lá. Somos capazes de enviar uma sonda a Marte e talvez um dia criemos uma colônia em algum planeta, mas o fato é que ainda não dispomos de tecnologia para isso.

Nos anos 1940, alguns cientistas descobriram a energia nuclear, que em forma de explosão controlada poderia agir como pequenos sóis. Fizeram usinas para fins pacíficos, mas os militares fizeram bombas, que estocaram em tal quantidade que poderiam destruir cem vezes o planeta Terra. Como pequenos deuses criaram pequenos sóis, mas não souberam colocá-los suficientemente longe da Terra. Sessenta anos depois, ninguém sabe o que fazer com os resíduos e o lixo dos pequenos sóis que criaram. Eles matam o ser humano e contaminam o que o ser humano come e bebe...

O perigo de saber demais

Deus se revela, mas é bom lembrar aos pregadores que todo aquele que aponta para Deus pode estar errado e precisará de constante correção de rumo, como o piloto que sabe onde fica o aeroporto ao qual se destina, mas precisa o tempo todo checar a rota para ver se não se desviou dela! Não existe voo garantido!

14. Entre a descoberta e a revelação

Revelou-se aos poucos

Como alimento que precisa ser mastigado, digerido aos poucos e regado com o bom vinho da sabedoria, as revelações de Deus não vieram de uma vez. O inteligente ser humano que ainda não sabe o que fazer com a fissão nuclear que descobriu, também não soube, nem sabe, o que fazer com as revelações que lhe foram dadas. Todo dia aparece mais um pregador fanático a dizer que Deus falou com ele e mandou um recado à sua assembleia, que, sem questionar, engole mais uma pseudorrevelação do céu.

A noção de Deus, coletividade, tribo, pessoa, responsabilidade pessoal, alma, anjo, demônio, satã, sheol, vida depois da morte, céu, inferno, vida eterna, justiça, compaixão, Deus entre nós, Deus Trindade, perdão, tudo isso não veio de repente. Um era o pensamento do clã que saiu da Caldeia, outro o do povo oprimido no Egito, outro o do povo no exílio sem sua terra e sua liberdade. De Abraão a Jesus, foi um longo caminho de quase dezenove séculos. Foi catequese progressiva que durou dois milênios. Deus não fabrica tijolos. Ele forma pessoas e comunidades, e isso demora.

> Não seja uma pessoa sem juízo como o cavalo ou a mula, que não têm entendimento, cuja boca precisa de cabresto e freio para obedecer (Sl 32,9).

É elucidativa a imagem do cavalo xucro. No começo o dono o laça e puxa pelo cabresto, para que um dia se torne manso. Tira-o aos poucos da selvageria, sem que ele perca seu ímpeto. Para ser útil, o cavalo tem que ser disciplinado. No início, ele recebe mais não do que sim. O dono mantém as rédeas curtas. Vive de proibi-lo. Com o tempo, sentindo-se amado, o animal se mostra dócil e obediente. Bastam-lhe, então, o comando e a voz do dono que lhe deu um nome. Não há mais gritos, nem cabresto, nem rédeas, nem laço. Um muxoxo, um tapinha, um assobio, um leve toque é o quanto basta.

> Mas agora, ó Senhor, tu és nosso Pai; nós o barro e tu o nosso oleiro; e todos nós, a obra das tuas mãos (Is 64,7).

> Como o vaso, que ele fazia de barro, quebrou-se na mão do oleiro, tornou a fazer dele outro vaso, conforme o que pareceu bem aos olhos do oleiro fazer (Jr 18,4).

Consistência

Usemos, ainda, duas outras imagens: a do barro e a do vaso quebrado. Há barros e argilas não moldáveis e de pouca consistência. É difícil trabalhar com eles. Nem tudo depende das mãos do oleiro. Mas com material consistente o oleiro faz obras-primas. Para se tornar vaso, o barro precisa ter um mínimo de potencialidade. E há o vaso estilhaçado que o oleiro repara e o refaz, de tal forma que é como se nunca se tivesse quebrado. É material aproveitável, mesmo depois de rompido.

A noção de pecado, erro, culpa, desgraça, dor, perda, é seguida da noção de reparação, perdão e reconciliação, mas não com sangue de animais, e sim com a justiça, a caridade e a verdadeira conversão pessoal e coletiva. Mas essa doutrina não veio de repente.

> Pois não desejas sacrifícios, senão eu os daria; tu não te deleitas em holocaustos (Sl 51,16).

> "De que me serve a mim a multidão de vossos sacrifícios?", diz o Senhor. "Já estou farto dos holocaustos de

DE VOLTA ao catolicismo

carneiros, da gordura de animais cevados; nem me agrado de sangue de bezerros, nem de cordeiros, nem de bodes" (Is 1,11).

E que amá-lo de todo o coração, e de todo o entendimento e de toda a alma e de todas as forças, e amar o próximo como a si mesmo, é mais do que todos os holocaustos e sacrifícios (Mc 12,33).

Deixa ali diante do altar a tua oferta, e vai reconciliar-te primeiro com teu irmão e, depois, vem e apresenta a tua oferta (Mt 5,24).

Um curso de Bíblia mostrará ao leitor ávido de mais conhecimentos que nem o Judaísmo, nem o Cristianismo vieram prontos. Nem o ser humano foi feito de uma vez, nem foi convertido num estalar de dedos, nem o é, nem o será. Aprender sobre Deus e sobre a vida é um processo que leva gerações.

Vejamos como a Bíblia e o *Catecismo da Igreja Católica* nos ajudam a lidar com os conceitos de ontem, mantendo-os, aprofundando-os e aperfeiçoando-os.

A lei da justiça e a lei do perdão

ANTES

Porque sete vezes Caim será castigado; mas Lameque setenta e sete vezes (Gn 4,24).

DEPOIS

Então Pedro, aproximando-se dele, disse: "Senhor, até quantas vezes pecará meu irmão contra mim, e eu lhe perdoarei? Até sete?". Jesus lhe disse: "Não te digo que até sete; mas até setenta vezes sete" (Mt 18,22).

Porque, se perdoardes aos homens as suas ofensas, também vosso Pai celestial vos perdoará a vós; Se, porém, não perdoardes aos homens as suas ofensas, também vosso Pai vos não perdoará as vossas ofensas (Mt 6,14-15).

Antes, com Moisés: a lei escrita na pedra

E deu a Moisés (quando acabou de falar com ele no monte Sinai) as duas tábuas do testemunho, tábuas de pedra, escritas pelo dedo de Deus (Ex 31,18).

Então Moisés lavrou duas tábuas de pedra, como as primeiras; e levantando-se pela manhã de madrugada subiu ao monte Sinai, como o Senhor lhe tinha ordenado; e levou as duas tábuas de pedra nas suas mãos (Ex 34,4).

Então disse: "Eis que eu faço uma aliança; farei diante de todo o teu povo maravilhas que nunca foram feitas em toda a terra, nem em nação alguma; de maneira que todo este povo, em cujo meio tu estás, veja a obra do Senhor; porque coisa terrível é o que faço contigo" (Ex 34,10).

500 anos depois com Jeremias: a lei escrita no coração

"Eis que dias vêm" – diz o Senhor –, "em que farei uma aliança nova com a casa de Israel e com a casa de Judá. Não conforme a aliança que fiz com seus pais, no dia em que os tomei pela mão, para os tirar da terra do Egito; porque eles invalidaram a minha aliança apesar de eu os haver desposado" – diz o Senhor. "Mas esta é a aliança que farei com a casa de Israel depois daqueles dias" – diz o Senhor: "Porei a minha lei no seu interior, e a escreverei no seu coração; e eu serei o seu Deus e eles serão o meu povo" (Jr 31,31-33).

DE VOLTA ao catolicismo

1.250 ANOS DEPOIS COM JESUS: uma nova aliança

> E, quando comiam, Jesus tomou o pão, e abençoando-o partiu-o, e deu-o aos discípulos, e disse: "Tomai, comei, isto é o meu corpo". E, tomando o cálice, e dando graças, deu-lho, dizendo: "Bebei dele todos; porque isto é o meu sangue, o sangue do novo testamento, que é derramado por muitos, para remissão dos pecados" (Mt 26,26-28).

> E a Jesus, o Mediador de uma nova aliança, e ao sangue da aspersão, que fala melhor do que o de Abel (Hb 12,24).

O NÃO DE MOISÉS E O SIM DE JESUS (Dt 6,1-25; Mt 6,9-13)

Amar a Deus sobre todas as coisas.
Deus em primeiro lugar.

Pai nosso que estais no céu
Não tomar seu santo nome em vão.
Com o nome de Deus não se brinca.

Santificado seja o vosso nome
Guardar os dias consagrados do Senhor.
Reservar um tempo para Deus.

Venha a nós o vosso Reino
Honrar pai e mãe.
Quem amaldiçoar a seu pai ou a sua mãe certamente será morto (Ex 21,17).

Seja feita a vossa vontade na terra
Não matar.
Não pecar contra a castidade.
Aquele que disse: Não cometerás adultério, também disse: Não matarás. Se tu pois não cometeres adultério, mas matares, prossegues transgressor da lei (Tg 2,11).

Na terra como se aqui já fosse o céu
Não furtar.

Não oprimirás o teu próximo, nem o roubarás; a paga do diarista não ficará contigo até pela manhã (Lv 19,13).

O pão nosso de cada dia nos dai hoje
Não levantar falsos testemunhos.

Não furtareis, nem mentireis, nem usareis de falsidade com o próximo (Lv 19,11).

Perdoai nossas ofensas como nós perdoaremos a quem nos ofender
Não cometer adultério.
Não cobiçar as coisas alheias.

Não cobiçarás a mulher do teu próximo; e não desejarás a casa do teu próximo, nem o seu campo, nem o seu servo, nem a sua serva, nem o seu boi, nem o seu jumento, nem coisa alguma do teu próximo (Dt 5,21).

Não nos deixeis cair em tentação, mas livrai-nos do mal
O leitor procure e confira o texto da oração hebraica *Kadish* e verá que Jesus a ampliou. Ele mesmo disse que não veio destruir, mas cumprir a lei (cf. Mt 1,22; 3,15; 5,17).

15. Perceber o invisível

Nunca ninguém viu a Deus (1Jo 4,12).

Atribuímos porque não temos certeza. Exatamente porque não sabemos como Deus é, atribuímos a Ele o que julgamos ser dele. Deus nunca foi visto. Embora haja narrações a afirmar que Ele apareceu em forma de anjo ou de homem, o que se depreende da Bíblia e de outros livros sagrados é que Deus não é humano e não é visível. Ou foram leituras erradas, ou foi vislumbre. Viram um sinal e disseram que era Ele.

"Não pode ser visto ou não quer ser visto?", perguntou-me certa vez um ateu a respeito de Deus. Respondi que só Deus pode responder se não quer ser visto, mas a filosofia cristã e com ela a Teologia afirmam que ele é tão totalmente Outro que na realidade não pode ser visto. Não sendo material nem um ser físico, nossos olhos não podem vê-lo. O sol pode ser visto, mas não pode ser encarado porque seu brilho nos cegaria.

Atributo não é necessariamente virtude que esclarece como Deus é e age. São virtudes que atribuímos a Ele a partir do aprendizado e da experiência humana através dos tempos. Nem sempre são conclusões corretas. As nossas imaginações sobre Deus nem sempre se ajustam à realidade. Ele é o totalmente Outro e, às vezes, é totalmente diferente do que dizem que Ele é.

Nossos adjetivos nada acrescentam a Deus, mas ajudam nossa reflexão e percepção. Adjetivos nem sempre explicam, mas podem ilustrar a ideia do substantivo que procuramos.

Deus adjetivado

Isto podemos dizer: Deus é o substantivo mais substancioso que há. Não precisa de qualificativos para ser quem é. Mas nós precisamos de palavras especiais para expressar a ideia que dele fazemos. Usamos todos os adjetivos possíveis e imagináveis para chegarmos perto do que pensamos a seu respeito. *Poderoso, santo, bom, amoroso, sapientíssimo, eterno, perfeito, onipresente...* Temos necessidade de ouvir estas palavras para ter uma ideia, ainda que pequena, de Deus. Deus não precisa delas. É o único ser que não precisa de um nome. Ele é quem é!

Verdades palpáveis

Quando o jovem sacerdote, demonstrando insuficiente formação catequética, iniciou a Santa Missa, os padres mais vividos se entreolharam. Onde ele estudara? Onde aprendera sua teologia? O moço iniciou a missa solenemente:

– Em nome do Deus Pai e do Deus Filho e do Deus Espírito Santo.

Na sacristia foi corrigido por um monsenhor, que lhe disse:

– Meu jovem padre, da próxima vez comece a missa em nome do Pai e do Filho e do Espírito Santo. Ao usar a palavra Deus três vezes, você deu a entender que ofereceu um sacrifício a três deuses.

Se quem estudou 4 anos de Teologia comete tamanho erro, o que dizer de quem parou no catecismo aos 11 anos?

Deus existe

Para os descrentes, Deus é uma ideia até interessante, mas garantem que Ele, pessoalmente, não existe. Dizem que seria bom se ele existisse, mas é só uma ideia. Para os agnósticos, Ele talvez exista. Para os crentes, Deus existe, é eterno, é invisível, criou,

DE VOLTA ao catolicismo

continua criando, é Pai, ama, importa-se conosco, nos quer junto dele nesta vida e depois desta vida. Um dia o veremos face a face. Então saberemos quem e como é o nosso Criador...

Muitos formadores de opinião negam, afirmam ou deixam em suspenso a existência de Deus e de outra vida, de anjos, demônios, santos do céu. Mas quem estuda a Bíblia percebe que estas ideias não aparecem juntas nos mesmos livros. Algumas levaram séculos para serem assimiladas pelo povo. Havia uma enorme diferença entre morrer, dormir, estar no sheol, no esquecimento, no inferno ou no céu. A preocupação maior era como se vivia por aqui e não exatamente para onde se ia.

O céu e o inferno sempre foram uma incógnita. Até mesmo os crentes em Jesus se desentendem quanto ao fato de Jesus ter levado ou não milhões de pessoas para o céu! Alguns seguem determinado pregador que lhes garante que assim é! Outros dizem que isto só acontecerá no último dia da humanidade. A fé no desconhecido divide as pessoas. Há quem diga que sabe mais e discuta e brigue por isso. Há quem simplesmente creia e respeite a fé do outro. Quem já viu Deus? Quem já foi ao céu e já voltou?

> Não se desviará a ira do Senhor, até que execute e cumpra os desígnios do seu coração; nos últimos dias entendereis isso claramente (Jr 23,20).

> E ele disse-lhes: "A vós é dado saber os mistérios do reino de Deus, mas aos que estão de fora todas estas coisas se dizem por parábolas" (Mc 4,11).

> Aquele que não sabe das coisas disse a si mesmo: "Deus não existe". O mundo tem-se corrompido, são cada dia mais abomináveis as suas obras. Quase não há ninguém que faça o bem. O Senhor olhou desde os céus para os filhos dos homens, para ver se havia algum que tivesse entendimento e buscasse a Deus (Sl 14,1-2).

Deus é eterno

É doutrina católica que Deus sempre existiu. Não há um antes de Deus, nem haverá um depois dele. Antes dele não havia nada, nem ninguém. Mas Deus sempre existiu. Além dele, nada nem ninguém mais (cf. Jo 1,1-3). Tudo o que existe veio depois dele. Um dia, se o universo físico terminar, Deus ainda existirá. E, como somos seus filhos amados, viveremos para sempre junto dele, então o ser humano não há de voltar ao nada. Continuará existindo nele.

Invisível mas perceptível

A Bíblia diz que olho humano algum pode ver Deus como ele é. Quem o visse morreria (cf. Ex 33,20). João diz que "ninguém jamais viu a Deus" (1Jo 4,12). Só Jesus o via (cf. Jo 7,29), e se dissesse que não o conhecia seria um mentiroso (cf. Jo 8,55). Então, quem viu anjos e homens e os chamou de Javé estava vendo sinais, mas não o próprio Javé. Jesus, mesmo sendo quem era e declarando-se "um com o Pai" (Jo 10,30), tomou o cuidado de não mostrar toda a sua plenitude. É o que dizem os textos. Quando deu um vislumbre dela a Pedro, Tiago e João (cf. Mt 17,2), eles, aterrorizados, caíram por terra e nem ousaram olhar na direção do que viam, foram avisados de que não deveriam dar testemunho do que tinham presenciado, senão depois da Ressurreição. Estamos diante do mistério. Como explicar isso por a mais b? Quem não admite o mistério, não tem por que continuar nesse raciocínio. Mas também os crentes terão que raciocinar. Não é porque não captamos algo que devemos deixar de raciocinar.

Deus existe, mas somos incapazes de vê-lo com nossos olhos. Ele usa de sinais e ameniza sua presença, porque a sua glória (luz) é demais para nossa mente e nosso toque. Ele não é "aqueles" (anjos e homens) nem "aquilo" (fogo e pomba) que foi visto antes e depois de Jesus. Eram sinais. Mas nós cristãos dizemos

DE VOLTA ao catolicismo

que em Jesus Ele era quem foi visto: era, sim, a pessoa do Filho, encarnada e humana, que por três décadas esteve neste mundo. É o que nós, cristãos, afirmamos ante os atônitos e até irônicos ateus ou irados monoteístas. Estes acusam-nos de ateus por não crermos em Deus do jeito deles.

Deus é invisível, mas se manifesta

> Nunca jamais alguém viu a Deus, mas se nos amarmos Deus viverá em nós e seu amor nos completará (1Jo 4,12).

Recordemos o que já foi dito. Salomão disse que viu Deus duas vezes, mas seu comportamento foi o de quem na verdade não o viu. Matou pessoas e renegou Deus na velhice. Moisés quis ver o rosto de Deus e Deus lhe disse que *isso não era possível*. Ele não é humano, não tem corpo, não se parece com nada do que conhecemos. Deus lhe concedeu a graça de senti-lo, mas não de vê-lo. Moisés ficou de costas e pela sombra sentiu que Deus agia. Foi vislumbre. Permanece a sua palavra a Moisés: "*O homem não pode ver minha face e continuar vivo*" (Ex 33,20).

O fato de Deus não ser visível não o faz inexistente. Nem tudo o que existe é visível! Nós também não vemos o ar que respiramos, mas o ar existe. Não é visível mas é perceptível. Se não o respirássemos, morreríamos. Para que algo exista não tem que ser visível aos nossos olhos. Não precisa nem mesmo ser perceptível. Você nem sempre percebe o ar que respira. Perceberia se ele lhe faltasse. Nesse caso a prova da existência do ar é a falta que ele faz...

Deus tem outras maneiras de se fazer notado e conhecido. Talvez uma das provas de sua existência é a falta que Ele faz nas vidas e nas sociedades que o baniram. É por isso que alguns filósofos, mesmo encontrando dificuldade de afirmar a existência de Deus, afirmam que a ideia e a esperança de que Ele exista é um fator positivo na história dos povos. Ainda falaremos deles.

Deus é criador

Criar faz parte da essência de Deus. Ele não teria que ter criado para ser Deus, mas quis criar, porque é Deus. Todo amor é criativo e criador. Ora, se a Bíblia diz que *Deus é amor* (1Jo 4,8), então, Deus, mais cedo ou mais tarde criaria, como de fato criou.

João Paulo II, na encíclica *Redemptor Hominis*, diz *que Deus cria e, se preciso, recria*. Podemos imaginar Deus antes da criação. Estava sendo quem era: Deus. Bastava-se, porque Deus não é carente. Não precisaria de outros seres como nós precisamos, para nascer, crescer, comer, beber, trabalhar e amar. Mas Deus criou e, depois da Criação, pôde situar seu amor no tempo e no espaço. Antes, não havia tempo porque a eternidade é o não tempo e o não espaço. Quando Deus quis criar, criou o tempo e o espaço e nele foi agindo e continua agindo.

Muitos escritores católicos, ao falar da criação, escrevem-na com C maiúsculo para afirmar sua crença de que não foi fruto do acaso. Ela é o ato maiúsculo do amor de Deus que transbordou.

Deus não parou de criar

Não situemos o verbo no passado. A Criação não terminou. Deus não "foi" criador: Ele "é", pois continua criando. Astros prosseguem nascendo, morrendo e se transformando. Pessoas continuam a nascer e vidas, a reagir. Criou, cria e criará, porque não parou de criar. Os ateus acham outras explicações para o nascer e o morrer das estrelas. Mas, para nós, é Deus a criar.

Ele cria cada ser que vem a este mundo. Age em cada ser que gera, através de seres que gerou. Nós, católicos, com os devidos reparos, aceitamos a doutrina da evolução das espécies. Ele sabe o porquê e o que espera dos seres que vai criando. Nós não sabemos, mas Ele sabe. Pode não fazer sentido para nós, mas faz para Ele. Talvez queiramos matar um feto com anencefalia porque

DE VOLTA ao catolicismo

para nós pode parecer uma vida inútil. A tentação é não lhe dar uma chance, mas para Deus aquela vida pode ser e é diferente.

Descriadores

Somos espertos e inteligentes, mas não mais do que aquele que nos fez. Como não sabemos do porquê, nem do antes, nem do depois, nem do eterno, faz sentido aceitar que alguém é mais inteligente do que nós. Não se corrige a obra de Deus matando um ser que achamos que não terá chance! Não somos donos nem daquele espermatozoide, nem daquele óvulo, nem daquele feto.

Jesus deixou isso claro quando, perguntado por que um homem nasceu cego, se fora por causa do pecado dos seus pais, respondeu: *Não foi culpa nem dele nem de seus pais. Foi para que a obra de Deus se revele na vida dele* (cf. Jo 9,3).

Deus não está descansando

Interprete-se da seguinte maneira o autor do Gênesis (Livro das Origens). Quando ele disse que *Deus descansou do seu trabalho* (Gn 2,2), estava mais querendo mostrar a sacralidade e a dignidade do trabalho e do descanso do que afirmar que Deus estava cansado. Deus não se cansa. O cansaço é um limite e Deus está acima disso.

Shabat (repouso) é muito mais do que se sentar numa poltrona ou numa rede e descansar o corpo. É reservar um tempo não para si, mas para Deus. Era um dia de gratidão e de diálogo com o Deus que lhes dera o que possuíam. Deus, certamente, não está descansando.

Que a ação de Deus é contínua, é doutrina de Jesus, que se declarou trabalhador e ensinou que **Deus continua criando**, ao afirmar que *o Pai trabalha até hoje* (Jo 5,17). A afirmação do autor era pedagógica; ele não quis dizer que Deus parou de

Pe. Zezinho, scj

importar-se conosco. O mesmo livro narra milhares de gestos criadores de Deus em favor do seu povo.

Deus não fabrica tijolos

Por ser criador e criativo, Deus não se repete. Só agora, com os moderníssimos instrumentos de precisão e o extraordinário avanço da tecnologia, estamos descobrindo e registrando a unicidade de cada vida e de cada ser, os *yings* e os *yangs*, a matéria e a antimatéria, os contrários na criação, os versos e os reversos. Nem tudo, porém, tem o seu reverso, mas muita coisa é feita de verso e reverso e de sim e de não. Mesmo que clonássemos uma vida, ela ainda seria diferente. Não há dois seres totalmente iguais neste mundo. Até as pedras são diferentes.

Os humanos acham que progrediram ao fabricar tijolos e peças iguaizinhas na forja e na fôrma, mas este é o caminho mais fácil e mais prático, não o mais criativo. Imagine um pintor que fizesse um quadro e o multiplicasse. Só o primeiro seria autêntico. Deus é como o escultor que dá seu toque pessoal em tudo o que faz. Ele não fabrica tijolos.

Ele interfere

Cremos que Deus sabe de cada laranja, cada maçã, cada inseto, cada ave, cada peixe e cada ser humano. Isso não significa que milagrosamente criou cada uma ou cada um. Fez mais do que isso. Inventou o processo que desencadeia o conceber, o gerar e o nascer. Mas ele sabe dos detalhes. Há quem pense que não. No entender de um católico, a perspectiva de Deus é outra quando cria ou não interfere do jeito que lhe pedimos.

Podemos até cair em revolta, como muitos caem, por Deus permitir e fazer coisas que, se dependessem de nós, não deixaríamos ocorrer. Acontece que nossos pensamentos não são os dele (cf. Sl 139,17). Deus conhece o verbo esperar. Nós nem sempre o conjugamos. **Somos criaturas breves e urgentes** e temos pressa de ver Deus agindo e fazendo milagres. De tanta ânsia de futuro, às vezes até os inventamos. Milhares de pregadores fazem exatamente isso.

Os tempos do Deus eterno

O autor do tempo, que está acima do tempo, tem nas mãos o tempo e a eternidade. São dele os milênios, os séculos, as horas e os minutos, porque Ele é o Senhor da eternidade (cf. Eclo 39,20) e para cada coisa determinou o seu devido tempo (cf. Ecl 8,6). Cria aos poucos e vai oferecendo escolhas. Não nos rotula e nem nos fabrica em série, porque sabe dos detalhes de cada qual (cf. At 24,34; Sl 139,1-4).

Levamos nove meses para emitir o primeiro som e outros doze a quinze para juntar os sons e dar-lhes um sentido. Vivemos dependentes por muitos anos até que estejamos preparados para a liberdade. Somos marcados pela diferença, porque somos todos especiais. Deus burila devagar! Nem percebemos seu dedo, mas de um jeito ou de outro lá está Ele a nos retocar e a nos esculpir para a vida, mesmo que alguns dos seus toques doam mais do que os outros. Diferente da argamassa ou da pedra, podemos reagir e não querer que as coisas sejam do jeito dele. Então, optamos pelo nosso! E dá no que dá!

Deus não fabrica lixo

A ninguém se deve jogar fora, humilhar, desrespeitar, nem mesmo o mais reles assassino, porque, ainda que pareça lixo humano, é humano e certamente não é lixo. Se lixo existe, Deus parece saber o que fazer com ele. A natureza leva tempo, mas recicla. Mas a maioria dos dejetos do mundo foi criada pelo ser humano, que usa a parte que lhe interessa e descarta a outra que no momento não lhe serve.

Com toda certeza, fabricamos mais lixo do que a natureza que pretendemos explorar consegue absorver. Exemplo disso é a energia atômica. A primeira bomba nuclear explodiu nos anos 1940. As que jamais explodiram, hoje, mesmo desativadas, continuam matando. As usinas de processamento do urânio e outros combustíveis se multiplicaram, mas ainda hoje os cientistas não sabem o que fazer com as sobras de suas gloriosas criações. Ninguém as quer no seu quintal, porque é lixo que mata; lixo humano que ainda não tem como ser reciclado.

Ninguém se proclame um nada

A doutrina católica é a de que ninguém pode proclamar-se um nada, porque se Deus o criou, então este humano é alguém. A árvore que cresceu torta ainda é árvore. Terá a sua utilidade. Vai dar frutos. Se destilar veneno, precisará ser controlada, isolada e até queimada. Com humanos não se pode fazer o mesmo. São filhos de Deus. Por piores que sejam, Deus os ama. Se prendemos leões e tigres, que são feras, e os alimentamos – alguns homens mais experientes até se aproximam e os domam –, teremos que aprender a nos cuidar diante das pessoas cruéis ou a dominá-las, mas não podemos matá-las, a não ser em caso de legítima defesa, como faríamos com um leão que ataca ou ronda nossa casa.

Por crer nos direitos até dos assassinos confessos, alguns Governos gastam milhões para proteger a vida de quem, mesmo trancado a sete chaves, prossegue matando. Alguns ditadores até gostariam de eliminar tais indivíduos, mas uma sociedade que ainda pensa na vida terá que descobrir o que fazer inclusive com aqueles que não se encaixam no sistema. Mesmo que tais frios assassinos se eliminem entre si, um Governo não pode fazer o mesmo com eles. Ditadores matam. Governantes eleitos sabem o que o povo fará com eles, se matarem ou mandarem matar alguém.

Deus não joga fora

Faz parte da nossa catequese a doutrina de que Deus não sabe não amar, não sabe amar menos e não sabe amar mais, porque ama sempre de modo infinito. Ele não apenas tem, Ele é amor. Não joga fora. Ama e sabe o que fazer com os bons e os maus filhos. Ele é justo e misericordioso.

> Nisto consiste o amor, não em que nós tenhamos amado a Deus, mas em que ele nos amou a nós, e enviou seu Filho para reparar os nossos pecados (1Jo 4,10).

> Amados, amemo-nos uns aos outros; porque o amor é de Deus; e qualquer que ama é nascido de Deus e conhece a Deus (1Jo 4,7).

> Aquele que não ama não conhece a Deus; porque Deus é amor (1Jo 4,8).

> Deus é riquíssimo em misericórdia, pelo imenso amor com o qual nos amou (Ef 2,4).

Aprendendo a recriar

Prossigamos a reflexão. Não poucas vezes tratamos como lixo o que ainda é aproveitável. Basta-nos um olhar na lixeira das casas de família, de restaurantes e de feiras. Não nos damos ao trabalho de recriar. Desfazer parece mais fácil que refazer. Implodir custa menos do que construir. Jogamos fora produtos sadios, às vezes por causa de pequenos defeitos que não temos tempo de reparar, nem nos interessa resolver. Raciocinamos que, de onde vieram, há frutos novos. Não interessa saber quem os fez e o quanto durou. Somos bem mais predadores do que criadores.

Foi essa a atitude de uma senhora jovem e famosa que, numa entrevista, revelou para as multidões não se arrepender de ter abortado um filho em troca de um possível sucesso, porque outra chance como aquela seria bem menor do que a de um outro filho. Afinal, outro filho ela poderia conceber mais tarde! Naquele momento, criar cultura era mais importante do que criar mais um ser humano. A obra realmente foi premiada e ela entendeu ter feito uma boa escolha!

Deus é irretratável

Já vimos que podemos imaginar Deus, desde que não o imaginemos como homem, coisa ou animal. Ele é totalmente diferente dos seres que criou. Nós podemos ser chamados *homoi, homens* (semelhantes). Mas Deus é "o diferente". O leitor deve ter ouvido falar de teólogos cristãos como Karl Barth e Karl Rahner. Eles o chamaram de "o totalmente Outro" porque não há como compará-lo. Deus é muito mais do que pensamos ou imaginamos que seja. Então não há como dar-lhe um rosto.

Por isso, entre os hebreus era proibido fazer imagens de Deus. Outras imagens, sim, mas do rosto de Deus fatalmente seriam imagens erradas. Foi permitido fazer imagem de cobra e de querubins; de Deus, não! Reaja sereno, mas firme, quando um irmão de outra Igreja disser que a Bíblia proíbe imagens. Lembre-lhe de que era, sim, permitido fazê-las. Quem se desviou da Bíblia foram eles ao combater qualquer imagem. Faça-o reler o livro para saber quais imagens se proibia. Deus não proibiu toda e qualquer imagem. Ele até mandou fazer algumas de querubins. Proibiu as que pretendiam retratá-lo. Irmão que bate nessa tecla precisa ler melhor a sua Bíblia.

Imagens de Jesus

Sem receio de pecar, usamos imagens de Jesus. Sabemos que aquelas imagens não retratam Jesus como ele era. Idealizam-no! Não há fotos de Jesus, por isso o imaginamos. As imagens não são Ele nem mostram exatamente como ele era. Apenas o lembram. É para isso que as imagens existem. Se alguém as adora ou fala com elas, está errado, seja ele quem for. Não se conversa com gesso ou madeira. Mas pode-se orar a quem, não sendo aquela escultura, é lembrado por ela.

É permitido? É. Uma imagem do Cristo crucificado, pregando, ressuscitado, curando um enfermo, isso podemos fazer porque levam ao Cristo da fé. Fazemos imagens diferentes de Jesus, de sua mãe Maria e dos seus santos. Deve haver mais de mil imagens de Maria, com títulos diferentes, africana, europeia, chinesa, cabocla, indígena. Cada povo idealiza o rosto da mãe de Jesus, que até hoje não sabemos como era. Também não sabemos qual o verdadeiro rosto de Jesus. Por isso o idealizamos.

A um pregador que se proclamava fiel à Bíblia e combatia as imagens de Cristo, perguntei, certa vez, como era o rosto de Jesus. O pregador disse que era o de um palestino, de barba e cabelos castanhos. Retruquei-lhe:

– Então você fez mais uma imagem de Cristo. Só não a esculpiu, mas acabou de imaginá-lo em palavras, porque realmente não pode provar, nem por sua Bíblia, nem por escrito algum, que Jesus tinha este rosto que você descreve. Esta é a imagem que você oferece aos seus fiéis, sem ter certeza do que fala.

A diferença entre nossas imagens e imaginações é que nós, católicos, as pintamos ou esculpimos, dando-lhe as mais diversas feições porque não pretendemos reproduzir o seu rosto. Nossas imagens não são feitas para dizer como ele era, mas que ele existiu e esteve entre nós. Por isso entre nós é permitido fazer imagens de Cristo totalmente diferentes umas das outras. Não estamos retratando, mas imaginando Jesus. Se no Antigo Testamento foi permitido fazer uma cobra de bronze para lembrar que Deus cura, achamos mais do que certo fazer um crucifixo de madeira ou de gesso ou de bronze para lembrar que Jesus salva! Jesus e seus santos são mais do que uma serpente. Se foi permitido moldar uma serpente de bronze sem adorá-la, é permitido moldar um rosto de Cristo ou de santo sem adorá-lo.

Esta é a catequese das imagens! Se até Igrejas pentecostais fazem hoje uma pomba que voa ser o logotipo de seu programa de televisão, ou se outras pintam nos seus templos uma língua de fogo sobre cabeças para lembrar ações do Espírito Santo, qualquer cristão, desde que não ache que o Espírito Santo era isso, pode usar imagens. Não há por que condenar quem faz um objeto que lembra alguns ensinamentos bíblicos ou alguém que viveu em Cristo.

Imagens errôneas

Retratar o Pai como um senhor idoso de barbas brancas não ajuda muito, porque as pessoas pensarão nele como um homem eterno. Mas para os cristãos unitrinitários o Pai nunca se encarnou e nunca se tornou humano. Então é melhor que fiquemos com uma pintura ou escultura que lembre Jesus, porque ele disse que, quem o conhecesse, conheceria o Pai.

> Se vós me conhecêsseis a mim, também conheceríeis a meu Pai; e já desde agora o conheceis, e o tendes visto (Jo 14,7).

> Disseram-lhe, pois: "Onde está teu Pai?". Jesus respondeu: "Não me conheceis a mim, nem a meu Pai; se vós me conhecêsseis a mim, também conheceríeis a meu Pai" (Jo 8,19).

DE VOLTA ao catolicismo

Deus nunca foi visto por alguém. O Filho unigênito, que está no seio do Pai, esse o revelou (Jo 1,18).

Eu e o Pai somos um (Jo 10,30).

Disse-lhe Jesus: "Estou há tanto tempo convosco, e não me tendes conhecido, Filipe? Quem me vê a mim, vê o Pai; e como dizes tu: Mostra-nos o Pai?" (Jo 14,9).

Perdemos a noção de certo e errado, de graça e de pecado, quando perdemos a noção de Deus, de nós mesmos e do outro. Não havendo referências, perde-se também a reverência.

16. O invisível se revela

Vislumbres

Para muitas religiões, Deus é um só: uma só pessoa. Para nós ele é um só e, misteriosamente, é três pessoas. Muitos ateus escrevem Deus com "d" minúsculo. Apostam na sua descrença. Nós, por questão de fé, a Ele nos referimos com iniciais maiúsculas. Apostamos na nossa crença. Jamais seríamos capazes de suportar toda a luz e toda a informação que vem com esta revelação. Nossa catequese nos diz que Deus nos dá vislumbres. Por isso não queremos ser católicos deslumbrados. Quem se fixar apenas numa direção da fé, negando-se a aceitar o olhar abrangente da Igreja, terá escolhido o mínimo e não necessariamente a melhor parte. Agirá como o indivíduo que, em vez de olhar para aquilo que o sol ilumina, olha para o sol. Se já não é, acabará cego.

Difícil de explicar

Os cristãos, para chegarem à fé no Deus trino, passaram por embates que duraram séculos, suscitando revoltas e mortes. As posições muitas vezes se radicalizaram. Uma corrente só admitia Deus-Pai e subordinava-lhe o Filho e o Espírito Santo, ensinando que só há um Deus e uma pessoa. Era a doutrina do *subordinacionismo*. Outras religiões assim o adoram e assim ensinam. Acham nossa fé insuficiente. Nós achamos que eles poderiam ter ido mais longe nas suas leituras bíblicas.

Judeus e muçulmanos, por exemplo, falam de Javé ou Alá como apenas uma pessoa. São monoteístas unitários. Para eles, Jesus foi um excelente profeta que morreu derrotado e depois foi proclamado Deus. Deus não morre numa cruz. Para nós, não é possível ficar indiferente a esta doutrina de que Deus é Trindade de Pessoas na unidade de um só ser. Mas a maioria dos fiéis não chega a perceber o alcance desta afirmação...

Monoteístas trinitários

É algo muito sério proclamar-se monoteísta trinitário. O nosso motivo é Jesus. Cremos que ele era mais do que um profeta e mais do que um simples homem. Afirmamos que ele era e é o Filho eterno que se encarnou há mais de dois mil anos. Mais: com o Novo Testamento aprendemos que o Filho não é o Pai, nem o Pai é o Filho, mas ele e o Pai são um só Deus. E há, ainda, uma pessoa que não é nenhum dos dois, mas é um com os dois: o Espírito Santo.

Se algum cristão inventou esses conceitos, então este cristão inventou a Santíssima Trindade. E é disso que acusam os primeiros teólogos que chegaram a esta conclusão nos primeiros séculos do Cristianismo. Se os que ouviram e viram Jesus ensinaram unanimemente esta verdade, que para eles também foi de tirar o fôlego, tamanho o seu significado, então somos uma Igreja monoteísta que herdou dos apóstolos e das comunidades, que nasceram da sua pregação, a fé num só Deus em três pessoas. Também para eles era mistério difícil de aceitar. Muitos abandonaram Jesus quando ele falou em dar a sua carne para a vida do mundo (cf. Jo 6,53-67). Isto porque o viam como apenas homem e, para os seus ouvidos, sua afirmação era absurda. Não parecia conversa de pessoa normal. Viam Jesus aquém e não além da normalidade.

Acostumados com a ideia de ser humano que é uma pessoa humana, foi difícil para os discípulos que viveram com Jesus, e ainda o é para nós, entender que alguém possa ser três pessoas. Mas foi o que nos veio das primeiras comunidades cristãs.

Apelido assumido

Os que sustentavam que Jesus é o Cristo de Deus foram chamados de cristãos. Jesus era "o" Ungido. Era mais do que todos os ungidos de todos os tempos e de todos os povos. O apelido "cristão" soaria como "ungidistas". Seguidores do ungido... Foi apelido que se ouviu pela primeira vez em Antioquia (cf. At 11,26). Os seguidores do que, até então, era chamado de *O Caminho* o assumiram. O novo grupo andava a pregar que o Ungido, o *Mashiah*, o Messias esperado pelos judeus era o carpinteiro crucificado, Jesus. Ia mais longe. Afirmava que esse Messias, além de grande profeta em palavras e obras, era "o" Filho de Deus. Ao invocar Jesus e seu nome, afirmavam que Jesus tinha poder divino por ser o grande Ungido. Para os judeus isso era blasfêmia. Quem o proclamasse Deus também deveria morrer com Ele. E foi o que aconteceu.

O preço foi a morte

No início centenas, depois milhares de cristãos morreram por essa verdade. As razões daqueles que matavam os cristãos eram muitas. Entre as autoridades da época, era porque blasfemavam contra Deus ao proclamá-lo o Messias esperado. Pior, ainda, quando insistiam que Jesus se encarnara no ventre de uma virgem, era a luz da luz, verbo e *logos* de Deus (cf. Jo 1,1-14)! Aquilo era desvio dos textos dos profetas. Eles não tinham dito isso... A doutrina ia ainda mais longe: todas as coisas, a Terra e o universo inteiro lhe pertenciam (cf. Mt 28,18), e um dia todos os povos o reconheceriam como seu Senhor! (cf. Mt 16,27). Ponha-se no lugar daqueles crentes judeus e procure entender a reação deles. Não justificava a violência, mas a Bíblia que eles ouviam ou liam estava cheia desse tipo de resposta. Idólatras e blasfemos eram mortos (cf. Lv 24,16). Seguiam a sua tradição e o seu livro santo. Judeus, cristãos e muçulmanos fizeram o mesmo

130   Pe. Zezinho, scj

no decurso dos tempos. Hoje a atitude é outra, embora grupos radicais ainda matem quem blasfema contra a sua fé.

Cinco décadas

Em menos de 20 anos depois da morte de Jesus ficou difícil morar naquela região. Os cristãos foram buscar ouvidos estrangeiros ou judeus de outras regiões (cf. At 18,24; At 14,6-28). Em menos de 40 anos já estavam escritos os primeiros textos catequéticos e já se ensinava a doutrina em centenas de vilas e cidades do Império Romano. Milhares de homens e mulheres foram exilados ou morreram por terem adotado a fé no Deus que se tornara homem. Imperadores que se proclamavam deuses, ainda que cheios de crimes e pecados, os romanos reconheciam, mas que um Deus sem pecado se tornasse homem, isso eles rejeitavam. Afinal de contas, desde longa data os hebreus já cantavam e proclamavam: "Nosso Deus é diferente, Ele é *kadosh*, santo, acima do que se conhece" (cf. Sl 99,5; 2Rs 19,22; Lv 20,7). Não era como os deuses dos outros povos, cheios de limites, humanos demais! Agora, os discípulos diziam o mesmo de Jesus. Estava acima de todos os humanos: era divino.

Como aceitar tal doutrina? Naqueles dias, era isso o que se dizia, e é hoje o que se repete. Convém que os pregadores que anunciam Jesus saibam que doutrina estão anunciando. Alguém matou o Filho de Deus. Não se anuncia isso sem graves consequências. Estamos prontos para sustentar o que dizemos sem fanatismo ou fugas da realidade?

Anunciar um Deus que morre

Os não crentes perguntam: Quem morreu? Deus? O Filho? Que Deus? Que morte? O que fazia os cristãos diferentes das outras religiões era a sua ousadia em afirmar que um crucificado era Deus que, revestindo-se da natureza humana em tudo,

DE VOLTA ao catolicismo

menos no pecado, intercedeu, viveu e morreu por nós (cf. Hb 2,17; 5,7). Isto: a segunda pessoa em Deus veio ao mundo morrer por nós. Imagine um monoteísta radical ouvindo alguém afirmar isso numa esquina!

Imaginemos o que os cristãos ouviam dos judeus, dos romanos, dos filósofos da época e dos adeptos de outros cultos! Aquele grupo que se intitulara "Caminho" e agora também era chamado de "cristãos" anunciava que Deus morrera! E numa cruz! Absurdo! Inacreditável! Coisa de loucos!

Era demais para as cabeças do povo daquele tempo. Não é que tenha mudado! Continua demais para milhares de outras religiões que não conseguem admitir nem sequer esta possibilidade. *Kenosis?* Esvaziamento total? Aniquilamento? Deus que se torna homem? Criador que se faz criatura? Deus que morre? Deus se humilharia a esse ponto? Afinal, de que Deus estão falando?

Doutrina difícil de pregar

Se quiséssemos negar esta doutrina, teríamos que rasgar os Evangelhos e as epístolas e começar tudo de novo. Estamos tão acostumados com a ideia de um ser humano ser uma só pessoa que, quando alguém nos diz que o ser divino é um, mas é três, nossa mente se rebela. É como se raciocinássemos:

– *Se eu sou uma só pessoa num só ser, então Deus tem que ser como eu: também uma só pessoa num só ser.*

Jesus diz que não é! Deus não tem quer ser como os humanos. Deus não é humano.

Deus, uma ou mais pessoas?

As raízes dessa fé estão no primeiro livro da Bíblia, o Gênesis, capítulos 17 e 18. No capítulo 17, a narrativa afirma que Deus apareceu a Abraão, falou com ele e, depois de lhe garantir uma grande descendência, prometeu que a esposa Sara teria um filho. Ali, Deus era descrito como uma só pessoa.

No capítulo seguinte, o texto afirma que três homens apareceram no carvalho de Mambré à porta da tenda, e Abraão lhes falou: "Meu Senhor". Os três falaram como se fossem um só e Abraão lhes falou como se falasse a um só.

Já no capítulo 19, aparecem dois anjos, que são tratados como "senhores" e enviados por Deus. O porquê das distinções naqueles textos é analisado em pesados volumes pró e contra a Trindade. O leitor terá que escolher em qual analista acreditar, caso duvide dos textos.

Deus encheu a história de sinais, ora como anjo (cf. Gn 16,10), ora como anjos (cf. Gn 28,12), ora como três homens (cf. Gn 18,2), ou mostrando uma sarça que queimava, mas não se consumia (cf. Ex 3,2), enviando uma nuvem luminosa que guiava o povo pelo deserto (cf. Ex 16,10), fazendo sair água da rocha (cf. Ex 17,6), abrindo o oceano para que passassem a pé enxuto (cf. Ex 15,1-4), como pomba (cf. Mt 3,6), como vento impetuoso (cf. At 2,2), como línguas de fogo (cf. At 2,3), dando a entender que ele estava ali, como pai e criador, como defensor, como Espírito Santo. E Jesus deixava claro que ele, o Filho, sendo homem, era, porém, o Filho eterno que sempre fora "um" com o Pai (cf. Jo 10,30), para quem voltaria (cf. Jo 20,17). Anjos, homens, luz, nuvens, vento.... Eram o próprio Deus ou só sinais?

17. Deus é uno e trino

Os textos trinitários

Abramos nossa Bíblia e leiamos um pouco do que foi dito sobre as três pessoas divinas.

Deus é Pai. Portanto, vós orareis assim: Pai nosso, que estás nos céus (Mt 6,9).

O Pai tem um Filho. Eu o confessarei diante de meu Pai, que está nos céus (Mt 10,32).

Deus é eterno. O que era desde o princípio, o que ouvimos, o que vimos com os nossos olhos, o que temos contemplado, e as nossas mãos tocaram da Palavra da vida (1Jo 1,1).

O Filho, o Pai e o Espírito Santo são pessoas distintas. E eu rogarei ao Pai, e ele vos dará outro Consolador, para que fique convosco para sempre (Jo 14,16). Todavia digo-vos a verdade, que vos convém que eu vá; porque, se eu não for, o Consolador não virá a vós; mas, quando eu for, vo-lo enviarei (Jo 16,7). Todas as coisas me foram entregues por meu Pai, e ninguém conhece o Filho, senão o Pai; e ninguém conhece o Pai, senão o Filho, e aquele a quem o Filho o quiser revelar (Mt 11,27).

O Filho sempre existiu. És tu maior do que o nosso pai Abraão, que morreu? E também os profetas morreram. Quem te fazes tu ser? (Jo 8,53). Abraão, vosso pai, exultou por ver o meu dia, e viu-o, e alegrou-se (Jo 8,56). Disse-lhes Jesus: "Em verdade, em verdade, vos digo que antes que Abraão existisse, eu sou" (Jo 8,58).

O Filho um dia se encarnou. E o Verbo se fez carne e habitou entre nós, e vimos a sua glória, como a glória do unigênito do Pai, cheio de graça e de verdade (Jo 1,14).

O Filho, aqui, chamou-se Jesus. E dará à luz um filho e chamarás o seu nome JESUS; porque ele salvará o seu povo dos seus pecados (Mt 1,21).

O Filho nasceu de uma virgem. Eis que a virgem conceberá e dará à luz um filho, e chamá-lo-ão pelo nome de Emanuel, que traduzido é: Deus conosco (Mt 1,23). A uma virgem desposada com um homem, cujo nome era José, da casa de Davi; e o nome da virgem era Maria (Lc 1,27).

O Filho cresceu como ser humano. E o menino crescia e se fortalecia em espírito, cheio de sabedoria; e a graça de Deus estava sobre ele (Lc 2,40).

O Filho foi um ser humano de verdade. Veio o Filho do homem, comendo e bebendo, e dizem: "Eis aí um homem comilão e beberrão, amigo dos publicanos e pecadores". Mas a sabedoria é justificada por seus filhos (Mt 11,19).

O Filho nunca deixou de ser Deus. Eu bem sei que sempre me ouves, mas eu disse isto por causa da multidão que está em redor, para que creiam que tu me enviaste (Jo 11,42). Todas as coisas me foram entregues por meu Pai, e ninguém conhece o Filho, senão o Pai; e ninguém conhece o Pai, senão o Filho, e aquele a quem o Filho o quiser revelar (Mt 11,27).

O Filho era um com o Pai. Respondeu-lhes Jesus: "Já vo-lo tenho dito, e não o credes. As obras que eu faço, em nome de meu Pai, essas testificam de mim" (Jo 10,25). *Eu e o Pai somos um* (Jo 10,30).

DE VOLTA ao catolicismo

Veio fazer a vontade do Pai. Eu não posso de mim mesmo fazer coisa alguma. Como ouço, assim julgo; e o meu juízo é justo, porque não busco a minha vontade, mas a vontade do Pai que me enviou (Jo 5,30).

Ao morrer disse que estava tudo consumado. Eu glorifiquei-te na terra, tendo consumado a obra que me deste a fazer (Jo 17,4). E quando Jesus tomou o vinagre, disse: "Está consumado". E, inclinando a cabeça, entregou o espírito (Jo 19,30).

Quem quisesse conhecer o Pai devia conhecê-lo. Se vós me conhecêsseis a mim, também conheceríeis a meu Pai; e já desde agora o conheceis, e o tendes visto. Disse-lhe Filipe: "Senhor, mostra-nos o Pai, o que nos basta". *Disse-lhe Jesus: "Estou há tanto tempo convosco, e não me tendes conhecido, Filipe? Quem me vê a mim, vê o Pai; e como dizes tu: 'Mostra-nos o Pai?'.* Não crês tu que eu estou no Pai e que o Pai está em mim? As palavras que eu vos digo não as digo de mim mesmo, mas o Pai, que está em mim, é quem faz as obras. Crede-me que estou no Pai, e o Pai em mim; crede-me, ao menos, por causa das mesmas obras" (Jo 14,7-11).

Ele nos levaria ao Pai. Jesus respondeu, e disse-lhe: "Se alguém me ama, guardará a minha palavra, e meu Pai o amará, e viremos para ele e faremos nele morada" (Jo 14,23).

Foi para lá preparar-nos um lugar. Na casa de meu Pai há muitas moradas; se não fosse assim, eu vo-lo teria dito. Vou preparar-vos um lugar (Jo 14,2).

Do Pai ele nos enviaria o seu Espírito. Todavia digo-vos a verdade, que vos convém que eu vá; porque, se eu não for, o Consolador não virá a vós; mas, quando eu for, vo-lo enviarei (Jo 16,7).

136   **Pe. Zezinho, scj**

Estaria conosco até o fim dos tempos. Ensinando-os a guardar todas as coisas que eu vos tenho mandado; e eis que eu estou convosco todos os dias, até a consumação dos séculos. Amém (Mt 28,20).

O Espírito que ele enviaria seria dele e do Pai. E, havendo dito isto, assoprou sobre eles e disse-lhes: "Recebei o Espírito Santo" (Jo 20,22). Todavia digo-vos a verdade, que vos convém que eu vá; porque, se eu não for, o Consolador não virá a vós; mas, quando eu for, vo-lo enviarei (Jo 16,7).

Ele viera consolar e sanar as coisas. Ide, porém, e aprendei o que significa: Misericórdia quero, e não sacrifício. Porque eu não vim chamar os justos, mas os pecadores ao arrependimento (Mt 9,13). Clamava, pois, Jesus no templo, ensinando e dizendo: "Vós me conheceis, e sabeis de onde sou; e eu não vim de mim mesmo, mas aquele que me enviou é verdadeiro, o qual vós não conheceis" (Jo 7,28).

O Espírito agiria, agora, como o outro consolador. Mas aquele Consolador, o Espírito Santo, que o Pai enviará em meu nome, esse vos ensinará todas as coisas e vos fará lembrar de tudo quanto vos tenho dito (Jo 14,26).

O Pai e Ele fariam sua morada em quem os aceitasse. Jesus respondeu, e disse-lhe: "Se alguém me ama, guardará a minha palavra, e meu Pai o amará, e viremos para ele, e faremos nele morada" (Jo 14,23).

Havia muitas coisas que o Espírito ensinaria. Porque na mesma hora vos ensinará o Espírito Santo o que vos convenha falar (Lc 12,12).

DE VOLTA ao catolicismo 137

Todo o poder foi dado ao Filho. E, chegando-se Jesus, falou-lhes, dizendo: "É-me dado todo o poder no céu e na terra" (Mt 28,18).

O que o Pai faz o Filho faz. Disse-lhes, pois, Jesus: "Quando levantardes o Filho do homem, então conhecereis quem eu sou, e que nada faço por mim mesmo; mas falo como meu Pai me ensinou" (Jo 8,28).

O Espírito leva adiante a obra do Filho e do Pai. Mas aquele Consolador, o Espírito Santo, que o Pai enviará em meu nome, esse vos ensinará todas as coisas, e vos fará lembrar de tudo quanto vos tenho dito (Jo 14,26).

Para quem já leu a Bíblia e a folheia, está tudo lá. Nesses vinte séculos que passaram, tudo foi ou aceito, ou reinterpretado, ou contestado até com violência. Grupos inteiros se desviaram da unidade por causa de duas ou três passagens. Bastou um pregador convincente e bem-falante para levá-los com ele e criar uma nova maneira de crer. A quase totalidade dos fiéis não segue um livro, mas um pregador convincente. Veja a mídia religiosa do Brasil e entenderá o que digo. Naqueles dias, como hoje, o poder não estava no livro, mas no púlpito que o interpretava. O fiel que não lia e ainda não lê – e quando lê, precisa de explicação – vai pelo encanto. Se o pregador lhe parecer santo e simpático é a ele que o fiel recorrerá. O seu Deus virá com os acentos e enfoques do seu pregador bem-amado! É o marketing substituindo a busca da verdade!

Os que aceitam a Bíblia, que lhes veio por palavras de pregadores e crentes mais da época de Jesus, afirmam que Jesus é Deus. Os que a negam ou a suavizam dizem que Ele veio de Deus, mas não poderia ser Deus, porque Deus é outra pessoa. Apostam que os primeiros cristãos reinterpretaram Jesus. Nada os impede de fazer o mesmo hoje! E há os que dizem que nem Jesus existiu, nem Deus existe! É nesse mundo de fé conflitante que nos situamos.

Corrigir nossas imagens

Se não repensarmos nossa imagem de pessoa e nosso conceito de Deus – ser divino, criador e criatura, ser humano, homem, imagem, sinal, símbolo – continuaremos a pensar no Pai como um velhinho de barbas brancas, flutuando sobre as nuvens; no Filho, como o eterno crucificado; e no Espírito Santo como uma pombinha branca a voar sobre a cabeça de Jesus. E há os que pensam numa língua de fogo sobre as cabeças.

Ora, o Pai nunca foi visto, o Espírito Santo também nunca foi visto, nem o Filho tinha sido visto antes de se encarnar. É o que ensinam os catecismos dos cristãos. Agora, já glorificado, missão cumprida, Ele – o verbo encarnado que viveu aqui pouco mais de 30 anos – voltou ao céu, e é "um com o Pai e com o Espírito Santo" como sempre foi. Naqueles tempos, quem falava de ou a Jesus não tinha certeza de estar falando do ou com o Filho de Deus. Agora, quem fala dEle ou a Ele crê que está falando de e a uma pessoa da Santíssima Trindade. Agora cremos saber quem Ele era e é. Para essa realidade Jesus nos levará um dia, porque foi para isso que Ele veio aqui: trouxe o céu para a terra e vai levar a terra para o céu e quem da terra quiser ir com Ele.

Viu só como não é uma catequese fácil? É por isso que as Igrejas não podem deixar qualquer pregador dizer qualquer coisa em qualquer programa religioso. Exijam dele que estude e, se errar, que se retrate!

Saber usar as imagens

Se nos fixamos apenas nas imagens, acharemos que Jesus é só aquilo que vimos, ou que Deus é só aquilo que foi descrito.

DE VOLTA ao catolicismo

Então, ao invés de nos ajudar, o símbolo mal-interpretado vai nos levar ao erro.

É por isso que as imagens e os sinais precisam ser explicados o tempo todo, já que não conseguimos viver sem sinais. Somos feitos de olhos e de mente limitada; precisamos de ilustrações. Poucas pessoas conseguem viver de abstração. O ser humano precisa de coisas concretas para sentir e ver o que não se vê. É por isso que a mulher amada se sente especial ao ganhar flores. As flores lhe dizem algo mais do que aquelas cores, folhas e pétalas. Passam a valer pelo que significam. E ficam lá no buquê dizendo: *Quem te ama te deu estas rosas vermelhas e perfumadas. Alguém vive com e por você!*

18. O Filho

Crer em Jesus, afirmar-se discípulo dele e não querer saber mais sobre sua vida é como proclamar-se amigo de alguém e não ter o menor interesse em saber mais a seu respeito.

> A vida de Jesus torna claro que o "hoje" e o "futuro", embora distintos, estão essencialmente interligados... Onde Jesus aparece o medo some, o medo de viver e o medo de morrer, e ele liberta a pessoa humana e a devolve a si mesma... A *ortopraxis, o agir corretamente*, aparece onde existe amor sem limites, sem formação de grupinhos e seitas, abrangendo até inimigos, "publicanos e pecadores", isto é, todos os que na sociedade judaica da época estavam excluídos da convivência com fariseus ou essênios. *Em tal práxis*, Jesus vê a chegada do Reino de Deus.[1]

Jesus tem sido a razão de ser de milhões de homens e mulheres através dos tempos. Muitos tinham consciência clara do que significava proclamar que Jesus é Deus. Outros, nem tanto. Ainda hoje ouve-se falar de Jesus nas esquinas, nos templos, nos meios de comunicação. Alguns o fazem de maneira exaltada, outros de maneira serena. Muitos o estudaram e conhecem o Jesus daqueles tempos, o Cristo histórico que viveu aqui em carne e osso, falou, amou, serviu, sofreu e morreu pela humanidade. Conhecem também o Cristo da fé, aquele que as Igrejas anunciam e que os fiéis invocam por crerem que ele continua entre nós, ressuscitado e vivo, no Pai e onde quer que dois ou três se reúnam em memória dele. Como nos dias de sua pregação e morte, Jesus

---

[1] SCHILLEBEECKX, Edward. *Jesus, a história de um vivente*. São Paulo: Paulus, 2008. p. 147.

continua muito amado, perseguido e deturpado até mesmo pelos que usam o seu nome para anunciar milagres e revelações que jamais aconteceram. Mas Jesus tem feito muitos santos. É nessas pessoas que perceberemos o que significa crer no Filho de Deus entre nós.

Estudar Jesus

Quando Romero decidiu estudar Teologia e especializar-se em Cristologia, os pais estranharam. Nem sabiam que existia tal matéria. Muito menos esperavam do filho mais jovem, casado e feliz no seu escritório de advogado, que mergulhasse em tais estudos.

Mas para Romero, com 34 anos, Jesus era um desafio agradável de se enfrentar. Ele e a esposa decidiram estudar juntos. Ela se especializou em História da Igreja e ele em Jesus Cristo e tudo o que a Ele se refere.

Romero continua advogado, mas dá aulas de Cristologia numa faculdade católica. Suas aulas são disputadas e frequentadas por cristãos de todas as denominações. Izabel leciona em outra faculdade. Foi a maneira desse jovem casal cristão, feliz e tranquilo, servir a Deus e ajudar a sua Igreja.

Os dois fazem parte de um número crescente de jovens e de casais que querem saber mais sobre Jesus, o Filho, o Irmão! Não estão apenas encantados com Ele. Estão comprometidos intelectual, moral e socialmente com o seu projeto! Nunca viram Jesus, Jesus nunca lhes soprou nada aos ouvidos, não tiveram visões nem recados dele para dar. A fé deles alimenta-se dos livros de ontem e de hoje, que os ajudam a buscar saber mais sobre Jesus.

Deram a cabeça para o Cristo e, por meio dela, o coração. São pensadores católicos! Isso não quer dizer que os outros não pensam. Mas há o acento no sentir e no intuir e o acento no *intuslegere*: entender. Há quem procure Jesus com a vela do coração

DE VOLTA ao catolicismo

e quem o procure com a vela da razão. É o caso deles. O tempo dirá quem foi mais fundo!

E Simão Pedro, respondendo, disse: "Tu és o Cristo, o Filho do Deus vivo" (Mt 16,16).

E a vida eterna é esta: que te conheçam, a ti só, por único Deus verdadeiro, e a Jesus Cristo, a quem enviaste (Jo 17,3).

Outros diziam: "Este é o Cristo"; mas diziam outros: "Vem, pois, o Cristo da Galileia?" (Jo 7,41).

Seus pais disseram isto, porque temiam os judeus. Porquanto já os judeus tinham resolvido que, se alguém confessasse ser ele o Cristo, fosse expulso da sinagoga (Jo 9,22).

Sabendo que, tendo sido Cristo ressuscitado dentre os mortos, já não morre; a morte não mais tem domínio sobre ele (Rm 6,9).

Para que Cristo habite pela fé nos vossos corações; a fim de, estando arraigados e fundados em amor, poderdes perfeitamente compreender, com todos os santos, qual seja a largura, e o comprimento, e a altura, e a profundidade, e conhecer o amor de Cristo, que excede todo o entendimento, para que sejais cheios de toda a plenitude de Deus (Ef 3,17-19).

Jesus é filho

Mt 1,1| ... **filho** de Davi, filho de Abraão.

Mt 1,21| Ela dará à luz um **filho**.

Mt 1,23| ... conceberá, e dará à luz um **Filho**.

Mt 1,25| ... Maria deu à luz um **filho**. E José deu a ele o nome...

Mt 2,15| ... "Do Egito chamei o meu **filho**"...

Mt 3,17| ... "Este é o meu **Filho** amado"...

Mt 4,3| ... "Se tu és **Filho** de Deus, manda que essas pedras se convertam em pães!"

Mt 8,20| ... "as aves do céu têm ninhos; mas o **Filho** do Homem não tem onde repousar...".

Mt 8,29| ... "Que é que há entre nós, **Filho** de Deus? Vieste aqui para nos atormentar?"

Mt 9,6| ... saibam que o **Filho** do Homem tem poder na terra...

Mt 11,19| Veio o **Filho** do Homem, que come e bebe...

Mt 11,27| ... ninguém conhece o **Filho**, a não ser o Pai, e ninguém conhece o Pai, a não ser o **Filho** e aquele a quem o **Filho** quiser revelar.

Mt 12,8| ... o **Filho** do Homem é senhor do sábado.

Mt 12,40| ... o **Filho** do Homem passará três dias...

Mt 16,13| ... "Quem é o **Filho** do Homem?"

Mt 16,16| ... "Tu és o Messias, o **Filho** do Deus vivo".

Mt 16,27| ... o **Filho** do Homem virá na glória...

Mt 17,5| ... Este é o meu **Filho** amado...

Mt 17,12| ... o **Filho** do Homem será maltratado...

Mt 17,22| ... "O **Filho** do Homem vai ser entregue...

Mt 19,28| ... quando o **Filho** do Homem se sentar no trono...

Mt 24,27| ... a vinda do **Filho** do Homem será como o relâmpago...

Mt 24,30| Aparecerá o sinal do **Filho** do Homem no céu...

Mc 14,21| ... Ai daquele que trair o **Filho** do Homem! Seria melhor que...

Lc 8,28| ... "Que há entre mim e ti, Jesus, **Filho** do Deus Altíssimo?"...

Lc 19,10| ... o **Filho** do Homem veio buscar e salvar o que estava perdido.

Jo 3,13| ... aquele que desceu do céu: o **Filho** do Homem.

Jo 3,17| ... Deus enviou o seu **Filho** ao mundo, não para condenar...

Jo 5,23| ... Quem não honra o **Filho,** também não honra o Pai...

Jo 5,25| ... os mortos ouvirão a voz do **Filho** de Deus: aqueles que ouvirem...

Jo 19,7| ... "deve morrer, porque se fez **Filho** de Deus".

Rm 8,3| ... Ele enviou seu próprio **Filho** numa condição semelhante...

Hb 1,2| ... falou a nós por meio do **Filho.** Deus o constituiu herdeiro...

19. Um Filho nos foi dado

Dei-vos a conhecer

Entre os judeus e entre os cristãos estava claro que Deus não é um ser humano. E nenhum ser humano poderia ver Deus como Deus realmente é. Mas Jesus vem e diz que isto é possível. Revela pouco a pouco mais sobre o Deus que ninguém poderia ver com olhos humanos. Um dia, transfigurou-se diante de três dos seus discípulos, que tiveram bem mais do que um vislumbre. Houve deslumbramento. Caíram aterrorizados (cf. Mt 17,6). Jesus lhes mostrou um pouco mais do que poderiam suportar. E orientou--os depois do que viram. Não revelem o que houve. Esperem minha ressurreição (cf. Mt 17,1-9).

E aí, como é que fica? Dizemos que Jesus errou e não queria dizer que era mais do que humano? Que os apóstolos entenderam errado e o deturparam? Mas as passagens estão lá, centenas de trechos a destacarem ora a pessoa do Pai, ora a do Filho, ora a do Espírito Santo, e a deixarem claro que não se trata da mesma pessoa, mas trata-se do mesmo Deus.

Revelou-se em Jesus

PRÓLOGO DE JOÃO (Jo 1,1-16)
(Versão adaptada por Padre Zezinho)
Antes do princípio de tudo, existia apenas um ser: Deus. Além dele, nada e ninguém mais. Só ele e mais ninguém ocupava a vastidão do vasto infinito. Nem galáxias, nem nebulosas, nem estrelas, nem planetas, nem matéria alguma. Nem luz, nem trevas, nem dia, nem noite. Fora dele, absolutamente nada.

Mas Deus era tão infinito e tão pleno que decidiu criar. Poderia ser só, mas não quis. Transbordou a sua essência num infinito gesto de comunicação criadora e, desde então, o vasto universo começou a existir.

Uma vasta explosão, que não se sabe nem quando nem como foi, deu início às nebulosas e galáxias em número de bilhões, e cada uma delas, por sua vez, com milhões ou até bilhões de sóis do tamanho ou cem vezes maiores que o nosso. Em tudo isso Deus estava presente, comunicando sua essência.

No vastíssimo e incomensurável universo, perdido num obscuro e insignificante ponto da vasta e incomensurável Via Láctea, atrelado como pedaço extraviado não se sabe de onde a um sol que o ilumina e aquece, move-se um planeta. Deus comunicou-se, criando esse minúsculo grão de areia cósmica chamado Terra.

Nesse minúsculo e insignificante grão de areia cósmica, que não figuraria nem sequer um gigantesco mapa do universo, tal a insignificância de sua posição e tamanho, Deus comunicou sua essência criando a noite e o dia, a luz e as trevas, o mar e o solo, os vales e as montanhas, os grandes e pequenos animais, os peixes, as aves, os répteis e os mamíferos e toda espécie de vida animal e vegetal.

Por fim, bilhões de anos depois de seguir criando a Terra, Deus comunicou sua essência, criando um minúsculo e contraditório ser, livre e prisioneiro do universo, engaiolado nesse minúsculo grão de areia, mas com capacidade de ir, com a sua imaginação, para além de toda a obra de Deus. E o criou macho e fêmea, homem e mulher.

Milhares de anos transcorreram... Ninguém sabe ao certo. Talvez um milhão de anos e esse minúsculo ser dotado de enorme potencial crescia com enorme lentidão em direção da verdade para a qual fora criado.

Pequeno demais e sem consciência alguma de seu papel na Terra e no universo, o ser humano começou a crescer em direção oposta à da criação. Então, Deus resolveu intervir.

Bilhões de pessoas nesse planeta acreditam que, na pessoa de Jesus de Nazaré, mais uma vez Deus extravasou sua essência de maneira especial e por meio dele se comunicou com o ser humano. Ele viria restituir ao homem a consciência cósmica e o senso de missão nesse perdido e obscuro grão de poeira cósmica chamado Terra. Veio dizer que Deus se importava e continuava comunicando, mas queria uma resposta igualmente comunicadora por parte do homem.

Estava ali, em carne e osso, o diálogo vivo de Deus conosco. Ele era a luz que ilumina o ser humano. Ele, que estivera presente na criação do mundo, estava ali se manifestando, mas não foi reconhecido nem aceito. Sua proposta foi rejeitada.

Mas houve um grupo que a aceitou. A eles foi dada a graça de pensar e agir como filhos de Deus, pelos méritos do nome de Jesus, nome que significa "Deus liberta" (*Ieshuah*).

Tais pessoas foram geradas para além do sangue ou da carne. São filhas da graça de Deus. Assim o Verbo eterno se fez ser humano e viveu entre nós. Deus passeou aqui, lado a lado conosco. Nós vimos tudo isso e atestamos que, sim, ele era de fato o Filho Único do Pai, pleno de graça e de verdade, e da sua plenitude recebemos graça sobre graça.

Eu e meu pai somos um

> Disse-lhe Filipe: "Senhor, mostra-nos o Pai, o que nos basta". Disse-lhe Jesus: "Estou há tanto tempo convosco, e não me tendes conhecido, Filipe? Quem me vê a mim, vê o Pai; e como dizes tu: 'Mostra-nos o Pai?'" (Jo 14,8-9).

A comunidade cristã apostou no que Jesus ensinou aos seus discípulos.

> Eu e o Pai somos um (Jo 10,30). Disseram-lhe, pois: "Onde está teu Pai?". Jesus respondeu: "Não me conheceis a mim, nem a meu Pai; se vós me conhecêsseis a mim, também conheceríeis a meu Pai" (Jo 8,19). "Quem me vê, vê o Pai" (Jo 14,9).

150 Pe. Zezinho, scj

Deus tinha dito algo semelhante a Moisés, que hoje soaria como: *Você terá apenas um vislumbre de mim. Não suportaria a luz que sou. Por isso você me verá de costas. Cobrirei seu rosto de homem com as minhas mãos de Deus e você será protegido contra a minha imensa luz. Vai lá para a fenda daquela rocha* (cf. Ex 33,18-23).

Jesus fala do Pai

* *Eu e o Pai somos um* (Jo 10,30).

* *E eu dei-lhes a glória que a mim me deste, para que sejam um, como nós somos um* (Jo 17,22).

* *Tudo quanto o Pai tem é meu; por isso vos disse que há de receber do que é meu e vo-lo há de anunciar* (Jo 16,15).

* *Tudo por meu Pai me foi entregue; e ninguém conhece quem é o Filho senão o Pai, nem quem é o Pai senão o Filho, e aquele a quem o Filho o quiser revelar* (Lc 10,22).

* *Nem todo o que me diz: "Senhor, Senhor!" entrará no reino dos céus, mas aquele que faz a vontade de meu Pai, que está nos céus* (Mt 7,21).

* *Portanto, qualquer que me confessar diante dos homens, eu o confessarei diante de meu Pai, que está nos céus* (Mt 10,32).

* *Mas qualquer que me negar diante dos homens, eu o negarei também diante de meu Pai, que está nos céus* (Mt 10,33).

* *Todas as coisas me foram entregues por meu Pai, e ninguém conhece o Filho, senão o Pai; e ninguém conhece o Pai, senão o Filho, e aquele a quem o Filho o quiser revelar* (Mt 11,27).

* *Porque, qualquer que fizer a vontade de meu Pai que está nos céus, este é meu irmão e irmã e mãe* (Mt 12,50).

DE VOLTA ao catolicismo

- *Ele, porém, respondendo, disse: "Toda planta, que meu Pai celestial não plantou, será arrancada" (Mt 15,13).*

- *E Jesus, respondendo, disse-lhe: "Bem-aventurado és tu, Simão Barjonas, porque isso não te revelou a carne e o sangue, mas meu Pai, que está nos céus" (Mt 16,17).*

- *Também vos digo que, se dois de vós concordarem na terra acerca de qualquer coisa que pedirem, isso lhes será feito por meu Pai, que está nos céus (Mt 18,19).*

- *Mas daquele dia e hora ninguém sabe, nem os anjos do céu, mas unicamente meu Pai (Mt 24,36).*

- *Então dirá o Rei aos que estiverem à sua direita: "Vinde, benditos de meu Pai, possuí por herança o reino que vos está preparado desde a fundação do mundo" (Mt 25,34).*

- *E digo-vos que, desde agora, não beberei deste fruto da videira, até aquele dia em que o beba novo convosco no reino de meu Pai (Mt 26,29).*

- *Ou pensas tu que eu não poderia agora orar a meu Pai, e que ele não me daria mais de doze legiões de anjos? (Mt 26,53)*

- *E, indo um pouco mais para diante, prostrou-se sobre o seu rosto, orando e dizendo: "Meu Pai, se é possível, passe de mim este cálice; todavia, não seja como eu quero, mas como tu queres" (Mt 26,39).*

- *Eu vim em nome de meu Pai, e não me aceitais; se outro vier em seu próprio nome, a esse aceitareis (Jo 5,43).*

- *E dizia: "Por isso eu vos disse que ninguém pode vir a mim, se por meu Pai não lhe for concedido" (Jo 6,65).*

- *E, se na verdade julgo, o meu juízo é verdadeiro, porque não sou eu só, mas eu e o Pai que me enviou (Jo 8,16).*

- *Disse-lhes, pois, Jesus: "Quando levantardes o Filho do homem, então conhecereis quem eu sou, e que nada faço por mim mesmo; mas falo como meu Pai me ensinou"* (Jo 8,28).

- *Jesus respondeu: "Se eu me glorifico a mim mesmo, a minha glória não é nada; quem me glorifica é meu Pai, o qual dizeis que é vosso Deus"* (Jo 8,54).

- *Ninguém ma tira de mim, mas eu de mim mesmo a dou; tenho poder para a dar, e poder para tornar a tomá-la. Este mandamento recebi de meu Pai* (Jo 10,18).

- *Respondeu-lhes Jesus: "Já vo-lo tenho dito, e não o credes. As obras que eu faço, em nome de meu Pai, essas testificam de mim"* (Jo 10,25).

- *Meu Pai, que mas deu, é maior do que todos; e ninguém pode arrebatá-las da mão de meu Pai* (Jo 10,29).

- *Na casa de meu Pai há muitas moradas; se não fosse assim, eu vo-lo teria dito. Vou preparar-vos lugar* (Jo 14,2).

- *Naquele dia conhecereis que estou em meu Pai, e vós em mim, e eu em vós* (Jo 14,20).

Jesus fala de si

- *E saiu Jesus, e os seus discípulos, para as aldeias de Cesareia de Filipe; e no caminho perguntou aos seus discípulos, dizendo: "Quem dizem os homens que eu sou?"* (Mc 8,27).

- *Disse-lhe Jesus: "Eu sou o caminho e a verdade e a vida; ninguém vem ao Pai, senão por mim"* (Jo 14,6).

- *Quem ama o pai ou a mãe mais do que a mim não é digno de mim; e quem ama o filho ou a filha mais do que a mim não é digno de mim* (Mt 10,37).

- *E quem não toma a sua cruz e não segue após mim, não é digno de mim* (Mt 10,38).

DE VOLTA ao catolicismo   153

- *Quem achar a sua vida perdê-la-á; e quem perder a sua vida, por amor de mim, achá-la-á* (Mt 10,39).

- *Quem vos recebe, a mim me recebe; e quem me recebe a mim, recebe aquele que me enviou* (Mt 10,40).

- *E bem-aventurado é aquele que não se escandalizar em mim* (Mt 11,6).

- *Vinde a mim, todos os que estais cansados e oprimidos, e eu vos aliviarei* (Mt 11,28).

- *Tomai sobre vós o meu jugo, e aprendei de mim, que sou manso e humilde de coração; e encontrareis descanso para as vossas almas* (Mt 11,29).

- *Quem não é comigo é contra mim; e quem comigo não ajunta, espalha* (Mt 12,30).

- *Então disse Jesus aos seus discípulos: "Se alguém quiser vir após mim, renuncie-se a si mesmo, tome sobre si a sua cruz, e siga-me"* (Mt 16,24).

- *Porque aquele que quiser salvar a sua vida, perdê-la-á, e quem perder a sua vida por amor de mim, achá-la-á* (Mt 16,25).

- *Mas, qualquer que escandalizar um destes pequeninos, que creem em mim, melhor lhe fora que se lhe pendurasse ao pescoço uma mó de azenha, e se submergisse na profundeza do mar* (Mt 18,6).

- *Então lhes responderá, dizendo: "Em verdade vos digo que, quando a um destes pequeninos o não fizestes, não o fizestes a mim"* (Mt 25,45).

- *E Jesus, respondendo, disse: "Em verdade vos digo que ninguém há, que tenha deixado casa, ou irmãos, ou irmãs, ou pai, ou mãe, ou mulher, ou filhos, ou campos, por amor de mim e do evangelho"* (Mc 10,29)...

154   Pe. Zezinho, scj

- *Quem vos ouve a vós, a mim me ouve; e quem vos rejeita a vós, a mim me rejeita; e quem a mim me rejeita, rejeita aquele que me enviou (Lc 10,16).*

- *Quem não é comigo é contra mim; e quem comigo não ajunta, espalha (Lc 11,23).*

- *Tenho estado todos os dias convosco no templo, e não estendestes as mãos contra mim, mas esta é a vossa hora e o poder das trevas (Lc 22,53).*

- *Eu não posso de mim mesmo fazer coisa alguma. Como ouço, assim julgo; e o meu juízo é justo, porque não busco a minha vontade, mas a vontade do Pai que me enviou (Jo 5,30).*

- *Examinais as Escrituras, porque vós cuidais ter nelas a vida eterna, e são elas que de mim testificam (Jo 5,39).*

- *E Jesus lhes disse: "Eu sou o pão da vida; aquele que vem a mim não terá fome, e quem crê em mim nunca terá sede" (Jo 6,35).*

- *Na verdade, na verdade, vos digo que aquele que crê em mim tem a vida eterna (Jo 6,47).*

- *Clamava, pois, Jesus no templo, ensinando e dizendo: "Vós conheceis-me, e sabeis de onde sou; e eu não vim de mim mesmo, mas aquele que me enviou é verdadeiro, o qual vós não conheceis" (Jo 7,28).*

- *Disseram-lhe, pois: "Onde está teu Pai?". Jesus respondeu: "Não me conheceis a mim, nem a meu Pai; se vós me conhecêsseis a mim, também conheceríeis a meu Pai" (Jo 8,19).*

- *Disse-lhes, pois, Jesus: Se Deus fosse o vosso Pai, certamente me amaríeis, pois que eu saí, e vim de Deus; não vim de mim mesmo, mas ele me enviou (Jo 8,42).*

DE VOLTA ao catolicismo 155

- *Assim como o Pai me conhece a mim, também eu conheço o Pai, e dou a minha vida pelas ovelhas* (Jo 10,15).

- *Disse-lhe Jesus: "Eu sou a ressurreição e a vida; quem crê em mim, ainda que esteja morto, viverá..."* (Jo 11,25).

- *E eu, quando for levantado da terra, todos atrairei a mim* (Jo 12,32).

- *Disse-lhes, pois, Jesus: "Quando levantardes o Filho do homem, então conhecereis quem eu sou, e que nada faço por mim mesmo; mas falo como meu Pai me ensinou"* (Jo 8,28).

- *E Jesus clamou, e disse: "Quem crê em mim, crê não em mim, mas naquele que me enviou"* (Jo 12,44).

- *E quem me vê a mim, vê aquele que me enviou* (Jo 12,45).

- *Eu sou a luz que vim ao mundo, para que todo aquele que crê em mim não permaneça nas trevas* (Jo 12,46).

- *Quem me rejeitar a mim, e não receber as minhas palavras, já tem quem o julgue; a palavra que tenho pregado, essa o há de julgar no último dia* (Jo 12,48).

- *E quando eu for, e vos preparar lugar, virei outra vez, e vos levarei para mim mesmo, para que onde eu estiver estejais vós também* (Jo 14,3).

- *Se vós me conhecêsseis a mim, também conheceríeis a meu Pai; e já desde agora o conheceis, e o tendes visto* (Jo 14,7).

- *Disse-lhe Jesus: "Estou há tanto tempo convosco, e não me tendes conhecido, Filipe? Quem me vê a mim, vê o Pai; e como dizes tu: 'Mostra-nos o Pai?'"* (Jo 14,9).

- *Naquele dia conhecereis que estou em meu Pai, e vós em mim, e eu em vós* (Jo 14,20).

- *Eu sou a videira, vós as varas; quem está em mim, e eu nele, esse dá muito fruto; porque sem mim nada podeis fazer* (Jo 15,5).

156   **Pe. Zezinho, scj**

- *Se vós estiverdes em mim, e as minhas palavras estiverem em vós, pedireis tudo o que quiserdes, e vos será feito* (Jo 15,7).

- *Pai justo, o mundo não te conheceu; mas eu te conheci, e estes conheceram que tu me enviaste a mim* (Jo 17,25).

O mistério de Jesus deve sempre desafiar um crente. Um cristão católico não pode ignorá-lo, mas não pode iludir-se achando que sabe mais do que o suficiente e que Jesus lhe revelou tudo. A Cristologia nos torna cada dia mais humildes. Estudar Jesus faz o estudioso sentir-se pequeno diante de tantos desafios que sua personalidade suscita.

Concluamos com quem escreveu o evangelho atribuído a São João (21,24-25):

> Este é o discípulo que dá testemunho destas coisas e por isso as escreveu. Sabemos que o seu testemunho é verdadeiro. Há, porém, ainda muitas outras coisas que Jesus fez. Se tudo fosse registrado e escrito, penso que o mundo não teria espaço para conter os livros que nasceriam desses relatos. Amém.

Para muitos pregadores, crer é aderir de coração. **Credere** significaria **cor dare**: *assentir, consentir e entregar o coração*, mesmo sem entender. Citam Pedro a Jesus em João 6,64-68. Grupos carismáticos e pentecostais acentuam esta parte até nas suas palavras de comando. Nunca pedem que se dê a cabeça ou o pensamento e a cultura para Jesus. Pedem sempre que se dê o coração.

Entendem que no sentimento se engloba tudo. Mas, se na doutrina sobre o Espírito Santo se fala de sabedoria, entendimento e conselho, e se Jesus pede aos discípulos que façam perguntas (cf. Jo 16,5), se os repreende por não entenderem e não aprofundarem (cf. Mc 8,17), se Paulo sugere aos discípulos que estudem a Palavra (cf. 2Tm 3,15) e a aprofundem, então a fé precisa mais do que de sentimento.

DE VOLTA ao catolicismo

Aí as palmas, as harpas, as flautas e os pandeiros, o sangue no propiciatório, as danças e os incensos que dão vida ao ritual precisarão de livros e de cabeças para que a fé não perca o equilíbrio vital. Fé que não sente é frágil. Fé que não pensa é ainda mais frágil. Por isso, Paulo dizia saber em quem acreditara. A razão deu sentido ao seu sentir (cf. 1Cor 15,10). Pensar é um verbo que liberta, qualifica e amplia a fé.

20. Do Espírito e ao Espírito

A missão do Espírito Santo

Ad Gentes[1]
4. Para isso, precisamente, enviou Cristo o Espírito Santo desde o seio do Pai, para realizar no interior das almas sua obra salvadora e impelir a Igreja à sua própria dilatação. Não há dúvidas de que o Espírito Santo já atuava no mundo antes de Cristo ser glorificado.(19) Contudo, foi no dia de Pentecostes, em que desceu sobre os discípulos para ficar para sempre com eles,(20) que a Igreja foi publicamente manifestada diante de grande multidão, que a difusão do Evangelho entre os gentios, por meio da pregação, teve o seu início, e que, finalmente, foi prefigurada a união dos povos na catolicidade da fé por meio da Igreja da nova Aliança, que fala em todas as línguas e todas as línguas entende e abraça na sua caridade, superando assim a dispersão de Babel.(21) Pelo Pentecostes começaram "os atos dos Apóstolos", como pela descida do Espírito Santo sobre Maria fora concebido Cristo, e como pela descida do mesmo Espírito Santo sobre Cristo, quando orava, fora o Senhor impelido à obra do seu ministério.(22) O próprio Senhor Jesus, antes de imolar livremente a sua vida pelo mundo, de tal maneira dispôs o ministério apostólico e prometeu enviar o Espírito Santo, que a ambos associava na tarefa de levar a cabo sempre e em toda parte a obra da salvação.(23) O Espírito Santo é quem "unifica na comunhão e no ministério, e enriquece com diversos dons hierárquicos e carismáticos"(24) toda a Igreja através dos tempos, dando vida às instituições eclesiásticas,(25) sendo como que a alma delas, e instilando nos corações dos fiéis aquele mesmo espírito de missão

---

[1] CONCÍLIO VATICANO II. *Ad Gentes*: decreto sobre a atividade missionária da Igreja. In: *Mensagens, discursos, documentos*. São Paulo: Paulinas, 1998.

que animava o próprio Cristo. Por vezes precede visivelmente a ação apostólica,(26) como também incessantemente a acompanha e dirige de vários modos.(27)

Por que pneuma?

A palavra grega πνευμα é rica de significado. Significa sopro e lembra o vento, a aspiração, a expiração e a inspiração. É o sopro de vida que, segundo a narrativa simbólica da criação, deu origem ao espírito humano (cf. Gn 2,7) ou trouxe sobrevivência para o povo (cf. Nm 11,31) ou deu luzes a quem delas precisava.

> E formou o Senhor Deus o homem do pó da terra, e soprou em suas narinas o fôlego da vida; e o homem foi feito alma vivente (Gn 2,7).

> Então soprou um vento do Senhor e trouxe codornizes do mar, e as espalhou pelo arraial quase caminho de um dia, de um lado e de outro lado, ao redor do arraial; quase dois côvados sobre a terra (Nm 11,31).

> E, havendo dito isto, assoprou sobre eles e disse-lhes: "Recebei o Espírito Santo" (Jo 20,22).

É também a *inspiração – sopro do céu* que norteia o ser humano e o leva a ver mais, pensar mais e ir mais longe do que o simples raciocínio. Por isso, na versão latina usamos a palavra *Espírito*. Em minúscula, fala da alma humana. Com inicial maiúscula, em geral significa o Espírito Santo: o Deus que dá e preserva a vida!

Pneumatologia é, pois, o estudo da ação do Espírito Santo no mundo e a busca de entender o mistério da Santíssima Trindade e do que Jesus quis dizer quando soprou sobre os discípulos e lhes deu o Espírito Santo. Que sopro era este? Por que o gesto?

É também tentativa de entender porque Jesus prometeu aos discípulos que lhes enviaria o seu Espírito (cf. Jo 16,7) e que este Espírito os esclareceria sobre tudo o que ele ensinara nos mais de trinta meses em que estiveram juntos (cf. Lc 12,12; Jo 14,26).

O que é crer no Espírito Santo?

Há muitos amadores entusiasmados que se dizem cantores e músicos e não o são, porque tocam e cantam desafinados. Assim, também há quem pregue desafinado sobre o Espírito Santo. Amam e creem que foram batizados nele, mas sua pregação destoa da pregação da Igreja. Estão seguindo algum pregador que, num retiro, falou do Espírito Santo e deu-lhes o sentimento e a sensação de tê-lo recebido, mas não lhes deu os fundamentos catequéticos sólidos dessa forma de piedade.

Não é dogma de fácil explicitação. Contudo, é um dos dogmas mais difundidos na mídia religiosa moderna, visto que quem mais tem acesso ao rádio e à televisão são os grupos pentecostais e carismáticos, cujo acento mais forte é na ação do Espírito Santo entre nós.

Os que sabem e os que não sabem

Há os serenos e evangelizados. Sabem do que estão falando e passam sólida catequese. Eles sabem do que falam. Outros, infelizmente, trazem conhecimento inadequado, usam de enfoque errado, faltam-lhes catequese e leitura. Aderiram à onda, mas não sabem surfar! Confundem unção com entusiasmo de momento. Vão se acendendo e acabam pegando fogo. Em vez de luzes controladas cospem labaredas... É imenso o número dos que invocam e falam do Espírito Santo sem realmente ter lido os outros temas da fé. Crer no Espírito Santo não é crer num tema isolado da fé. Quem não assimilou o geral da catequese católica provavelmente não entenderá a fé no Espírito Santo. Somos

Igreja cristocêntrica e não pentecostal. Alguns grupos islâmicos, por exemplo, veem o anjo Gabriel como o Espírito Santo. Entre nós não falta quem o veja como instrumento do Pai e do Filho. Subordinam-no.

O acento no Cristo

Já vimos anteriormente que admitimos o Pentecostes, mas nosso acento é o Cristo Jesus. O Espírito Santo que ele disse que nos enviaria não é um pedaço dele e do Pai, nem é instrumento, nem é um pacote que ele mandou do céu, depois que foi para lá. A linguagem de muitos pregadores coisifica o Espírito Santo. Escapa a ideia de que Jesus glorificado e o Pai o enviam de lá de cima e ele cai em nossas mãos e em nossos corações. Omitem o conceito de infusão, dom, manifestação, revelação, presença, pessoa tanto quanto o Pai e o Filho.

Arroubos demais

Não admira que num arroubo de entusiasmo, num dia do que ele chamava de "oração de poder", o jovem pregador, em nome de Jesus e movido pelo que ele pensava ser o Espírito Santo, tenha ordenado ao demônio da dengue que levasse os seus mosquitos embora, que eles saíssem do Brasil e parassem de trazer a doença ao nosso povo... Se os mosquitos obedeceram a tão inflamada pregação, devem ter ido para alguma ilha do Atlântico, ou para a Argentina, ou morreram no mar...

Mas a fé no Espírito Santo nada tem a ver com esses arroubos. É assunto bem mais sério do que se imagina. Ao pregador faltou um curso de Pneumatologia! Não é assim que se usam os carismas que Deus nos dá.

O Espírito Santo

Ao falarmos do Espírito Santo, nós, católicos, nos referimos ao Deus único, mas pessoa distinta. Não se pode descrevê-lo como Deus que veio ou se manifestou depois. O anúncio de sua presença está lá, já no segundo versículo do primeiro livro da Bíblia, quando o autor descreve a criação e a formação do universo.

> E a terra era sem forma e vazia; e havia trevas sobre a face do abismo; e o Espírito de Deus se movia sobre a face das águas (Gn 1,2).

Ele usa a expressão "se movia". Está falando de alguém que faz e age. Estamos falando com o Deus que é um só, em contato com a pessoa que conhecemos como "terceira" pessoa da "Santíssima Trindade", embora em Deus não haja primeiro, segundo ou terceiro lugar.

Nossa pobre pedagogia faz essas distinções em função do nosso aprendizado. Jesus, o Filho encarnado, diz que ele e o Pai são um só. A Igreja desde os primeiros séculos repete: *Vós que sois Deus, com o Pai e o Espírito Santo*. Ele, O Pai e o Espírito Santo são um só. Ela jamais dissocia a Trindade. O Deus Uno é sempre Trino. Em Deus não há divisões ou separações. Para nosso aprendizado e pedagogia, há distinções. O Pai não é o Filho, nem o Espírito Santo, e um não é a pessoa do outro, mas trata-se do mesmo ser. Complicado, não?

Faltam-nos palavras

Na nossa pobre pedagogia e para o nosso pobre entendimento, quando dizemos "terceira pessoa" isso é dito do nosso ponto de vista. Também a cachoeira não tem lado esquerdo, nem direito, ela flui! Para nós, a depender de onde estamos, um lado do rio é direito e o outro, esquerdo. Criou-se, porém, uma convenção que nos leva a falar em margem esquerda e direita, não a partir

164   Pe. Zezinho, scj

de nossa posição, mas a partir do rumo das suas águas. Mas é coisa humana.

Para Deus não haveria erro nenhum se alguém se persignasse "Em nome do Filho, do Espírito Santo e do Pai". Mas, para a nossa catequese e pedagogia, estabeleceu-se uma hierarquia, a partir da revelação e das atribuições que fazemos a Deus. O que chegou ao conhecimento dos hebreus e dos cristãos é que o Pai se manifestou primeiro, embora, como vimos, já no início da Bíblia se leia que, na Criação, o Espírito estava lá, movendo-se, agindo... Não há separação.

Não sabemos com exatidão

Em geral, falamos como quem não sabe quem é, nem como é o Espírito Santo. Também não sabemos bem quem é nem como é o Pai. Basta ouvir a maioria dos pregadores para percebermos a confusão que estabelecem ao atribuir ao Espírito Santo todas as ações e os acontecimentos que não conseguem interpretar. O Espírito Santo, que nós dizemos ser a terceira pessoa da Santíssima Trindade no seio do Deus que é Uno e Trino, certamente não é uma pomba, nem língua de fogo, nem vento impetuoso. Nunca é demais repetir: foram sinais que apontavam para a sua ação, mas Ele não era aqueles sinais.

Sinais do Espírito Santo

Quando a Bíblia se referiu à sua ação e presença através desses sinais, em nenhum momento ela disse que o Espírito Santo era os sinais. Em nenhuma passagem a Bíblia diz que o Espírito Santo "é" uma pomba, como Ele também não "é" *línguas de fogo* e não "é" vento. Nossa Teologia é claríssima a este respeito. O símbolo ou sinal não é o mistério, da mesma forma que a seta que aponta para a montanha não é a montanha...

DE VOLTA ao catolicismo

O Espírito Santo de Deus – aquele que vem do Pai e do Filho, para nos santificar e aperfeiçoar – é um mistério tão grande quanto é o mistério do Pai e do Filho. Deus é inefável e insondável. Saber para onde olhar na direção do horizonte não é o mesmo que saber ou ver o que há depois daquela linha.

Ele existe

Nós cremos na sua existência, porque Jesus disse que o enviaria, deixando claro em muitos dos seus discursos que, indo para o Pai, nos enviaria o Espírito Santo, que não é Ele, mas procede dele e do Pai. Custou muito para os cristãos chegarem a essa doutrina. Mais do que enviar, Jesus no-lo infunde e Ele atua na Igreja. Foi o que Ele disse quando afirmou que ia para o Pai e enviaria o Espírito Santo dele e do Pai para completar a nossa formação.

> Mas aquele Consolador, o Espírito Santo, que o Pai enviará em meu nome, esse vos ensinará todas as coisas, e vos fará lembrar de tudo quanto vos tenho dito (Jo 14,26).

O Espírito que divide

Por causa da doutrina que garante que o Espírito Santo atua em cada pessoa e se revela a cada um, nasceram, de tempos em tempos, rupturas dolorosas, a mais chocante delas engendrada por um profeta chamado Montano (cerca do ano 150 da Era Cristã). Convertido ao Cristianismo, voluntarioso e certo de que era com ele que Deus contava para purificar a doutrina de Cristo, ele oferecia ao mundo uma *nova profecia*.

De certa forma, Montano foi o precursor não de todas, mas certamente de muitas comunidades carismáticas e pentecostais de hoje, que a ninguém ouvem ou consultam e raramente voltam atrás nas suas decisões. Não admitem que possam estar errados.

Rompem com suas Igrejas e fundam outros grupos e Igrejas, sempre seguros de que o Espírito Santo os tocou e escolheu para serem os profetas dos últimos tempos. Priscila acreditava piamente que, depois dela, não haveria outra profetisa na Igreja. Eles, Montano, Priscila, Maximila e seus revelados eram a última chance para a humanidade... Depois deles vieram milhares com o mesmo discurso.

Mulheres, jovens, monges e leigos

As duas mulheres que, com Montano, também diziam receber o Espírito Santo, influenciaram milhares de moças e senhoras de seu tempo. Seus seguidores, também conhecidos como *catafrígios*, levavam vida rígida e sinalizada de jejuns e penitências. Piamente acreditavam que sua espiritualidade era a única correta e que não havia outro grupo como eles na Igreja.

Montano chegou a proclamar-se *porta-voz da última revelação do Espírito Santo*. Não foi o único. Joaquim di Fiori faria o mesmo quase dez séculos mais tarde, proclamando a era do Espírito Santo, denunciando a presença real do anticristo no mundo e dando datas para o fim dos tempos. Escusado é dizer que estava errado. Seu catastrofismo chamado milenarismo foi condenado pela Igreja. O Espírito Santo não lhe havia dito o que ele dissera ter ouvido.

Outros fizeram e ainda fazem o mesmo para angariar adeptos. De certa forma, o Espírito Santo é hoje a pessoa mais caluniada da Santíssima Trindade. Com enorme facilidade atribuem a ele o que ele não fez e não disse. Mas quem não quer fazer parte da mais nova e talvez última revelação de Deus? Montano esperava que a Igreja aceitasse sua palavra porque, afinal, com ele, a doutrina se completava. Só estavam faltando ele e seus discípulos para a Igreja conhecer toda a verdade... Antes deles tudo era incompleto, depois deles nada mais seria correto. A humildade não era o seu ponto forte, embora dessem a impressão de ser pessoas santas.

Acima da Igreja

Maximila também disse que depois dela nunca mais haveria profetisas. Elas, as duas, Maximila e Priscila, eram o fim de todas as revelações. Tanto influenciaram as pessoas do seu tempo que muitas comunidades cristãs se esvaziaram. Tornaram-se pentecostais. Agora, tudo passava pelo Espírito Santo. Quem não aceitasse ser batizado nele **não era cristão de verdade**. Como se vê, o filme vem de longe!

Os fiéis acorriam em massa ao encontro de Montano, Priscila e Maximila! Era "o" e não "um" novo jeito de ser Igreja! O casamento entre eles era rígido. Encorajava-se não casar, ou, segundo alguns historiadores, como ainda acontece hoje em alguns grupos iluminados, os líderes decidiam quem casaria com quem. Por terem acolhido e não apenas sido visitados pelo Espírito Santo, sentiam-se acima dos demais católicos. Não precisavam ouvir. Mais pregavam "aos" do que ouviam "os" outros cristãos. A autoridade vinha deles e não do Papa. Não ouviam de bom grado quem os questionava. Conseguiram bispos e teólogos para defendê-los. Afinal, parecia um caminho puro, santo e profético! Como questionar algo assim tão rico de frutos?

A Igreja tardou, mas reagiu

Vários bispos se reuniram sob a liderança do Bispo Apolinário e, no ano 177, excomungaram os seguidores de Montano. Não eram mais da Igreja. Mas o montanismo sobreviveu a Montano, Priscila e Maximila. Durou muito tempo, porque tinha feito milhares de cabeças. Montano instituíra uma anarquia carismática. Para seus adeptos só valia o que o Espírito Santo lhes dizia pelos seus membros e não pela hierarquia. Eram guiados diretamente pelo Espírito Santo e não por qualquer autoridade aqui na terra. Até ouviam, mas não obedeciam.

Santo vivo

Alguns chegaram a ver Montano como santo em vida, encarnação do Espírito Santo para o seu tempo. Ele parece ter concordado. Se Jesus podia ser o Filho, porque ele, Montano, não poderia ser o Espírito Santo? O leitor que quiser saber mais sobre a história de Montano e a de Donato e outros reformadores da fé pesquise os livros de História do Cristianismo. Muitos fundadores de grupos de fé cristã usaram as palavras "Espírito Santo" para, na verdade, impor a sua visão de Catolicismo. Nunca puderam provar a toda a Igreja, senão aos seus adeptos fervorosos e até irados, que era o Espírito Santo quem os guiava.

Espírito que aproxima

Não sabemos muito mais do que aquilo que está escrito na Bíblia e do que os teólogos – depois de muitos aprofundamentos – e as autoridades da Igreja colocaram como pontos de fé para nossa reflexão. Um católico sabe que Deus é Pai, Jesus é o Cristo, o Filho encarnado; o Filho voltando ao Pai, nos infunde o Espírito Santo e o Espírito Santo aproxima os fiéis. Quem separa é o separador: *dia-bolus*, o demônio, o diabo.

A aparência do Espírito Santo? Não sabemos! Deus não é humano! Um pintor de hoje terá dificuldade em retratar exatamente como era o rosto de Cristo. Menos ainda poderia retratar o Pai.

21. Falar do Espírito Santo

> Porque surgirão falsos cristos e falsos profetas, e farão tão grandes sinais e prodígios que, se possível fora, enganariam até os escolhidos. Estou avisando com antecedência. Portanto, se vos disserem: "Eis que ele está no deserto", não saiais; "Eis que ele está no interior da casa", não acrediteis. Porque, assim como o relâmpago sai do oriente e se mostra até ao ocidente, assim será também a vinda do Filho do homem. Pois onde estiver o cadáver, aí se ajuntarão as águias (Mt 24, 24-26).

Na mídia religiosa de agora, ouve-se dizer que o Espírito Santo envia mensagens a este ou àquele pregador. Sobretudo nos últimos 30 anos tem sido essa a tônica. Segundo dizem, Jesus envia a eles o seu Espírito com mensagens para aquele dia. De certa forma, lembram Montano, Maximila e Priscila. Em geral, não aceitam ser questionados. Tomam tais questionamentos como ofensa ao Cristo e ao Espírito Santo e não hesitam em declarar parceiros do inimigo ou do demônio os irmãos e irmãs que, crendo em Cristo como eles, se recusam a aceitar que, de fato, o Espírito Santo lhes falou. Jesus manda questionar tais profetas.

Confusos

Tenho, arquivada, uma oração de cinquenta minutos de uma pregadora pentecostal num programa de rádio do ano de 2007. Percebe-se nitidamente que, cerca de quarenta vezes, ela confunde o Espírito Santo com o Verbo Encarnado. Para ela Jesus é "meu Pai" ou é o "Santo Espírito do Pai". É uma impressionante salada dogmática. Mas ela, como milhares de outros que falam do Espírito Santo, tem acesso a milhões de pessoas pelo rádio e

170   Pe. Zezinho, scj

pela televisão. O que já não é tão fácil nem tão claro fica ainda mais pastoso e confuso.

Típico dessa confusão é uma das preces distribuídas em folhetos em frente de alguns templos. Lá se lê:

> Ó Divino Espírito Santo, paira sobre nós com tuas línguas de fogo e roga por nós a Jesus e aos santos para que consigamos vossa graça. Ó Maria, manda o Espírito Santo do teu filho para curar-nos. Tu, ó Espírito Santo que és instrumento do Pai e do Filho para nos confirmar na fé, soprai de novo sobre nós para que sejamos testemunhas do Deus vivo!

Vários erros numa só oração de três sentenças! O que fazer diante de tanta confusão e de tantos que, pensando estar na moda, aderem a uma doutrina sem conhecer os seus fundamentos?

Quem sabe mais, ensine e corrija

Sei mais do que alguns deles e sei menos do que outros. Por isso, aceito ouvi-los. Aos que sabem menos, devo ensinar o que sei, e dos que sabem mais devo aprender o que ainda não sei. Ou eles receberam mais luzes, ou leram mais, ou estudaram mais a fundo. Por isso, leio os seus livros e presto atenção no que dizem. De Lubac, Yves Congar, são algumas cabeças que devo respeitar.

Dentre os mais de quarenta bons livros que se pode ler no Brasil sobre o tema, sugiro ao leitor que conheça, de Yves Congar, celebrado cardeal francês, a trilogia *Creio no Espírito Santo*, com os títulos *Revelação e experiência do Espírito*, *Ele é o Senhor e dá a vida* e *O rio da vida corre no Oriente e no Ocidente*.[1] São temas altamente esclarecedores para quem deseja se referir ao Espírito Santo.

---

[1]   CONGAR, Yves. *Creio no Espírito Santo*. São Paulo: Paulinas, 2005. 3 vols.

Lumen Gentium[2]

O Espírito santificador da Igreja

4. Consumada a obra que o Pai confiara ao Filho para que ele a realizasse na terra (cf. Jo 17,4), no dia de Pentecostes foi enviado o Espírito Santo para santificar continuamente a Igreja e assim dar aos crentes acesso ao Pai, por Cristo, num só Espírito (cf. Ef 2,18). Este é o Espírito que dá a vida, a fonte da água que jorra para a vida eterna (cf. Jo 4,14; 7,38-39); por ele, o Pai dá vida aos homens mortos pelo pecado, até que um dia ressuscitem em Cristo os seus corpos mortais (cf. Rm 8,10-11). O Espírito habita na Igreja e nos corações dos fiéis, como num templo (cf. 1Cor 3,16; 6,19): neles ora e dá testemunho de que são filhos adotivos (cf. Gl 4,6; Rm 8,15-16.26). Leva a Igreja ao conhecimento da verdade total (Jo 16,13), unifica-a na comunhão e no ministério, dota-a com diversos dons hierárquicos e carismáticos, com os quais a dirige e embeleza (cf. Ef 4,11-12; 1Cor 12,4; Gl 5,22). Com a força do Evangelho, faz ainda rejuvenescer a Igreja, renova-a continuamente e eleva-a à união consumada com o seu Esposo.(3) Pois o Espírito e a Esposa dizem ao Senhor Jesus: "Vem" (cf. Ap 22,17). Assim a Igreja universal aparece como o "povo congregado na unidade do Pai e do Filho e do Espírito Santo".(4)

Questionar os carismáticos que nos questionam

A Bíblia nos autoriza a questionar os profetas que nos falam em nome do céu. Há mais de quinhentas passagens em Jeremias, Isaías, Ezequiel, Mateus, Paulo, João e Pedro que nos mandam tomar cuidado com profetas que não provam de onde vem a sua profecia.

---

[2] Concílio Vaticano II. *Lumen Gentium*: constituição dogmática sobre a Igreja. In: *Mensagens, discursos, documentos*. São Paulo: Paulinas, 1998.

Os pregadores que demonstram terem feito estudos profundos sobre o tema são excelentes, mas são poucos. Milhares que pregam sobre o Espírito Santo parecem excessivamente seguros de que o conhecem e o receberam. Afinal, oram em línguas e agem de um jeito renovado! Logo, concluem que foram batizados no Espírito Santo! Foram?

Batizados no Espírito?

Nos Atos dos Apóstolos o drama era discernir entre quem realmente recebera e quem dizia possuir o dom. Será mesmo que basta alguém dizer que foi batizado? Não terá que mostrar por atos e palavras que de fato o foi?

Quem age mais certo? O que, tendo recebido o Batismo no Espírito não faz alarde, ou o que tendo ou não tendo recebido, precisa a toda a hora lembrar que o recebeu? Há hora de proclamar (cf. Mt 10,27) e hora de orar em silêncio, a portas trancadas. (cf. Mt 6,6). Sabem a diferença? É válido orar em línguas na televisão para milhões que nem sequer conhecem o básico da catequese cristã? Foi ou não foi desaconselhado? Se foi, por que o fazem? Por que o fazem sem um intérprete?

> **Confira e aprofunde Paulo em 1Cor 14,4-28**
> O que fala em língua desconhecida edifica-se a si mesmo, mas o que profetiza edifica a Igreja. E eu quero que todos vós faleis em línguas, mas muito mais que profetizeis; porque o que profetiza é maior do que o que fala em línguas, a não ser que também interprete para que a Igreja receba edificação. [...]
> Há muitos tipos de vozes no mundo, e nenhuma delas é sem significado. Mas, se eu ignorar o sentido da voz, serei bárbaro para aquele a quem falo, e o que fala será bárbaro para mim. [...]
> Que farei, pois? Orarei com o espírito, mas também orarei com o entendimento; cantarei com o espírito, mas também cantarei com o entendimento. [...]

DE VOLTA ao catolicismo

E, se alguém falar em língua desconhecida, faça-se isso por dois, ou quando muito três, e cada qual por sua vez, e haja intérprete. Mas, se não houver intérprete, cale-se na Igreja, e fale consigo mesmo e com Deus.

Difícil de conhecer

Se é fácil falar do e ao Espírito Santo, é bem mais difícil conhecê-lo. Uma coisa é achar que Ele atua em nós e outra é provar que atua. Parafraseando o apóstolo Paulo, uma coisa é achar que falamos inglês e outra é, de fato, falar inglês (1Cor 14,7-8). Uma coisa é achar que cantamos e tocamos bem e outra, de fato, cantar e tocar bem. Assim como há muitos que se dizem cantores e músicos e não o são, porque tocam e cantam desafinados, há muita gente pregando desafinado sobre o Espírito Santo.

A tendência dos questionados

A tendência dos que são questionados sobre o seu conhecimento e sua pregação nebulosa sobre o Espírito Santo é defender-se, dizendo que não é a mesma coisa não saber cantar e ainda assim cantar e não saber falar do Espírito Santo e ainda assim falar. Canção é uma coisa e unção do Espírito é outra, dizem eles. A Igreja não pensa desse jeito. Nos seus documentos sobre catequese e atividade missionária, para citar apenas dois – *Catechese Tradendae* e *Ad Gentes* –, ela insiste que quem deseja evangelizar precisa **saber do que está falando e não deve usar de meios coercitivos ou técnicas enganosas para atrair fiéis**, coisas muito comuns na mídia religiosa dos nossos dias.

Vejamos o texto:

13. [...] A Igreja proíbe severamente **obrigar** quem quer que seja a abraçar a fé, ou **induzi-lo e atraí-lo** com **práticas indiscretas**, do mesmo modo que reclama com vigor o direito de ninguém ser afastado da fé por meio de vexações

iníquas.(16) Em conformidade com o antiquíssimo costume da Igreja, investiguem-se os motivos da conversão e, se for necessário, purifiquem-se.[3]

Repitamos o que foi dito anteriormente. Há os serenos que sabem do que estão falando e passam conhecimento, certeza e paz. Milhares de outros, quando falam sobre o Espírito Santo, traem o seu parco conhecimento, usam de enfoque errado e faltam-lhes catequese e leitura.

Tocar o Espírito que nos toca

Se não podemos negar que alguns irmãos creem e buscam o Espírito Santo, podemos e devemos questionar o seu conhecimento, quando, nas suas **orações de poder**, mostram **pouco saber**. Não é porque gosto de determinado alimento que tenho a habilidade de prepará-lo. Uma coisa é alimentar-se e outra, preparar um alimento. Nem todo crente sabe pregar sobre o que crê. Em muitos casos não deveria, porque não assimilou a doutrina da sua Igreja. Para evangelizar não basta conhecer apenas uma parte do catecismo. Mas é o que acontece com muitos pregadores. Não conseguem ser abrangentes.

Todos falam, mas poucos sabem

Questionemos na mídia os muitos pregadores que falam do Espírito Santo sem ter lido sobre Ele. Ainda não se deram conta de que o Espírito Santo dá milhares de outros sinais ao longo da nossa vida para dizer que está agindo. Reduzi-lo é não saber quem Ele é.

---

[3] Concílio Vaticano II. Op. cit., *Ad Gentes* (destaque do autor).

O perigo do reducionismo

Insistamos nisso! Vento (cf. At 2,2), línguas de fogo sobre as cabeças dos apóstolos (cf. At 2,3), pomba que paira sobre Jesus – e até existem templos de Igrejas que usam esta pomba como símbolo – (cf. Mt 3,16), dom de línguas (cf. At 2,4), foram alguns dos sinais daqueles dias que não mais se repetiram. Ele também pairava sobre as águas e sobre a terra sem luz, ainda disforme, e não o fez em forma de pomba (cf. Gn 1,2). Ele também agiu de mil maneiras na vida e na história dos povos e das pessoas, judeus e pagãos e cristãos. Ele agia, inclusive, em gente de outras religiões, ainda não batizados em Jesus e não circuncidados (cf. At 10,45). Nunca se prendeu a um só grupo de fé.

Não era e não é um fenômeno só dos judeus, só dos cristãos e só deste ou daquele grupo. Mas todos precisam levá-lo a sério quando creem que é Ele a se manifestar. Não se brinca de ver e ouvir o Espírito Santo, ou de saber quem Ele é.

Não era o Espírito Santo

Ninguém pode sair por aí dizendo: – *Acho que o Espírito Santo me disse algumas coisas, logo, vou passar isso adiante!* Entre o que ele acha que foi aviso do Espírito Santo e a verdade tem que haver o discernimento, que muita gente não tem, nem quer admitir que outros tenham.

Se todos os que falam em nome do Espírito Santo passassem por este crivo, a maioria seria desaconselhada a pregar sobre Ele. Jeremias dizia o mesmo dos profetas apressados do seu tempo. Queriam porque queriam dizer que eram escolhidos e profetas; então inventavam profecias e passavam por iluminados, que não eram (cf. Jr 14,14). Deus mandou Jeremias gritar que Ele, Deus, não os enviara, nem os indicara, nem lhes falara coisa nenhuma. Estavam profetizando falsas visões, divinações e ido-latrias, ilusões de suas cabeças confusas. É claro que Jeremias foi

Pe. Zezinho, scj

malfalado, malvisto e agredido por questioná-los. Quem ele pensava que era? Por acaso ele se achava mais profeta do que eles?

Jesus mandava questionar

Jesus fez o mesmo em Mateus 24,24-26, quando mandou seus discípulos questionarem os que diziam saber onde achá-lo e até dariam o seu endereço. Lembrando João 3,8, é Jesus a dizer que ninguém pode afirmar que sabe a direção do vento. Ninguém pode afirmar que sabe a data do fim do mundo (cf. Mt 24,36). Ninguém pode profetizar em nome do Pai, do Filho e do Espírito Santo sem provar que sabe o que está falando. E todos devem, sim, ser questionados quando dizem que foram revelados. Qualquer irmão tem o direito de perguntar se realmente o foram. Os Evangelhos nos dão esse direito.

Questionemos também a nós mesmos e aos que afirmam que o anticristo já está às portas e até indicam datas para a sua chegada. A Igreja já condenou semelhante forma de pregação. Não o fez apenas uma, mas várias vezes. Presumidos revelados e videntes não eram nem uma nem outra coisa.

Nem se pode brincar de ser dono exclusivo das mensagens do céu. O vento sopra onde quer, diz Jesus em João, falando a Nicodemos, ao fazer analogia com a ação do Espírito Santo (cf. Jo 3,8). Você ouve o seu som, mas não sabe de onde ele vem ou aonde ele vai. O vento é livre. E não depende de nós para agir. Ante a surpresa de Nicodemos, Jesus lhe perguntou como é que um israelita culto e preparado ainda não sabia disso... (cf. Jo 3,10).

Age em todos, mas nem todos interagem

A comunidade joanina que nos brindou com o Evangelho de João mostra como o Espírito Santo, que Jesus disse que enviaria, atua em todos e em quem ele quer atuar, mas nem por isso qualquer um pode sair por aí proclamando que recebeu o Espírito

Santo. Sua vida e sua sabedoria é que o demonstrarão. Muitos que se dizem porta-vozes do Espírito Santo demonstram muito pouca sabedoria no que falam, nas decisões que tomam e no modo como agem.

Os documentos da Igreja são claros a respeito da fé que temos no Espírito Santo. A pessoa que anunciamos, dentro dos nossos limites da nossa pedagogia, como a terceira da Trindade – embora, como já vimos, em Deus não haja nem primeiro, nem segundo, nem terceiro, e os Evangelhos jamais usem essa terminologia –, tal pessoa divina, do ponto de vista cristão, realmente existe. As referências a ela feitas nos Evangelhos, nos Atos, nas epístolas e no Apocalipse são suficientemente claras para sabermos que se trata de doutrina de Jesus e dos seus seguidores imediatos.

Dicotomizadores

O acento excessivo **nos dons** do Espírito levou muitos pregadores a esquecerem "**o ser**" do Espírito.

Quando vemos pregadores e líderes a conduzir orações e a dizer que o Espírito Santo os tocará, fará e dará isso mais aquilo, meu pensamento vai para os outros oradores que dizem que Jesus tocará, fará e dará as mesmas graças. A diferença é que um as atribui ao Espírito Santo e outro ao Filho de Deus encarnado. Podemos atribuir o quanto quisermos e a quem quisermos, mas quem dá e sabe por que dá é o Deus Uno e Trino.

Como a Trindade não age em separado, precisamos entender o que disseram a pregadora e o seu marido aos presentes a um encontro de jovens. Disse ela: – *Tenham certeza de que foi Jesus quem os quis aqui.* Ela saiu para uma outra atividade no encontro e seu marido, sem saber o que ela dissera, repetiu a mesma frase com outra certeza: – *Tenham certeza. Foi o Espírito Santo que os quis aqui.*

178 Pe. Zezinho, scj

Os jovens quiseram um esclarecimento. Não houve. Teria sido mais fácil se o sacerdote ali presente desse uma catequese sobre a Trindade e nossos limites e enfoques. Uma leitura dos textos Mateus 10,20; 28,19 e Lucas 10,21 mostraria que o casal não estava separando a vontade do Cristo da vontade da Trindade. Estava apenas acentuando, dos pontos de vista dela e dele, a ação do céu. Dois textos que teriam ajudado seriam estes:

> Mas Jesus respondeu, e disse-lhes: "Na verdade, na verdade, vos digo que o Filho por si mesmo não pode fazer coisa alguma, se o não vir fazer o Pai; porque tudo quanto ele faz, o Filho o faz igualmente" (Jo 5,19).

> Mas aquele Consolador, o Espírito Santo, que o Pai enviará em meu nome, esse vos ensinará todas as coisas, e vos fará lembrar de tudo quanto vos tenho dito (Jo 14,26).

Mostrou insuficiente conhecimento de doutrina católica a pregadora que afirmou que, quando pede a Jesus e não consegue, fala com Maria e ela consegue, ou fala ao Espírito Santo e ele dá. Deu a entender que Jesus se importa menos com ela do que Maria e o Espírito Santo. Que falta fez um catecismo naquela cabeça de líder! E dizer que tais pessoas nos falam no rádio e na televisão, indo frontalmente contra o que a Igreja ensina! Não obstante estão lá, liderando e ensinando errado.

APRENDER A ANUNCIÁ-LO

Se nos conscientizássemos de que não é fácil falar sobre e ao Espírito Santo, talvez lêssemos mais sobre o que a Igreja afirma a respeito da Trindade. Meditaríamos sobre o que diz a Bíblia quando fala de **Espírito de Deus**, **Espírito Divino** (Mt 4,1; 12,31; Rm 8,14; 1Cor 2,10-16; 6,11; 2Cor 3,3; Hb 9,10; 1Jo 5,6), **Espírito do Senhor** (Sb 1,7; Is 40,13; At 5,9; 8,39; 2Cor 3,17-18), **Espírito Santo de Deus**

> (Is 63,10; 1Ts 4,8; Jo 3,7; Lc 24,49; At 2,33; Ef 1,3), **Espírito de Cristo** (Lc 23,46; Jo 14,16-17; Gl 4,6; 1Pd 1,11), **Espírito Santo** (Mt 1,18; 28,19; Lc 1,41; 11,13; At 10,38; 19,2; 2Cor 13,13), **que pousa e que habita em** (Rm 8,9; Nm 11,17; Mt 3,16; Lc 4,18; At 2,1-13, Dia de Pentecostes; 1 Cor 3,16); **que se derramou e agiu nos profetas, juízes e reis** (Is 48,16; Ez 11,5; Gl 3,1; 6,1; Ef 5,18; 2Pd 1,21); **que conduz e é espírito de santidade, de sabedoria, de fé, de verdade e de vida** (Dt 34,9; Jo 6,63; Ez 36,26; Jo 15,26).

Saber distinguir

São inúmeras e diferentes no conteúdo as citações da palavra "Espírito" na Bíblia. Nem tudo se refere ao Espírito Santo. Precisamos saber isso para não atribuir a Ele o que não é dele. Leio o *Catecismo da Igreja Católica* e ele me ensina mais de trezentas verdades referentes ao Espírito Santo. No n. 691 ele me lembra:

> Este é o nome próprio daquele que adoramos e glorificamos com o Pai e o Filho. A Igreja o recebeu do Senhor e o professa no Batismo dos seus novos filhos. Vem de palavra hebraica *ruah*: "sopro, ar, vento". Quando a Igreja usa apenas e em separado o termo Espírito e o termo Santo refere-se às três pessoas porque Deus é espírito e é santo. Mas quando as junta está falando da pessoa inefável do Espírito Santo. Quando fala "Espírito Santo" está distinguindo esta pessoa divina das pessoas divinas do Pai e do Filho.

Terminologia

Há mais de quinze termos com os quais nos referimos ao Espírito Santo, principalmente *paráclito, defensor, advogado, consolador*, sendo Jesus o primeiro consolador. Mas Jesus enviou outro consolador que é o Espírito Santo, Espírito da Promessa, Espírito de Cristo, Espírito de adoção... Assim, por diante.

Usamos também símbolos que nos lembram a sua ação entre nós: **água, unção, fogo, nuvem, luz, selo, mão, dedo de Deus, pomba, línguas de fogo.**

A Igreja espera que o anúncio do Espírito Santo não traga confusão aos fiéis. O mínimo que se pode esperar de quem diz falar em nome do Espírito Santo e é católico é que leia o Catecismo da Igreja e saiba o que a Igreja pensa quando se refere ao Espírito Santo.

Santificados

Acreditemos na santidade e no testemunho dos que o receberam. Acreditemos que há profetas e profetizas entre nós. Acreditemos nos irmãos e irmãs que afirmam terem sido batizados nele, pelo que falam e pela maneira como vivem. De fato, há santos e há milagres acontecendo hoje na Igreja e no mundo. Não há como negar que o mesmo Espírito que agiu ontem age hoje e que Ele tem os seus escolhidos. O que temos é que saber quem foi e quem não foi tocado por Ele. Ele não age apenas numa Igreja ou num povo. O vento sopra onde quer (cf. Jo,8).

A linguagem os trai

O modo de falar ou impor nossos projetos na Igreja, de ignorar o que a Igreja propõe a todos os católicos que se faça, revela que ali pode haver mais "eu" do que Deus. Quando dizemos faltar aos outros o que Deus deu a nós, criamos uma convivência difícil.

Se temos enorme dificuldade de orar e conviver com os outros irmãos cristãos a quem o Espírito Santo também tocou e ainda toca, mas de outra maneira, talvez nos falte o dom principal: o da caridade. Ainda hoje se pode ouvir e ler em alguns livros de

DE VOLTA ao catolicismo

alguns pregadores centrados no Espírito Santo que *quem não ora em línguas não progredirá na fé* (...) ou que já é hora de os católicos responderem, quando perguntados se são cristãos: *Sim, sou carismático pela graça de Deus.* Louvável esforço, desde que não esqueçam que em primeiro lugar vêm as palavras "cristão e católico"! Não somos uma Igreja Pentecostal. Somos Igreja Cristã Católica, de Cristo. Nosso fundamento é o Cristo Jesus e este ressuscitado! Está claro no Catecismo dos católicos.

Verdadeiramente tocados

Diante dos verdadeiramente tocados pelo Espírito Santo, devemos admitir que eles podem nos ensinar mais do que já sabemos. Mesmo que discordemos neste ou naquele ponto, temos algo a aprender quando estes carismáticos falam. Os cristãos da Samaria não tinham ouvido falar do Espírito Santo, mas o que ouviram fez sentido para eles.

> Recebereis a virtude do Espírito Santo, que há de vir sobre vós; e ser-me-eis testemunhas, tanto em Jerusalém como em toda a Judeia e Samaria, e até aos confins da terra (At 1,8).

> Disse-lhes: "Recebestes vós já o Espírito Santo quando crestes?". E eles disseram-lhe: "Nós nem ainda ouvimos que haja Espírito Santo" (At 19,2).

Bispos, sacerdotes e leigos das mais diversas procedências, pertencendo ou não aos movimentos de tendência Carismática, demonstram seu carisma e mostram-se possuídos da caridade, que é o maior dos frutos do Espírito Santo. Nem todo aquele que se derrama em louvores ao Espírito Santo foi realmente tocado por Ele. E o fato de alguém não o acentuar não significa que não o recebeu. Se alguém acentua o Cristo misericordioso e assim age, o Espírito de Deus repousa nele!

A graça do acolhimento

Na cidade onde morei anos atrás, nos inícios do que é hoje o movimento carismático, quando uma jovem em grave crise começou a falar de maneira estranha, três grupos de três Igrejas diferentes, todos pentecostais, se apressaram em ir lá expulsar aquele demônio. Não deu certo. A agressividade dela só aumentou. Foi um dia terrível naquela casa. Uma antiga cozinheira da casa vizinha, negra e feliz por sê-lo, sem escola, mas cheia de ternura, soube do fato e foi lá. Já era noite. Entrou no quarto e uma hora e meia depois a moça estava serena, pedindo um chá e abraçada com a "vó dois" e com a mãe.

Veio a inevitável pergunta: – *Como ela conseguiu?* A resposta ecoou simples, na mais simples de todas as catequeses: – *Eu falei com ela da dor de viver e dos medos e raivas que eu também tinha. E ela quis me ouvir. Só falei de Jesus depois de meia hora. Aí, ela já estava com a cabeça no meu colo!*

Fórmulas prontas

Na ânsia de expulsar um demônio em nome de Jesus e do seu Espírito, os outros esqueceram-se de falar dela e com ela e do que se passava no seu pequeno espírito conturbado. Vieram com fórmula e preces prontas, que às vezes dão certo, às vezes não. A "vó dois" veio com voz calma, olhar de mulher vivida e plena de Deus e com o dom do *entendimento* e do *conselho*! Nem precisou falar do Espírito Santo, mas certamente agiu em nome dele. Na hora difícil, não veio com as palavras e preces premeditadas que a maioria usa, e, sim, com a atitude que se espera de todo o cristão: acolheu a moça! Jesus o disse:

> Quando, pois, vos conduzirem e vos entregarem, não estejais solícitos de antemão pelo que haveis de dizer, nem premediteis; mas o que vos for dado naquela hora, isso falais, porque não sois vós os que falais, mas o Espírito Santo (Mc 13,11).

Aquele que nos modera

Morigerado é aquele que nasceu de um costume (*mos, moris*) ou assumiu uma atitude serena e forte de vida. Não vai nem mais depressa, nem mais devagar. Não bebe nem demais, nem de menos, não fala demais ou de menos. É alguém constante, regular, voo-cruzeiro, normal, sereno, planejado, sem grandes arroubos, mas sem timidez e fechamento. Controla pensamentos e sentimentos. O que ele faz chega a bom termo porque é medido e justo (cf. Sl 1,3). Ele vive a justa medida, a justa velocidade, a justa dimensão. Encontrou as dimensões da vida e da fé: a largura, a profundidade, a altura e o comprimento do ser em Cristo! Ele tem raízes. É disso que Paulo se ocupa na Carta aos Efésios 3,14-19:

> **Enraizados e alicerçados no amor.** É por isso que eu dobro os joelhos diante do Pai, de quem recebe o nome toda família, no céu e na terra. Que ele se digne, segundo a riqueza da sua glória, fortalecer a todos vocês no seu Espírito, para que o homem interior de cada um se fortifique. Que ele faça Cristo habitar no coração de vocês pela fé. Enraizados e alicerçados no amor, vocês se tornarão capazes de compreender, com todos os cristãos, qual é a largura e o comprimento, a altura e a profundidade, de conhecer o amor de Cristo, que supera qualquer conhecimento, para que vocês fiquem repletos de toda plenitude de Deus.

O Espírito moderador

Ainda que mal comparando, porque neste assunto toda comparação claudica, digamos que o Espírito Santo é quem nos dá ou devolve o controle de nós mesmos, nos equilibra e nos ensina o controle do pensar e do sentir. Sabemos que ele está em ação sobre nós quando há equilíbrio na velocidade ou na lentidão da alma. É como o avião que tem um limite de lentidão para se manter no ar e um outro de velocidade para não se desfazer ou explodir. Avião precisa de piloto inteligente que o controle. E piloto inteligente precisa de alguém que o ensine. Quem ensina é o Espírito Santo de Deus.

O fogo ainda não é o Espírito Santo. Ele é quem nos ensina a manter o fogo necessário, a velocidade necessária para a nave de nossa fé não baixar demais, não cair ou não sair do controle em alta velocidade. Este, sim, o motivador, o educador é o Espírito Santo. Ele conduz o piloto que conduz a aeronave. É ele quem nos orienta nas velocidades que assumimos para não cairmos nem irmos além da nossa potencialidade. Quem vive aquém e quem vai além mostra pouca sabedoria, e, neste caso, o Batismo no Espírito ainda não fez efeito nele. Não conheceu o Espírito moderador, aquele que nos equilibra com sabedoria, entendimento, prudência e temperança.

Quando falamos em espírito de sabedoria, é dessa realidade que falamos. Nenhuma outra virtude existe onde não existe o básico da sabedoria... O livro da Sabedoria nos diz em 3,11 que *infeliz é quem despreza a sabedoria e a disciplina*. Não pensa, vai mais longe do que pode ou menos longe do que deve. Não tem disciplina sobre seus sentimentos e se deixa levar por excesso de arroubos que, por fim e ao cabo, acabam por lhe roubar a direção de si mesmo.

O mundo religioso é feito desses três tipos de pilotos. Levam consigo milhões de pessoas. Há os entusiasmados demais: emocionam-se demais; abusam da velocidade da fé e do sentir do fiel, provocando e inflando cada dia mais o ego dos seus ouvintes com mais emoções e mais recados mirabolantes de Deus a cada um; com promessas de milagres sem fim, com data, local e hora marcados e com garantias de que Deus ouvirá, fará e curará, se fizerem tudo o que foi sugerido pelo pregador. São os sugeridores, que, como ninguém, manipulam a multidão para chorar, rir,

DE VOLTA ao catolicismo 185

pular e fazer o que mandam. Estaria o Espírito Santo com tais animadores de auditório fiel? Com alguns, talvez! Com todos, certamente não. Basta ver como agem e o que prometem.

Os pregadores da fé emotiva são como sopradores de turíbulo ou de fornalha. Nem sempre é sopro do Espírito Santo. Muitas vezes não passa de indução psicológica. Induzir a qualquer choro, qualquer alegria e qualquer arroubo ainda não é ação do Espírito Santo. Na *Gaudium et Spes*, n. 41, a Igreja fala da formação da consciência moral e do uso correto da consciência, para o fiel não cair nas **flutuações de opiniões**. Quando todo mundo afirma que é o Espírito Santo que os faz fazer ou dizer aquilo e um conceito não se encaixa no outro estamos na flutuação de opinião. Alguém não sabe do que está falando e não pode caluniar o Espírito Santo tomando-o por inspirador de tudo o que se diz que aconteceu no seu nome. Se há uma imperdoável blasfêmia contra o Espírito Santo (cf. Mt 12,31) e se quem negar o Espírito Santo não será perdoado nem neste nem no outro mundo (cf. Mt 12,32), como ficarão os que mentiram e inventaram revelações e milagres para fazer adeptos, repetindo o que Jeremias condena em 14,14? Negar ou mentir e exagerar não estão na mesma esteira de condenação? Marcos 12,40 diz que sim! Quem usa da fé para enganar e arrecadar mais dinheiro com promessas de retribuição por parte do Espírito Santo é um blasfemo.

É a velocidade histérica e excessiva que produz a cada dia mais um prodígio, mais um milagre, mais uma promessa, mais uma fórmula de conseguir graças infalíveis e mais uma garantia. Mas tem que ser naquele templo e naquela nova Igreja!... É fogo demais e brasa demais naquelas almas. Correm, ele e seus ouvintes, o risco de explodir. Mesmo que digam que é um explodir de santa alegria e de amor, a Igreja diz que não é. Os psicólogos também. É imprudência. Mexem demais com o sentimento. O

186 Pe. Zezinho, scj

compêndio Denzinger-Hünermann[4] contém os escritos que mostram a fé da Igreja não apenas na existência do Espírito Santo, como também na sua ação que nos conduz. Conduz e não induz! Permanecemos livres. Por isso, todo e qualquer esquema que leva o fiel a exaltar-se e sair de si tem mais de indução do que de condução. A Igreja discorda veementemente de métodos coercitivos que levam o fiel aonde ele não sabe que está indo, nem para onde não tem suficiente liberdade para ir. Há um marketing da fé que se mostra deletério. Ele induz!

Há também os lentos demais na fé. Vão devagar demais. Atrasam a marcha para o Reino. Omitem-se. Pisam demais nos freios. Não se sustentam no ar nem no voo. Tendem sempre a baixar e a cair. Falta-lhes combustível no motor. Falta fogo interior, falta a justa velocidade-cruzeiro. Fazem o oposto do que fazem os açodados. Se estes querem prodígios, curas, milagres agora, já, aqueles adiam o tempo de Deus em si e nos outros o quanto podem. São locomotivas lentas, motores mal-alimentados.

Certamente baixarão porque seu fogo não os sustenta nas alturas adequadas. Falta o Espírito Santo àqueles pilotos que não dão mais fogo às turbinas de suas almas. São os tíbios aos quais se refere o Apocalipse 3,16, que por serem mornos, nem frios nem quentes, estão sendo vomitados da boca de Deus. Deus não engole tal comportamento. Jesus toca no assunto na parábola dos talentos, apontando aquele que recebeu um, o mínimo necessário, que exigiria pouco esforço, e nem assim trabalhou (cf. Mt 25,24-28). Não fazem por merecer a salvação.

Buscam o mais fácil, o mais lucrativo sem o menor esforço, a porta mais larga, a via mais confortável, o dinheiro, a fama, o sucesso mais rápido, o primeiro lugar, o lugar do outro, o milagre mais à porta. Ascese não é com eles. Se for difícil não irão.

---

[4] DENZINGER, Heinrich. *Compêndio dos símbolos, definições e declarações de fé e moral.* São Paulo: Paulinas/Loyola, 2007.

DE VOLTA ao catolicismo

Não aceitam ter que perder ou levar alguma cruz. Pintou dificuldade, eles fogem das promessas de ontem. Se um compromisso assumido lhes for danoso, não aparecem ou desistem dele. Não cumprem a palavra. Não levam a cruz e não seguem Jesus.

> **Perseverança em meio ao conflito.** Não pensem que eu vim trazer paz à terra; eu não vim trazer a paz, e sim a espada. De fato, eu vim separar o filho de seu pai, a filha de sua mãe, a nora de sua sogra. E os inimigos do homem serão os seus próprios familiares. Quem ama seu pai ou mãe mais do que a mim, não é digno de mim. Quem ama seu filho ou sua filha mais do que a mim, não é digno de mim. Quem não toma a sua cruz e não me segue, não é digno de mim. Quem procura conservar a própria vida, vai perdê-la. E quem perde a sua vida por causa de mim, vai encontrá-la (Mt 10,34-39).

Não há Espírito Santo num coração acomodado. Se há, por misericórdia de Deus, é como o sol que bate na janela, mas as pesadas cortinas não deixam que entre. Não se deixam guiar por luz alguma nem por nenhum caminho exigente. Se tem renúncia ou sofrimento, eles não estão lá! São pessoas tangenciais, não transversais. Não penetram nem atravessam. Passam por fora e correm por fora. Se ficar difícil, vão embora ou mudam de missão. São ótimos para exigir dos outros, mas ai de quem exige alguma coisa deles. Rebelam-se. Há mais Narciso do que Espírito Santo naqueles corações.

Finalmente, há os morigerados, maduros, serenos, equilibrados. Medem o que falam e não acontece com eles de dizerem uma coisa ontem e outra hoje. Um vídeo de 15 anos atrás e de hoje mostra sua consistência. São o instruídos na fé, senhores de si e sábios dos quais Paulo fala na sua 1ª Epístola a Timóteo, capítulo 4. O texto fala por si mesmo. O apóstolo se refere aos de velocidade justa, que sabem distinguir entre fatos e lendas. São possuidores do bom senso, do carisma, do discernimento.

São estudiosos. Governam-se pelo pensar e pelo sentir. São moderados e morigerados. Não se deixam levar por arroubos. A fé lhes faz bem na justa medida: nem demais, nem de menos. Não inventam visões ou revelações para aparentar ser mais de Cristo do que os outros. Paulo retoma o tema em 2 Timóteo 4,1-5. Vão depressa quando é possível e preciso, nunca devagar demais e sempre na velocidade adequada. São pessoas justas e ajustadas, pilotos que possuem o controle de si mesmos e da aeronave. Qualquer estudioso de psicologia saberia como defini-los. São centrados.

Desses fiéis pode-se dizer que são sábios. Percebe-se neles com muito maior nitidez a ação do Espírito Santo porque controlam o seu fogo. Nem razão demais, nem sentimento demais, nem freio demais: velocidade adequada! Não pode ser chamado de mau piloto quem respeita a potencialidade do avião sob o seu comando, nem de mau motorista quem respeita as leis da estrada e as condições do carro. Não é bom motorista quem controla o carro, mas vai depressa demais, ou quem vive de pé no freio. É bom quem sabe imprimir a velocidade justa no trecho justo, observando as placas e os sinais.

Quer saber quem é realmente batizado no Espírito? O fiel equilibrado e possuído de critérios e discernimento. Quer saber quem não é? O que se descontrola, mas assim mesmo dá um jeito de explicar seu descontrole ao dizer que aquilo foi provocado pelo Espírito Santo. Na maioria dos casos é calúnia contra Deus. Deus não manda matar como alguns profetas fizeram. Não foi ira santa! Foi desvio que profeta também tem. Aquilo não foi ação do Espírito Santo!

Jeremias, Ezequiel, Mateus, Paulo e Pedro dizem o que é e o que não é do Espírito! Ezequiel teve comportamentos estranhos típicos de um doido. O povo custou a entender que tinham a ver com o Espírito Santo. Até fezes ele comeu. Era louco ou estava dando um sinal? O tema é controvertido. Alguns são loucos, doidos varridos querendo dizer que o Espírito os conduz. Em casos como Jeremias e Ezequiel, suas ações posteriores mostraram que havia um porquê no comportamento deles.

Jesus manda tomar cuidado com os videntes. Nem todos são gente normal e nem todos são inspirados (cf. Mt 24,24-26). Paulo, até quando esteve numa situação de arroubo, toma o cuidado de dizer que não sabe dizer como foi, se no corpo ou fora do corpo. Não ousa afirmar algo de que não tem certeza (cf. 2Cor 12,1-3). Mas está nos livros santos que o Espírito imprime arroubos, velocidade e moderação em quem o acolhe. Somos chamados a ser pilotos que se deixam monitorar. Quem nos monitora é ele, o Espírito Santo. Por isso a Igreja fala em docilidade, verbo que supõe o desejo de aprender e de se deixar **docere**, ensinar. **Dócil** é alguém a quem se pode ensinar. Foi o caso de Samuel, orientado por Eli (cf. 1Sm 3,1-21). Não foi o caso de Saul, de quem o Espírito se afastou porque se desequilibrou (1Sm 16,14-23). O dócil ao Espírito não é alguém manipulável, nem pelos outros nem por seu mestre. Aí seria alguém domesticado ou domado! O dócil é inteligente para saber porque fica e porque aprende! A palavra é **equilíbrio, moderação** até mesmo nas horas mais difíceis ou de maior arroubo. Quem foi batizado no Espírito é pessoa que sabe o que quer e usa de meios justos para chegar aonde quer. Aconteceu com o povo de Israel quando se deixou iluminar: "Deste a eles teu bom **Espírito** para lhes ensinar o que deviam fazer" (Ne 9,20). Aquele que recorre a qualquer estratagema ou marketing para conseguir mais adeptos ou mais arrecadação, mais contribuintes ou mais fiéis, não age movido pelo Espírito Santo.

O leitor aprofunde os textos indicados a seguir:

> Ex 28,31 ... **Espírito** de sabedoria, concedido...
> Nm 11,251 ... o **Espírito** pousou sobre setenta anciãos.
> Nm 11,291 ... receber o **Espírito** de Javé!
> Nm 24,21 ... o **Espírito** de Deus desceu sobre ele.
> Jz 3,101 O **Espírito** de Javé sobre Otoniel.

Jz 6,34| O **Espírito** de Javé se apoderou de Gedeão...

Jz 11,29| O **Espírito** de Javé desceu sobre Jefté...

Jz 13,25| ... o **Espírito** de Javé começou a agitar...

Jz 14,6| O **Espírito** de Javé desceu sobre Sansão...

1Sm 11,6| ... Saul ouviu a notícia e o **Espírito** de Javé tomou conta dele...

1Sm 16,13| ... Desse dia em diante, o **Espírito** de Javé permaneceu sobre Davi...

1Sm 19,23| ... tomado pelo **espírito** de Deus, entrou em transe...

2Rs 5,26| ... "Você pensa que o meu **Espírito** não estava presente?"...

1Cr 28,9| ... penetrar todas as intenções do **Espírito**...

2Cr 20,14| ... o **Espírito** de Javé desceu sobre Jaziel...

2Cr 24,20| ... o **Espírito** de Deus se apoderou de Zacarias...

Ne 9,20| Deste a eles teu bom **Espírito**, para torná-los prudentes...

Jt 16,14| ... enviaste o teu **Espírito**, e eles foram feitos...

Pr 1,23| ... eu vou derramar meu **Espírito** sobre vocês, e lhes comunicarei...

Sb 1,5| O **Espírito** Santo instrui. Tu, foge dos mentirosos e dos tolos.

Sb 1,7| O **Espírito** do Senhor enche o universo...

Sb 12,1| O teu **Espírito** incorruptível está em todos.

Eclo 48,13| ... Eliseu ficou repleto do **Espírito** dele. Durante a vida, Eliseu...

Is 11,2| ... sabedoria e inteligência, **Espírito** de conselho e fortaleza de conhecimento e temor...

Is 65,14| ... uivarão pela angústia de **espírito**...

Ez 2,2| ... assim, e entrou em mim um **Espírito** que me fez ficar de pé...

Ez 3,14| O **Espírito** me ergueu e me arrebatou...

Ez 18,31| ... formem um coração novo e um **Espírito** novo...

Ez 37,2| E o **Espírito** me fez circular em torno...

Ez 37,5| ... esses ossos: Vou infundir um **Espírito**, e vocês reviverão.

Ez 37,9| ... acrescentou: "Profetize ao **Espírito**, criatura humana"...

Ez 39,29| ... porque vou derramar o meu **Espírito** sobre a casa de Israel...

Ag 2,5| ... o meu **Espírito** estará com vocês. Não tenham medo!

Mt 1,18| ... Maria ficou grávida pela ação do **Espírito** Santo.

Mt 3,16| ... Jesus viu o **Espírito** de Deus, descendo como pomba...

Mt 4,1| Então o **Espírito** conduziu Jesus ao deserto...

Mt 12,31| ... a blasfêmia contra o **Espírito** não será perdoada.

Mt 12,32| ... quem disser algo contra o **Espírito** Santo, nunca será perdoado...

Mc 1,8| ... Ele batizará vocês com o **Espírito** Santo.

Mc 1,12| Em seguida o **Espírito** impeliu Jesus para o deserto.

Lc 1,35| O anjo respondeu: "O **Espírito** Santo virá sobre você"...

Lc 1,41| ... e Isabel ficou cheia do **Espírito** Santo.

Lc 1,67| O pai Zacarias, cheio do **Espírito** Santo, profetizou dizendo...

Lc 3,16| ... batizará vocês com o **Espírito** Santo e com fogo.

Jo 3,6| ... quem nasce do **Espírito** é espírito.

Jo 7,39| ... disse isso, referindo-se ao **Espírito** que deveriam receber...

Jo 14,26| Mas o Advogado, o **Espírito** Santo que o Pai vai enviar...

At 1,5| ... "serão batizados com o **Espírito** Santo".

At 2,18| ... naqueles dias, derramarei o meu **Espírito** também sobre meus servos.

At 7,55| Estevão, repleto do **Espírito** Santo...

At 10,38| Jesus de Nazaré: Deus o ungiu com o **Espírito** Santo e com poder...

At 10,44| ... estava falando, quando o **Espírito** Santo desceu sobre todos...

At 11,28| ... Ágabo, iluminado pelo **Espírito**, anunciou que uma grande...

1Cor 3,16| Vocês são templo de Deus e que o **Espírito** de Deus habita em vocês?

> 1Cor 12,4| Existem dons diferentes, mas o **Espírito** é o mesmo.
> 1Cor 14,12| ... os que aspiram aos dons do **Espírito**, procurem tê-los em abundância...

Questionemo-nos

Questionemos e deixemos fraternalmente que nos questionem quando pregamos sobre Deus. Façamos de tudo para não parecermos tocadores de piano ou de flauta que sobem ao palco e pensam que tocam, mas na verdade não tiram nenhuma canção dos seus instrumentos, simplesmente porque não o conhecem.

Não nos sintamos obrigados a ouvir, nem mesmo por delicadeza, um pianista ou um guitarrista que se anuncia formado em música e não toca coisa com coisa. Também não somos obrigados a elogiar ou aplaudir quem fala do Espírito Santo de uma forma que a Igreja condena ou, pelo menos, nunca ensinou. Se não está na Bíblia nem no catecismo, devemos, em nome da fraternidade, reagir e querer explicação, como reagimos e queremos explicação do médico que nos receita um remédio que provoca efeitos colaterais.

Efeitos colaterais

Estamos cheios de efeitos colaterais da pregação errada sobre o Espírito Santo, feita por jovens e adultos que não passariam num teste de catecismo católico. Não queremos que eles se calem. Queremos apenas que estudem mais e que, alguns anos depois, ao voltarem àquele microfone, mostrem que entenderam o que significa para um católico crer no Espírito Santo.

É nosso direito e é nosso dever. Queremos mais médicos em nossos hospitais, mas queremos gente preparada para cuidar de nossa saúde e não gente que acha que entende de medicina, mas

DE VOLTA ao catolicismo 193

que nunca estudou e fica receitando e passando pomadinha nos doentes.

Que falem os verdadeiros profetas

Que nos falem do Espírito Santo, mas que sejam irmãos que entendem e sabem do que estão falando. Queremos mais teólogos e catequistas atrás daqueles microfones e diante daquelas câmeras. Se isso for querer demais, então registre-se o pedido: queremos demais!

Pelo menos queremos muito mais do que andamos vendo e ouvindo nesses últimos 10 anos. Os bons médicos que nos desculpem: são maravilhosos. Os bons pregadores que nos desculpem: são ungidos de verdade. Mas os outros, que também nos desculpem, estudem e leiam mais. Como está, não dá para continuar!

22. Deus falou? O quê? A quem?

Para uma pessoa o Espírito dá fé e para outra, o dom de curar. A outra, o dom de operar milagres; a outra, a profecia; a outra, o dom de saber se um dom vem ou não vem de Deus; e a outra, o dom das línguas estranhas; a outro, o dom de interpretá-las (1Cor 12,9-10).

Milhões de religiosos sustentam que Deus falou e fala. Nem mesmo recorrem aos intérpretes que podem ajudar a discernir se realmente foi Deus quem falou. Apostam na sua profecia e já saem profetizando no rádio e na televisão. É o caso do pregador que exclama: "Deus está me dizendo neste momento que um de vocês aqui acaba de receber o dom da cura do câncer!". Tem tanta certeza de que Deus o está guiando que não espera pela opinião dos companheiros que possuem o dom da sabedoria e do discernimento e que poderiam ajudá-lo a não enganar os outros com uma profecia tão grave. E se não for verdade? Ele assumirá seu erro? Ou não haverá cobrança?

Milhões sustentam que Deus lhes fala e que eles ouvem a voz de Deus. Há milhões de católicos e evangélicos que garantem que sabem distinguir a voz que ouvem no seu interior. Há cristãos mais céticos quanto a isso. Admitem que Deus se manifestou e ainda se manifesta, mas são cuidadosos diante dos profetas ou revelados. Exigem provas. Nem tudo o que se atribui a Deus veio de Deus. Nem todos os que dizem ouvi-lo o ouvem. De qual grupo você faz parte? Deus lhe fala? Você ouve a sua voz no seu interior? Pode provar? Sabe distinguir? Aceita ser questionado?

Deus os procurou

Vamos ao discurso dos pregadores convictos de que têm uma profecia. Garantem que Deus lhes falou e que, com eles, o mundo será outro. Chegaram à doutrina e à vivência de que vão transformar o mundo! O que veio antes não foi suficiente ou autêntico e o que virá depois será supérfluo, porque, com eles, o mundo terá mudado.

A história das religiões poderia ser resumida nos verbos **procurar** e **achar**. Há um pregador que não cessa de procurar, mesmo depois que achou. Há um que acha que achou e, depois que achou, ninguém mais tem o direito de achar ou de procurar de qualquer jeito que não seja o dele. Age como o alpinista que subiu o Gran Sasso pelo lado norte e garante que não é possível subir por nenhum outro lado. O único caminho possível é o que ele fez... Esta costuma ser uma atitude muito comum entre pregadores proselitistas. Querem discípulos e apresentam-se como eleitos especiais e os únicos que sabem o caminho. Sabem que mentem, mas mentem. Vale mais o seu anúncio do que a verdade que anunciam.

Deus ainda se revela?

Dizem os livros sagrados que Deus se revela e procura os humanos confusos, perdidos na violência, no ódio, no preconceito e na injustiça para convertê-los e redirecioná-los. Diz a Bíblia que Deus revela a sua existência aos povos, mas o fez de maneira diferenciada e especial aos hebreus. Outros povos dizem o mesmo em seus escritos. Deus os teria escolhido e falado com eles.

> Pois aquilo que é possível conhecer de Deus foi manifestado aos homens; e foi o próprio Deus quem o manifestou. De fato, desde a criação do mundo, as perfeições invisíveis de Deus, tais como o seu poder eterno e sua divindade, podem ser contempladas, através da inteligência,

DE VOLTA ao catolicismo

nas obras que ele realizou. Os homens, portanto, não têm desculpa, porque, embora conhecendo a Deus, não o glorificaram como Deus, nem lhe deram graças. Pelo contrário, perderam-se em raciocínios vazios, e sua mente ficou obscurecida. Pretendendo ser sábios, tornaram-se tolos, trocando a glória do Deus imortal por estátuas de homem mortal, de pássaros, animais e répteis (Rm 1,19-23).

Javé faz justiça e defende todos os oprimidos. Revelou seus caminhos a Moisés, e suas façanhas aos filhos de Israel (Sl 103,6-7).

O *Catecismo da Igreja Católica* diz que Deus se revelou e se revela, mas que a última revelação oficial acabou com o último apóstolo. Agora, há revelações particulares que os fiéis não são obrigados a seguir. Não há mais revelações oficiais (*CIC* nn. 66-67). Não é permitido a qualquer um sair por aí dizendo-se revelado e com novidades para a fé católica. Terá que esperar o julgamento da Igreja, que tem autoridade para isso e certamente é maior do que ele e seu novo grupo. Quem insistisse em passar por cima de bilhões de fiéis estaria fora da comunhão da Igreja. Foi o que aconteceu com muitos que, julgando ter recebido revelação especial, não aceitaram o discernimento de seus irmãos mais vividos na fé e fundaram outras comunidades e outras Igrejas, por acharem que Deus estava lhes dizendo coisas novas.

Eles procuraram a Deus

Quando os primeiros homens e mulheres olharam as estrelas, as aves a voar e as águas a correr, talvez tenham apenas achado bonito e curioso. Olharam as estrelas, comeram as aves que puderam apanhar e beberam das águas, sem grandes interrogações. Ainda não havia a Filosofia.
O primeiro ser humano que perguntou sobre "o porquê daquelas luzes no céu, do voo das aves e das diferenças entre

> esses voos, o porquê dos ventos a soprar, o de onde, o onde e o para onde das estrelas e das águas" criou a filosofia, não como ciência, mas como necessidade de aprender mais para viver melhor.
>
> Foram os porquês seguidos de ponto, exclamação ou interrogação que possibilitaram a sobrevivência do animal homem. E será a falta de um porquê seguido de outro porquê que nos levará de volta à barbárie.

A Teologia nasceu quando alguém se perguntou sobre a existência do Grande Outro que nunca ninguém viu, ou quando achou ter achado uma resposta nos sinais que julgou ter recebido. Sem humildade não há Teologia que sobreviva. Se sobreviver, será falsa. Crente que tem respostas para tudo não percebe o quanto não sabe!...

Os povos procuram a Deus

Mesmo que Deus não se revelasse, os povos sempre o procurariam. A procura por mais, pelo maior e pelo melhor está escrita em cada ser humano que, desde a infância, se mostra competitivo e desejoso de ir além do permitido ou do limite. Acreditamos no maior e no melhor e namoramos o desconhecido.

O ser humano mira o novo, o que veio, o que pode vir e o que virá. Os milhares de deuses, semideuses, filhos e filhas de deuses, homens com superpoderes, os gigantes das mitologias, as crenças em poderes maiores que vêm em nosso auxílio ou agem contra os humanos revelam a insatisfação do ser humano com o seu aqui e agora. Consciente ou não da sua procura, ele imagina o antes da Criação e o seu depois, enchendo o seu agora de intervenções do céu, ou de alguém superior ao ser humano.

Isto pode ser lido em todas as mitologias e em todas as religiões. E não faltam pregadores sem estudo algum, mas com muita revelação do céu, a garantir que assim é que é. Foi o caso daquele pregador que disse no rádio que toda vez que alguém peca enfia mais um espinho na cabeça de Jesus, e ele e sua mãe choram lá no céu... Isso não é catequese: é mitologia pagã travestida de catequese católica! Faltou leitura para aquele convertido.

> **Deus é para ser procurado, mesmo depois de encontrado!** Fé é como garimpo. Quem achou uma pedra preciosa prossegue garimpando na esperança de achar mais. Alguém talvez o faça por interesses escusos, mas o verdadeiro crente em Deus o procurará porque sabe que Deus é e tem muito mais a nos oferecer. Oremos por uma fé que não estaciona nas primeiras verdades.

Mal revelados

Pode-se revelar bem ou mal uma imagem. Depende de como programamos o computador e das tintas que usamos.

Os pregadores, na sua maioria, insistem que ou acharam aquela doutrina ou ela lhes foi revelada. Mas em sua vida pessoal, a maioria deles não consegue traduzir seu encontro com os deuses ou com o Deus único em quem acreditam. Fizeram e fazem coisas que seu Deus revelado e encontrado jamais aprovaria. Atribuíram-nas ou atribuem-nas à vontade do Deus que os procurou e a eles se revela. Costumam ser obstinados no seu projeto de converter pessoas. Mas seu Deus tinha e continua tendo a cara deles. No dizer de Carl Sagan, seu Deus parece grande, mas é muito pequeno. Cabe no projeto deles, raramente ousam ir mais fundo. Ouça e veja a mídia moderna com atenção. Há os que procuram Deus, mesmo tendo encontrado os seus sinais, e há os que garantem tê-lo achado e por isso pararam suas leituras e estudos. Agora querem que todo mundo siga o seu farolete.

Moisés e o Deus invisível

Num tempo de deuses definidos, Moisés abre uma nova perspectiva em termos de pregação. Revela um Deus que não pode ser retratado nem imaginado, mesmo depois de encontrado, porque ele não tem nada de humano. **Deus é quem é** (HYWH). A pergunta seria: – Ó *Criador de tudo, onde estás e quem és?* A resposta foi o aviso de que Deus não pode ser visto nem descrito.

Quem falou que viu nem sempre agiu de maneira coerente. Já vimos o caso de Salomão, que no fim da vida abandonou o Deus único que ele disse ter visto em sonhos e de maneira real (cf. 1Rs 3,5; 2Cr 1,7). Os religiosos de cada povo criaram mitos e deuses para cada fato da vida e também para cada pecado e para cada desvio. Mas o verdadeiro Deus, segundo Moisés, não é facilmente encontrável, muito menos descritível. Mesmo quando ele se comunica, permanece invisível. Aprendemos com o grande guia hebreu que Deus existe e se comunica, mas não é visível. O grande Moisés, mesmo tendo noção melhor de Deus, cometeu graves erros pelos quais foi punido. Mandou matar pessoas em nome da pureza da sua fé... Naquela hora foi mais general do que profeta.

> **Em nome do Deus que acharam**
> Como Deus não é facilmente encontrável, nem mesmo depois que se revela, pregadores e fundadores de religião, desde o primeiro deles que falou à sua tribo até os de hoje que falam a milhões de ouvidos no rádio e na televisão, assumiram algumas certezas verdadeiras e outras falsas e fizeram algumas afirmações históricas e outras histéricas. Do Deus que tinha falado com eles regrediram para o Deus que **só falava a eles**. Morreram de ciúmes do Deus que oferecesse o seu colo a qualquer outro grupo ou ser humano. A dificuldade continua!...

Serenos em nome de Deus

Os serenos buscaram o diálogo e a compreensão e tentaram ver os sinais de Deus na família e na tribo dos outros. Foi o caso de Noemi, a sogra de Rute e Orfa (cf. Rt 1,1-22), que acentuava o amor e a família mais do que a pertença a uma corrente de fé. Com a viuvez de ambas, mandou-as procurar nova família junto ao povo de Moab, do qual tinham vindo. Eram de outra fé.

Gamaliel, estudioso judeu de quem Paulo foi discípulo (cf. At 22,3), propunha que não se fizesse violência contra o grupo religioso que vinha com ideias e propostas novas. O tempo mostraria sua força ou sua fragilidade. Não deviam sujar suas mãos de sangue por amor à sua fé (cf. At 5, 34-40). Paulo foi ao Areópago e respeitou a fé dos homens ali presentes, mas pediu licença para falar de Jesus (cf. At 17,16-34). Os serenos discordam, mas dialogam.

Exaltados em nome de Deus

E há os exaltados, histéricos, violentos, açodados e ansiosos por fazerem adeptos. Dificilmente recuam, mesmo depois de graves erros. Não admitem que erraram. No máximo admitem um "equívoco"; erro, nunca! É fácil saber quem são. Discordam dos outros, comem, bebem e respiram religião, mas encontram enorme dificuldade em conviver com quem discorda deles. Precisam liderar. Agridem, ofendem, criam revelações, não suportam ser contrariados e alguns até mandam silenciar ou matar quem tem visão diferente da deles a respeito de Deus.

> Está na mídia. Alguns pregadores de pureza da fé decretaram a morte de quem deixasse a sua religião ou criticasse o seu fundador ou líder. Quebraram e mandaram quebrar imagens e altares dos outros, em nome da verdade que

julgavam ter achado. A verdade que acharam infelizmente não veio com a caridade. Seus adeptos tão obcecados estavam neles, que não perceberam esse enorme desvio da verdade que, verdade sendo, repousa na caridade. Ousaram dizer que Deus os queria assassinos e sem misericórdia. Às vezes, o mesmo pregador que usava de misericórdia num episódio era violento e irascível no outro. Tudo era atribuído a Deus.

23. Deus ainda fala?

Há pessoas que vivem 40 a 50 anos sem o menor contato com Deus. Outras de vez em quando o procuram para louvá-lo ou pedir que intervenha em suas vidas. Um número bem menor passa 24 horas por dia pensando, falando com Ele ou a seu respeito. Nada mais lhes interessa senão o ser infinito de quem vieram e para quem estão voltando.

Há religiões e pregadores que ensinam a buscar a Deus com serenidade. Há quem leve a buscá-lo com intensidade. E há quem incentive a sofreguidão.

Um olhar para a mídia dos nossos dias mostrará todos os tipos de encontros e de procuras. Que procura tem sido a sua? Que tipo de sede e de busca você tem? Sôfrega ou serena?

No exato momento em que você lê estas linhas, milhões de pregadores religiosos estão fazendo como eu: querem chegar até você com seus escritos, suas pregações, seus filmes e suas palestras. Eles querem ser ouvidos. Garantem que têm algo a lhe dizer e este algo vai fazer a diferença em sua vida. No fundo, é o que todos dizem. Muitos não escondem o fato de que desejam ver você na Igreja deles. Não querem apenas que Deus seja amado. Querem que ele seja amado no templo deles.

Agora mesmo, antes de acabar a leitura desta página, ou assim que terminar de lê-la, ligue sua televisão, seu aparelho de rádio, e gire o botão ou use o controle remoto. Uma após outra, ouvirá e verá estações de rádio e televisão querendo puxar você para o lado de lá. Haverá outros querendo manter você do lado de cá. Os termos são *"ouça"* e *"venha"*...

Meu livro talvez não dê esta impressão, mas na verdade estou querendo ajudá-lo a decidir se fica ou se vai, ou se fica lá ou se volta. Não pretendo ser nem de longe coercitivo, sedutor ou cheio de garantias. Proponho atitudes firmes de sim-sim e não-não!

O jeito dos pregadores

Como eram os pregadores que levaram seu irmão para a outra Igreja? Como é aquele que, pela nona vez este ano, convidou você a ir ao templo dele, sabendo que você já vai à missa todos os domingos?

Há pregadores de todos os matizes: chorosos, exigentes, persuasivos, durões, enlevados, conservadores, pró-evolução, antievolução, intérpretes ao pé da letra, ameaçadores, assustadores, anunciadores de poder e de glória, de curas e de milagres, conhecedores profundos dos truques de satanás.

Há os que conversam com o demônio ao microfone para expulsá-lo da sua vítima; os que curam, os que derrubam, os que se agitam para cá e para lá, os que gritam, os que dão murro na mesa com lágrimas de suplicante. Há os garantidores de milagres até com hora marcada, os que ressuscitam mortos, os que curam do HIV, os que expulsam para fora do Brasil o demônio da dengue com os seus mosquitos, os que invocam São Miguel Arcanjo para, com sua espada luminosa usada no paraíso, expulsar o demônio que está numa pessoa no imenso templo, isso quando Jesus está ali, pois a missa já chegou ao Pai-Nosso...

Você terá que aprender a decifrá-los e analisá-los. Não veem o céu, nem a terra, nem o inferno do mesmo jeito.

Há os modernizantes, que dançam, pulam, jogam água no povo, os que contam piadas, os que se vestem com esmero, os bem à vontade, os que cantam e tocam, os que falam baixinho, os que quase urram, os que pregam deitados no chão para ilustrar uma cura, os que passam pela fogueira, os que passam

DE VOLTA ao catolicismo

debaixo dos arcos, os que queimam seus pecados num papel, os que acendem vela do tamanho da pessoa por quem oram...

Se não viu, precisa ver. Tome tempo e tire uns dias para gravar programas religiosos na televisão. Deixe que falem. Um dirá que o ser humano tem 6 mil anos. Outro garantirá que Deus estalou os dedos, falou e apareceu a macieira: não houve evolução.

Não concorde nem discorde; apenas veja e ouça. Depois analise o que é dito. E analise os que convidam você para ir com eles e deixar o grupo que agora é o seu. Analise os que garantem que eles são os novos profetas e os novos eleitos para os últimos tempos.

Crentes pagãos

Plotino, que viveu entre 205 e 270 da Era Cristã, foi um filósofo pagão profundo. Primeiro quis ser militar. Mais tarde fundou em Roma uma escola de Filosofia. Era um crente pagão. Aceitava Deus não como os judeus nem como os cristãos. Mas desenvolveu doutrina muito semelhante à dos judeus e dos cristãos. Nem todos os pagãos fugiam da ideia do Deus Uno. Segundo ele, Deus é tão profundo e tão grande que não tem tempo a perder conosco. Mas nós temos nostalgia do Uno. Para o conhecermos, ele transcendeu e saiu do seu EU. Mas está em nós tal fome de perfeição e absoluto, que somos como círculos. Quanto mais longe do centro, mais voltas precisamos dar... De certa forma sua gnose tem discípulos até entre os cristãos de hoje, que afirmam na mídia que Deus é Tudo. Mas há luzes cristãs na sua filosofia, quando diz que para achar Deus é preciso ir além do cosmo, além da criação, porque ele lhe é anterior. Foi aluno de Amônio Sacas e contemporâneo de outro aluno famoso, o pensador cristão Orígenes, cujas doutrinas nem sempre foram aceitas entre os cristãos, embora Orígenes tenha sido inspirador de muitos deles.

Doutrinas pessoais

Nem todos os pregadores pregam as doutrinas de sua Igreja. Como nos inícios do Cristianismo, há hoje pregadores com doutrinas próprias. Não as leram em lugar nenhum. Dizem que Jesus os inspirou. Entre nós, católicos, alguns vão em direção oposta ao *Catecismo* (*CIC*). Citemos algumas frases devidamente gravadas de programas de rádio e televisão ditas por pregadores católicos:

> 1. O rock é som do demônio. 2. Você pode receber o corpo de Maria na Eucaristia, porque Jesus e ela têm o mesmo DNA. 3. Ore esta invocação dez vezes por noite e conseguirá qualquer graça que pedir. Esta oração é infalível. Deus não resiste a ela. 4. Se orar o terço todos os dias, no primeiro sábado depois da morte da pessoa, Maria a tirará do purgatório. 5. Se Maria não fosse virgem, Deus não a teria escolhido para ser mãe do Messias. 6. Faça seus jovens orar em línguas. Quem não ora em línguas não cresce na fé. 7. Antigamente o catecismo perguntava: "És Cristão?. E todos respondiam: "Sim, sou cristão pela graça de Deus". Está na hora de dizermos: "Sim, sou carismático pela graça de Deus". 8. Quando você peca, crava mais um espinho na cabeça de Jesus, e Ele e Maria choram no céu... 9. Se o padre com quem você se confessou era pecador, confesse de novo com outro... 10. Vá de retro Satanás; eu te devolvo para o fundo do inferno. 11. Sai dela, demônio, pela intercessão de São Miguel Arcanjo, que com sua espada luminosa expulsou Lúcifer do paraíso. 12. O Espírito Santo é um servo de Jesus... 13. Esta corrente de oração é infalível. Deus lhe dará as graças que você pede. 14. O "homem" lá em cima nos vê de lá do alto...

Nada disso tem suporte no *Catecismo* católico. Alguém que não leu o *Catecismo*, nem lê, ouviu ou inventou uma catequese que não tem o aval da Igreja. Mas falam a milhões de ouvintes.

Eles procuram ouvintes

Eles querem você no banco ou no sofá a ouvi-los. Querem você no templo deles. Alguns até falam em cabeças, em vez de fiéis. A escolha é sua. Se for, talvez terá alegrias. Se está procurando alguém que lhe garanta que você será curado, que seu problema será resolvido, que assim foi e assim será, experimente ir com eles. Muitos dos que foram não queriam a verdade, mas garantias. Foram e estão felizes. Outros foram e voltaram feridos e decepcionados. Não houve nem verdade, nem cura, nem garantia. Também os que ficaram se dividem entre os seguros e felizes e os decepcionados com sua Igreja, que não faz nem diz o que gostariam que ela fizesse e dissesse.

Ouvintes sem livros

Pregadores buscam ouvintes. Hoje, telespectadores. A maioria não gosta de saber que quem os ouviu ontem quer ouvir um outro. Esperam fidelidade a Deus através da fidelidade a eles. E usam de todos os meios para manter os fiéis no seu rebanho. Mas a escolha, em última análise, é do fiel, até porque muitos pregadores de hoje foram infiéis aos pregadores da Igreja do seu Batismo. Se não perseveraram não podem esperar que quem os ouve agora persevere. Isto explica tanta mudança de Igreja nos dias de agora. É a era da infidelidade. Quem chama os de outra Igreja, um dia verá seus fiéis sendo chamados também. É a dança dos púlpitos e dos bancos eletrônicos!

A escolha é sua. Jesus deu essa mesma escolha aos doze. Comentavam que muitos discípulos, decepcionados com sua pregação, deixaram Jesus. Queriam mensagem mais do agrado deles. Jesus perguntou aos que ficaram se também eles não pensavam em partir. Desafiou-os (cf. Jo 6,67). Ficaram, mesmo não entendendo tudo. Mas sabiam o suficiente: Jesus tinha conteúdo!

A festa da fé

Não é errado buscar a festa da vida e da fé. Entre a *theoria*, que vai fundo, esmiúça e quer saber mais, e a *phronesis*, que lida mais com o prático, o imediato, o resultado palpável, escolhem o agora-já. Não é que *phronesis* seja errada. Ela é mais acessível. Você faz e Deus responde; pede e Deus atende, ora e Deus cura. Acentuam o milagre, o prodígio, o sinal. Para eles Jesus é o Cristo porque resolveu seus problemas e operou milagres, e não porque serviu, amou e fez a vontade do Pai. Jesus condenou os que o buscavam por conta do milagre.

> Respondeu-lhes, e disse: "Na verdade, na verdade, vos digo que me buscais, não pelos sinais que vistes, mas porque comestes do pão e vos saciastes. Trabalhai, não pela comida que perece, mas pela comida que permanece para a vida eterna, comida que o Filho do homem vos dará; porque a este o Pai, Deus, o selou" (Jo 6,26-27).

Entre os que nos anunciam Jesus há os de muitos rojões e pouca profundidade. São repetitivos, não por escolha, mas por falta de leitura. Lembram pessoas de corpo enfermo, porque se alimentam de comida inadequada. Parecem o balconista que empurra sempre a mesma receita, os mesmos quitutes ou as lentes do mesmo grau. Não há outro tipo na prateleira. Até os mais simples, menos letrados e sem escola percebem isso.

Pregadores que não estudam e não leem têm a tendência de repetir. Quem percorre a televisão, canal por canal, verá a repetição de fórmulas e até de cenários, vinte a trinta canais seguidos. A profundidade não é o objetivo, mas a emoção. Assim são muitos pregadores da mídia eletrônica. Ninguém os convence a ler mais de dois ou três livros por ano. Não são poucos os que recorrem ao estratagema de afirmar que o que dizem tem unção e foi inspirado pelo céu. Declaram-se eleitos. Deus fala com eles. Por que ler o que Deus fala aos outros grupos e a outras Igrejas se, quando o invocarem, Deus lhes dirá o que fazer?...

Pregador-leitor

Finalmente, há os que estudam, leem e passam a sabedoria de muitos ao povo que não lê. O povo não lê, ou porque não tem o hábito, ou porque não tem dinheiro para comprar tais livros. Pregadores-leitores agem como os que acendem suas velas nas dos outros e passam a luz dos outros adiante.

Ficar ou ir embora

Esteja preparado! Hoje mesmo alguém vai convidá-lo a deixar a nossa Igreja, garantindo que a dele é melhor. Se quiser segui-lo, faça-o. Jesus lhe diria isso (cf. Jo 6,67). Mas é melhor que tal pregador tenha palavras de vida eterna e cuide bem da ovelha que levou para o seu redil. Se não o fizer, vai ouvir de Jesus o que Jesus disse aos fariseus do seu tempo: pagarão caro o preço de manipular a Palavra de Deus:

> Ai de vós, escribas e fariseus, hipócritas! Pois que percorreis o mar e a terra para fazer um prosélito; e, depois de o terdes feito, o fazeis filho do inferno duas vezes mais do que vós. Ai de vós, condutores cegos! Pois que dizeis: "Qualquer que jurar pelo templo, isso nada é; mas o que jurar pelo ouro do templo, esse é devedor" (Mt 23,15-16).

Em Marcos 12,40 a ameaça é ainda mais dura. Haverá punição maior para quem se veste com luxo, gosta de ser bajulado e reverenciado quando passa, quer lugar de destaque nos templos, procura os primeiros lugares nos banquetes e devoram os bens das viúvas, a pretexto de longas orações. Pregadores que adoram riqueza e dinheiro receberão uma condenação bem mais severa!

Imagens de Deus

Já sabemos como são e como agem os porta-vozes de Deus. A imagem que eles projetam é nítida. Estão lá expondo-se todos os dias, alguns por seis a sete horas a fio. As imagens de Deus são bem mais discretas. Deus não as projeta. Nós as criamos! E não há como não imaginá-lo, já que ele não nos mostra o seu rosto.

Não nos basta crer em Deus. Precisamos ter uma ideia de quem ele é. Se era proibido fazer esculturas erradas do rosto que ele não tem (cf. Ex 20,4), era permitido e aconselhado construir imagens mentais (cf. 1Cr 28,9; Sl 40,5). Deus deveria estar sempre na lembrança de um judeu, de um cristão ou de um muçulmano. Enquanto uns se proclamavam servos e escravos de Deus, outros se proclamavam filhos. Eis algumas imagens mentais: Ele é *Senhor, pai, dominador, santo, inacessível, majestoso, simples, é Uno, é Trino, é justo, é misericordioso*. São milhares as ideias a respeito de Deus.

De certa forma cada fiel desenvolve a sua ideia sobre Deus, como cada pessoa sabe o gosto que sente ao provar um chocolate. O mesmo sorvete não tem o mesmo sabor para papilas diferentes. Na minha adolescência, o mesmo par de lentes que resolveu a miopia do meu irmão não serviu para a minha. Os aros eram iguais, mas não as lentes...

Descrentes como Martin Heidegger (1899-1976), Ernst Bloch, marxista (1884-1977), e Marx Horkheimer (1895-1973) consideraram que, mesmo que Deus não exista, a ideia de que Ele possa existir faz bem ao ser humano. A pessoa que projeta seus sonhos e suas esperanças em alguém maior em geral conduz a sua vida de forma a agradá-lo. Para tais filósofos, a crença em Deus é algo positivo. Ajudou a grande maioria dos seres humanos. Houve grandes desvios, como de resto houve grandes desvios no ateísmo radical e antirreligioso. Contra estes desvios é que se deve combater, não contra a ideia de que Deus existe.

24. Deslumbrados com o céu

Crentes e ideias

A reflexão serve também para os crentes que apostam na existência da pessoa de Deus. Se, por um lado, existem ateus que apostam que a ideia de Deus fez milhões de pessoas viverem melhor, infelizmente, por outro lado, por não terem ideia aberta e serena de Deus, muitos crentes aprisionaram Deus, viveram mal e praticaram o mal. Na cabeça deles, Deus abençoava o que eles queriam...

Deixaram de aprender com todos os que procuram Deus e negaram-se a aceitar a luz de vela ou de holofote do outro. Recusaram-se a pensar com os outros. Valia apenas o pensamento deles. Escolheram a religião automática, instintiva, teleguiada por um pregador esperto e inteligente que lhes dizia como Deus era e o que Deus queria para a assembleia. Diziam que só eles podiam ouvir Deus e chegavam a proibir seu povo de pensá-lo.

Vislumbre ou deslumbramento?

Enquanto para Plotino, pensador judeu (205-270), o êxtase, a imersão em Deus, era coisa rara, experiência para uma ou duas vezes na vida, para autores como o Pseudo-Dionísio Areopagita (~450-535) era possível a um cristão viver o tempo todo em Deus e senti-lo nos menores fatos e acontecimentos. Podia-se viver de enlevo e de êxtase!

Uns pronunciam "Deus", mas sabem que sua ideia não é nem nunca será exata, por saberem que Deus é muito mais do que qualquer filosofia ou teologia possa proclamar. Outros são peremptórios, seguros e certos de que Deus é exatamente do jeito que o descrevem. Sua certeza anulou sua razão! Para muitos grupos religiosos é permitido louvar e dançar para Deus, mas proíbe-se pensar. Fogem dos livros dos outros e ficam apenas com os do seu mentor. Não acreditam em Deus, e sim no pregador. São milhões os crentes presos às ideias de seu pregador e não à busca da verdade. Não acharam uma Igreja, acharam um pregador! Se ele fundar outra, irão com ele! Há cristãos que já passaram por quatro Igrejas em quinze anos. Experimentam mais Deus no outro templo!

Crentes fechados

Fechados na sua descoberta ou "encontro", milhões de crentes perderam a chance de saber mais sobre o que Deus significou para as outras religiões e sobre o "encontro" dos outros com Ele. Daí a cair no preconceito e na calúnia e ir à guerra em nome dele foi um passo.

> Milhões de cristãos não sabem o que os judeus, os budistas e os muçulmanos realmente pensam sobre Deus, e milhões de muçulmanos, budistas e judeus também não sabem o que dizem os cristãos. As ideias de uns não chegam aos outros. Por isso milhões deles acham que os outros crentes pensam como eles pensam que os outros crentes pensam....
> Não leram, ou o pregador ensinou errado, jogando tais fiéis contra a outra fé e contra o outro crente. Teriam sido mais humildes se deixassem os outros falarem. Falsos videntes, falsos avatares, falsos profetas disseram coisas que Deus jamais diria e fizeram coisas que Deus jamais aprovaria. Por isso, quem pretende saber mais sobre o Deus que afirma conhecer precisa, antes, mostrar que tem ideia das ideias que o mundo faz de Deus. Descobriria tanta coisa em comum, que um nunca mais desrespeitaria a busca do outro.

Tudo para atrair

Os religiosos nem sempre primaram pela fidelidade. Deixaram Moisés, deixaram Jesus, deixaram Maomé, à medida que determinadas ações ou doutrinas os contrariavam. Iam adorar a Deus de outro jeito e em outros grupos. Não é diferente hoje. Com milhares de vozes a convidá-los e a ensinar doutrinas diferentes, sempre se acha uma pregação mais a gosto dos ouvidos. Paulo falava disso a Timóteo (cf. 2Tm 4,1-5). Jesus falou disso em Mateus 23,13-15; 24,5.23-28. O discurso foi claro. O mundo estaria repleto de falsos ungidos a dizer que saberiam das coisas...

Religião supersimplificada

As religiões costumam ser complexas. A moral supõe circunstâncias. As pessoas são o que são e fazem o que fazem por razões que nem elas atinam. Nem sempre fazemos o bem que deveríamos fazer e não poucas vezes queremos o mal que não deveríamos querer (cf. Rm 7,14-24). O dilema existe. Nem sempre sabemos escolher. Paulo diz que tudo concorre para o bem. Deus sabe o que fazer de nossa fraqueza (cf. Rm 8,28). Mas na busca por respostas os fiéis tendem a procurar uma religião que complique o menos possível, que dê respostas rápidas e certezas absolutas. Enfim, querem alguém que lhes diga coisas que podem aceitar. E encontram.

A tendência da maioria das pessoas é ir ao restaurante de comida mais apetitosa e não necessariamente de comida mais saudável. Dá-se o mesmo com as religiões e os crentes. Não faltam pregadores a agir como cozinheiros ou garçons que oferecem o menu e fazem de tudo para satisfazer o paladar do cliente. Ninguém gosta de administrar restaurantes vazios... Isso explica o marketing moderno da fé. É cheio de concessões para atrair a clientela. *Deus está lhe dizendo, Deus mandou dizer a você,*

Deus tem um recado para você... A proposta é tentadora. Alguém acena para um neoconvertido que ele de agora em diante é especial porque Deus o tocou e lhe mandou um recado pessoal. Thomas Merton, em *Novas sementes de contemplação*,[1] fala da tentação do religioso de sentir-se um pouco acima dos demais, já que, eleito e revelado, ele não é mais como os outros homens. Religiões supersimplificadas tendem a vulgarizar o caminho para o céu. A receita passa a ser: *Faça isso e lhe acontecerá isso!, Ponha esta medalha, molhe os pés, acenda esta vela, reze dez Ave-Marias, siga as instruções, reze nove dias, passe pelos arcos e Deus o atenderá.* Jesus diz que o caminho não é assim tão simples nem tão fácil (cf. Mt 7,13). Ridiculariza os que presumem que pelo muito falar chegam de modo mais garantido aos ouvidos de Deus (cf. Mt 6,7). Uma coisa é a religião simples e outra a simplória e simplista.

---

[1] MERTON, Thomas. *Novas sementes de contemplação*. Rio de Janeiro: Fisus, 1961. pp. 56-58.

25. Porta-vozes do Deus da vida

No passado, em nome de Deus, os misericordiosos fundavam creches, asilos, hospitais e iam à rua cuidar dos feridos, pois entendiam que Deus os queria ali, elevando e dando vida a todos. Também no passado, em nome do mesmo Deus que diziam conhecer a fundo, outros foram à guerra, encarceraram, passaram a fio de espada anciãos, mulheres e crianças, jogaram no precipício, queimaram, crucificaram e deceparam cabeças. Tudo em nome da vitória da sua fé. Já que conheciam o Deus verdadeiro, tudo lhes era permitido... Sentiam-se semideuses com direitos absolutos sobre os outros.

O Deus da vida

Por isso, a primeira catequese a ser dada a qualquer ser humano que pretenda acertar o seu caminho é a da vida, da convivência, da preservação, do respeito ao verde, aos animais, às águas e às plantas, mas principalmente ao ser humano: *Não matarás*.

Então Javé perguntou a Caim: "Onde está o seu irmão Abel?". Caim respondeu: "Não sei. Por acaso eu sou o guarda do meu irmão?". Javé disse: "O que foi que você fez? Ouço o sangue do seu irmão, clamando da terra para mim. Por isso você é amaldiçoado por essa terra que abriu a boca para receber de suas mãos o sangue do seu irmão. Ainda que você cultive o solo, ele não lhe dará mais o seu produto. Você andará errante e perdido pelo mundo". Caim disse a Javé: "Minha culpa é grave e me atormenta. Se hoje me expulsas do solo fértil, terei de esconder-me de ti, andando errante e perdido pelo mundo; o primeiro que me encontrar, me matará". Javé lhe respondeu: **"Quem** matar Caim será vingado sete vezes". E Javé colocou um sinal sobre Caim, a fim de que ele não fosse morto por quem o encontrasse. Caim saiu da presença de Javé e habitou na terra de Nod, a leste de Éden (Gn 4,9-16).

Quem matar um homem torna-se réu de morte. Quem matar um animal deverá dar uma compensação: vida por vida. Se alguém ferir o seu próximo, deverá ser feito para ele aquilo que ele fez para o outro: fratura por fratura, olho por olho, dente por dente. A pessoa sofrerá o mesmo dano que tiver causado a outro: quem matar um animal deverá dar uma compensação por ele; e quem matar um homem deverá morrer. A sentença será sempre a mesma, quer se trate de nativo, quer de imigrante, pois eu sou Javé, o Deus de vocês (Lv 24,17-23).

O meu mandamento é este: amem-se uns aos outros, assim como eu amei vocês. Não existe amor maior do que dar a vida pelos amigos. Vocês são meus amigos, se fizerem o que eu estou mandando (Jo 15, 12-14).

26. Porta-vozes do Filho

> Todos os dias, manhã, tarde, noite, semana após semana, ano após ano, estão lá os pregadores das mais diversas Igrejas cristãs dando e recebendo o testemunho dos que viram e sentiram Jesus. Como apostam que Jesus ressuscitou e está vivo, parece natural que falem e Jesus os ouça. Convidam os fiéis para o seu jeito de ver Jesus agora e garantem que este é o jeito que leva ao Cristo histórico e ao Cristo da fé. Os que diante das câmeras dão testemunho de conversão colocam sua vida na vitrine. Portam-se como exemplo de vida. Garantem que agora são de Jesus. Seu testemunho funciona como um "olhem para mim".
> Se não sabem, deveriam saber que correm um grande risco ao narrar a sua vida como a de alguém que já se converteu. É sempre legítimo perguntar a alguém que diz que fala com Jesus, e que Jesus lhes sopra palavras ao ouvido, se porventura não está enganado!

Ângulos e correntes

Milhões de fiéis garantem que experimentaram Jesus. Citam o Livro Santo e, de passagem em passagem, convencem os outros de que aquele jeito de orar é o jeito correto. Prodígios acontecem quando eles se reúnem. Vidas mudaram por causa daquelas pregações. A mensagem é: *Aconteceu entre nós, por isso venha conosco.*

A Bíblia é uma realidade de séculos. Não foi escrita nem recitada por apenas uma pessoa, como foi o caso do Corão, que se atribui a iluminações recebidas por Maomé. Não é um livro imediatista como não o é o Corão, ainda que escrito em menos tempo. Supõe amadurecimento do leitor. É alimento que não se engole de uma só vez. Tem que ser assimilado.

A interpretação dos pregadores, sobretudo na mídia de hoje, às vezes se revela imediatista, seletiva, mercadológica, destinada mais a fazer adeptos do que a anunciar a verdade. Como fazer discípulos vem primeiro, desautorizam todo e qualquer outro anúncio do Cristo que não passe pela sua Igreja.

Ecumenismo não é com eles. **Parecem o vendedor que desautoriza toda e qualquer água mineral que não tenha sido engarrafada na sua firma.**

Aberturas e fechamentos

Há os cristãos serenos e abertos ao diálogo. E há os absolutos e peremptórios, que não aceitam sequer a ideia de que possa haver santos fora do grupo deles. Garantem que o caminho que seguem é o único que salva, e qualquer outro é desvio! Ouço-os, vejo-os anunciar o Jesus da sua Igreja e negar o das outras, gravo tudo para as minhas aulas de *Prática e Crítica de Comunicação* e continuo a me perguntar se alguma vez já leram livros de História. Repetem os mesmos argumentos e as mesmas atitudes que ontem feriram milhares, senão milhões, de corações.

É impressionante como os comportamentos se repetem, às vezes com as mesmas palavras! Nos primeiros séculos de Cristianismo as brigas eram por *teo-t-okos* ou *teo-d-okos*, *homoousious* ou *homo-i-ousios*. Por um **t** ou um **d** ou um **i** o tempo esquentava nas ruas e salões, onde havia um crente cristão mais crente do que o outro. Hoje, brigam por uma vírgula. Não é que acentos e pontuações não tenham a sua importância. É que pregar ou impor a sua maneira de anunciar Jesus infelizmente tornou-se mais importante do que dialogar e ouvir os outros. Jesus ouvia!...

27. O começo e o fim de tudo

Ele existe e nos abrange. Para onde quer que nos voltemos, lá está o desafio. É Ele ou não é. É dele ou não é? Foi Ele ou não foi? Veio dele ou não veio? Vai ou não vai dar um jeito? Ele vê ou não vê? Vai curar ou não vai? Como era, como é, como será? É possível conhecê-lo? Se foi Ele que tudo fez, porque fez do jeito que fez? O que Ele fez que pode ser mudado? Que fim terá o que Ele fez? Como será o fim da Terra. Como acabará o universo? O universo terá fim?

No princípio **criou** Deus os céus e a terra (Gn1,1).

Então o levou para fora e disse: Olha agora para o céu e conta as **estrelas**, se as podes contar; e acrescentou-lhe: Assim será a tua descendência (Gn 15,5).

Assim diz Deus, o Senhor, que **criou** os céus e os desenrolou, e estendeu a terra e o que dela procede; que dá a respiração ao povo que nela está, e o Espírito aos que andam nela (Is 42,5).

Ninguém sabe, ninguém viu

Sobre a origem de Deus e do universo há quem diga que os dois não têm origem porque Deus sempre existiu e que o universo sempre veio dele. Não falta quem diga que Deus é o próprio universo.

220   **Pe. Zezinho, scj**

Nós afirmamos que Deus, que sempre existiu, um dia criou tudo a partir de uma enorme explosão, à qual alguns chamam de Big Bang (a grande pancada, o grande impacto). Nada do que hoje existe existia antes. Só Deus existia. O universo veio depois por decisão de Deus.

Sobre a origem de tudo é interessante ler o que disseram, há 6 e 4 séculos antes de Cristo, filósofos como Tales, Anaximandro, Anaxímenes, Heráclito, Pitágoras, Parmênides, Zenão, Demócrito, Sócrates, Aristóteles e Platão. Ele tinham teorias interessantes sobre o ar, a água, os números, a música, e tentavam chegar ao Criador e à vida com suas reflexões. *Deus é, Deus pode ser, Deus talvez seja!* Primeiro o ar, primeiro a água, primeiro isto, primeiro aquilo... Mesmo que hoje saibamos que erraram, suas teorias são profundas. Ajudaram os seus contemporâneos a perguntar. Já é um bom começo! Em pleno século XXI, com todos os recursos que temos, há milhões de olhos e ouvidos que jamais se perguntam! Parecem satisfeitos em saber quem usou que vestido ou quem beijou quem! A televisão, quando quer, emburrece e superficializa. Não era diferente naqueles dias. Os filósofos prestaram um grande serviço ao mundo fazendo seus contemporâneos pensarem.

O primeiro motor

Alguém fez o que existe! Como fez, é outra vez um assunto a ser debatido. Mas que alguém fez, fez! Cremos que Deus deu existência a tudo o que se conhece por universo. No universo, o Criador foi dando origem a seres diferentes. Outra vez não importa se criou cada borboleta e cada flor, ou se criou a possibilidade de elas se multiplicarem e diversificarem a partir de um impulso inicial. Por último, criou o ser humano, que, pelo menos aqui na terra, é a mais recente forma de vida que se conhece. É mais do que certo que outros astros e outras vidas estão sendo criadas. Nós é que não percebemos.

Um dia, tudo isso poderá desaparecer num Big Bang ao inverso. Há os que juram que o universo nunca mais se extinguirá. E nós afirmamos que o ser humano sobreviverá. Nenhum humano volta ao nada. Tudo isso está escrito em livros de cientistas ou religiosos. São teorias cheias de *pode ser, talvez, quem sabe, é assim, não é assim.*

Continua impulsionando

Para nós, católicos, só Deus existia. O que hoje existe foi Ele quem criou. Sem Ele, nada do que existe existiria. Dele viemos e para Ele vamos. Depois que fomos criados. existiremos para sempre como pessoas, mas numa outra dimensão e sem o corpo. E falamos de criação, universo, terra, vida, morte e céu ou inferno.

Bilhões de anos atrás

As diferenças entre os cristãos começam já no primeiro livro da Bíblia, o **Gênesis**, ou seja, o **Livro das Origens**. Viemos do pó da terra e sem evolução, ou ela aconteceu? Deus foi criando aos poucos ou criou diretamente tudo o que existe? A macieira já estava sendo criada ou ele fabricou uma semente e jogou na terra dizendo: – *Quero que sejas maçã!*. Aceitamos algumas contribuições da ciência que diz que as coisas foram sendo feitas, ou dispensamos a sabedoria que Deus deu aos cientistas? Os cientistas não estão sempre certos, ou só por não crerem como nós estão errados em tudo?

Muitos crentes que afirmam ter fé têm apenas encantamento. Deixaram de lado o conhecimento. A fé, tanto quanto o amor, além do encantamento supõe desejo de maior conhecimento. Pobre do casal que apenas se admira e se encanta um com o outro!

Conhecer é experiência bem maior do que se encantar. Não basta admirar Deus. É preciso querer saber mais sobre ele.

O universo que nos cerca

Em noites estreladas, milhões de homens e mulheres olham para o céu e o acham "lindo". Não mais do que isso! Não dão o próximo passo. Faltam-lhes a Cosmologia e a Filosofia. Não têm a menor ideia da grandeza e da magnitude quase infinita do que estão vendo. Daqui de baixo tudo lhes parece pequeno. Por isso, para eles, trata-se apenas de luzes, estrelas e estrelinhas. Inspiram poesia e romance.

> A moça religiosa, embevecida, em visita ao observatório, disse ao namorado, estudante de Astronomia:
> – Amor, como é lindo! E pensar que Deus fez tudo isso para nós!
> Ele riu e disse:
> – Pense que Deus nos fez para tudo isso! Seu vestido não foi feito para o broche, mas seu broche fica bem no seu vestido. Talvez não sejamos a razão da criação. Mas é bom que achemos motivos para fazer parte dela!

Siga o raciocínio daquele jovem. Em noite cheia de estrelas abra os olhos, fixe-os num canto do céu e tente contá-las. Não conseguirá. Nosso cérebro é incapaz de assimilar tamanho acervo de informações. Acabaremos nos confundindo. Mesmo com os modernos telescópios e com a ajuda de potentíssimos computadores continua impossível enumerá-las, tantas são as estrelas do universo. Não estamos preparados para conviver com tal magnitude. Pense no número 1 seguido de 23 zeros:

100.000.000.000.000.000.000.000

DE VOLTA ao catolicismo

Não é nem de perto o que existe. É o que se calcula! Tudo é aproximativo, porque não temos nem olhos nem instrumentos para encarar o firmamento com exatidão. É demais para a nossa ciência, demais para a nossa cabeça e, obviamente, demais para a nossa fé. Tudo isso foi feito para nós ou nós fomos feitos para tudo isso? A Torre Eiffel se encaixa nos pinos ou cada um dos pinos se encaixa na Torre Eiffel?

Foi isso que, há cerca de 3 mil anos, levou o salmista a exclamar:

> Os céus proclamam a glória de Deus e o firmamento anuncia a obra das suas mãos. Um dia passa a informação ao outro dia, e uma noite revela para a outra noite o que ela viu. Não há fala, nem palavras; não se lhes ouve a voz (Sl 19,1-4).

> Louvai ao Senhor. De todo coração, darei graças ao Senhor, no conselho dos honestos e diante da assembleia. **Grandes** são as obras do Senhor. Devem ser estudadas por todos os que nelas se comprazem (Sl 111,1-2).

Bilhões e bilhões e bilhões de astros, estrelas, cometas, planetas, asteroides e pedaços de poeira estelar estão voando pelo universo... Hoje, mesmo os cientistas que negam que Deus exista concordam com os religiosos que houve um núcleo inimaginavelmente concentrado e poderoso que explodiu, dando origem ao que hoje existe. Chamam à explosão deste núcleo de **Big Bang**. Admitem o começo do universo a partir de um ponto, mas não o chamam de Criação. Nós, sim.

Dizemos que um Criador maior do que o universo quis aquele começo. Começam aí algumas diferenças fundamentais entre os cientistas ateus e os cientistas crentes ou agnósticos, e entre os ateus não cientistas e crentes não cientistas.

Para falar da vida, do ser humano e de Deus não é preciso ser mestre ou doutor em Física ou em Teologia. O que é preciso é saber perguntar e ir aceitando ou não as respostas que aparecem. Pode-se estudar Teologia sem ser mestre ou doutor na matéria e estudar ciências sem mestrado ou doutorado. A sabedoria passa pelo papel, mas nem sempre depende do carimbo de alguma universidade. Karl Barth, teólogo admirado entre evangélicos e católicos, escreveu belos tratados de Teologia quando não era reconhecido como doutor. Sua busca e sua obra mostraram sua sabedoria. Cabe aos crentes prosseguir aprofundando sua fé no autor do universo. Não basta crer. Há que se querer saber mais!

Números que tonteiam

Brinquemos de imaginar os números do universo, que é tudo o que podemos fazer, pois jamais teremos instrumentos capazes de contar todas as estrelas. Como não vemos tudo, nem jamais veremos, só podemos imaginar o universo a partir do que até agora foi possível calcular com os instrumentos que temos. É impossível trabalhar apenas com números. Não seriam confiáveis. O leitor procure conhecer livros de Astronomia, de fácil aquisição nas grandes livrarias do país. Astrônomos veem o que não vemos. Nem por isso sabem tudo. Como os religiosos, eles também estão cercados de limites. Religioso ou cientista que fala como se soubesse tudo labora em ridículo.

Bilhões e bilhões

Num excelente livro, que traz o título acima, *Bilhões e bilhões*,[1] Carl Sagan nos faz pensar na inimaginável dança dos números do universo. Aleatoriamente, os livros falam de milhões de galáxias, ou seja, conglomerados de estrelas. Segundo eles,

---

[1] SAGAN, Carl. *Bilhões e bilhões*: reflexão sobre vida e morte na virada do milênio. São Paulo: Companhia de Bolso, 2008.

algumas galáxias contam bilhões de sóis e, na sua esteira, outros bilhões de planetas e cometas. Quantos? Não sabemos! Já temos ideia do quanto o universo é grande, mas não temos como medi--lo. Nem é possível saber quando tudo começou. Há galáxias com 2 bilhões de estrelas. Pegue uma praia de 100 km de extensão e 2 km de largura. Se puder, conte quantos grãos de areia ela possui. Imagine que um deles seja a Terra e que é nele que você mora!...

As grandes perguntas

Tudo isso se fez de maneira desordenada? Por acaso? Ou alguma inteligência criadora o está formando há bilhões de anos e tem um projeto final para o que os gregos chamavam de **Caos** (astros em desordem) ou **Cosmo** (astros em ordem)? Guardemos essas palavras: **Universo, Caos, Cosmo.** O dicionário as define na perspectiva de ordem ou desordem. Há quem creia num propósito universal e há quem duvide. Seríamos suficientemente informados para emitir juízo sobre a Criação?

O Criador que não vemos

> O Senhor olha lá do céu; **vê** todos os filhos dos homens; da sua morada observa todos os moradores da terra, aquele que forma o coração de todos eles, que contempla todas as suas obras (Sl 33,13-15).

> Quando contemplo os teus céus, obra dos teus dedos, a lua e as **estrelas** que estabeleceste, que é o homem, para que te lembres dele e o filho do homem, para que o visites? Contudo, pouco abaixo de Deus o fizeste; de glória e de honra o coroaste (Sl 8,4-6).

Olhar de católico

Imagino que seus pais o batizaram para ser um cristão católico. Os meus também. Eu deveria crescer habituado a ver o mundo com os olhos de Jesus de Nazaré e da Igreja Católica, que divulga o seu pensamento. Desde cedo aprendi que a inteligência superior que fez tudo isso é um ser infinito, eterno, poderoso, amoroso, divino, incomparável. Mais: aprendi que Ele tem um projeto maior e mais inteligente do que todos os projetos humanos.

> Na nossa cultura, este Ser com um projeto inicial e final é chamado de "Deus". O fato de, às vezes, não entendermos o sentido de seu projeto não significa que o que ele faz não é inteligente. Uma coisa é algo não ser inteligível e outra não ser inteligente. Pode não ser inteligível para nós, mas é inteligente. Alguém sabe o seu porquê.

Um criador sem nome

Lembremos o que foi dito, que para os hebreus Deus não tinha nome. Ele era HYWH, **Javé**, que significa **Aquele que é**. Entenderemos melhor se dissermos: "O único que é quem é" (*ehyeh asher ehyeh*). Todos os demais copiaram, copiam ou copiarão algum outro ser. Só ele é o original. É como se Deus dissesse: *Não tente me definir: serei quem serei.*[2]

Da mesma forma, também no Gênesis, **Adão e Eva**, os primeiros humanos, não eram nomes e sim descrição do ser humano de todos os tempos: **terrestre, mãe dos viventes**. Era assim que os hebreus contavam suas histórias e faziam a sua catequese. Usavam

---

[2] Ver ARMSTRONG, Karen: *Uma história de Deus*: quatro milênios de busca do Judaísmo, Cristianismo e Islamismo. São Paulo: Companhia das Letras, 1999.

nomes simbólicos que diziam mais do que a palavra em si. O Deus dos hebreus e dos cristãos não tem um nome: é descrito.

Os títulos de Deus

Os escritores também usavam *El* ou o plural *Elohim* para lembrar o quanto ele é grande, único e maior que os deuses todos (cf. Ex 15,11). *Adonai, El Shaddai* eram outros nomes descritivos de Javé. O temor de errar ou vulgarizar o nome de seu Deus os levava a nem mesmo pronunciar o nome descritivo *Javé*. A ideia de Deus infundia tamanho respeito que eles buscavam outros sons.

A reflexão era lógica. Deus não pode ser visto com olhos humanos e não se parece com nada do que se conhece. Ele é Ele. Nomes são limites, circunscrevem. Então, Deus não podia ser limitado por um nome. Seria diminuí-lo. Por isso está nos mandamentos: *Não usar o nome de Deus à toa.*

> Não tomarás o nome do Senhor teu Deus em vão; porque o Senhor não terá por inocente o que tomar o seu nome em vão (Ex 20,7).

A criação que ninguém entende

É complicado falar de engenharia ou de arquitetura se não entendemos o suficiente da ciência de construir. Por isso, limitamo-nos a descrever o que vimos e a admirar os detalhes e o tamanho da obra. Se até hoje os cientistas não têm certeza sobre como se construíram as pirâmides, imagine a incerteza deles diante da construção do universo!

Diante de uma ponte monumental ou de um grande estádio, a maioria das cabeças para na obra, raramente pensa em quem o fez. Diante do universo, fazemos o mesmo. Há quem não pense no seu autor e há quem negue que ele exista. Dizem que o universo não foi feito: foi acontecendo. É melhor ouvir os seus argumentos antes de chamá-los de tolos. Tolice igual é afirmar que Deus é exatamente como o imaginamos.

O Criador do universo jamais foi visto. Também as suas obras, pois a maioria dos homens e mulheres nunca olharam o céu por uma luneta ou por um telescópio. Mesmo os que olham, é quase nada o que veem diante do que realmente existe. Perante o universo, mais do que míopes somos praticamente cegos. Não olhamos e não pensamos. De certa forma, o universo não nos interessa.

> Diante do universo, mais do que míopes, somos praticamente cegos.

Não basta olhar

O religioso que não contempla o que Deus fez ainda não aprendeu o que é crer. Crer é dar o coração. É encantar-se. É prestar atenção nos detalhes. Temos este mau hábito de passar os olhos superficialmente por sobre as coisas e achar que vimos o suficiente. Raramente nos aprofundamos. Os pregadores de religião infelizmente são os mais ousados, principalmente os proselitistas. Saem gritando pelas ruas e por estádios superlotados o quase nada que viram, como se tivessem sido especialmente revelados e conhecessem Deus em profundidade. Inventam visões e mensagens que nunca são desafiados a provar pelos seus fiéis submissos e crédulos demais, embora Jesus tivesse proposto aos que nele cressem uma postura inteligente diante da esperteza e dos truques de milhares de pregadores de religião através dos tempos:

> Porque surgirão falsos cristos e falsos profetas, e farão tão grandes sinais e prodígios que, se possível fora, enganariam até os escolhidos. Eis que eu vo-lo tenho predito. Portanto, se vos disserem: Eis que ele está no deserto, não

saiais. Eis que ele está no interior da casa; não acrediteis (Mt 24,24-26).

> Jesus não tem sido levado a sério por milhões de fiéis que dizem crer nele. Continuam correndo atrás do primeiro pregador que garante milagres e curas com lugar, dia e hora marcados e que dizem ver demônios onde há apenas uma diarreia, uma epidemia de dengue, uma dor de cabeça ou uma unha encravada. Religião imediatista quase nunca é religião inteligente. Quem corre atrás do mais novo produto acha o mais novo produto, mas não necessariamente o melhor e mais confiável.

Pregadores fáceis de se ver e ouvir na mídia moderna passam a ideia de que sabem o que realmente não sabem. Inspiram pena e dão razão aos ateus quando nos criticam pelas nossas ousadias de gritar como certo o que de fato não sabemos. Sócrates era bem mais religioso. O que sei é que não sei, dizia ele! Era seu jeito de admitir que a verdade é bem maior do que aquilo que já sabemos sobre ela!

Deus não revelou tudo

Aí começa o erro da maioria dos religiosos "revelados". Encantados com suas visões, falam do universo e do Criador como se soubessem mais do que os outros... Raramente admitem saber pouco. Não viram um milésimo do que vê um cientista. Pouco ou quase nada sabem sobre a obra de Deus, porque muitos nem sequer olharam o céu por um telescópio que poderiam comprar em lojas especializadas. Não querem nem ver. Mas garantem que foram revelados e sabem o suficiente sobre o antes, o durante e o depois da Criação. Alguns talvez tenham recebido luzes extraordinárias, mas a maioria não tem como provar que Deus lhes revelou ou revela alguma coisa.

Como turistas distraídos

Outra vez vale a imagem do turista que se limitou a olhar e a fotografar, mas não quis conhecer a história nem os nomes do que viu. Mostrar admiração pela verdade é uma coisa. Dizer que a entendemos e conhecemos é outra! Admirar um avião não é o mesmo que entrar nele ou saber como funciona. Encantar-se não é o mesmo que conhecer...

Muitos crentes que afirmam ter fé têm apenas encantamento. Deixaram a *theoria* (abrangência e conhecimento) para abraçar a *phronesis* (o aqui agora, o mais acessível). Deixaram de lado o conhecimento humilde de quem quer saber mais e mais sobre Deus e sua obra. A fé, tanto quanto o amor, além do encantamento, supõe desejo de maior conhecimento. Não basta admirar Deus. É preciso querer saber mais sobre ele.

> Mostrar admiração pela verdade é uma coisa. Dizer que entendemos e conhecemos a verdade é outra! Admirar um avião não é o mesmo que entrar nele ou saber como funciona.

Só sei que nada sei

Santo Tomás de Aquino e, com ele, a nossa Igreja, no seu *Catecismo* (CIC, 14) e nos seus escritos, dizem que sobre Deus *é muito mais o que não sabemos do que o que sabemos*. Estamos e sempre estaremos desinformados sobre Deus e sua obra. São maiores do que todas as cabeças humanas poderiam, juntas, decifrar. O pouco que deciframos, por questão de humildade, temos que admitir que é quase nada diante do muito que ainda precisamos descobrir.

Um dia tudo acabará

Foi, é e será truque de marketing. Tais pregadores, inteligentes ou fanáticos, atemorizam os fiéis para que estes corram amedrontados para debaixo da sua saia, para seus refúgios finais e suas redomas. Assim controlarão ainda mais quem os segue. Mas na verdade ninguém sabe o dia nem a hora. Os que predisseram o fim da terra ou do universo e marcaram data erraram feio. Morreram antes. Não obstante, ainda hoje se levantam vozes de profetas anunciando o fim de tudo. Errarão outra vez. Sobre isso afirma Jesus, que de Deus e de criação entende mais do que nós:

Estejam prevenidos. Quando vocês virem a abominação da desolação, da qual falou o profeta Daniel, estabelecida no lugar onde não deveria estar – que o leitor entenda! –, então os que estiverem na Judeia fujam para as montanhas. Quem estiver no terraço não desça para apanhar os bens de sua casa. Quem estiver no campo não volte para pegar o manto. Infelizes as mulheres grávidas e aquelas que estiverem amamentando nesses dias! Rezem para que a fuga de vocês não aconteça no inverno, nem num dia de sábado. Pois, nessa hora haverá uma grande tribulação, como nunca houve outra igual. Se esses dias não fossem abreviados, ninguém conseguiria salvar-se. Mas esses dias serão abreviados por causa dos eleitos. Se alguém disser a vocês: "Aqui está o Messias", ou: "Ele está ali", não acreditem. Porque vão aparecer falsos messias e falsos profetas, que farão grandes sinais e prodígios, a ponto de enganar até mesmo os eleitos, se fosse possível. Vejam que eu estou falando isso para vocês, antes que aconteça. Se disserem a vocês: "O Messias está no deserto", não saiam; "Ele está aqui no esconderijo", não acreditem. Porque a vinda do Filho do Homem será como o relâmpago que sai do oriente e brilha até o ocidente. Onde estiver o cadáver, aí se reunirão os urubus.

A história e o fim dos tempos. Logo depois da tribulação daqueles dias, o sol vai ficar escuro, a lua não brilhará mais, e as estrelas cairão do céu, e os poderes do espaço ficarão abalados. Então aparecerá o sinal do Filho do Homem no céu; todas as tribos da terra baterão no peito, e verão o Filho do Homem vindo sobre as nuvens do céu com poder e grande glória. Ele enviará seus anjos que tocarão bem alto a trombeta, e que reunirão os eleitos dele, desde os quatro cantos da terra, de um extremo do céu até o outro.

Fiquem vigiando. Aprendam, portanto, a parábola da figueira: quando seus ramos ficam verdes, e as folhas começam a brotar, vocês sabem que o verão está perto. Vocês também, quando virem todas essas coisas, fiquem sabendo que ele está perto, já está às portas. Eu garanto a vocês: tudo isso vai acontecer antes que morra esta geração que agora vive. O céu e a terra desaparecerão, mas as minhas palavras não desaparecerão. Quanto a esse dia e essa hora, ninguém sabe nada, nem os anjos do céu, nem o Filho. Somente o Pai é quem sabe. A vinda do Filho do Homem será como no tempo de Noé. Porque, nos dias antes do dilúvio todos comiam e bebiam, casavam-se e davam-se em casamento, até o dia em que Noé entrou na arca. E eles nada perceberam, até que veio o dilúvio, e arrastou a todos. Assim acontecerá também na vinda do Filho do Homem. Dois homens estarão trabalhando no campo: um será levado, e o outro será deixado. Duas mulheres estarão moendo no moinho: uma será levada, a outra será deixada. Portanto, fiquem vigiando! Porque vocês não sabem em que dia virá o Senhor de vocês. Compreendam bem isto: se o dono da casa soubesse a que horas viria o ladrão, certamente ficaria vigiando, e não deixaria que a sua casa fosse arrombada. Por isso, também vocês estejam preparados. Porque o Filho do Homem virá na hora em que vocês menos esperarem (Mt 24,15-44).

Ninguém sabe nem saberá. Desconfie do pregador que diz que sabe.

28. A criação não terminou

Dentro do universo

O universo é tão grande que nele a luz é exceção. Apesar dos trilhões de corpos celestes e das bilhões de galáxias, as trevas e os espaços vazios são o seu pano de fundo. O universo é cheio de pontos luminosos, mas é escuro. E na verdade quase nada se sabe do que há nos espaços escuros.

Com as máquinas que hoje temos e com a velocidade que desenvolvem, se elas não se desconjuntassem no caminho para a estrela mais próxima do Sol, levaríamos **11.000 anos**. Há sóis que já se apagaram e morreram e a sua luz ainda não chegou até nós. Chequemos as informações que temos, quando orarmos e louvarmos o Criador do universo. Temos ideia do que estamos a dizer? Com quem estamos a falar? Para onde dirigimos o nosso olhar? Perguntaram a um monge, que fechava os olhos quando falava com Deus, por que ele não os abria. Ele respondeu: – *Para não olhar na direção errada. A maioria das pessoas põe Deus apenas lá em cima e numa única direção.* Os números e o tamanho do universo mexem conosco? Ou agimos como o grão de areia, para quem não importam os outros centilhões de grãos da mesma praia, porque nos basta o nosso pequeno cantinho na pequena cavidade de onde nem pensamos em sair? Temos fé ampla e cheia de perspectiva ou fé curta, míope, que acaba na primeira pregação do primeiro pregador que garante que Deus falou com ele na terça-feira passada e disse que o mundo tem seis mil anos e não mais?

O céu não fica lá em cima

Ao procurarem Deus, nossos antepassados olhavam para o firmamento. Imaginavam-no um grande ancião de barbas brancas. Ele estaria em algum lugar lá em cima. Confundia-se céu com firmamento. Mas era a ideia que se fazia do infinito. Deus estava lá em cima e era maior do que tudo aquilo. Erravam ao localizar Deus lá em cima, mas não no conceito de finito e infinito.

Para os antigos, Deus fizera a Terra e depois o resto... O seu limite diante da Terra era, também, o seu limite diante de Deus. Acertavam o engenheiro, mas erravam nos contornos da sua obra.

Por volta dos séculos XVI e XVII, Nicolau Copérnico e Galileu Galilei provaram aos moradores do Ocidente que a Terra era muito pequena. Ela nem sequer era digna de figurar em mapas astrais; não passava de um minúsculo planeta, dentre os muitos que giram em torno do Sol. Chineses e árabes já haviam, séculos antes, dado passos nessa direção. Eram vislumbres. As lentes e os telescópios de hoje ainda não tinham sido inventados. Nem os megacomputadores que, por mais impressionantes que sejam, continuam incapazes de nos dar as respostas que buscamos. São dados demais para nossas máquinas processarem.

Gaia, a mãe Terra

Naqueles dias já era muito saber que a Terra tinha 12.000 km de diâmetro. Não pararam aí as descobertas. No século VIII a.C. a Terra era vista como deusa, organismo vivo, Grande Mãe, Gaia, criadora dos vulcões, das chuvas, do mar, das montanhas, do trovão e do relâmpago. Mas Gaia era vulnerável. Era já um começo da ciência da ecologia. A Terra tinha que ser protegida. A Bíblia dos hebreus e dos cristãos mandava olhar para o firmamento

DE VOLTA ao catolicismo

e para a Terra com o respeito que se tem por um ser vivo. Era a nossa casa. Esta talvez tenha sido a primeira grande descoberta dos cientistas daqueles dias.

Um Deus maior do que o universo

Com o advento de novos instrumentos, ainda que rudimentares para os nossos dias, os cientistas daqueles tempos descobriram que o Sol, que hoje sabemos ter cerca de 1.400.000 km de diâmetro, não passava de uma pequena estrela perdida entre muitíssimos outros corpos celestes, iguais ou maiores do que ele. Com cerca de outros 100 bilhões de sóis ele forma o conglomerado de estrelas e de corpos celestes conhecidos como **Via Láctea**. A descoberta chocou muitos, mas extasiou outros. Deus era maior do que tudo isso. O conceito de Deus mudava a cada nova descoberta. Foi isto o que Carl Sagan ironicamente lembrou em *Variedades da experiência científica: uma visão pessoal da busca por Deus*.[1] O Deus retratado por muitos crentes era o deus de um mundinho e não o Deus de uma galáxia, muito menos o criador do universo!

> Quem contempla o universo, cheio de mistérios indecifráveis, ou nega a existência de Deus ou aceita e amplia sua concepção de Criador e Criação e começa a escrever as duas palavras com iniciais em maiúsculo.

Caminho de leite

Com instrumentos de precisão incrível, no século passado os astrônomos descobriram, estupefatos, que a **Via Láctea** (Caminho de leite) e outros conjuntos de corpos siderais como a

---

[1] SAGAN, Carl. Op. cit. *Variedades da experiência científica*: uma visão pessoal da busca por Deus, p. 50.

Nebulosa Andrômeda e as Nuvens de Magalhães, aos quais se dá o nome de Galáxias, são apenas duas ou três dentre as milhões – alguns dizem bilhões – de galáxias que se supõe existir na profunda e incomensurável vastidão do universo. Com o Hubble, gigantesco telescópio situado a quilômetros acima da Terra, as fotos ficaram cada dia mais claras e questionadoras. Nunca se viu tanto e com tantos detalhes o espetáculo da criação a explodir lá, aonde os olhos humanos jamais chegariam. Os antigos jamais sonhariam ver o que vemos em nossas telas.

O Hubble

O telescópio Hubble certamente será seguido de outros ainda mais potentes, mas hoje, enquanto escrevo estas linhas, ainda é um minúsculo passo, comparado ao que nunca vimos e talvez jamais vejamos. Ele está a quilômetros de altura fotografando o que os olhos humanos e os telescópios da Terra jamais viram. Aquelas fotos aumentam o ateísmo de alguns e, em outros, a fé no Criador. Já se pode dispor de suas fotos em livros. Quem crê deveria buscá-los. Cientistas ateus estão vendo mais do que nós, que afirmamos crer num Criador. E eles estão oferecendo seus conhecimentos a todos. Façamos o mesmo.

Novas descobertas

Nossos irmãos cientistas detectaram que muito provavelmente só a Via Láctea, que é o nosso sistema estelar, tem 100 bilhões de estrelas do tamanho ou maiores que o Sol. Só o nosso sistema tem cerca de 2.500 galáxias, cada qual com cerca de 100 a 200 bilhões de estrelas. Os números são de tirar o fôlego. Nossos números não descrevem o que existe, nem mesmo com a ajuda dos modernos supercomputadores. Faltam dados!

O universo está se expandindo, como se tivesse havido, em algum momento, uma formidável explosão e os pedaços e cacos

DE VOLTA ao catolicismo

siderais dessas enormes estrelas ainda estivessem voando para fora, numa velocidade igual à da luz, que é de quase *300.000 km por segundo. Os cientistas chamam à explosão inicial de Big Bang.*

> Acaso? Deus? Há quem afirme. Há quem negue!

Da **Nebulosa de Andrômeda** se diz que *tem trilhões de estrelas* tão grandes ou maiores do que o nosso Sol. **Estamos distantes dela cerca de 2.000.000 de anos-luz.** Para entender essa distância, lembremos que um ano-luz equivale à distância percorrida pela luz em 365 dias. Ora, se a luz percorre num ano a distância de 9.460.800.000.000 km, estamos distantes da Nebulosa de Andrômeda 2.000.000 x 9.460.800.000.000 km. E tudo isso está girando e voando em direção não se sabe a quê.

> Deus existe ou não existe? É prematuro afirmar sua existência? É prematuro negá-la? Precisamos de mais dados para crer? Quantos e quais?

Estamos voando

Estamos sendo levados dentro da **Via Láctea**, e junto com o nosso astro-rei, o Sol, a uma velocidade de 800.000 km por hora; de segundo a segundo, penetramos uma extensão inteiramente nova do espaço onde nunca estivemos antes. E é bom lembrar que a Terra não é, nem de longe, o mais importante satélite do Sol. Em Marte cabem 3 Mercúrios, na Terra cabem 7 Martes, mas ela cabe 58 vezes em Netuno e Netuno cabe 23 vezes em Júpiter. Vale dizer: Júpiter é 1.334 vezes maior do que a Terra. Somos minúsculos.

Para dar uma volta ao redor da pequenina Via Láctea, que tem 100 bilhões de estrelas, o Sol demora 200.000.000 de anos... As distâncias e velocidades são incríveis. Para ir da Terra à região da estrela Antares levaríamos 424 anos-luz, isto é, 424 x 9.460.800.000.000 km de viagem. E no mapa do universo Antares fica quase vizinha à Terra...

Da próxima vez que você falar de Deus, pense nesses dados. Se a ciência o convida a pensar, nossa Igreja o convida a pensar, a crer e a adorar Aquele que criou tudo isso!

29. Recapitulando a Criação

A canção do universo

São milhões os cantores e milhões as canções escritas para Deus. Talvez sejam bilhões as canções que nasceram da fé. Nascem do encantamento e do desejo de chegar a Deus. Encantados com este fenômeno de proporções incríveis, os religiosos, que cremos terem sido inspirados para escreverem a Bíblia, perceberam e descreveram, a seu modo, o espetáculo do universo em formação. Fizeram-no frequentemente em prece e em poesia. O Gênesis funciona como um diário de bordo. Indicaremos para sua reflexão o Salmo 8, o Eclesiastes 1 e o Eclesiástico 1. Tome o propósito de lê-los, para perceber a sabedoria dos antigos.

> **DEUS É ADMIRÁVEL NAS SUAS OBRAS**
> Ó Senhor, nosso Deus, como é grande o vosso nome em toda a terra!
> Acima dos céus se eleva a vossa majestade. Na boca das crianças e dos pequeninos colocais a nossa fortaleza contra os vossos inimigos, para reduzir ao silêncio inimigos e rebeldes.
> Quando contemplo os céus, obra das vossas mãos, a lua e as estrelas que vós fixastes, eu digo: que é o homem, para vos lembrardes dele, o Filho do homem, para dele cuidardes?
> Contudo, pouco lhe falta para que seja um ser divino; de glória e de honra o coroastes.
> Destes-lhe domínio sobre as obras das vossas mãos.
> Tudo submetestes debaixo dos seus pés; os rebanhos e os gados sem exceção, até mesmo os animais ferozes; as aves do céu e peixes do mar, tudo o que atravessa os caminhos do mar (Sl 8).

> Leia ainda os Salmos 18, 89, 103 e 148.

Repensar-nos ante a Criação

1. A contemplação do universo nos deve encher de humildade. Aparentemente o universo executa uma ordem. Estrelas, astros, planetas, quasars, cometas, asteroides, galáxias giram em órbitas mais ou menos fixas. E não parece haver risco iminente de grandes catástrofes no pequeno canto do nosso universo estelar. Na verdade a vida na Terra é muito jovem. Se reduzíssemos simbolicamente a 365 dias os talvez 4,5 bilhões de anos do nosso planeta, estaríamos perto das 12 horas do dia 31 de dezembro e o ser humano teria nascido na manhã deste último dia do planeta.

2. Não temos ideia de quantos séculos sobreviveremos, porque há sempre a hipótese de alguma colisão gigantesca não previsível agora com os nossos instrumentos, ou da autodestruição provocada por nossas bombas atômicas nas mãos de algum grupo enlouquecido pela política ou pela fé. Existe a hipótese e já vimos, no dia 11 de setembro de 2001 – no episódio da destruição de três alvos do país mais poderoso do mundo por um grupo de vinte suicidas –, que há pessoas capazes de qualquer extremo para fazer valer a sua doutrina. Não temos como destruir toda a Criação, mas já somos capazes de destruir cem vezes a Terra.

> Não temos como destruir toda a Criação, mas já somos capazes de destruir cem vezes a Terra.

Repensar-nos ante o Criador

1. A admissão desta ordem e a contemplação desta incrível harmonia já levaram muitos a crer na existência de um Alguém que planificou tudo isso. Segundo os crentes, é impossível que haja, numa só galáxia, trilhões de grandes e pequenos corpos siderais com tão poucas colisões. Sempre há, mas deve existir uma inteligência cuidando de tudo isso.

2. Não obstante, astrônomos sérios nem sempre concordam com esta maneira de analisar a Criação. Afirmam que o universo não é tão ordenado como se apregoa. Há muitas coisas sem sentido no movimento dos astros. E dizem que as dimensões de tempo e de espaço são tão inconcebíveis que é muito cedo para tirar conclusões sobre a ordem do universo. A explosão ainda continua. As colisões são em muito maior número do que imaginamos ou detectamos. E quando houver a contração vai acontecer a desordem. Acham prematuro fazer um julgamento sobre algo que não se conhece direito. Para eles, o universo não prova por si só que existe uma inteligência criadora.

3. A questão da harmonia sideral é intrigante. Quem olha para o universo pode crer ainda mais, tornar-se ateu, passar a crer, chorar de emoção, sentir medo e angústia, simplificar demais a questão e até brincar com os sentimentos humanos, como fazem muitos comunicadores que sugerem comportamentos humanos com base no comportamento dos astros. Até que ponto é conhecimento milenar e até que ponto alguns radialistas brincam com os horóscopos? Religião também é conhecimento milenar e, mesmo assim, pessoas que nunca leram um livro de Teologia dão conselhos e ensinam doutrinas e orações estranhas no rádio ou na televisão. Em todos os ramos do saber, há quem trate com superficialidade a ciência e a fé.

242 Pe. Zezinho, scj

4. Não se trata de maneira leviana um assunto exigente como é o do universo. Diante da Criação e do Criador, qual tem sido o nosso comportamento? Indiferença? Curiosidade? Respeito? Fé?

30. Irmã ciência e irmã fé

A fé é um tipo de ciência e a ciência humana é um tipo de fé.

Carl Sagan a chama de fé informada. Basta ler os livros de religiosos e de cientistas para ver o quanto uns e outros creem naquilo que afirmam, mesmo não podendo provar tudo o que afirmam.

Ciência é conhecimento, nem sempre usado com sabedoria. Religião também é conhecimento, também nem sempre usado com sabedoria.

Mas pode haver cientistas sábios e religiosos sábios. São os que admitem os seus limites.

> A ciência descortina, mas a fé vislumbra. Um olhar frio e científico na direção do universo pode levar à fé ou à descrença. O universo talvez não "prove" por a mais b que Deus existe, mas aponta na direção dele!...

Há mil maneiras de cientistas e crentes caminharem juntos. Mas pode haver um ponto em que um vai para um lado e o outro para a direção oposta. É quando um deles não aceita parar em nome do perigo que seu mergulho pode representar para o futuro da humanidade.

Religião e ciência

Merece reflexão de nossa parte o aumento no número de artigos, entrevistas e livros de ateus a questionar os crentes e as Igrejas, mormente a católica. Por sua expressividade numérica e por seus pronunciamentos contundentes, que conflitam com as novas posturas de cientistas e de indústrias químicas e farmacêuticas, interessadas em novas pesquisas laboratoriais, os católicos incomodam. Cientistas crentes escrevem e falam. Cientistas não crentes usam do mesmo direito. Juízes crentes e descrentes também tomam posição sobre a ciência e a vida. Vale a pena ouvi-los, e espera-se que para eles também valha a pena ouvir os católicos.

> Religião é algo interessante demais para que nos mantenhamos ignorantes a seu respeito. Ela não afeta apenas nossos conflitos sociais, políticos e econômicos, mas também os próprios significados que encontramos em nossas vidas. Para muitas pessoas, provavelmente a maior parte das pessoas na Terra, não há nada mais importante que a religião (Daniel Dennet).

O cientista que se leva a sério questiona, mas respeita a religião, que não deixa de ser um tipo de conhecimento e ciência. Contém história, sabedoria, procura e experiências espirituais e morais de um povo.

Respeitar os cientistas

O religioso que se leva a sério questiona, mas respeita a ciência, que não deixa de ser a tentativa dos humanos de desvendar os mistérios e o potencial da criação. É sabedoria lidar com a matéria e transformá-la em remédios, aviões, computadores, combustível, vestes, casas, alimentação, água potável para as cidades. Tudo isso passa pela ciência. A ciência é uma forma de criação e de recriação, é busca de conhecimento e é desejo de ir mais fundo do que já se foi.

Filhas ciumentas

Fé e ciência, embora às vezes ajam como filhas ciumentas, buscam entender o mesmo colo. São dois tipos de mergulho no desconhecido. O cientista olha para o que o religioso afirma ser obra de Deus e procura entender seu mecanismo, interferir, aprender com o que existe, transformá-lo e aperfeiçoar. Isso está postulado no primeiro livro da Bíblia, o Gênesis: *Dominai a Terra... Crescei... Multiplicai-vos* (cf. Gn 1,28-31). O autor daquelas linhas certamente admitia a ação do homem na obra de Deus.

Por seu turno, o religioso olha para a matéria e para a mente humana, que o cientista procura entender, curar, melhorar e transformar, e admite que, sim, o homem tem capacidade de interagir e modificar este mundo, para melhor e para pior. Nós podemos mudar as coisas.

> [...] Simultaneamente, aumenta a consciência da eminente dignidade da pessoa humana, por ser superior a todas as coisas e os seus direitos e deveres serem universais e invioláveis. É necessário, portanto, tornar acessíveis ao homem todas as coisas de que necessita para levar uma vida verdadeiramente humana: alimentos, vestuário, casa, direito de escolher livremente o estado de vida e de constituir família, direito à educação, ao trabalho, à boa fama, ao respeito, à conveniente informação, direito de agir segundo as normas da própria consciência, direito à proteção da sua vida e à justa liberdade mesmo em matéria religiosa. [...][1]

---

[1] Concílio Vaticano II. *Gaudium et Spes*: constituição pastoral sobre a Igreja no mundo de hoje. In: *Mensagens, discursos, documentos*. São Paulo: Paulinas, 1998. n. 26.

Solidária e atrevida

Os pesados aviões que cruzam os céus, os navios e submarinos que perscrutam os mares, as sondas que vão fundo à procura de combustível mostram um tipo de aplicação da ciência. As bombas que explodiram em Hiroshima e Nagasaki, as ogivas e os poderosíssimos artefatos de hoje, bem como a tentativa de alguns cientistas mais afoitos de clonar um ser humano são outros passos, gigantescos, admiráveis até, mas altamente questionáveis. Até onde se pode ir com os experimentos?

Raciocinam muitos cientistas: *Se a ciência pode restabelecer uma coluna lesada a partir das pesquisas com células-tronco de um embrião, por que não pesquisar com embriões congelados e rejeitados?* Este é o cientista que não admite limites à sua pesquisa. Se pode, ele faz. Se for proibido, ele não desiste. Vai ao Congresso e luta pelo direito de pesquisar e saber mais, como o religioso vai ao Congresso pelo direito de crer e pregar a sua crença, também questionável.

Limites da ciência e da fé

Cientistas devem ou não devem agir em função de um depois da sua descoberta? Até onde pode e deve ir a pesquisa científica? Pode-se matar para atingir um objetivo? Quando se deve dar um basta e parar com a pesquisa? Por amor à curiosidade e ao desejo ilimitado de ir ao cerne de tudo, deve o cientista ir até o fim? Há cientista que não aceita limites e há o que aceita.

O que é um cientista? Um que vai até às últimas consequências? O que aceita limites será menos cientista do que o outro? E o religioso que não aceita limites? Será ele mais religioso do que o outro que ousa menos?

Religiosos atrevidos

Dá-se com a religião – a busca de sabedoria através da fé – o que se dá com a ciência – a busca de sabedoria através da constatação e da experimentação. O que é um bom religioso? O que acha que pode ir ao infinito na sua busca por Deus ou o que repensa sua pregação quando percebe que aquele caminho pode ferir e desequilibrar pessoas? Até onde um religioso pode ir com as revelações, curas e milagres, novos anjos e novos demônios e quando precisa parar em nome da sua fé e ouvir a razão, para que sua fé não enlouqueça?

Não a qualquer preço

Afinal, o que é a Teologia senão um estudo do que se entende por verdade religiosa e a busca de situá-la dentro do mistério, da realidade, do verossímil e do inverossímil? Também o pregador religioso e o teólogo precisam saber quando parar em vista da multidão que os ouve. Ciência e fé que não admitem nem aceitam limites deixam de ser o que pretendem ser. Cabe muito bem nos dois casos a história do aprendiz de feiticeiro que tentou imitar o seu mestre e depois não soube desfazer o que fizera.

Humanos e transgressores

É disso que trata a história da transgressão dos primeiros humanos (cf. Gn 2,7-25; 3,1-24), Adão (o terrestre) e Eva (a nutriz). Diz a história que praticamente tudo lhes era permitido naquele paraíso. Mas havia um limite: *do fruto da árvore do centro do paraíso, que era a árvore da ciência do bem e do mal, era proibido comer.* Apenas uma proibição. Mil permissões. Mas na história aquele conhecimento estava reservado ao Criador. "Cientistas" curiosos e poderosos se perguntaram, na magna e venenosa tentação personificada pela serpente: *Por que não, se podemos?*

"Religiosos" poderosos se imaginaram mais do que humanos: *Por que não comer o que Deus come? Por que não ser como Ele e fazer o que Ele faz? Nossos olhos se abrirão e poderemos muito mais do que podemos...* (cf. Gn 3,5).

Era jogo de poder ou não poder. Diz a história que não aceitaram nenhum limite, não pararam. Fizeram desde o primeiro instante da humanidade o que fazem hoje muitos cientistas e pregadores de religião. Nada os detém. Se podem clonar outra vida, por que não fazer? Se podem inventar uma revelação e um milagre, por que não? Se podem operar o coração de um feto enfermo ou abortá-lo por ser anencéfalo, por que não? Corrigir a natureza e superar-se não é a vocação do homem? O ser humano não nasceu para mudar a vida no planeta e ser mais?... Por que não atrair milhares de ouvidos, falseando os fatos e as estatísticas apenas um pouquinho...? Que diferença faz se, embora a foto aérea mostre 200 mil, por razões de marketing, os organizadores falam em 2 milhões?

A torre que cutucaria o céu

No episódio da Torre de Babel (cf. Gn 11,1-9), há um profundo simbolismo. O ser humano queria ir lá fazer cócegas nos pés de Deus e dizer: *Viu? Cheguei aos teus pés.* Era, outra vez, o mesmo desafio de Lúcifer. Não carrego a luz, eu posso ser a própria luz!

Na parábola o autor falava da cidade e da sua indústria desafiando Deus, como o campo o desafiara. Era o sonho de comer a fruta proibida ou erguer a obra desafiadora. Ninguém pode nos proibir de nada. Somos humanos e inteligentes! Podemos transformar qualquer sonho em realidade!

A pregação incidia no limite. Não se cutuca Deus impunemente. Célula sobre célula, tijolo sobre tijolo, o homem quer chegar

DE VOLTA ao catolicismo 249

ao inacessível e fincar lá a sua bandeira. *Nós pudemos e fizemos! Ele pode, mas nós também podemos!*

Diz a história que Deus, em vez de derrubar a torre, brincou com os rebeldes. Mudou seus códigos de linguagem. A torre deu em nada porque ninguém entendia ninguém e os construtores eram incapazes de quebrar o código do saber do outro. Perderam a capacidade de dialogar e comunicar-se. Ninguém conseguia juntar o seu saber ao do outro. Lembra os países, as Igrejas e as pregações de agora. Cada um no seu altar, no seu canto, na sua cátedra e poucos partilhando o que sabem. Cada qual arvorando-se em o maior, o único, o que mais sabe e mais pode, o mais eleito e o mais iluminado. *Venha a nós. Nós temos. Nós podemos. Nós solucionaremos!* É o discurso que se vê e se ouve na televisão e no rádio.

A ciência é um jeito de buscar a verdade. A religião é outro jeito. Mas uma precisa da outra para melhorar o próprio jeito e, ambas, acharem o jeito comum de seguir na procura da verdade sobre o universo e sobre quem os religiosos consideram o seu Criador.

Religiosos e cientistas no processo de busca pela verdade terão divergências, mas um não pode perder o respeito pela busca do outro. Descartem-se os imaturos de ambos os lados porque deixaram de buscar a verdade a partir do momento em que começaram a achar que não havia mais o que procurar...

Não me sinto desafiado nem pelos outros crentes nem pelos ateus. Na verdade eles me ajudam, ao me provocar para que me explique. Sei que nem eu, nem eles sabemos o suficiente. Eu erro, e eles erram, eu acerto e eles acertam. Depende do assunto e do tema. Não há nem fé nem ciência perfeitas.

Religião e ciência nem sempre são caminhos paralelos, mas não devem se distanciar demais. É que uma não vive sem a outra.

250   Pe. Zezinho, scj

Nossa sociedade baseia-se na ciência e na alta tecnologia, mas só uma pequena minoria entre nós entende, e mesmo assim superficialmente, como elas funcionam.[2]

Acredito que é muito difícil saber quem somos enquanto não entendemos onde e quando estamos (Carl Sagan).

---

[2] DRUYAN, Ann. Prefácio. In: SAGAN, Carl. Op. cit. *Variedades da experiência científica*: uma visão pessoal da busca por Deus.

31. A ciência humilde

A ciência lida com o que já se sabe e com o que é possível saber e fazer. A fé também. Mas ambas lidam com os próprios limites e com os limites uma da outra. Nem o cientista, nem o religioso sabem o suficiente. De ângulos diversos, cientistas e religiosos apressados profetizam, reagem e concluem que só eles possuem a resposta. Uns a dizer que o autor daquele fenômeno foi Deus e outros, que não foi nem pode ser. Talvez a resposta esteja com os dois.

Um acelerador de partículas joga mais uma questão para a ciência e para a fé. Emitindo pares de fótons-partículas de luz, por uma fibra ótica entre Satingny e Jussy, na Suíça, cientistas da Universidade de Genebra constataram que um dos fótons, chegando a um extremo da linha, reage instantaneamente a uma manipulação no seu parceiro que foi para o lado oposto a 18 km de distância. Em outras palavras, fótons gêmeos, sem nenhuma ligação além da fibra ótica na qual se encontram, comunicam-se por um sinal que teria que viajar no mínimo 10 mil vezes a velocidade da luz, que já sabemos ser de 300 mil km por segundo. Então esta velocidade existe. Mas não nos diziam que não há maior velocidade do que esta no universo?

Distâncias que não separam

O que afeta um fóton afeta o seu parceiro a 18 km de distância. O que os une? É o que os cientistas pretendem descobrir. Nós, religiosos, que lidamos com o pensamento, os desejos, os sentimentos e a busca de respostas no Criador e na sua obra, também nos perguntamos sobre o que acontece com dois irmãos gêmeos, a milhares de quilômetros de distância, quando um sente o que acontece ao outro. Está na esfera da Criação e é algo que ainda não entendemos? Dizemos também que ao orarmos por alguém distante nossa prece o beneficia. Houve ligação? Que forma de ligação? Seríamos como aquele par de fótons que, mesmo longe um do outro, reage de maneira igual, quando apenas um deles é manipulado?

Haverá cientistas a contestar aquele experimento. Haverá religiosos a ir longe demais nas suas conclusões. Mas vale a pena pensar que no universo existe maior interação do que sabemos. Acaso, ou obra de um ser pensante que ao criar o universo quis que nada acontecesse de maneira dissociada? As máquinas, cada dia mais ágeis e detalhistas, vão descobrindo verdades que obrigam os cientistas a considerar que existe algo além da sua ciência. Um dia se descobrirá. Mas isso também nós religiosos dizemos. Estas mesmas máquinas obrigam os religiosos a pensar mil vezes que a graça supõe a natureza. Muito do que buscamos no céu já está aqui, ao nosso lado. Nós é que não sabemos fazer uso desse poder de interação que todos possuímos.

Graças e dons

Precisamos, mais do que apenas pedir milagres do alto, descobrir o que já foi feito, mas ainda não sabemos destrinchar. A cura que já está em alguma planta ou na combinação de alguns elementos pode ser conseguida ou pela medicina avançada, ou por algum ervatário, ou por uma prece. Quando um despreza a graça concedida ao outro, a humanidade perde. Deus age por meio do cientista que criou aquela medicina, do médico que a receitou na dose certa, tanto quanto pelo pregador que ora e vê o seu fiel partir sem dor alguma. Temos a mania de achar que só as nossas descobertas são as certas. Um tempo depois descobrimos que havia mais do que nossa crença ou nossa ciência pensava ter descoberto.

DE VOLTA ao catolicismo

Talvez o maior milagre vivo seja um ser humano de mente aberta, disposto a aprender mais com os outros, que talvez saibam menos do que ele, mas que sabem de coisas e detalhes que ele não percebe!

O genoma humano

> A complexidade das informações contidas em cada célula do corpo humano é tamanha e tão impressionante que para ler uma letra por segundo deste código um homem levaria 31 anos, dia e noite, ininterruptamente. Se imprimíssemos estas letras em tamanho regular em etiquetas normais e as montássemos, teríamos uma torre de 53 andares...[1]

O DNA seria, pois, o código da vida criado por Deus e a Torre de Babel, a vaidade humana. Poderemos até aprender a ler o DNA de tudo, mas criá-lo e reproduzi-lo é outra história. Leitor não é fazedor! Não é possível comer o fruto do definitivo, nem erguer o monumento final. Chegaremos mais longe do que chegamos, mas nunca chegaremos ao cerne. A humanidade não tem esse tempo.

Estamos condenados a nunca saber a distinção cabal entre o bem e o mal. A falta de discernimento prosseguirá ferindo a ciência, a religião, a política, a família e a vizinhança. Continuaremos a vida inteira sem saber o que é e o que não é; mais dando palpites do que tendo certezas. E quando as tivermos, corremos sempre o risco da falsa religião, da falsa ciência, da falsa conclusão e da falsa certeza. Foi o risco que os construtores da Torre de Babel quiseram correr e que os cientistas e religiosos de hoje querem correr. Mesmo que não dê certo, eles querem proclamar, fazer, ir ao cerne. *Deus quer, Deus disse, nós podemos,*

---

[1] Collins, Francis. *A linguagem de Deus*: um cientista apresenta evidências de que Ele existe. São Paulo: Gente, 2007.

nós fizemos, nós faremos! A maioria dos proclamadores de sabedoria tem pressa em revelar o pouco que sabe como se fosse certeza e, com isso, fazer adeptos. Em pouco tempo estará dando bandeira e revelando sua ignorância, porque em geral não admite que possa estar interpretando errado!

O sonho do sem limite, da iluminação total, o desejo da religião pura e da ciência sem proibições prosseguirá. Mas as respostas cabais não estão aqui. Por isso a Bíblia fala em Alfa e Ômega.

> "Eu sou o Alfa e o Ômega, o princípio e o fim", diz o Senhor, "que é, que era e que há de vir, o Todo-Poderoso" (Ap 1,8).

> E disse-me mais: "Está cumprido. Eu sou o Alfa e o Ômega, o princípio e o fim. A quem quer que tiver sede, de graça lhe darei da fonte da água da vida" (Ap 21,6).

Poder e não poder

A história da fé e da ciência tem sido a história da potencialidade e do limite. Serei cientista e interferirei na vida e na natureza até que ponto? Serei religioso e mexerei com a alma humana até que ponto? Irei ao centro do paraíso? Erguerei mais uma Torre de Babel? Até onde posso ir com a minha pesquisa, sem criar riscos para o futuro? Depois que eu inventar a bomba, que pode matar 1 milhão de pessoas, estarei lá para vigiar o seu uso? Até onde estas sementes, cuja genética estou a modificar, não resultarão em desastre futuro para a humanidade? Esta nova usina poderá destruir quantas espécies de vida? Mesmo assim a construiremos em nome da economia? Até onde isso, que eu chamo de revelação do céu e vontade do Senhor Jesus, não afetará milhões de fiéis, que amanhã se mostrarão incapazes de escolher o seu caminho e de conviver com outros humanos?

Paraísos da fé

Se eu ensino a um fiel, sequioso de vencer e ser mais, que Deus o escolheu e ele é mais eleito, mais amado por Deus do que as outras religiões, não estarei semeando o conflito de amanhã, quando um se sentirá mais de Deus, maior, mais filho e com mais direitos do que o outro? Não haverá preconceito e ódio por conta do exagero, do exclusivismo e das redomas e divisões de hoje? Não foi isso o que aconteceu quando seitas e Igrejas armavam seus fiéis para se matarem em nome do amor que tinham pela verdade?

Paraísos do saber

A ciência tem ou não tem limites? O cientista deve ou não deve parar e admitir que pode estar desorganizando e criando maiores aberrações, em vez de corrigi-las? A religião tem ou não tem limites? O pregador deve ou não deve parar e admitir que também ele pode estar errado? Pode ou não haver ciência demais e religião demais, luz demais e experiências demais? O holofote sobre o pregador e o cantor porventura não os cega? Não há o perigo de ele pregar sem ver a quem prega?

Poder de vida e de morte

A ciência tem o seu lado glorioso. Quando o enorme avião que atravessara o oceano, depois de doze horas de viagem, tocou suavemente o solo sob os aplausos dos passageiros, a homenagem não se destinou apenas aos pilotos. Naquelas toneladas de aço, ferro, plástico, fios, alumínio, vidro, borracha, tudo devidamente calculado, tudo transformado, tudo controlado, estava o trabalho de milhares de cientistas.

Um inventou os motores, o outro os aperfeiçoou e o fogo controlado fez o avião voar. Outro descobriu os fluidos, o querosene e sua octanagem. Outro criou mecanismos de comunicação a distância. Outros, em conjunto, criaram os computadores que calculam o lugar, a altura, o peso, a velocidade e os ventos. Outro descobriu a solidez do aço que suportou o impacto daquelas toneladas contra o ar e contra o solo. Outro endureceu o solo para aguentar aquele peso. Outro, ainda, fez um mapa de distâncias e aeroportos. E houve aquela peça que exigia precisão milimétrica. Alguém precisou descobrir a flexibilidade do aço e das asas. Milhões de pequeníssimas peças e toneladas de fiação, cada uma no seu lugar, fizeram aquele colosso que voou doze horas atravessando o oceano. Deus não faz aviões. Criou quem os faz!

Mais. Alguém descobriu a comida congelada e aquecida. Outro fez o micro-ondas, outro os medicamentos, outro as poderosas e minuciosas máquinas dos hospitais, outro misturou drogas e elementos, outro descobriu novos metais, outro fez o carro, a motocicleta, o navio, o barco a motor... Milhões, talvez bilhões, de máquinas que facilitam a nossa vida passaram pela cabeça e pelas mãos dos cientistas. Deus não criou uma por uma essas invenções, mas criou seus inventores.

Melhorias

Além disso, há os que estudaram comportamentos e nos deram condições de lidar com a mente humana, oferecer diagnósticos, tratamentos e remédios para os que perderam sua capacidade de conviver consigo mesmos ou com os outros.

> A ciência fez, faz e fará enorme bem. Mas podemos e devemos usar os microfones e as câmeras que os cientistas inventaram para gritar a eles que a ciência tem limites. E seria bom que os ouvíssemos quando nos gritam que a religião também os tem. Não há por que os religiosos e os cientistas se confrontarem, a não ser quando a vida,

a justiça e o futuro correm algum grave risco. As Igrejas teriam que ter gritado muito mais do que gritaram quando souberam das experiências de Los Alamos. Cientistas estavam criando a morte por atacado. A bomba atômica estava sendo desenvolvida. Se ela mudou a história para melhor, é altamente discutível.

Desunidos como numa enorme Torre de Babel, quem nos garante que não veremos, mais cedo do que imaginamos, um terrorista religioso jogar uma bomba atômica sobre algum grande centro urbano de povo e religião que ele despreza? Se já tentaram matar o Papa, já destruíram o centro mundial do comércio (WTC), o centro de guerra (Pentágono) e quiseram atingir a sede do governo mais poderoso do mundo (White House), então nada lhes é impossível. É contra estas forças que lutamos hoje! As de um lado e de outro.

Ira diabólica

O 11 de setembro de 2001 e o caso do gás Sarin, jogado num metrô de Tóquio por integrantes da seita japonesa Aum Shirinkyo, matando dezenas e ferindo centenas de pessoas, foram um tétrico aviso. Não temos apenas vinte terroristas no mundo. Há milhares de fanáticos capazes do mesmo gesto. Não há policiais suficientes para detê-los. Religiosos podem ser grandes santos, quando suas atitudes são altruístas, mas podem também ser grandes assassinos, quando em nome da fé brincam de pequenos deuses. Não há polícia suficiente para deter tantos homens e mulheres motivados pela ira. Quem pode produzir tamanha fonte de destruição sabe que, ao produzir tais armas, estará mais cedo ou mais tarde suprindo uma cabeça enlouquecida com um poder satânico e diabólico. Os cientistas fazem as armas e eles as usam!

Bastariam alguns cientistas e alguns religiosos ou políticos sem limites para apressar a morte do planeta. Já chegamos a esta era. O trágico é que os três lados, cientistas, religiosos e políticos, sabem disso, mas o fazem. Os sinais estão cada dia mais claros, mas nenhum dos lados deu sinal de que pretende parar. A pergunta continua: *E se aqueles aviões de 11 de setembro de 2001 tivessem artefatos nucleares ou gás Sarin no seu bojo?*

Santidade

O religioso, quando quer e tem cultura suficiente, leva a esperança, o conforto da fé que aposta que, depois da montanha do viver, há mais para se ver. Ele funda creches, asilos, hospitais, morre pelos outros, defende o enfermo e o embrião, o velhinho e o pobre, organiza socorro em nome da sua fé, motiva para o diálogo, aproxima pessoas e grupos, fomenta a vida em comum, busca um sentido para a concepção, para a vida, para a dor, para o limite, para a morte, ensina o perdão, educa contra a vingança, alerta contra o ódio, acentua o "nós", no qual precisa caber o "eu" de cada um, valoriza a comunidade, mostra caminhos de abnegação e de santidade por amor a Alguém maior do que todos e Pai de todos. Um religioso sereno é sempre uma luz. O outro acaba pondo fogo nas toalhas e nos templos.

Caim e Abel

O bom religioso nunca separa nem divide. Ele aglutina, dialoga, aproxima, forma para a liberdade a serviço dos outros e, se necessário, para a renúncia consciente, mas sem medo. O religioso desesperado por ver sua ideia triunfar cria redomas e apressadamente acusa o outro de ter demônios ou de ser guiado por eles. Inventa toda espécie de demônios, aos quais chama de "o inimigo". Consegue até ver o demônio a guiar os mosquitos da dengue para as grandes cidades. E aposta que sua oração vai espantá-los. Não estamos falando da Idade Média, em que se anunciava que havia demônios no ar. Não conhecendo as bactérias, quando alguém apanhava resfriado ou gripe apostavam que o enfermo engolira um demônio do ar...

Não mudou muito. Acontece agora, em pleno século XXI e em plena televisão de religiosos. Inventam milhares de novos demônios que só eles com sua prece conseguem expulsar! Deus está com eles e não está com os outros. Eles são mais fiéis. Eles acharam e os outros não acharam. A intercessão deles cura qualquer doença. É com eles que Deus conta para mudar o nosso tempo. Só eles sabem do que estão falando. Os outros religiosos de outras Igrejas ou de outra linha não serão capazes de fazer o que sua nova Igreja faz e fará. Os escolhidos de agora são eles e o seu grupo.

Falsos profetas

Com isso, o falso profeta e religioso atrai para si os fracos e confusos que precisam de promessa e de milagre, de certezas e garantias. Convence tais pessoas de que ele é o mais novo porta--voz de Deus para a sua Igreja e para o seu tempo e oferece a carona e a barra da saia da nova Igreja ou do novo púlpito. Ali, garante ele, a palavra é mais palavra. Aquela casa, segundo ele, é que é o templo de Deus. As outras, no máximo, são choupanas. Ele decide pelos outros, sempre com a desculpa de que Deus lhe falou, Deus quer e Deus exige aquele comportamento ou aquela contribuição. É jogo de poder e de domínio espiritual. Leiamos atentamente Paulo, em 2 Timóteo 3,1-17 e 2 Timóteo 4,1-5. São textos contundentes.

Duas formas de saber

A ciência e a fé não precisam estar em lados opostos, mas muitas vezes estão, por causa do cientista e do pregador que não se ouvem nem se falam: um, porque acha que o outro não tem cultura; o outro, porque afirma que o culto não tem fé.

Mas pode haver o dia do confronto inevitável, até mesmo entre os serenos. Um dia o cientista poderá dizer não ao religioso e este ao cientista. E não é nem será confronto pequeno. Se já houve ditadura da religião pode também haver e já houve ditadura da ciência. Já existem manobras em países católicos como a Espanha, por parte dos militantes de outra corrente, no sentido de impedir que católicos sejam eleitos para o parlamento ou, como é o caso do Brasil, participem de comitês que decidem sobre o aborto ou sobre o uso do embrião.

Em nome da fé ou do progresso

Alguns médicos nazistas fizeram o que fizeram com o consentimento de um governo sem alma. Conduziram experiências com corpos vivos de seres humanos de outra raça. Envergonharam a ciência. Religiosos que mandaram matar ou proibiram pesquisas justas e até inocentes em nome de Deus erraram gravemente. Até hoje há religiosos que proíbem o uso da eletricidade, do carro e da televisão. São minoria, mas existem. E houve os que em nome de Deus assassinaram os outros filhos dele. A Bíblia e o Corão mostram esses dois lados da fé: a que perdoa e quer a vida e a que não perdoa e mata em nome de Deus. Os que matam preferem ficar com as passagens que permitem matar. Omitem as do perdão e da misericórdia e a que avisa que os assassinos serão punidos pelo céu.

A Torre de Babel e o fim do diálogo

Bons cientistas e bons religiosos se entendem até quando discordam. Os fanatizados, impositivos e impostores é que não se suportam; um porque acha que sabe os caminhos e outro porque acha que Deus lhe revelou tudo, e, por isso, ele não tem mais o que aprender com quem quer que seja.

DE VOLTA ao catolicismo

Sinal vermelho

Há momentos em que ambos, o que se guia pelos experimentos e o que se guia pela fé, devem ouvir um "não". É quando se acham no direito de passar por cima da vida ou de brincar com ela. Desde a explosão da primeira bomba nuclear, em 16 de julho de 1945, no deserto do Novo México, nos Estados Unidos, eles não são mais inocentes. Dias depois (6 de agosto de 1945), na explosão em Hiroshima, no Japão, a fissão de apenas 600 miligramas de material radioativo produziu 16 quilotons de TNT. Três dias depois, outra bomba em Nagasaki produziu 21 quilotons de TNT. Em três dias, mais de 140 mil pessoas morreram. Depois daqueles dias o mundo nunca mais foi o mesmo: os cientistas deram a maior mordida que já se deu no mais proibido de todos os frutos.

Com a desculpa de que aquelas mortes pouparam cerca de 1 milhão de outras mortes em guerra normal, políticos e cientistas deram início à possibilidade de acabar com a vida na Terra. Poderiam ter dito "não", como fez a judia austríaca Lise Meitner, quando convidada a participar da criação da bomba. Não quis fazer parte disso. O argumento dos que a fizeram foi o de que o inimigo cedo ou tarde a faria, como de fato aconteceu. O argumento era "matar antes que o outro mate".

Milhares de mortos

Foi pecado premeditado. Proporcionaram ao ser humano a capacidade de matar milhões de humanos e trilhões de outras pequenas vidas; potencial para destruir a Terra centenas de vezes. Eles sabiam o que estavam fazendo. Mesmo assim o fizeram. O resto só dependeria de algum político ateu ou religioso maluco, um por crer que Deus não existe e outro por achar que Deus está apenas com sua religião e com o seu povo.

Fronteiras

Para cientistas e religiosos o limite é a vida. Se religioso e cientista decidem matar em nome do que quer que seja e decretam que um infiel deve morrer, ou que um ser humano apenas concebido e sem chance de optar deve morrer em favor de outros vivos, se criam os instrumentos para esta morte, então ultrapassaram a fronteira do humano. Por mais progressistas que se considerem e por mais que acusem quem se lhes opõe de "inimigos do progresso da ciência ou da verdade", precisam ouvir a voz de quem ainda pensa no ser humano como um todo. Foram longe demais. O cientista pode ser extremamente egoísta e o pregador, extremamente demolidor.

Catástrofe

Seis décadas se passaram desde as primeiras experiências com a fusão e fissão do átomo, e já não se sabe o que fazer com o lixo nuclear que, com sua irradiação, ameaça a vida na Terra. Se a energia nuclear cair em mãos de homens enlouquecidos pelo ódio ou pela fé confusa, podemos esperar milhões ou até bilhões de mortes.

Caso as experiências com venenos e manipulação genética de alimentos prossigam sem controle, podemos esperar mutações genéticas catastróficas em quem os ingerir. Já se percebem os seus sinais, constatados por inúmeros cientistas. Se outros novos cientistas agirem com a genética dos embriões e das células, como fizeram os que desenvolveram as bombas de fissão e de hidrogênio, tudo ficará nas mãos de negociantes, comerciantes, industriais de sementes e de genes. Já vimos que estes, aliados a políticos corruptos, poderão mais cedo ou mais tarde aplicar ou vender sua tecnologia a grupos de ódio.

32. A religião humilde

Quasars, física quântica, átomos, prótons, elétrons, nêutrons, píons, dêuterons, *quarks*, fótons, neutrinos, parusia, armagedon, *homoousios*, nominalismo, transubstanciação, causalidade, alteridade, empirismo.

O cidadão comum não sabe do que se trata. Mas é o que ele ouviu ou leu naqueles livros complicados de ciência e de Teologia. Então, vem um pregador que não fala nada disso, mas promete curas, paz e salvação, e em nome da fé garante que Deus lhe deu este poder; vem alguém e afirma que o mesmo Deus fala com ele de vez em quando e garante, entusiasmado e convincente, que o Criador tem um recado especial para ele.

A quem o cidadão comum ouvirá? Ao político, ao técnico, ao cientista e ao religioso sereno, que propõem que o povo limpe o quintal, não tenha água parada em casa e que controle a epidemia da dengue com ações concretas, ou ao religioso exaltado, que acha que Deus lhe fala todos os dias e grita severo contra o demônio da dengue e ordena-lhe que vá embora e leve os seus mosquitos para longe do Brasil?

A quem ouvirá o crente humilde e sem catequese e escola? Evidentemente, ao pregador que lhe diz que Deus resolverá os seus problemas naquele dia.

Pregadores do fim

Tudo ia bem no século XIV, pelos anos 1330. Os reis eram fortes, o comércio prosperava, a religião era poderosa. Tudo parecia bênçãos e vitórias. Então aconteceu a Peste Negra, o maior e mais horroroso desastre biológico na história da humanidade. Veio do Oriente, da China e dos mongóis. Nada deteve o exército mongol na sua marcha de conquista do mundo, exceto a peste. Eles disseminaram a doença.

Pessoas morriam e caíam de repente na rua, espumavam sangue e paravam de respirar. Os corpos de pessoas e animais apresentavam pústulas malignas. Era a peste bubônica que alguns identificam como causadora da peste negra e outros discordam. Mas peste era! E atingia budistas, muçulmanos e cristãos. Ia e vinha de todos os lados em navios e grupos de viajantes. Ninguém era poupado. Morreram mais de 2/3 da população de alguns países. Dois entre cada três morriam da doença.

Começavam a tossir, a febre subia e em poucas horas estavam mortos, vítimas da bactéria *Yersinia pestis*. Os corpos eram queimados. Poupavam-se as roupas. Mas como levavam os espólios e nada sabiam sobre bactérias, vendiam a peste sem o saber. As pulgas dos ratos picavam as pessoas e a morte se instalava.

Os cadáveres empilhados nas ruas, nos campos e nas Igrejas lembravam um quadro de fim dos tempos. E não faltou quem dissesse que ele havia chegado, pelas pulgas dos roedores.

Hoje, ouço notícias de terrorismo, de violência sem fim, de bombas atômicas, de gripes incontroláveis, de ebola, de aids e de morte que vem pelas aves, ouço também pastores e até padres católicos a dizerem que chegamos ao fim dos tempos. Erram e errarão como os pregadores daqueles dias.

Os que insistem em dar data para o fim dos tempos morrem antes, sem ter tempo de pedir desculpas pelo medo que espalharam.

33. Guardiões do planeta

Seis anos semearás tua terra, e recolherás os seus frutos; mas no sétimo ano a deixarás descansar e ficar em repouso, para que os pobres do teu povo possam comer, e do que estes deixarem comam os animais do campo. Assim farás com a tua vinha e com o teu olival. Seis dias farás os teus trabalhos, mas ao sétimo dia descansarás; para que descanse o teu boi e o teu jumento, e para que tome alento o filho da tua escrava e o estrangeiro (Ex 23,10-12).

Leituras para teatralizar

Sugira aos jovens e adolescentes da sua comunidade que distribuam os textos, criem cenário e interpretem esta mensagem ecológica no Dia da Árvore e em eventos em defesa do meio ambiente.

1. Criada em função da vida

Quem já foi à praia deve ter observado o que fazem os que desejam bronzear-se. Molham-se, expõem seus corpos lentamente aos raios do sol, de maneira que, ao fim do dia, estejam devidamente bronzeados, sem nenhuma queimadura. O que fazem algumas meninas para conseguir a cor que sonham ter é mais ou menos o que faz o nosso planeta para conseguir o equilíbrio das estações. A Terra é uma senhora de bilhões de anos a se bronzear.

A Terra que se bronzeia

Todos os dias ela gira lentamente o seu corpo, de maneira que os raios de sol possam atingi-la, primeiro a Oriente, depois a

Ocidente. Por vinte e quatro horas ela gira lenta e cuidadosamente para que todos os seus ângulos estejam devidamente iluminados, com ou sem nuvens. De tempos em tempos ela se inclina, de maneira que por uns meses seu lado norte receba mais luz e, depois, o seu lado sul. E há um período do ano em que ela fica mais perto do Sol e outro em que fica mais longe.

Esses movimentos mais perto e mais longe, mais em cima e mais em baixo, todos os dias pela frente e por trás, tornam possível a vida no planeta que precisa de luz, mas não demais, e de vapores que a exposição adequada faz gerar, à medida que o sol aquece os mares e as florestas. Chamados de apogeu, perigeu, equinócio, inclinação e rotação, eles impedem a Terra de gelar e de assar demais. É este inteligente banho de sol que gera e protege a vida na Terra.

O lento girar do planeta

Se um dia, subitamente, a Terra diminuísse por questão de minutos a velocidade do seu giro, os mares a inundariam com gigantescas tsunamis, muito mais destrutivas do que a de dezembro de 2004, que matou cerca de 250 mil pessoas.

Quem a fez girar e se curvar desse jeito e com tal precisão aos raios da estrela Sol queria esse tipo de vida no planeta. São movimentos inteligentes como os de um tubo de ensaio movido por um motor e um mecanismo oscilante de um imenso laboratório. É como se um cientista tivesse feito a Terra em forma de tubo de ensaio redondo e a aquecesse e esfriasse devagar, porque a queria capaz de produzir a temperatura exata para alguns tipos de vida.

A quase totalidade das milhões de espécies de vida existentes no planeta morreria se o clima da Terra toda se aquecesse acima dos 50 graus. Isso raramente acontece, porque ela gira e se expõe inteligentemente ao calor de doze em doze horas.

Alguém girou a Terra

Crer que Alguém inteligente fez isso aqui parece uma atitude também inteligente, embora cientistas também inteligentes achem difícil crer até mesmo nessa possibilidade. Isso, como diz o Papa Bento XVI, não nos dá o direito de chamar de tolo a quem não crê.[1] Mas, para nós que cremos, o acaso não gera tantos fenômenos como esses, coisa que parece não acontecer com os outros planetas conhecidos. Se, pelo que sabemos até agora, quem criou o nosso planeta não fez a mesma coisa nos outros, Ele queria a vida por aqui.

Vivemos porque a Terra gira

Talvez haja vida inteligente em outros planetas. Dizem os cientistas que certamente não seriam como nós, e teriam outra consistência e aparência. Respirariam outro tipo de ar. Mas não há vestígios deles até este momento. Os UFOs ou OVNIs – Objetos Voadores Não Identificados – não servem como prova no mundo científico. Permanecem não identificados. Aqui neste planeta, porém, existe a interdependência das vidas e dos movimentos da Terra. Estamos vivos porque a Terra gira! Se não girasse, provavelmente seria quente demais de um lado e fria demais do outro.

Como há bilhões de planetas espalhados por milhões de galáxias do universo, pode até ser que em algum deles, ou em muitos, haja outras formas de vida. Por enquanto, nada sabemos. Nem sequer podemos afirmar que somos os únicos seres inteligentes que no universo pensam e interferem na Criação. Mas não se sabe de ninguém inteligente além de nós.

Outros humanos?

Se *homo* quer dizer "semelhante", estará Deus criando outros seres inteligentes que não se parecem conosco, mas que serão

---

[1] RATZINGER, Joseph (Papa Bento XVI). *Dio e il mondo*: in colloquio com Peter Seewald. Milão: San Paolo, 2001. p. 41.

também seres vivos e à sua imagem e semelhança, em outros planetas? Também eles apontariam para um Criador? Seríamos os primeiros "humanos" do universo? Virão outros? Está Deus criando outros filhos de outra forma? Religiosos de todas as tendências discutem o tema de maneira apaixonada. "Não há, pode haver, não pode haver, somos únicos, especiais, o universo foi feito para nós, não foi não..."

O que sabemos é que a Terra é o único planeta com temperatura capaz de sustentar a vida que conhecemos. Acaso ou Alguém com A infinitamente maiúsculo? Amanhã, quando a estrela Sol se revelar outra vez no horizonte, pense no que acabou de ler agora. Alguém quer você vivo, aqui, agora, hoje, por enquanto! Do amanhã você não tem certeza! Ninguém a tem! Se alguém afirmar que tem, duvide dele.

2. O planeta em perigo

Somos viajantes do espaço. Na infindável frota estelar do universo há uma pequeníssima nave de apenas 12.000 km de diâmetro, atrelada ao Sol, nossa nave-mãe, que apesar dos seus 1.400.000 km de diâmetro é apenas uma pequeníssima estrela entre 100 bilhões de outras da Via Láctea. A cor desta nave redonda, vista de fora, é azul.

O pequeno planeta azul chamado Gaia, Terra, Earth, Tierra, viaja para o desconhecido a uma velocidade de 774.000 km por hora ao redor da Via Láctea. E estas 100 bilhões de estrelas da Via Láctea voam ao redor de outras 2.500 constelações de estrelas e galáxias a uma velocidade de 2.172.000 km por hora.

Para onde voam? Ninguém sabe, mas estão "indo". Os dados variam, mas afirma-se que o voo já dura há mais de 180 milhões de séculos. Nascemos durante o voo e somos, talvez, a última espécie que nela se formou. Se os bilhões de anos da Terra fossem 365 dias, o ser humano está aqui há menos de um dia! Teríamos começado às 12 horas do dia 31 de dezembro. Somos como

DE VOLTA ao catolicismo

astronautas perdidos, que herdaram o comando de uma pequeníssima nave que sobrou de uma pavorosa explosão. Os pedaços em que moramos ainda continuam voando 180.000.000 de séculos depois daquele momento inimaginável.

A escuridão é o pano de fundo do universo. Ele é mais vazio do que pleno, mais escuro do que claro. Estamos terrivelmente sós. Não sabemos e ninguém sabe se há seres inteligentes nas outras incontáveis naves que viajam conosco para o infinito. Perdidos no espaço, não teríamos outra inteligência a quem recorrer. Se cremos em Deus, só ele pode nos ajudar, mas também não entendemos como Ele age. Nossa fé mais justifica do que explica as catástrofes que machucam a vida na Terra.

Se um louco apertasse os botões – e isto é tragicamente possível – e uma explosão atômica avariasse para sempre a nossa nave, os sobreviventes não teriam para onde ir. Ninguém deles chegou até nós e ninguém de nós chegou até eles.

No infindável trem do universo este planetinha chamado TERRA voa, e nós com ele, mas não sabemos para onde. Vai colidir um dia? Um asteróide ou planeta nos atingirá daqui a milhões de anos? Ou antes disso? Se um deles viesse em nossa direção, teríamos como nos defender ou desviar a sua rota? Nossas bombas de hoje conseguiriam esta proeza?

É a nossa frágil nave-mãe; a única que temos. Enlouquecidos por dinheiro e poder, alguns humanos insensíveis e insensatos a estão queimando, poluindo e exaurindo. Tiram dela mais do que lhe dão. Mais alguns anos e será impossível respirar aqui dentro. Ao que tudo indica, os governos da Terra não conseguem impedir que isto aconteça, até porque extrair parece-lhes mais barato do que plantar e produzir.

Parece ridículo, mas poderíamos começar a proteger a Terra a partir do quintal de nossa casa. A ecologia começa debaixo da primeira árvore e sobre o primeiro vaso de plantas que temos ao

270 Pe. Zezinho, scj

nosso alcance. Só depois vai para o meio da floresta enfrentar os exploradores ilegais e loucos por lucro, madeiras, peles e dinheiro rápido.

3. Sem ver e sem saber

A Terra é repleta de picos, pontas, cavernas e buracos. É mais oca do que a imaginamos. Há muito mais água debaixo da terra do que pensamos que há. São oceanos de águas subterrâneas. Há rios imensos correndo embaixo da terra. Só no Brasil o aquífero Guarani, que se estende por outros países, ocupa quase 1/3 de nosso território.

E há bilhões de animais debaixo das águas e da terra. Mal podemos imaginar. Há trilhões de insetos e aves no céu, bilhões, talvez trilhões, de aves na terra, trilhões de pequenos ou grandes animais a rastejar, trilhões de peixes, talvez sextilhões de insetos. Seu número é incontável. Existe vida por toda a parte.

Uma câmera que passeasse por tudo isso nos mostraria a grandeza de Deus. Alguém criou tudo isso, mas se algum homem ou mulher preferir acreditar que tudo isso não teve um criador, então não creia! Para nós, crentes em Deus, alguém quis tudo isso. Para que e por que as coisas transcorrem do jeito que transcorrem, isto não sabemos dizer. Por que se morre e se mata entre os animais e entre os humanos, isso não sabemos. Sabemos que somos bilhões de seres humanos, trilhões e sextilhões de aves, insetos, répteis. O número é tanto, que fica difícil colocar tantos zeros atrás.

E se olharmos para o céu e virmos outra vez trilhões e trilhões e trilhões e trilhões de estrelas, tornemos a pensar no Criador. Alguém quis tudo isso. Outra vez, se alguém preferir dizer que é tudo obra do acaso, pois que não creia. Nós cremos!

Por que répteis, aves, peixes, animais pequenos e até grandes são comidos vivos, isso ninguém sabe! Por que um homem elimina o outro por causa de um par de sapatos ou um filho assassina seu pai por causa de riquezas, isso nós também não sabemos. O que sabemos é que existe um Criador e ele sabe das coisas, porque é que as fez, porque são assim e que destino cada uma terá.

Nossa inteligência é muito curta para entendermos o propósito de tudo isso. Os filósofos e teólogos vão um pouco mais longe, mas eles também são limitados. Quem diz que sabe está blefando. Constatou, mas ainda não sabe o porquê. Há um momento em que todos precisam dizer: "Mais do que isso eu não sei!". E há os religiosos humildes que admitem saber muito pouco, mas acham que é o suficiente para se viver. E há os outros que agem como se soubessem tudo e dão respostas de boca cheia sobre todos os assuntos. Respeitemo-los, mas discordemos deles. Concluem depressa demais! Simplesmente sabemos um pouco, mas é quase nada diante do muito que fica sem resposta.

Construtores ou demolidores?

O CONVIDADO ARRUACEIRO

Vimos anteriormente que Deus quis o planeta Terra como casa da vida, especialmente da vida humana. Diz a Bíblia que ao ser humano foi dada a missão de cuidar da vida na Terra. Dominar não é o mesmo que exterminar. Estava inclusa a ciência como pesquisa e proteção da vida no planeta.

Alguém nos quis aqui, neste tempo, nesta hora, nesta era para cuidar da vida na Terra. Não somos frutos do acaso. Quem quis o planeta como ele é e nele quis a vida nos quis aqui como guardiões.

No planeta capaz de acolher a vida, depois de bilhões de anos, ele pôs o ser humano no que, como já lembramos, equivaleria ao último dia do planeta.

Numa trajetória de bilhões de anos reduzida a 365 dias, o ser humano teria nascido ao meio-dia de 31 de dezembro.

Estamos aqui há muito pouco tempo. Mas já conseguimos ameaçar a vida que tem milhões de anos. Com nossas bombas de fissão nuclear poderíamos destruir 100 vezes o planeta do qual somos os últimos convidados.

Parecemos o convidado que chegou de carona, na última hora da festa, com a missão de cuidar das vidas que aqui já viviam e, enlouquecido, com incêndios e milhares de bombas, ameaça acabar com a festa que ele deveria preservar...

34. A mesa do diálogo

Amor e desamor

Este é um dos muitos dramas do ser humano! Se não entendermos a nossa missão neste mundo, faremos parte dos loucos que, convidados, puseram fogo no salão de festas. Diz a Igreja que somos amados e amamos mal. A veemente condenação à violência e à guerra e a firmíssima defesa da vida que a Igreja faz em seus mais de vinte documentos sobre os temas direito de nascer, vida, direitos humanos, direitos das nações mostra o quanto para os católicos é preciso uma educação para a paz e para o amor.

Em *Gaudium et Spes*,[1] lemos as seguintes passagens:

> **Nova terra e novo céu**
> 39. Ignoramos o tempo em que a terra e a humanidade atingirão a sua restauração,[15] e também não sabemos que transformação sofrerá o universo. Porque a figura deste mundo, deformada pelo pecado, passa certamente,[16] mas Deus ensina-nos que prepara uma nova habitação e uma nova terra, na qual reina a justiça[17] e cuja felicidade satisfará e superará todos os desejos de paz que surgem no coração dos homens.[18] Então, vencida a morte, os filhos de Deus ressuscitarão em Cristo e aquilo que foi semeado na fraqueza e corrupção revestir-se-á de incorruptibilidade;[19] permanecendo a caridade e as suas obras,[20] toda criatura que Deus criou para o homem será libertada da escravidão da vaidade.[21]
> É-nos lembrado que de nada serve ao homem ganhar o mundo inteiro, se ele se perder a si mesmo.[22] A expectativa da nova terra não deve, porém, enfraquecer, mas

---

[1] Concílio Vaticano II. Op. cit.

antes ativar a solicitude em ordem a desenvolver esta terra, onde cresce o Corpo da nova família humana, que já consegue apresentar certa prefiguração do mundo futuro. Por conseguinte, embora o progresso terreno se deva cuidadosamente distinguir do crescimento do Reino de Cristo, todavia, à medida que pode contribuir para a melhor organização da sociedade humana, interessa muito ao Reino de Deus.[23]

Todos estes bens da dignidade humana, da comunhão fraterna e da liberdade, fruto da natureza e do nosso trabalho, depois de os termos difundido na terra, no Espírito do Senhor e segundo o seu mandamento, voltaremos de novo a encontrá-los, mas então purificados de qualquer mancha, iluminados e transfigurados, quando Cristo entregar ao Pai o reino eterno e universal: "reino de verdade e de vida, reino de santidade e de graça, reino de justiça, de amor e de paz".[24] Sobre a terra, o Reino já está misteriosamente presente; quando o Senhor vier, atingirá a perfeição.

A guerra total

80. Com o incremento das armas científicas, têm aumentado desmesuradamente o horror e maldade da guerra. Pois, com o emprego de tais armas, as ações bélicas podem causar enormes e indiscriminadas destruições, que desse modo já vão muito além dos limites da legítima defesa. Mais ainda: se se empregasse integralmente o material existente nos arsenais das grandes potências, originar-se-ia daí o quase total e recíproco extermínio de ambos os adversários, sem falar nas inúmeras devastações, provocadas no mundo e os funestos efeitos que do uso de tais armas se seguiriam.

Tudo isto nos força a considerar a guerra com espírito inteiramente novo.[2] Saibam os homens de hoje que darão grave conta das suas atividades bélicas. Pois das suas decisões atuais dependerá em grande parte o curso dos tempos futuros.

DE VOLTA ao catolicismo

Tendo em atenção todas estas coisas, o sagrado Concílio, fazendo suas as condenações da guerra total já anteriormente pronunciadas pelos Sumos Pontífices,[3] declara:

Toda a ação de guerra que tende indiscriminadamente à destruição de cidades inteiras ou vastas regiões e seus habitantes é um crime contra Deus e o próprio homem, que se deve condenar com firmeza e sem hesitação.

O perigo peculiar da guerra hodierna está em que ela fornece, por assim dizer, a oportunidade de cometer tais crimes àqueles que estão de posse das modernas armas científicas; e, por uma consequência quase fatal, pode impelir as vontades dos homens às mais atrozes decisões. Para que tal nunca venha a suceder, os bispos de todo o mundo, reunidos, imploram a todos, sobretudo aos governantes e chefes militares, que ponderem sem cessar a sua tão grande responsabilidade perante Deus e a humanidade.

Paz

77. Nestes nossos tempos, em que as dores e angústias derivadas da guerra ou da sua ameaça ainda oprimem tão duramente os homens, a família humana chegou a uma hora decisiva no seu processo de maturação. Progressivamente unificada, e por toda a parte mais consciente da própria unidade, não pode levar a termo a tarefa que lhe incumbe de construir um mundo mais humano para todos os homens, a não ser que todos se orientem com espírito renovado à verdadeira paz. A mensagem evangélica, tão em harmonia com os mais altos desejos e aspirações do gênero humano, brilha assim com novo esplendor nos tempos de hoje, ao proclamar felizes os construtores da paz "porque serão chamados filhos de Deus" (Mt 5,9).

Por isso, o Concílio, explicando a verdadeira e nobilíssima natureza da paz, e uma vez condenada a desumanidade da guerra, quer apelar ardentemente para que os cristãos, com a ajuda de Cristo, autor da paz, colaborem com todos os homens no estabelecimento da paz na justiça e no amor e na preparação dos instrumentos da mesma paz.

Natureza da paz

78. A paz não é simplesmente ausência da guerra, nem se reduz ao estabelecimento do equilíbrio entre as forças adversas ou resulta de dominação despótica. Com toda a exatidão e propriedade ela é chamada "obra da justiça" (Is 32,7). É fruto da ordem que o divino Criador estabeleceu para a sociedade humana, e que deve ser realizada pelos homens, sempre anelantes por justiça mais perfeita. Com efeito, o bem comum do gênero humano é regido, primária e fundamentalmente, pela lei eterna; mas, quanto às suas exigências concretas, está sujeito a constantes mudanças, com o decorrer do tempo. Por esta razão, a paz nunca se alcança de uma vez para sempre, antes deve estar constantemente a ser edificada. Além disso, como a vontade humana é fraca e ferida pelo pecado, a busca da paz exige o constante domínio das paixões de cada um e a vigilância da autoridade legítima.

Mas tudo isto não basta. Esta paz não se pode alcançar na terra a não ser que se assegure o bem das pessoas e que os homens compartilhem entre si livre e confiadamente as riquezas do seu espírito criador. Absolutamente necessárias para a edificação da paz são ainda a vontade firme de respeitar a dignidade dos outros homens e povos e a prática assídua da fraternidade. A paz é assim também fruto do amor, o qual vai além do que a justiça consegue alcançar.

A paz terrena, nascida do amor do próximo, é imagem e efeito da paz de Cristo, vinda do Pai. Pois o próprio Filho encarnado, príncipe da paz, reconciliou com Deus, pela cruz, todos os homens; restabelecendo a unidade de todos em um só povo e num só corpo, extinguiu o ódio[1] e, exaltado na ressurreição, derramou nos corações o Espírito de amor.

Todos os cristãos são, por isso, insistentemente chamados a que "praticando a verdade na caridade" (Ef 4,15) se unam com os homens verdadeiramente pacíficos para implorarem e edificarem a paz.

Levados pelo mesmo espírito, não podemos deixar de louvar aqueles que, renunciando à ação violenta para reivindicar os próprios direitos, recorrem a meios de defesa que estão também ao alcance dos mais fracos, sempre que isto se possa fazer sem lesar os direitos e obrigações de outros ou da comunidade.

À medida que os homens são pecadores, o perigo da guerra ameaça-os e continuará a ameaçá-los até a vinda de Cristo; mas à medida que, unidos em caridade, superam o pecado, superadas serão também as lutas, até que se realize aquela palavra: "com as espadas forjarão arados e foices com as lanças. Nenhum povo levantará a espada contra outro e jamais se exercitarão para a guerra" (Is 2,4).

35. A mesa da fraternidade

Palavra que dói

De Moisés se diz que recebeu as tábuas da lei gravadas pelo "dedo" de Deus. Ia levá-las para o meio do seu povo. Mas Moisés as quebrou ao ver que o povo traíra o Senhor e não as merecia (cf. Ex 32,15-20). A idolatria doeu no profeta. Irado, mandou matar três mil idólatras. Isso Deus certamente não quereria.

Isaías teria comido fogo (cf. Is 6,7). Um serafim tomou uma brasa do altar com uma tenaz e purificou a sua boca para ele poder anunciar a Palavra de Deus. De Jeremias se diz que sofria de um tremendo mal-estar quando Deus se comunicava com ele. Nunca se acostumou com a sua profecia. A Pedro foi dito simbolicamente para comer iguarias impuras e ir levar a Palavra aos pagãos. Maomé recebeu a ordem de recitar o que ouvia. Eram gestos e sinais cheios de simbolismo.

Entre nós, entre muitos símbolos, os mais fortes são a água, a luz, a Palavra, o Pão e o Vinho. Pão e Vinho grafamos em iniciais maiúsculas porque cremos que no altar não apenas simbolizam, mas, transubstanciados, são o próprio Cristo. Palavra também se grafa em maiúscula porque vemos nela o Verbo de Deus.

Duas fomes: a do corpo e a da alma

Tão séria quanto a fome do corpo é a fome da alma. Só comida não alimenta um ser humano (cf. Mt 4,4). Só a Palavra também não (cf. Mt 7,22-23). Por isso, entre nós, o púlpito e o altar fazem parte do ato de provar o gosto de Deus. O simbolismo é fortíssimo. Paulo afirma que muitos andavam fracos por não levar a sério esta comida, que era o novo maná dos cristãos.

De certa forma comemos brasa como Isaías, brigamos pela pureza da Palavra como Moisés, sentimos a dor da Palavra de Deus em nós como Jeremias e, segundo se sabe, como Maomé, Buda, Tereza de Ávila, João da Cruz e revelados de tantos outros caminhos. Descobrimos que o céu dói primeiro em quem deve anunciá-lo.

O que muitos sofrem é a fome da verdade. O risco é, de tanta fome, aceitarmos qualquer alimento, qualquer pregação e qualquer prato que nos ofereçam. O mundo tem fome de Deus, mas nem sempre o que se lhe põe à mesa é coisa de Deus. Comem-se ateísmo, materialismo, imediatismo, magia, superstição e sincretismos.

Fome de ouvir o céu

Na teodiceia de Aristóteles (384-324 a.C.), Deus era visto como o Motor Imóvel e a Causa Final, mas não se envolvia com a sua criação. Plotino (205-270 d.C.) dizia que Deus é o Uno de quem tudo vem e para quem tudo vai, mas Ele não nos ama, nem se revela a nós. Ele não tem conhecimento de nada além de si mesmo. Era Ele nele, por Ele e com Ele mesmo, sem envolver-se conosco.

Os cristãos, seguindo os hebreus, ensinavam que, sim, Deus faz história. Deus se importa e interfere. Mais do que isso, faz história "conosco". Muda as coisas que precisam ser mudadas. Age como o arquiteto que fez uma obra e pelo bem dos que nela moram opera as mudanças que o inquilino pede que faça.

Todos os dias os católicos afirmam que Deus se importa e se faz presente no mundo. Mais presente do que já está. Sensivelmente presente! Na missa, repetimos algumas vezes que *Ele está no meio de nós*... **Não está nem lá em cima, nem lá longe! Está entre nós!**

Deus no meio de nós

Há os que anunciam que Deus mora lá em cima. Até o chamam de "o Homem lá em cima". É um erro de imagem porque o Pai não é homem, nem o Espírito Santo o é. E Deus não está lá em cima. Imaginam Deus distante do que se passa no mundo.

Há os que o louvam e adoram de maneira personalista, sem pensar nos que talvez não sobrevivam mais um mês. Podemos cantar duas horas os louvores do Senhor, sem executar nenhuma canção de dor e compaixão que lembre os irmãos torturados, massacrados por uma bomba num metrô ou num avião, ou explorados e com fome. Só adoram e louvam.

Os salmos na sua maioria eram também políticos. Lembravam sempre as dores do povo. Milhões de vozes piedosas os cantavam. Milhões de vozes piedosas de hoje não os cantam. Os cantores e compositores não tocam no assunto! Era bem diferente quando o povo hebreu tocava suas liras, harpas e pandeiros para falar com Deus. Pensavam na prisão, na injustiça, na fome e na dor dos pequenos. Não se limitavam a exaltar e louvar o Senhor.

Gritavam de alegria e dançavam, erguiam as mãos e pulavam, mas falavam também das injustiças do seu tempo e choravam juntos. Acreditavam em Deus no meio deles e não apenas lá em cima! Levavam a sério o *shekinah: montou sua tenda entre nós!* Tinham fortíssima doutrina social.

Alienados

O casal milionário que tinha um altar cheio de imagens ao redor de uma Bíblia, mas mantinha operários em trabalho escravo na sua fazenda também achava que Deus mora lá em cima, no céu. Mas para eles Deus era cego... Não via ou não ligava para o que faziam.

Pode-se anunciar um salvador pessoal ou um salvador de todos e de cada qual. Depende muito do pregador se um fiel pensa num Deus pessoal que cuida só dele ou num Deus que cuida de todos e quer justiça para todos.

Para os católicos, Deus esteve aqui e deixou claro que temos que pensar na dor dos outros e lutar para que o mundo seja um lugar mais decente para todos. Nosso sinal é o pão que veio do céu, partido e repartido! Não há como não entrar em confronto com os que devoram o planeta e empobrecem as pessoas. Jesus de Nazaré, que cremos ser humano e divino, deixou claro que só falar com Deus não nos salva (cf. Mt 7,21-23). Nosso encontro com Ele, que aqui esteve e está, vai depender do que fazemos pelos sem pão, sem roupa, sem água, sem teto e sem amigos (cf. Mt 25,31-46).

Tudo isso é Eucaristia

Do hebreu *shakan, habitar,* vem o termo *shekinah.* Era crença em Israel que através da *Kavod,* luz gloriosa que ilumina e mostra o caminho, o *kdosh,* inatingível, excelso e santo, se fazia presente. Depois vieram sinais, tendas, templos e o tabernáculo. Israel precisava de sinais e acreditava piamente que Deus os dava. O Deus invisível se fazia presente de muitas maneiras em Israel. Por isso usavam o termo *E-manu-el:* Deus aqui entre nós. O Deus transcendente, que estava acima de tudo era também imanente, porque ele se fazia perceber.

Os cristãos viram em Jesus esta presença. Jesus é o rosto humano de Deus. Nossos tabernáculos ou sacrários são para nós certeza de que Jesus faz *shekinah* em nossas comunidades.

Somos uma Igreja que todos os dias na Eucaristia celebra a presença de Emanuel, Deus conosco, Deus entre nós, naquela mesa. A mesa dos católicos traz esta certeza de podermos responder à saudação do padre *O Senhor esteja convosco!* com um solene *Ele está!*

DE VOLTA ao catolicismo

Repitamos a catequese. Na missa dos católicos, à qual chamamos de *Eucaristia – eu*, bom; *xaris*, charme, graça, favor –, diversas vezes o sacerdote que preside a assembleia deseja aos presentes que o Senhor esteja com eles. Os presentes respondem *Ele já está entre nós*. A saudação equivale ao hebraico **Shekinah, Emanuel**: *Montou sua tenda; Deus aqui conosco!*

O sacrário, o altar e o ritual são a nossa visão do santuário, do templo e da Arca do Antigo Testamento. Para nós Jesus é o Cordeiro de Deus imolado pela humanidade. Depois dele não há mais sacrifício cruento, nem derramamento de sangue de cordeiros ou novilhos. Há o pão e o vinho, trigo e uva esmagados, frutos do trabalho e do suor do ser humano. Sangue, não mais (cf. Is 1,10). Não é isso o que Deus quer.

Cristo presente

A EUCARISTIA é, pois, a solene afirmação da nossa fé na presença de Jesus Cristo entre os católicos, em virtude de sua promessa de que onde houvesse dois ou três reunidos em seu nome ele lá estaria (cf. Mt 18,20). Também interpretamos não como símbolos, mas como o próprio mistério, a sua promessa de que aquele pão e aquele vinho se transubstanciariam no seu corpo e no seu sangue.

Não usamos a expressão *"isto significa"*, e, sim, *"isto é" meu corpo*... (cf. Mt 26,26). Outros cristãos pensam de forma diferente. Para nós, o Filho que nos foi dado está outra vez ali conosco. Cremos no pão vivo descido do céu e nos textos de João 6, 41-70.

Dar a própria carne

Por não aceitarem aquele discurso de que ele daria a própria carne para a vida do mundo, muitos deixaram Jesus. Ele sustentou o que disse. Voltou-se para os outros e perguntou se também pretendiam abandoná-lo (cf. Jo 6,67). Pedro tomou a palavra e manteve a fidelidade. Fraquejaria algum tempo depois, negando-o, mas arrependido assumiria outra vez a sua fé, até morrer por Ele.

A Eucaristia, infelizmente, ainda nos divide. Não temos conseguido repartir o pão e a palavra na mesma mesa. Com raras exceções, o pão da vida não nos põe no mesmo altar. Nós, católicos, dizemos que Jesus está conosco em muitas situações, mas de maneira real e concreta naquela mesa.

Aquele pão que recebemos é o Filho que nos foi dado. Para nós é mistério central da nossa fé. É bem isso que o celebrante proclama, logo após o momento da consagração: *Eis o mistério da fé*... E o povo responde que relembra, proclama e quer viver os sofrimentos, a morte e a ressurreição de Jesus até que ele volte. Cremos na segunda vinda de Cristo. Enquanto ela não acontece nos encontramos com ele e nele, naquele altar, num ato ao qual chamamos de *"eu-charis-tia"*, ação e atitude de quem celebra o maior de todos os dons: Deus aqui conosco!

Mistério exigente

A senhora chinesa quis saber por que os católicos não se sentavam ao redor de mesas, já que estavam celebrando a última refeição de Jesus com os seus discípulos. Ela achava maravilhosa a ideia do pão que veio do céu. Por que os templos não eram feitos de muitas mesas?

O missionário explicou que a mesa era, ao mesmo tempo, um altar no qual o pão era o próprio Cristo. E todos se imaginavam sentados ao redor da mesma mesa para partilhar do mesmo pão. Por isso alguns templos até lembram um cenáculo.

– Entendi. Suas Igrejas são como que um grande restaurante com uma só mesa, onde se serve Deus como comida! – disse ela.

O missionário concordou. E ela concluiu:

– *É uma doutrina muito ousada!*

DE VOLTA ao catolicismo

O missionário leu para ela o texto de Paulo, 1 Coríntios 11,27-30:

> Portanto, qualquer que comer este pão, ou beber o cálice do Senhor indignamente, será culpado do corpo e do sangue do Senhor.
> Examine-se, pois, o homem a si mesmo, e assim coma deste pão e beba deste cálice.
> Porque o que come e bebe indignamente come e bebe para sua própria condenação, não discernindo o corpo do Senhor.
> Por causa disto há entre vós muitos fracos e doentes, e muitos que dormem...

A mesa

Na mística de todo católico consciente há uma mesa. Ele sabe que é pecador e que, em tese, não mereceria sentar-se ali. A frase é antiga. Vem de séculos atrás e é hoje lembrada em canções populares: *"Não comungamos porque merecemos, mas porque precisamos"*. Não é prêmio. É ajuda. É momento de misericórdia.

Naqueles bancos de Igreja, onde toma assento com milhares de irmãos, enquanto contempla o altar, o católico afirma que Jesus se faz presente. Segundo a nossa fé, naquele altar acontece o milagre da transubstanciação e também o do acolhimento: Jesus aceita ser alimento até de quem ainda não chegou à santidade que se espera de um cristão.

> A Eucaristia marca a Igreja Católica. Um católico que compreende a importância do mistério da Eucaristia jamais deixa o Catolicismo. Crer em Cristo presente todos os dias na sua vida e naquele altar faz a diferença. Ele também crê na Palavra, que também vê como sinal da presença de Deus entre nós. Mas é a sua fé na transubstanciação, pão e vinho que se tornam corpo e sangue de Cristo e não apenas simbolizam, que faz a diferença.

Presença

Alguém pode rir de nós. Nós também poderíamos rir das curas e milagres e revelações de outros irmãos que garantem que aqueles fatos acontecidos entre eles são concretos. Dizem que Jesus está ali curando, embora invisível. Nós dizemos o mesmo. Jesus está naquela mesa e vem a nós. Cremos que é seu corpo. Se, de fato, nós sabemos viver como quem comungou, já é outra história. De Salomão foi dito que viu Deus duas vezes. Se viu, não viveu como quem viu! Pode acontecer o mesmo conosco.

Paulo alerta para este risco:

> Portanto, qualquer um que comer este pão, ou beber o cálice do Senhor indignamente, será culpado do corpo e do sangue do Senhor (1Cor 11,27).

Não é doutrina fácil de aceitar

Somos a Igreja da Palavra e do Pão repartido! Cremos que naquele altar aquele que há dois mil anos se proclamou "pão vivo que veio do céu" (cf. Jo 6,58) se faz presente entre nós.

Leiamos João 6,48-60.66-68:

> Eu sou o pão da vida. Vossos pais comeram o maná no deserto, e morreram. Este é o pão que desce do céu, para que o que dele comer não morra. **Eu sou o pão vivo que desceu do céu; se alguém comer deste pão, viverá para sempre; e o pão que eu der é a minha carne, que eu darei pela vida do mundo.**
> Discorriam, pois, os judeus entre si, dizendo: "Como nos pode dar este a sua carne a comer?". Jesus, pois, lhes disse: "Na verdade, na verdade, vos digo que, se não comerdes a carne do Filho do homem, e não beberdes o seu sangue, não tereis vida em vós mesmos. Quem come a minha carne e bebe o meu sangue tem a vida eterna, e eu o ressuscitarei no último dia. Porque a minha carne

DE VOLTA ao catolicismo

verdadeiramente é comida, e o meu sangue verdadeiramente é bebida. Quem come a minha carne e bebe o meu sangue permanece em mim e eu nele.

Assim como o Pai, que vive, me enviou, e eu vivo pelo Pai, assim, quem de mim se alimenta, também viverá por mim. Este é o pão que desceu do céu; não é o caso de vossos pais, que comeram o maná e morreram; quem comer este pão viverá para sempre". Ele disse estas coisas na sinagoga, ensinando em Cafarnaum.

Muitos, pois, dos seus discípulos, ouvindo isto, disseram: "Duro é este discurso; quem o pode ouvir?". [...] Desde então muitos dos seus discípulos tornaram para trás, e já não andavam com ele. Então disse Jesus aos doze: "Quereis vós também retirar-vos?". Respondeu-lhe, pois, Simão Pedro: "Senhor, para quem iremos nós? Tu tens as palavras da vida eterna!".

Doutrina profunda

A fé na Eucaristia supõe a capacidade de crermos que se Cristo fez todos aqueles prodígios – dominou o mar, expulsou demônios, curou enfermidades –, ele também pode transubstanciar pão e vinho e dizer *"Tomai e comei, isto é meu corpo"*. **Se Deus pode transformar, então pode transubstanciar.** Se pode estar em toda a parte, então pode estar de maneira peculiar no pão consagrado. Ou cremos nessa promessa ou teremos que duvidar de todos os outros milagres que Ele fez. Se não pode isso também não pode outras coisas; se pode transformar outras coisas também pode isto.

Paulo aos Coríntios (1Cor 11,23-27)

Recebi do Senhor o que também vos ensinei: que o Senhor Jesus, na noite em que foi traído, tomou o pão; e, tendo dado graças, o partiu e disse: "Tomai, comei; isto é o meu corpo que é partido por vós; fazei isto em memória de mim".

Semelhantemente também, depois de cear, tomou o cálice, dizendo: "Este cálice é o novo testamento no meu sangue; fazei isto, todas as vezes que beberdes, em memória de mim".
Porque todas as vezes que comerdes este pão e beberdes este cálice anunciais a morte do Senhor, até que venha.
Portanto, qualquer que comer este pão ou beber o cálice do Senhor indignamente será culpado do corpo e do sangue do Senhor.

A Igreja é clara quanto a esta fé. Quem é católico não brinca de Eucaristia. Melhor não ir, se for apenas fazer de conta. Um dia estaremos com Ele no céu. Agora, o que há de mais parecido com o céu é este encontro. Por isso os católicos respondem convictos, quando o sacerdote os saúda: – *O Senhor esteja convosco! – Ele está no meio de nós!* E está!

Púlpitos e altares

Entre nós, vale o púlpito, mas predomina o altar. O altar fica no centro, as imagens ao lado e o púlpito do lado direito do altar, um pouco mais perto do povo. É a palavra que vai ao povo para que o povo venha para o mistério central. **Nossa ênfase é o Pão da Vida.** Outras Igrejas colocam o púlpito no centro. O altar é montado em determinados momentos perto do púlpito ou ao lado dele. **Sua ênfase é a Palavra do Céu.**

36. Deus naquela mesa

Deus aqui

Entre nós, Batismo, Confirmação, Eucaristia, Penitência, Unção dos Enfermos, Ordem e Matrimônio são sinais do céu. Os sacramentos vividos pelos católicos estão todos a dizer que Deus age e reage. Ele muda vidas, corrige, redireciona, cura, pune, educa, salva. Sim, Deus interferiu e interfere. O papa João Paulo II dizia na *Redemptor Hominis* (nn. 9 e 10)[1] que *aquele que criou pode restaurar. Quem fez pode corrigir e refazer.*

> Mistério central da fé católica, a catequese **"Deus-aqui"**, da presença de Deus no mundo e entre nós, é repetida todos os dias nas celebrações eucarísticas. Faz parte central do Catolicismo. É a nossa riqueza moral. Entre nós o sacerdote é o presidente de uma assembleia que lê, medita junto, louva e oferece o sacrifício. O povo ouve, fala e celebra o Pão e a Palavra: Jesus está ali. O pão vivo nos acentua como Igreja da Eucaristia, povo eucarístico. A missa bem celebrada sacode um povo.
>
> Outros irmãos acentuam o Livro Santo. Ou não há altar, ou o púlpito ocupa o centro. Também eles afirmam que Jesus está ali em quem fala e em quem ouve. O pregador sacerdote é o explicador da Palavra para uma assembleia que presta atenção na Palavra, ouve, canta o que foi ensinado e exclama "amém" ou "aleluia", apoiando a sua fala. São ênfases que traduzem o pensar de uma comunidade. Um culto bem celebrado também sacode o fiel.

---

[1] João Paulo II. Carta encíclica *Redemptor Hominis*. In: *Encíclicas*. São Paulo: LTr, 2003.

Pe. Zezinho, scj

Pode-se discutir à exaustão o que é mais cristão e mais bíblico. Pode-se também tentar saber o porquê da ênfase no Pão ou na Palavra, ou nos dois. Há razões bíblicas e históricas para as liturgias deste ou daquele grupo de fé sejam respeitadas.

Acentuadamente eucarísticos

"Ele está no meio de nós", de certa forma, é a expressão católica que resume todo o nosso Credo. Jesus veio ao mundo revelar que Deus não é distante e que o Pai conhece cada célula, cada fio de cabelo nosso (cf. Mt 5,6; 10,30), e sabe de nós desde a concepção (cf. Gl 1,15) até o último suspiro.

Mas, de todos os dons de Deus, a Eucaristia é o maior: *euxaris*. Diz o Evangelho que, ao escolher estar na sua presença e ouvir sua palavra, segundo Jesus, Maria, irmã de Lázaro e Marta, escolhera a melhor parte (cf. Lc 10,42). Para nós a Eucaristia é essa escolha. Como não é possível viver essa união de maneira tão acentuada 24 horas por dia, há momentos no dia ou na semana em que o católico experimenta esse encontro da Palavra, da prece, da intercessão, do Pão e da unidade. A "missa" para nós é esse momento.

Cremos em santos e intercessores na terra e no céu. Cremos em santos a ouvir a nossa prece e em santos da terra a orar por nós e conosco. É o mistério da comunhão dos santos, por causa da presença do Santo dos Santos entre nós. Os anjos e santos já salvos, como os "anciãos", em multidões, estão "diante do trono de Deus" (cf. Ap 4,10; 7,9). Nós aqui também nos pomos diante do trono, toda vez que nos ajoelhamos diante do sacrário. Jesus Cristo está ali e, com Ele, o Pai e o Espírito Santo. Cremos nessa verdade.

> *Lumen Gentium*[2]
> 11. [...] Participando no sacrifício eucarístico, fonte e ponto culminante de toda a vida cristã, oferecem a Deus a

[2] Concílio Vaticano II. Op. cit.

DE VOLTA ao catolicismo

Vítima divina e a si mesmos com ela; (6) e assim, tanto pela oblação como pela sagrada comunhão, todos realizam a sua própria parte na ação litúrgica, não de maneira indistinta, mas cada qual a seu modo. Alimentando-se do Corpo de Cristo na santa assembleia, manifestam concretamente a unidade do povo de Deus, por este augustíssimo sacramento felizmente expressa e admiravelmente produzida. [...]

Contemplativos

Por isso nos sentamos silenciosos nos nossos templos e ficamos lá, olhando o sacrário e adorando o Deus Trindade. Olhamos para a Bíblia exposta, mas muito mais para o sacrário, porque o Deus que está naquelas palavras está naquele pão guardado na nova Arca da Aliança, lembrança da Eucaristia que ali acontece todos os dias.

Por isso também fazemos adoração, louvando e cantando ao Senhor exposto no pão, transubstanciado e, agora, visto num cibório ou num ostensório cheio de raios dourados, para lembrar que ali está a luz do mundo. Para os olhos é pão, mas para a alma é Cristo vivo.

Quando aquele irmão desrespeitoso que se dizia crente em Cristo brincou comigo, chamando-me de "comedor de hóstia", meu primeiro impulso foi chamá-lo de lambedor de palavras, mas depois pensei que nem o católico segue Jesus quando faz pouco caso do amor desses irmãos pela Bíblia, nem eles o seguem quando fazem pouco caso do nosso amor pela mesa eucarística.

O mesmo Jesus que mandou anunciar suas palavras também mandou-nos tomar e comer do pão que ele disse que seria o seu corpo (cf. Mt 26,26). Além do mais, nossa mesa eucarística vem precedida da leitura de três passagens da Bíblia. Temos o Cristo no Livro e na Mesa. Isso nos faz felizes e satisfeitos com a Igreja da qual fazemos parte.

Igreja da presença

Somos e queremos ser a Igreja da presença real de Cristo entre nós. Cremos nisso e apostamos nesta fé. Por isso, na festa de *Corpus Christi* saímos às ruas, enfeitadas de mil cores, e em procissão testemunhamos nossa fé na presença de Cristo em nossos templos.

Marchas para Cristo

Tempos atrás, nossos irmãos pentecostais, no Brasil, escolheram o mesmo dia que já era dos católicos para também saírem às ruas. Uma das Igrejas pentecostais coordena no dia de *Corpus Christi*, em que os católicos saem às ruas, a sua "Marcha para Cristo". É um gesto louvável de amor a Jesus. Temos que elogiar o que fazem, posto que há séculos fazemos no mundo inteiro a mesma "Marcha com o Corpo de Cristo".

O feriado foi instituído para isso. Somos um país cristão e cremos que Jesus está presente em nossos templos e nas ruas por onde passa um cristão. Nós católicos apostamos na presença física no altar e no tabernáculo e testemunhamos o "pão vivo que desceu do céu" (cf. Jo 6,51).

Aqueles irmãos decidiram usar a mesma data e outras ruas para testemunharem seu amor pela Palavra que lhes traz o Cristo. Pode ser demonstração de força. Pode também ser demonstração de amor por Jesus. Tomara que seja apenas demonstração de amor por Cristo! Ele sabe como tudo começou! Certamente haverá quem duvide e não concorde. Nós também duvidamos de algumas crenças e não concordamos, mas respeitamos as manifestações de irmãos que, por exemplo, no dia 1º de janeiro festejam Iemanjá nas praias. Não vemos a Eucaristia do mesmo jeito, mas respeitamos as marchas para Cristo dos pentecostais. Enquanto isso, esperamos que aquele pão transubstanciado, agora Corpo de Cristo, presença real de Cristo entre nós que recebemos na comunhão, nos aproxime e nos una. Mesmo que esse dia da unidade esteja distante, que ao menos nos leve a respeitar o jeito de cada um afirmar que Deus está com ele.

Atitude missionária

Nas procissões da Acolhida (bem-vindos), da Palavra (eu ouço e proclamo), das Ofertas (eu dou e me dou), da Comunhão (eu peço e recebo) e da Despedida (volto e proclamo lá fora), estão implícitos os postulados da fé católica. São atitudes essencialmente missionárias. Subentende o aprendizado e a missão. No dizer do *Documento de Aparecida*, é ali que nos mostramos mais discípulos e missionários. É na missa que buscamos nossa missão.

O leitor guarde estas palavras: *mettere, mittere, mensa, messis, missio*, missa. *Colher, enviar, mesa, messe, colheita, missão, missa*. Têm tudo a ver com a nossa certeza de que estivemos com o Cristo naquele altar.

37. Fome de justiça

Passou despercebida para muitos a notícia, nos inícios de julho de 2008, de um triste fato: o mundo enfrentava a possibilidade de mais 100 milhões de pessoas vararem o ano com fome. Não se tratava de apenas 100 milhões de estômagos sem alimento, e sim de 100 milhões a mais, dentre os quase 2 bilhões que já dormem sem alimentação adequada.

> Na liturgia de um setembro uma paróquia no bairro de Itaquera, São Paulo, respeitosa da liturgia, lembrava, no Dia da Árvore, na Prece dos fiéis:
> "1. No planeta, mais de 1 bilhão de pessoas têm problema de acesso à água potável; 2,4 bilhões não têm acesso ao saneamento básico. Salvai-nos!
> 2. Mais de 20% das espécies que vivem em água doce estão ameaçadas por causa das barragens. Salvai-nos!
> 3. A falta de acesso à água tratada e ao saneamento causa milhões de casos de doenças e mais de 5 milhões de mortes por ano. Salvai-nos!
> 4. Mulheres e crianças em muitos países viajam em média 15 km todos os dias para conseguir água. Uma pessoa sem água não sobrevive mais do que uma semana. Salvai-nos!
> 5. 40% da água é desperdiçada. E a água não se renova. Água perdida é perdida para sempre. Água não tem filhote. Água não gera novas águas. São Paulo possui uma das menores disponibilidades hídricas do país. Salvai-nos!"
> Era a comunidade a fazer oração libertadora e a cantar a dor do planeta, que, como Paulo afirma, sofre as dores do parto!

África, Ásia, América Latina e bolsões na Europa, ontem comunistas, e até os Estados Unidos, tão ricos mas tão cheios de mazelas, são os cenários da incapacidade do mundo de produzir, armazenar e distribuir o pão de cada dia. Ajunte-se a isso o desperdício, que em países como o Brasil chega a mais de 40%, por perda no processo de transporte, de conservação e de manipulação dos alimentos. Eis aí os ingredientes da mais nova epidemia de fome da História. É fome produzida e induzida.

A fome dos dias de hoje é doença provocada. É causada pela alta do que chamam de *commodities* ou *preço futuro*. Especulam com o que pode acontecer e decidem agora em função do que poderá acontecer. E acontece agora a fome entre os mais pobres, porque o petróleo, os grãos, o transporte e os produtos químicos subiram de maneira estapafúrdia. Não é lei de mercado: é jogo de poder. É a loucura dos preços. Uns poucos decidem o quanto custará o produto de outros povos. Assim, um país que não planta café nem soja decide o preço do café e da soja dos outros. É o todo-poderoso comprador diante do fraco vendedor.

A guerra dos alimentos

É triste pensar que temos capacidade, mas se aquilo que se gasta em armas e tóxicos fosse gasto em grãos, verduras e frutas estaria resolvido, em poucos meses, o problema do pão em todas as mesas. É muito mais caro armazenar e transportar armas do que alimentos. Tanques de guerra custam de cem a mil vezes mais do que caminhões-caçambas ou treminhões. Depende dos mísseis que aqueles levam.

Não obstante, países extremamente pobres gastam seu dinheiro em máquinas de guerra e, de certa forma, países ricos subsidiam muito mais a guerra do que a paz. Uma simples bomba jogada sobre uma escola custa de cem a mil vezes mais do que a escola que ela destruiu. Tanques, aviões e munições para um governo amigo certamente orçam mais do que navios abarrotados de grãos ou milhares de poços artesianos.

Estupidez

Competentíssimos para a guerra e lentos para a paz, os humanos ricos e poderosos acordam cedo para a hipótese de uma invasão armada, mas muito tarde para a marcha inexorável dos famintos sobre seu território. Os governantes sabiam muito bem que o petróleo move o mundo e que há bem poucos anos o barril, que custava 16 dólares, chegou a beirar os 150. Mais cedo ou mais tarde a alta enlouquecida do combustível que move o mundo empurraria milhões para o desespero.

Nada fizeram. Destinavam quase nada para este item. Sabiam que a constante alta do barril tornaria altamente proibitivo o processo de produzir alimentos. Seus técnicos lhes avisaram. Mas a decisão política não veio. Não acharam urgente. Mas morria-se de fome em Angola, no Paquistão e em Mianmar, no Chade e na Somália.

Adiaram a justiça e a caridade

Os mais poderosos empurraram tudo com a barriga e agora tentam consertar o que deveria ter sido resolvido quando o petróleo começou a subir em espiral vertiginosa. A quem interessava aquele preço? A quem interessa tanta fome? Não se trata de falta de terras, nem de sementes. Nem mesmo de falta de água. Faltou, sim, vontade política.

O mundo que economiza em alimentação joga fora em bombas e explosivos. Mais do que fenômeno da natureza, a fome é um fenômeno humano provocado pela ganância! Não foi falta de alerta. Em 1965, na *Gaudium et Spes*,[1] os bispos da Igreja Católica alertavam para esta crise que viria. Que falem mais forte as religiões, os médicos e os educadores! Os investidores e os guerreiros já falaram demais.

---

[1] CONCÍLIO VATICANO II. Op. cit.

38. Fome de comunhão

É a fome de comunhão e de justiça que resolverá a fome de pão. Por se tratar de mistério central da nossa fé, sugiro ao leitor que junte a reflexão sobre a fome no mundo com a reflexão sobre a *Eucaristia, pão repartido, Palavra partilhada, fome de Cristo, fome de comunhão, pão que veio do céu.*

O tema é tão forte para nós, católicos, que mereceu milhares de livros profundos sobre este mistério da transubstanciação: memorial da Última Ceia. Sugiro ao leitor que os procure.

Um católico consciente precisa ler sobre o milagre cotidiano da Eucaristia. Aqui, limitamo-nos a citar a Bíblia e alguns textos da Igreja sobre este dogma da presença do Cristo vivo nos nossos altares.

> Porque eu recebi do Senhor o que também vos ensinei: que o Senhor Jesus, na noite em que foi traído, tomou o pão; e, tendo dado graças, o partiu e disse: "Tomai, comei; isto é o meu corpo que é partido por vós; fazei isto em memória de mim".
> Semelhantemente também, depois de cear, tomou o cálice, dizendo: "Este cálice é o novo testamento no meu sangue; fazei isto, todas as vezes que beberdes, em memória de mim".
> Porque todas as vezes que comerdes este pão e beberdes este cálice anunciais a morte do Senhor, até que venha. Portanto, qualquer que comer este pão, ou beber o cálice do Senhor indignamente, será culpado do corpo e do sangue do Senhor (1Cor 11,23-27).

> "Eu sou o pão da vida. Vossos pais comeram o maná no deserto, e morreram. Este é o pão que desce do céu, para que o que dele comer não morra. Eu sou o pão vivo que desceu do céu; se alguém comer deste pão, viverá para

sempre; e o pão que eu der é a minha carne, que eu darei pela vida do mundo".

Disputavam, pois, os judeus entre si, dizendo: "Como nos pode dar este a sua carne a comer?". Jesus, pois, lhes disse: "Na verdade, na verdade, vos digo que, se não comerdes a carne do Filho do homem, e não beberdes o seu sangue, não tereis vida em vós mesmos. Quem come a minha carne e bebe o meu sangue tem a vida eterna, e eu o ressuscitarei no último dia. Porque a minha carne verdadeiramente é comida, e o meu sangue verdadeiramente é bebida. Quem come a minha carne e bebe o meu sangue permanece em mim e eu nele. Assim como o Pai, que vive, me enviou, e eu vivo pelo Pai, assim, quem de mim se alimenta, também viverá por mim. Este é o pão que desceu do céu; não é o caso de vossos pais, que comeram o maná e morreram; quem comer este pão viverá para sempre". Desde então muitos dos seus discípulos tornaram para trás, e já não andavam com ele. Então disse Jesus aos doze: "Quereis vós também retirar-vos?".

Respondeu-lhe, pois, Simão Pedro: "Senhor, para quem iremos nós? Tu tens as palavras da vida eterna" (Jo 6,48-68).

Vaticano II

A Eucaristia é fonte e ápice de toda a vida cristã. Os demais sacramentos, assim como todos os ministérios eclesiásticos e tarefas apostólicas, se ligam à sagrada Eucaristia e a ela se ordenam. Pois a santíssima Eucaristia contém todo o bem espiritual da Igreja, a saber, o próprio Cristo, nossa Páscoa (*CIC* n. 1324).

Pela celebração da Eucaristia já nos unimos à liturgia do céu e antecipamos a vida eterna, quando Deus será tudo em todos [1Cor 15,28] (*CIC* n. 1326).

39. Fome de possuir

> Onde está o teu tesouro aí está o teu coração
> (Mt 6,21).

A maioria das pessoas costuma pôr o coração nos prédios, nas terras, no gado, no banco ou na carreira, e se possível num primeiro lugar, com o aplauso de milhões de ouvintes. Dinheiro, poder e fama costumam não aceitar limites. Muitíssimas das vítimas são cristãos. Sua vítima perde a noção do "bastante". O pensamento é de Jesus:

> Não ajunteis para vós **tesouros** na terra; onde a traça e a ferrugem os consomem, e onde os ladrões minam e roubam; mas ajuntai para vós **tesouros** no céu, onde nem a traça nem a ferrugem os consomem, e onde os ladrões não minam nem roubam. Porque onde estiver o teu **tesouro**, aí estará também o teu coração (Mt 6,19-21).

Ele falava de apegos, dependência, atitude quase que histérica diante do dinheiro. Alguns cristãos, entre eles pregadores, nem disfarçam a sua busca por mais riquezas. Acusam os outros de canonizarem a pobreza, enquanto eles canonizam a riqueza. Dizem sem a maior cerimônia que Deus dá a prosperidade a quem lhe dá o dízimo.

Jesus foi traído por um discípulo sequioso por dinheiro. Se o discípulo aceitou as trinta moedas (cf. Mt 26,15; 27,3) é porque as queria. Jesus sabia que onde não existem ascese, cruzes levadas com serenidade e renúncias em pouco tempo entram outros valores maiores do que a fé e a caridade.

Que outras religiões ou Igrejas preguem teologia da prosperidade é assunto delas. Em Marcos 12,40 Jesus fala dos pregadores que "devoram" os bens dos necessitados. Com a promessa de bênçãos a quem dá a Deus, conseguem muitíssimos adeptos e os bens de muitos deles.

Ao católico é proibido reger-se pela cartilha do sucesso financeiro e da bênção copiosa em troca da doação copiosa. Olhe a sua conta no banco e os bens que você tem e pergunte-se o que faz com aquela fortuna. Depois, questione a sua teologia da prosperidade e o texto de Mateus (6,24-34):

> Ninguém pode servir a dois senhores; porque ou há de odiar a um e amar o outro, ou há de dedicar-se a um e desprezar o outro. Não podeis servir a Deus e às **riquezas**. Por isso vos digo: Não estejais ansiosos quanto à vossa vida, pelo que haveis de comer, ou pelo que haveis de beber; nem, quanto ao vosso corpo, pelo que haveis de vestir. Não é a vida mais do que o alimento, e o corpo mais do que o vestuário? Olhai para as aves do céu, que não semeiam, nem ceifam, nem ajuntam em celeiros; e vosso Pai celestial as alimenta. Não valeis vós muito mais do que elas?
>
> Ora, qual de vós, por mais ansioso que esteja, pode acrescentar um côvado à sua estatura? E pelo que haveis de vestir, por que andais ansiosos? Olhai para os lírios do campo, como crescem; não trabalham nem fiam; contudo vos digo que nem mesmo Salomão em toda a sua glória se vestiu como um deles. Pois, se Deus assim veste a erva do campo, que hoje existe e amanhã é lançada no forno, quanto mais a vós, homens de pouca fé?
>
> Portanto, não vos inquieteis, dizendo: Que havemos de comer? ou: Que havemos de beber? ou: Com que nos havemos de vestir? (Pois a todas estas coisas os gentios procuram.) Porque vosso Pai celestial sabe que precisais de tudo isso. Mas buscai primeiro o seu reino e a sua justiça, e todas estas coisas vos serão acrescentadas. Não vos inquieteis, pois, pelo dia de amanhã; porque o dia de amanhã cuidará de si mesmo. Basta a cada dia o seu mal.

DE VOLTA ao catolicismo

Quem não quer ser rico, ter sucesso e ainda por cima ter certeza de que foi Deus quem lhe deu riquezas em troca de sua fidelidade? Visam à fortuna e a um lugar de destaque. Mas a oração que pretensamente traz riquezas nem sempre traz a prometida paz.

Quando aqueles prédios, aquela carreira, aquela polpuda conta no banco não vão para quem precisa, há desvio à vista. Será mesmo que Deus dá mais a quem depositou seu dinheiro nas mãos dos pregadores? Para onde vai o dinheiro do templo? E onde fica o dinheiro a mais do fiel que ficou rico orando e doando ao templo? Sucesso espiritual e pessoal é o mesmo que sucesso financeiro? Riqueza é bênção e pobreza é castigo? A fé nos dias de hoje dá direito a um cartão de crédito ilimitado?

São perguntas que valem a pena ser debatidas. A mesma Bíblia que fala a favor da riqueza fala contra ela. Os mesmos livros que falam da pobreza como algo a ser superado fala dela como virtude. Com que textos ficam o pregadores? Com que textos ficam as Igrejas?

40. Fome de ver milagres

> Uma geração má e adúltera pede sinais. Nenhum sinal lhe será dado senão o sinal de Jonas (Mt 16,4).
>
> Estes são os sinais que acompanharão aqueles que creem: expulsarão demônios em meu nome; falarão novas línguas; pegarão serpentes com as mãos e, se beberem algum veneno, ele não lhes causará mal; imporão as mãos aos doentes e os curarão (Mc 16,17-18).

Sinais e garantias

No dia 26 de julho de 2008, num programa de Igreja pentecostal, o pregador oferecia a poderosa medalha "Comigo ninguém pode" por ele concebida. Mandava os fiéis colocarem as roupas e os objetos no lugar apropriado para receberem a bênção infalível que liberta as pessoas diante do "trono branco". O mal seria "amarrado pela corrente dos anjos" e pela "medalha poderosa". Depois, cada fiel foi convidado a beber da água colocada sobre o rádio. É mais um pregador que oferece e garante curas e milagres por meio de objetos sagrados e milagrosos.

Há também pregadores católicos a oferecer medalhas milagrosas e escapulários que protegem a pessoa de todos os males. Um deles oferecia um kit de treze medalhas que protegeriam o fiel como um escudo contra os mais diversos males, cada medalha contra um determinado problema. Garantiu as mesmas graças aos devotos de Maria. É mais uma corrente de Catolicismo que aposta no milagre através de medalhas. Nem sequer explicam o simbolismo. Sugerem que se use. Nada mais do que isso.

Há maneiras diferentes de alguém se comunicar com Deus. Os objetos devem ser vistos pelo que são: objetos de culto. Não têm poder nem trazem garantia alguma. Mas podem ajudar quem os entende. Computadores ajudam a entrar na internet, mas não basta possuir um e também não basta tocar no teclado com palavras-chave. É preciso saber usá-lo.

Tema controvertido

O tema "sinais e prodígios", em si altamente controvertido, desde os Atos dos Apóstolos 3,1-10; 5,15, com o advento da mídia tornou-se hoje ainda mais controvertido. Até a sombra de Pedro curava. Em Marcos 13,22 e Mateus 24,24, Jesus fala de prodígios impressionantes realizados por profetas nada sérios. Seriam, então, curas verdadeiras? Seriam milagres comprováveis? Poderiam estes pregadores dizer o que disse Jesus (Lc 17,14): *Ide mostrar o que vos aconteceu*?

São milagres ou exorcismos reais? São, de fato, línguas novas ou apenas sons novos e sempre os mesmos que ninguém traduz ou interpreta? Nos dias de hoje, vemos e sabemos onde estão os que oram em línguas. Só não vemos os intérpretes que Paulo exigia.

> E eu quero que todos vós faleis em línguas, mas muito mais que profetizeis; porque o que profetiza é maior do que o que fala em línguas, a não ser que também interprete para que a Igreja receba edificação (1Cor 14,5).

Teria Paulo, com o advento da grande mídia, perdido a importância? Não vale o que dizem os bispos? Não valem os cristãos que exigem mais clareza? Tem ou não tem um cristão o direito de querer saber se o outro que afirma curar, expulsar demônios, tem realmente aquele poder que diz ter em nome de Jesus?

Quando alguém exige atestado e provas, eles os dão como Elias diante dos sacerdotes de Baal (cf. 1Rs 18,26-46), Moisés

DE VOLTA ao catolicismo

diante do Faraó (cf. Ex 7,10) e Pedro na Porta Formosa (cf. At 3,6)? Ou reagem ressabiados e irados? Os que atestam que foi milagre têm chancela de universidades sérias ou só de pessoa adredemente escolhida e comprometida com eles? Como é tratado alguém que não foi realmente curado? Permitem que ele dê o testemunho de que não houve cura?

Têm as Igrejas o direito de querer saber se quem usa o nome de Jesus para expulsar demônios pode falar em demônio da diarréia, do vômito, da unha encravada, da psoríase, da tontura e do câncer? É honesto e tem fundamento bíblico um pregador dizer que foi o demônio que jogou um câncer numa família não crente e logo depois, quando alguém do seu próprio grupo contrai o câncer, dizer que neste caso foi provação de Deus? Por que não o contestamos, se Jeremias, Jesus e os apóstolos contestaram?

Rever os milagres

Os prodígios e sinais dos dias de hoje na televisão, em templos e estádios merecem revisão. Pode haver e há profetas verdadeiramente santos, por meio de quem Deus realiza o bem. Não se pode negar nem o dom das línguas, nem o de cura, nem mesmo o de libertar pessoas. Mas pode-se e deve-se questionar o uso indiscriminado desses dons e o fato de qualquer um poder montar um templo e fazer propaganda do seu poder de cura ou de exorcismo. Até onde é marketing da fé e até onde é fé? Há novos filhos de Ceva operando falsos exorcismos (cf. At 19,14)?

Quando Jesus, em Marcos 16,17-18, afirma que haveria pessoas com tal chamado, não diz que todos os que se valeriam disso seriam aptos. Já nos inícios da Igreja havia muitos pseudo-exorcistas ambulantes. Saíam pelas ruas procurando demônios para expulsar. Não havendo, criavam... Os filhos de Ceva, nos Atos 19,13-17, quiseram entrar na onda e mostraram não ser aptos nem chamados. Jesus lembra que pessoas sinceras e puras,

Pe. Zezinho, scj

até mesmo gente consagrada, poderiam se deixar enganar por tais pregadores. E manda tomar cuidado com o seu marketing pessoal.

Todo cuidado é pouco

Somos todos chamados a reler Mateus 24,24-26 e a não acreditar no primeiro profeta que aparece dizendo que sabe onde Cristo está... Os videntes e exorcistas de agora terão que provar que o que dizem e fazem não é falso. Mais ainda quando lemos em Mateus 7,15-23 que o fato de curar doentes, expulsar demônios e operar grandes prodígios não garante o céu para o pregador. Em Marcos 12,40, lê-se que pregadores que usam a religião em seu próprio proveito terão punição maior. Atitudes que garantem o céu estão em Mateus 25,31-46: amar os outros e ir levar ajuda e presença quando precisarem. Milagres e sinais? Sim, eles existem. Mas desconfiemos da sua proliferação com evidente intenção de proselitismo.

41. Fome de certeza

Explica-nos esta parábola... (Mt 13,36).

E ele disse: "Como poderei entender, se alguém não me ensinar?". E rogou a Filipe que subisse e com ele se assentasse (At 8,31).

Porque tudo o que dantes foi escrito, para nosso ensino foi escrito, para que pela paciência e consolação das Escrituras tenhamos esperança (Rm 15,4).

Explicadores

Há milhões de pregadores da fé e da esperança nos dias de hoje. Também há milhões de pregadores de falsas certezas. Paulo a eles se refere de maneira exigente em 2 Timóteo 4,1-5. Não obstante seguem em frente, garantindo dinheiro no banco, sucesso financeiro, barcos no cais e apartamentos de cobertura em troca de fidelidade. O que acontecerá quando vier a cruz? Ou eles também garantem que ela não virá? Acharão sempre uma passagem da Bíblia para defender a sua pregação utilitarista. Mas omitiram as outras. E aí começa a falácia dos pregadores de certeza. O justo, ao que tudo indica, vive é da fé (cf. Rm 1,17).

Você viu e vê esta imagem todos os dias: alguém de Bíblia na mão a explicar o que aquele texto de dois a três mil anos atrás significa hoje. Padres, pastores, rabinos, fundadores de Igreja, diáconos, leigos, homens, mulheres, jovens, até adolescentes, todos os dias tiram lições daquele livro e garantem que as coisas são do jeito que eles e a Igreja deles dizem. Mas nem sempre são.

Caso você não seja de ler e estudar a Bíblia, provavelmente ficará confuso ou embarcará na explicação deles; explicação que, na maioria das vezes, é mais **aplicação** do que **explicação**. O que é mais triste: alguns deles nem sequer terminaram o primário e alguns até admitem nunca ter lido a Bíblia por inteiro. Apostam na revelação aos humildes e pequenos (cf. Mt 11,25). Incluem-se entre os eleitos que, não sendo sábios e entendidos, foram iluminados por Deus. Gostam da passagem 1 Coríntios 1,19-31. Serve-lhes como luva. De fato, há pregações gravadas atestando que livros não ensinam nada. Só o Espírito Santo é que decide quem tem o que dizer e quem não o tem. Como foram batizados no Espírito Santo podem interpretar a Bíblia que ainda não leram por inteiro, mas já conhecem mais do que irmãos que a estudaram por 40 ou 50 anos...

Quem lê e estuda a Palavra de Deus já sabe que o Santo Livro é bem mais histórico, bem mais eclético, bem mais cheio de contribuição de outras culturas, bem mais complexo do que eles dizem nas suas pregações. Traduzido do jeito de cada Igreja e ao sabor de cada pregador, parece fácil. Mas nem sempre o que dizem que a Bíblia quis dizer é o que a Bíblia realmente quis dizer.

Exegese é tema exigente

Nem todos os que oram e pregam de Bíblia na mão estudaram o suficiente para traduzi-la para milhares de pessoas. Você contrataria um advogado que não estudou leis? Aceitaria aulas de inglês dadas por alguém com pesado sotaque e domínio de não mais de quinhentos vocábulos? Pois isso acontece em algumas pregações de rádio e televisão! Alguém está ensinando o que não leu direito e não sabe. É vendedor de farmácia posando de farmacêutico e receitando qualquer pomada para qualquer ferimento!

Estudiosos

Há os competentes em todas as Igrejas. Eles sabem do que estão falando. Estudaram História, Sociologia, Pedagogia, Literatura, Ciências da Religião, Teologia, exegese, alguns até mergulharam em Filologia, línguas bíblicas e Arqueologia. Eles conhecem a Bíblia. São cristãos das mais diversas Igrejas e denominações, alguns nem mesmo são crentes, mas seu estudo é honesto. Merecem ser ouvidos, mesmo que discordemos de algumas de suas colocações. Muitos certamente sabem mais do que nós.

O confronto

Acontece com frequência. Um pregador garante que inspirados só os 39 livros de sua fé! Outro garante que Deus só inspirou 66 livros, que por coincidência são os da sua Igreja. Outros, como nós, dizemos que há inspiração divina em 73 livros. E aqueles 6 que fazem a diferença? E aqueles trechos que não estão numa Bíblia, mas estão na outra? Como eram no original? Em que língua foram ensinados? Foram traduzidos como, quando e por quem? São Jerônimo merece crédito? Ou Lutero merece mais? O ex-monge católico agostiniano, líder de um movimento que rompeu com a Igreja Católica, sabia mais e era mais inspirado que os outros monges que não romperam? Estão certos os evangélicos que nos acusam de usar textos não originais e não inspirados? Suas interpretações são fiéis, ou eles também podem estar errados? Não seria melhor usar a palavra "equivocado"?

O diálogo

A quem ouviremos? Ao pregador isolado que corre em defesa da sua Igreja, enquanto dá a entender que o outro não é ungido, ou aos serenos e estudiosos, que estudam a Bíblia juntos e de maneira ecumênica, sincera e aberta, buscando o que há de comum

Pe. Zezinho, scj

e tentando administrar as passagens difíceis em que há visíveis diferenças? Brigaremos pela "tradução da tradução da versão" e entraremos em escaramuças atrás de microfones para provar que nossa Igreja é que tem a verdade daqueles livros, quando nós pregadores nem sequer sabemos grego, latim, aramaico ou hebraico? Estamos brigando por qual das traduções? O que chegou até nós é exatamente como era no original ou decidimos que a que seguimos é que é a versão inspirada? A Bíblia dos outros é errada porque não foi traduzida por alguém da nossa linha de Cristianismo?

Livro ou porrete?

A Bíblia é um livro suave, severo, exigente, consolador, às vezes impreciso, muitas vezes misterioso. Supõe interpretação. Certamente não é um porrete para bater na cabeça de quem não crê, ou crê de outra maneira. Infelizmente há muitos que a usam como tacape. Apareceu a chance, lá vai mais uma porretada na cabeça dos irmãos da Igreja vizinha. Bastaria que dissessem com humildade:

> Nossa Igreja vê esta passagem desta forma... Baseamo-nos nestas outras passagens ou nestes autores. Outras Igrejas interpretam de forma diferente. Respeitemos o caminho delas, mesmo sem concordar...

Fraternos e respeitosos

Cresce hoje, mercê de Deus, o número dos cristãos que buscam serenamente entender o que sustentam em comum e o que não é histórico, nem inspirado, nem claro para um dos lados ou para os dois. Estamos e queremos ficar bem longe daqueles dias de violência cometida em nome do autor da paz... Livros que nem convém citar para não ferir nenhuma Igreja de hoje, já desde

DE VOLTA ao catolicismo

os primeiros séculos e mais tarde, quando aconteceram graves cisões, traziam ofensas gravíssimas contra quem pensasse ou ensinasse diferente. Houve até mortes e massacres que a história das religiões registra com tristeza.

Sua Igreja pecou

E é bom lembrar aos que apontam para os outros que as Igrejas deles também praticaram graves equívocos, quando os debates se tornaram políticos e seu poder foi posto em xeque. A história das brigas por causa do Livro Santo não é narrativa agradável de se ouvir. Por causa de palavras e versões muita gente perdeu a cabeça e cortou a dos outros! Ainda falaremos disso! A Europa cristã não foi exatamente um paraíso povoado de santos e anjos, como não o fora o Judaísmo, nem o Islamismo. Havia mortes, vinganças e terror em nome da verdade.

O importante hoje é não embarcar na pregação ferrenha e agressiva de alguns irmãos que, pelo visto, nunca leram sobre os crimes de ontem cometidos por cristãos piedosos e devotíssimos em nome da verdade mais verdadeira. Massacravam adversários, escravizavam negros, matavam índios, e depois agradeciam a Deus pelo sucesso de suas batalhas. E garantiam que Deus queria aquelas mortes. Está nos livros históricos da Bíblia, está nos livros de História das Religiões.

Vocês erraram mais

Nossa Igreja errou. Outras erraram. Um pregador pentecostal mais ferrenho disse-me por e-mail que, de longe, os católicos erraram mais. Lembrei-lhe a expressão "de longe" que ele usara. Falei dos quase 20 séculos de vida da Igreja Católica, que ele dizia serem apenas 16, contra os apenas 35 anos da sua Igreja, que já tem alguns históricos de repressão e violência por parte de alguns de seus membros. Enveredar por este caminho de confronto não ajuda em nada a difusão da Palavra de Deus. Pregador rima muito mais com "pecador" do que com "santo" e "sábio". Isso de ser do Senhor e ser pregador tem que ser mais do que uma rima. Tem que ser atitude de aprendizado mútuo.

Sete livros a mais ou a menos

Para nós, católicos, a Bíblia tem 73 livros. Aceitamos como inspirados sete livros que eles não aceitam. No caso, dizemos que eles têm sete livros a menos e eles dizem que nós temos sete a mais. Nós aceitamos sua inspiração e eles negam, embora aceitem seu valor histórico.

Memorize os títulos com a palavra *Juba-saectomama*: **Judite, Baruc, Sabedoria, Eclesiástico, Tobias, Macabeus 1, Macabeus 2**. São todos do Antigo Testamento. Decorre da escolha dos judeus e dos protestantes (lembrem-se do verbo "protestar", movimento que nasceu do protesto contra a Igreja Católica. A visão bíblica fazia parte desse protesto).

Judeus e protestantes admitiam **apenas o hebraico** como língua oficial do **Antigo Testamento**. Os sete livros acima citados foram escritos em grego. Por isso protestantes os consideram **apócrifos**. Nós, católicos, os consideramos **deuterocanônicos**. Foram por nós aprovados num segundo **cânon** e aceitos como inspirados.

Trechos

Também os livros de **Daniel** e **Ester** entre nós têm alguns trechos a mais. Quem combate a Igreja Católica vai achar um motivo para rejeitar tais textos. Quem combate as Igrejas evangélicas vai dizer que eles rejeitaram algo inspirado. **A questão fundamental é a língua.** Para o Antigo Testamento, segundo os protestantes, seguindo o ex-monge católico Lutero, o que viera em **grego** não era inspirado. Mas o que era do Novo Testamento,

DE VOLTA ao catolicismo 315

mesmo sendo **grego**, era. Foi questão de critérios de inspiração. Quem escreveu, quando e em que circunstâncias.

O leitor procure informar-se na internet sobre a **Vulgata**, versão pedida pela autoridade de Roma a São Jerônimo. Informe-se também sobre a **Septuaginta**, que continha a versão dos setenta doutos fora da Palestina. Traduziram os livros do Antigo Testamento do hebraico para o grego, já que muitos fiéis judeus falavam **grego**. Ouvirá judeus, católicos e evangélicos e tirará sua própria conclusão.

Seu amigo ou parente talvez o questione por crer nesses livros a mais. Pergunte de onde ele tirou tanta certeza de que só os livros da Igreja dele são inspirados. Acabará num púlpito e num pregador suave ou durão, mas persuasivo. Se ele aceitou a sabedoria dos estudiosos e do pregador do lado dele, você tem o direito de aceitar a cultura e sabedoria dos estudiosos do nosso lado... Afinal, muito provavelmente, nem você nem ele saibam ler grego, aramaico, hebraico ou latim e nunca viram um manuscrito original da Bíblia. Estão brigando pela tradução da tradução de alguma versão. Não faz sentido. É melhor dialogar e respeitar. Nós questionamos o fato de a Bíblia deles ser sete livros mais curta. Eles, o fato de a nossa ser sete livros mais longa!

Quem é propenso a negar os Evangelhos aceitos pela maioria dos cristãos, que em muitos casos nem leu, mas está pronto a aceitar os escritos apócrifos, não está buscando a verdade. Quer, sim, a controvérsia e a contraprova! Salman Rushdie, ao escrever sobre a lenda dos versículos satânicos que precisaram ser excluídos do Corão, desgastou a figura de Maomé e certamente quis provocar os islâmicos e sua fé. Eles reagiram do jeito deles. Dan Brown quis intencionalmente provocar os cristãos, ao escrever sobre lendas e livros apócrifos, e deu a entender que foram fatos verídicos. Desgastou e diminuiu a figura de Jesus. Os cristãos reagiram do jeito deles. Nesses casos, o diálogo fica difícil, porque a intenção não era pura desde o começo. Não era a busca da verdade e, sim, da controvérsia.

Outros livros

Seus amigos ou parentes oferecerão a você livros como *O princípio divino*, *O livro dos espíritos*, *O livro dos mórmons* e outras narrativas, mostrando Jesus de um outro ponto de vista ou ressaltando outro profeta, como é o caso do Corão, livro dos muçulmanos. Cada qual dirá que naqueles livros está uma nova revelação, ou a única confiável, se bem que Maomé não negou valor a Jesus. Conta-se na sua biografia que, sofrendo terrivelmente com as revelações que recebia, assim como Jeremias sofreu com as revelações de Javé, pediu socorro a sua mulher Cadija, e ela sugeriu que consultassem seu primo Waraqa Ibn Nawfal, cristão e conhecedor das escrituras judaico-cristãs.

Este, ecumenicamente, respeitando o que se passava com Maomé, sentenciou, como já o havia feito o mestre judeu Gamaliel sobre os primeiros cristãos, que aquilo podia ser de Deus. Assim como Deus se revelara a Moisés para mostrá-lo aos hebreus, Deus estava através de Maomé querendo chegar aos coraixitas. Houve abertura. Os pregadores que vieram mais tarde é que se mostraram intolerantes e belicosos diante dos métodos de pregação e de arrebanhar adeptos, de um e de outro lado.

42. Dois a dois de porta em porta

São nosso irmãos que desejam nos converter para a sua maneira de crer. O Cristo nós já conhecemos, mas eles acham que não o conhecemos do jeito deles. Por isso batem à nossa porta e nos oferecem certeza de salvação. Nós temos esperança, mas eles garantem certezas. Se tivessem só esperanças eles nos aplaudiriam. Mas acham que podem nos oferecer mais. Alguns chegam a usar a comparação com o bilhete de loteria. Dizem que nós temos o número possível, mas eles têm o bilhete premiado. E se oferecem a reparti-los conosco. Eles estão salvos e nós não. É o que dizem! Nós temos os textos para alicerçar nossa fé esperançosa e eles usam os de outros para alicerçar a sua certeza e seu bilhete selado e sua passagem carimbada para o céu.

Bíblia debaixo do braço e um sorriso de quem achou, eles primeiro admitem que você já tem alguma coisa. Mas falta-lhe o essencial, que você ainda não descobriu. A Igreja deles descobriu e está nas passagens que eles interpretarão para você. Se você não leu a Bíblia e não a estudou, eles o convencerão de que eles estão certos há cem ou trinta anos e nossa Igreja está errada há pelo menos dezessete séculos. Há milhares de católicos embarcando na certeza deles. Não descobriram Gálatas 3,6-9.

> **Os verdadeiros filhos de Abraão.** Foi assim que Abraão teve fé em Deus, e isso lhe foi creditado como justiça. Portanto, aqueles que têm fé são os abençoados junto com Abraão, que acreditou, mesmo sem ter certeza.

Há cristãos e não cristãos visitando sua casa para levar outra ideia, outro caminho, outra proposta de crer. Eles querem você no templo deles. Oferecem livros, Bíblias, cursos, conversa amiga. Garantem que viram, que sentem e que sabem. Se você perdeu alguém querido, oferecem respostas que aparentemente você não achou na sua Igreja. Se está em dúvida, aparecem com certezas. Lá com eles é pau-pau, pedra-pedra. Deus lhes fala por meio do seu profeta! Até ressuscita mortos. Mostrarão os trechos dos livros deles que servem para o seu caso. Falarão dos pecados e erros da nossa Igreja e, é claro, nunca dos desvios de pessoas do grupo deles.

Também haverá católicos a visitá-lo para pedir contribuição para o movimento deles, para uma obra social, para uma nova emissora. Alguns oferecerão um novo jeito de ser católico, outra mística, outra cultura católica. Você verá e ouvirá padres que falam e oram de maneira diferente. As expressões, o jeito de orar, os acentos e o jeito de sentir divergem. Seus pais foram vicentinos, marianos, do apostolado, ou da libertação.

Eles, hoje, oferecem a renovação carismática ou alguma comunidade dela nascida. Têm linguagem própria, cantos próprios e até na missa deles introduzem momentos que você não vê na paróquia. Não se apresse nem a aderir nem a julgar. Há valores e contravalores. Como Gamaliel (cf. At 5,34), dê alguns anos para eles e veja que rumo aquele grupo tomará. Na minha cidade dois desses grupos se tornaram Igrejas pentecostais independentes. Deixaram o Catolicismo. *Pelos frutos os conhecereis...* (Mt 7,20).

Anjos e demônios nos templos

E haverá Igrejas pentecostais acentuando anjos, demônios, curas, milagres e a verdade que, agora, está plenamente revelada na nova Igreja. Verá na televisão e ouvirá no rádio o convite para que visite um templo deles, onde o demônio será derrotado diante de câmeras e microfones, ante o poder da nova Igreja.

DE VOLTA ao catolicismo

Em alguns casos a mudança traz conforto. Noutros é engodo que fere profundamente. Foi o caso de um jovem sonhador que desejava ser alguém na vida. Um missionário de uma Igreja internacional lhe garantiu que ele teria sucesso se aderisse a ela. Aderiu, e mais do que depressa aquela Igreja lhe deu a chance que ele tanto queria: sair do país.

O líder arranjou para ele uma esposa que ele nunca tinha visto antes. Casou-se lá sem tê-la conhecido. O servo de Deus lhe havia indicado esta companheira. Nunca mais voltou. A família que ficou e crê em Jesus, porque Jesus proibiu julgar os outros (cf. Mt 7,1-2), só ela sabe do que se passa com o jovem e com sua família indicada por seu pregador. Ora por ele!

Garantia de felicidade

São hoje, como eram ontem, milhares as comunidades e milhões os pregadores a propor felicidade e sucesso pessoal, financeiro e familiar para quem abraça suas doutrinas. Só quem lida com eles conhece os dramas pessoais que nascem de tais entregas aos sonhos de um pregador extremista. Ressoam cada vez mais fortes os textos de Jeremias, Jesus e Paulo: **Jr 14,14; Mc 12,40; Mt 7,15-23; 14,14; 24,24-26; 2Tm 4,1-5.**

São vozes de alerta contra esse tipo de visionários, mas os trechos não são lidos ou não são levados a sério. A cada novo ano aparecem centenas deles a criar comunidades, a falar no rádio e na televisão com evidentes sinais de que não leram a Bíblia, nem os livros de História, nem de Teologia. Possuem enorme poder de convencimento e em geral pregam a sua miopia, oferecendo aos fiéis suas lentes pessoais. Abominam a ideia de que seus seguidores possam usar algum outro grau de lentes que, de fato, lhes melhore a visão.

Três escolas da fé

Dois irmãos de sangue e um primo tornaram-se pregadores da fé em Cristo. Os três conduzem programas de rádio com preces e bênçãos. Um dos irmãos é membro de uma ordem religiosa católica de 700 anos e aderiu à vida contemplativa. O outro é sacerdote diocesano. Aderiu à mística de Pentecostes. O primo se fez pastor de uma pequena Igreja pentecostal com menos de 30 anos de existência.

Quando juntos, mostram-se grandes amigos. Preferem não discutir religião. Não daria certo. Na hora de orar ou de pregar, os termos, as ênfases, as invocações, os pedidos são contrastantes. Para os três, de igual na hora da prece sobra apenas o Pai-Nosso, e esse ainda com algumas diferenças.

Frequentaram escolas de fé totalmente diferenciadas. É fé no mesmo Cristo, mas sua visão de Jesus e da extensão e aplicação do seu poder os distancia. Falam do mesmo Cristo e com o mesmo Cristo, mas não pregam, nem pensam, nem oram do mesmo jeito. Lembram os cristãos dos inícios do Cristianismo. Eram tantos os anúncios, que ficava difícil discernir o que era e o que não era cristão.

O pregador contemplativo

O monge contemplativo, no programa dominical de catequese que mantém das 9 às 10 horas na rádio local, não acena para milagres, nem curas, não manda trazer objetos para serem abençoados, não distribui medalhas, nem novenas, não põe a ênfase no Espírito Santo e, sim, no Cristo, na doutrina geral, no conteúdo fundamental da fé, nos documentos da Igreja e na Santíssima Trindade. Lê textos das encíclicas papais, dos documentos da CNBB, trechos de livros de grandes teólogos, fala dos movimentos sociais, da doutrina social da Igreja, comenta as liturgias da semana e as explica. Faz o que Platão chamaria de *Theoria*.

DE VOLTA ao catolicismo

Seu programa tem Filosofia, exegese, Antropologia, mostra passagens dos grandes pensadores da Igreja, propõe encontros de oração e de reflexão catequética, salienta a vida dos santos e privilegia pouco os testemunhos pessoais dos convertidos de agora. Acha que é cedo para colocarem sua vida na vitrine. Só se já tiverem mais de 30 anos de conversão.

Não tem nada de conservador ou tradicionalista. Sua visão política é aberta. Prepara o cidadão para fazer política com P maiúsculo. É a favor da Teologia da Libertação despida de seu viés ideológico pró-marxista.

Leciona numa faculdade de Filosofia. Nunca foi visto a oferecer curas e garantir grandes milagres, não ora em línguas, escolhe cantos com mensagem teológica e profunda, prega um louvor cheio de razão e intelectualidade. É comedido em tudo o que diz e faz. Está relendo a *Crítica da razão pura*, de Kant,[1] *O homem e seus símbolos*, de Carl Jung,[2] *História geral de Deus*, de Gerald Messadié.[3] No último programa, leu um trecho do também monge Thomas Merton, do livro *Sementes de contemplação*. Traduziu-o para os ouvintes. Mas tem uma linguagem simples e acessível. Prefere tocar os cantos de libertação e de catequese litúrgica e teológica. Não privilegia pedidos de oração, mas ora pelos sofredores da comunidade. Declara-se membro da Igreja da Eucaristia e do Pão repartido.

O irmão carismático

Seu irmão padre, dois anos mais novo, fundou uma comunidade de católicos carismáticos e conduz uma missa de cura e libertação, transmitida às 16 horas pela rádio local. Segue mais o que Platão chamou de *phronesis*. Propõe o agora já, o resultado.

---

[1] KANT, Immanuel. *Crítica da razão pura*. São Paulo: Nova Cultural, 2000.

[2] JUNG, Carl. *O homem e seus símbolos*. Rio de Janeiro: Nova Fronteira, 2002.

[3] MESSADIÉ, Gerald. *História geral de Deus*. Portugal: Publicações Europa-América, 1997.

Manda sempre deixar um copo com água no rádio, que o ouvinte deve beber após a pregação. Conduz exorcismos na sua comunidade, distribui medalhas milagrosas e escapulários, conduz peregrinações aos lugares santos, fala com frequência das culpas dos antepassados e da libertação dessas cadeias e maldições pelo sangue derramado de Jesus e pelas suas santas chagas. Ora para libertar os fiéis das forças do demônio e dos espíritos imundos e pede a infusão do Espírito Santo sobre todos.

Ora em línguas e fala de novas profecias, de renovação dos carismas, de novas revelações, de derrotar o inimigo, de combater o anticristo. Acentua a pedagogia dos gestos, pede aos fiéis que ponham as mãos no ombro um do outro, na cabeça e no peito, que balancem os braços, fechem os olhos, entreguem seu coração a Jesus. Pede que os fiéis se libertem lentamente das preocupações do mundo e que o fiel vá quebrando as cadeias que o prendem, porque elas vão caindo por terra.

Fala que o Senhor alcança o pecador, mas que este deve derramar o seu coração, deixar-se impregnar do Espírito Santo e mergulhar no amor que exorciza os males da nossa vida, amor que exorciza todo e qualquer tipo de mal. Em todos os programas repete sempre esta forma de oração.

Em todos os programas ele fala do demônio que quer destruir a fé do povo. Mas não cita os demônios, nem fala com eles. Nos pedidos de oração fala do interior entorpecido pelas decepções, pelo ressentimento, ora contra o endurecimento do coração, propõe coragem de pedir ao Espírito Santo que os toque e os liberte de toda a falsa doença. Menciona de vez em quando os vírus de doenças encubadas que um dia se manifestariam.

Sua oração em línguas tem um som semelhante a estas sílabas: *iiiaralamaiarerikandária...* Ele sempre repete o mesmo som. Parece ser uma única palavra que se tornou sua marca registrada. Outros fazem outros sons, também repetidos, também marca registrada. Já se sabe que ele emitirá aquele som. Mas ninguém interpreta; nem ele, nem quem ora acham necessária esta parte dos seus encontros, embora Paulo tenha proposto essa prudência aos Coríntios (cf. 1Cor 12,30; 14,13.26). Ele não o faz. Omite esta parte.

É um pregador entusiasmado. Prefere tocar no programa e na missa os cantos de louvor e os cantores da Renovação Carismática Católica. Dizem mais ao seu coração. No final da celebração, ora para que Jesus transforme a vida dos ouvintes. Sugere que mandem mais pedidos de oração por graças e milagres. Dedica uma sessão do programa, que prossegue alguns minutos depois da missa, a pedidos e a testemunhos de conversão. Declara-se parte da cultura de pentecostes na Igreja Católica.

Pregadores diferentes

Os dois irmãos juntos num mesmo programa mostrariam a diversidade que se instalou na Igreja Católica nos últimos 30 anos. Os dois são da mesma família e sacerdotes quase da mesma idade, mas não têm a mesma Teologia, nem a mesma visão de sacramentos, de História, de Liturgia, de Sociologia e de mundo. Escolheram seguir mestres diferentes e certamente não leram os mesmos livros.

Também não oram nem se expressam do mesmo jeito. Mas respeitam-se. Discordam em alguns pontos, mas um não critica a missão nem a visão do outro. No início tiveram a mesma catequese, mas mudaram de ênfases no decurso dos estudos. Ele, o irmão mais novo, não mostra muito pendor para cursos universitários e livros que não sejam de espiritualidade carismática. Não lhe apetece ler os livros que seu irmão mais velho tem nas estantes. Já tem sua linha de leituras. Seu irmão reúne muitos fiéis, mas ele reúne mais. Um dia isso pode mudar num repente. Já aconteceu na Igreja! Houve grupos que duraram menos de 30 anos e há ordens que já duram há mais de 7 séculos.

O primo pentecostal

A mãe era católica, mas mudou da cidade e em São Paulo aderiu a uma das novas Igrejas pentecostais. O rapaz se formou pastor e agora tem uma Igreja que o chama de pastor missionário. Ele serve em muitas Igrejas. Seu discurso é o que se pode chamar de neopentecostal.

Com os dois primos padres ele se dá bem, mas admite que tem dificuldade de viver o ecumenismo, porque sua formação é a da conquista de almas. Não vê a Igreja Católica com bons olhos. Sua Igreja tem o que, segundo ele, as outras não têm e os católicos perderam.

É um pregador entusiasmado. Admite que não leu Teologia das outras Igrejas, nem História Universal, nem História das Igrejas e que seu estudo não foi como o de pastores das Igrejas mais tradicionais. Cresceu na linha dos milagres, da oração, da intercessão, das curas e do prodígio. Formou-se em apenas dois anos. Segundo ele, Deus age e é o quanto basta. A nós cabe pedir e deixar que o Espírito Santo faça o que deve ser feito.

Ele faz parte de uma Igreja de milagres, de unção, de livramento, de mover apostólico. Lá se conseguem casas, apartamentos, emprego, curas de HIV, libertação de câncer, livramento de maldições do demônio e todas as bênçãos que Deus reservou a quem o serve. Lá Deus usa poderosamente dos seus servos.

Num programa de rádio que, com dois outros pastores, mantém numa emissora da sua cidade, ouve-se com frequência:

> Você precisa sair desta prisão. Deus vai lhe mostrar um caminho melhor do que este que você está trilhando. Deus reservou maravilhas para você. Traga uma roupa umedecida na água sagrada. Traga objetos para benzer. Sua vida será vitoriosa. Você será curado de câncer. Venha para uma Igreja de resultados.
> Pague o dízimo com fé. Faça o pedido ao pé das águas batismais. Venha para a festa do poder de Deus. Milagres

DE VOLTA ao catolicismo

jamais ouvidos e vistos acontecem nos nossos templos. Lá, nós determinamos os milagres de que você necessita. Venha para o dia da grande vitória. Com a medalha da libertação colocada na cabeça de quem sofre e com o óleo da cura total, você será libertado de todos os males. A glória de Deus vai fazê-lo feliz. Eu tenho a certeza de que vai dar tudo certo para você.

Ponha aqui um documento e uma peça de roupa de quem precisa, aumente o volume na televisão, coloque a sua mão no copo de água e ore comigo diante do trono branco! A poderosa unção do Senhor te alcançará e amarrará o mal de toda a bruxaria que o acorrenta.

Na comunidade vizinha há uma família que recebeu Jesus numa outra Igreja pentecostal, que distribui uma medalha poderosíssima que fecha o corpo contra o demônio. Uma tia tem o escapulário do Carmo, outra a medalha de São Bento e outra, ainda, a medalha milagrosa. Dois primos foram àquele pastor que joga spray com água santa nos pés das pessoas, libertando-as da miséria.

Conclusão

É este o panorama de muitas famílias. Poderíamos discutir por anos a fio sobre quem se desviou, quem é puro, quem não é, quem está certo e quem está errado. Mas é o que se vê e se ouve na mídia. A escolha só pode ser sua! Estamos juntos, mas está difícil caminhar unidos! Até na hora da unidade não oramos do mesmo jeito! Nem o nosso Pai-Nosso sai com as mesmas palavras. A isto chegamos!

> A ignorância tem sido um dos maiores inimigos da religião. Milhares de pregadores e milhões de fiéis não querem saber mais do que aquilo que já sabem. E o que sabem não é suficiente para adorar a Deus de todo o coração e com

todas as suas forças. Parecem não querer saber mais sobre o que Deus tem feito há bilhões de anos. Interessa-lhes apenas o que Deus faz na sua vida e lá onde se congregam. Não estudam, não leem, não perguntam, não contemplam e não meditam. Mas gostam de pensar que Deus lhes fala, que Deus cura, que Deus opera milagres nos seus templos.

43. Novos templos e novos profetas

> Os convertidos precisam deixar de ser ovelhas que balem e balançam a cabeça a tudo o que ouvem nos seus templos e tornar-se fiéis inteligentes que querem saber mais sobre o ontem, o hoje e o amanhã da fé à qual aderiram. Procuram-se convertidos inteligentes! Eles precisam conhecer João 16,4-5:

> "Eu não lhes disse tudo isso desde o começo, porque eu estava com vocês. Mas agora eu vou para aquele que me enviou. E ninguém de vocês pergunta para onde eu vou?".

Crentes conscientes

Há o que vê e ouve, mas não sabe explicar o que viu e ouviu. Há o que não viu nem ouviu direito e sai descrevendo de maneira errada o que pensou ter visto e ouvido. E há o que não viu nem ouviu nem estudou porque despreza os livros, mas fala como se tivesse presenciado e ouvido. E há também o que viu e ouviu, mas prudentemente fala só do que constatou, e ainda assim se mostra disposto a aprender sobre a experiência que teve. De todos eles, só este último é o crente consciente.

A experiência de crer sempre foi cheia de altos e baixos, de oito e oitenta. Desde que o primeiro ser humano olhou para o sol e o chamou de Deus, houve os que quiseram aprender com aquela luz para ver o que realmente ela era e os que acharam que não tinham mais nada a aprender. Aprender o quê? Não era evidente? Sempre existiram os crentes serenos e conscientes e os crentes de cabeça e coração fechados. As coisas eram como eles diziam e não como eram em si mesmas! E ai de quem os questionasse! Não se questiona um revelado!...

Deus está falando?

Não é diferente em nossos dias, em que os pregadores ensinam suas verdades na televisão e garantem que é Jesus quem está dizendo a eles o que repassam aos seus fiéis. Há os serenos que mostram passagens, divergências e convergências e deixam o fiel escolher. E há os inflexíveis, que falam como se Deus lhes soprasse nos ouvidos toda a verdade, sem omissão, nem de ponto nem de vírgula. Não aceitam aprender com os outros e arranjam sempre um jeito de desqualificar quem pensa ou prega diferente. Não ensinam que uma longa tradição foi se formando. Ensinam que Deus os iluminou e eles a aprenderam diretamente de Jesus. Jesus lhes disse... Um anjo lhes disse... Deus lhe falou pessoalmente na noite anterior...

Como Jesus manda questionar tais pregadores (cf. Mt 24, 11-28), é melhor que se expliquem. Eles não sabem tudo o que afirmam saber. Que os pregadores sejam conscientes a ponto de humildemente admitirem que há coisas que não sabem ou não entenderam. Que os fiéis sejam crentes conscientes, que sabem que ainda há muito por saber e aprender. O jeito é aprofundar! Atrás e à frente do púlpito! Fujamos dos excessivamente revelados. Em geral, faltam-lhes as Escrituras e outras tantas leituras. Veja, ouça e diga se é ou não é verdade: há os que sabem e os que não sabem. De modo geral, os que não sabem e não estudam são os que falam com maior certeza!

Crer é dar o coração e a cabeça

Já vimos que *credere*, *crer* vem de *cor dare*, dar o coração. Todo cristão deve converter o coração e a cabeça. Se lessem mais, os fiéis que dizem ter aderido a Cristo através de uma Igreja

DE VOLTA ao catolicismo

saberiam o que houve com Marcião, Ário, Montano, Donato, Nestório, os monofisitas, os ebionitas, os docetistas, os luteranos, os calvinistas, os pietistas, os jansenistas e os que romperam com a nossa fé, criando outras Igrejas ou desafiando a unidade.

Saberiam dos fatos que levaram a isso e tentariam ver aquelas doutrinas e sinais a se repetirem à farta na televisão e no rádio de agora, pela voz de algum pregador mais exaltado ou mais compungido. Saberiam como foi a Igreja no começo, nos primeiros séculos, nos séculos IX, X e XI, o que levou à Reforma e à Contrarreforma. Saberiam dos exageros de ontem e de hoje e tomariam mais cuidado nas suas pregações e reagiriam ao ouvir algum pregador leigo dizendo que, a cada pecado que cometemos aqui, no céu uma gota de sangue cai na testa de Cristo. Maria e os anjos choram mais uma vez... Escreveriam ou telefonariam a ele dizendo que sua teologia não confere com a da Igreja que ele anuncia.

> Ouvintes atentos e leitores sequiosos de saber mais poderiam fazer a diferença numa Igreja cheia de pregadores bem-intencionados, mas mal-informados porque simplesmente se negam a ler teologia, catecismos e escritores que não sejam do "seu movimento". Se somos católicos, devemos ouvir todos os católicos que possuem algum título de mestres na Igreja, mesmo que não sejam do nosso grupo. Sem abertura e atenção, aquelas heresias se repetirão.

Quando um sacerdote diz peremptoriamente que Maria só foi escolhida para mãe do Cristo porque era virgem, mostra não ter lido os documentos da Igreja. A virgindade certamente foi um belíssimo apanágio de Maria, e nisso ela foi cheia de méritos. Mas, segundo Jesus, em Lucas 11,27-28, o cerne do chamado de Maria, o que faz alguém bem-aventurado e fez a ela, sua mãe, ser bendita, foi mais do que emprestar o ventre e os seios para o Filho de Deus: foi **ouvir e praticar a Palavra!** A ênfase não é o hímen, mas o coração e a mente que guardavam tudo o que ela via e ouvia. O pregador, na ânsia de valorizar a virgindade, acentuou o hímen e não a mente de Maria.

O alvo da fé

Diminuir a beleza do casamento e da sexualidade santa para ressaltar a virgindade santa é não entender o alvo da fé. São caminhos de santidade que seguem, juntos, na mesma direção, um abrindo espaço para o outro. O fiel que escolher este ou aquele caminho chegará ao céu tendo feito, com o mesmo mérito, a vontade de Deus. Os pais de uma virgem não são menos santos porque se deram os corpos, dos quais a virgem nasceu. Além disso, convém lembrar que virgindade nem sempre quer dizer pureza. Nem todos os virgens são castos. Hímen intacto é uma coisa, pureza de alma é outra!

No caso de Maria houve pureza e virgindade, mas se tivesse sido mãe por vias normais ainda assim seria mulher pura. Sua virgindade foi um caminho oferecido já durante o seu noivado, que precisou da anuência de José. Ele poderia tê-la rejeitado. Segundo a Igreja, a virgindade não era a condição número um para o Filho de Deus vir ao mundo. O *"seja como dizes"* e o silêncio de Maria mostraram que ela entendeu onde estava o essencial do seu chamado: na vontade de Deus e na sua tentativa de compreender tudo o que aconteceria daquele momento em diante!

Ela já era pura o suficiente para não centrar o seu chamado apenas na sua condição de virgem. Se Deus a tivesse escolhido para deixar de ser virgem, mas assim mesmo ser mãe do Messias, ela teria obedecido do mesmo jeito e o sofrimento não seria menor.

Ser pessoa pura, na virgindade ou no matrimônio, é sempre graça do céu correspondida na terra por um coração que entendeu o seu chamado.

44. Vida depois da morte

Os mortos já foram vivos e os vivos em pouco tempo estarão mortos. Em menos de 70 anos, os jovens de hoje estarão do outro lado da vida. Da mesma vida? Ou será outra vida? Será esta vida continuada numa outra dimensão, como estrada que atravessa um túnel e continua a estrada de sempre, mas em outra paisagem e com outro traçado? Seremos nós mesmos purificados e melhorados? Viveremos para sempre? Ou o sonho de eternidade é apenas um sonho? Haverá os salvos e premiados? Haverá os punidos? Quem será perdoado? Quem viverá para sempre longe do seu Criador?

A espera pela vida eterna

Para muitos morrer é "o" fim. Para milhões de crentes é "um" fim e "um" meio. O túnel, ainda que escuro, não é nem o começo, nem o meio, nem o fim da estrada. É passagem. Depois, a estrada continua numa outra dimensão.

Inconformados diante da morte

Exceto por uma minoria que deseja morrer e pede que Deus abrevie sua vida; e por outra que não hesita, pelas mais estapafúrdias e loucas motivações, em propor e causar a morte dos outros, o ser humano quer viver e não se conforma facilmente com o que ele considera o desaparecimento ou a morte de um ser amado. **Milhões deles entendem a morte como "o" fim e não como "um" fim...**

As religiões, quase todas elas, ocupam-se deste fim e afirmam que ele é passageiro. Depois há mais. Dão um sentido para a morte. Encontram-no no sentido da vida que, em geral, consideraram "eviterna", palavra que traduz a ideia de tempo e eternidade. **Evo:** tempo + **eterno.** Tivemos começo, morreremos, mas a morte não será "o" fim. A vida prosseguirá numa outra dimensão, agora, eterna!

Para explicar uma e outra realidade, cada religião tem seu corpo de doutrinas. Os fiéis acatam e aceitam, ou escolhem outras religiões, a partir do que lhes é dito sobre nascer, viver e morrer, sobre sexualidade, família, reprodução, amores, fidelidade, separação, novas chances, novos amores, dores, cruzes, eleições, chamados, fatalidade, último dia, morte, possíveis retornos e reencarnações, encontro definitivo com Deus, salvação ou condenação. Debrucemo-nos com olhar de católico sobre estes conceitos.

Invocar e evocar os mortos

Inconformados com a morte de um ente querido, morte que o Catolicismo reveste de esperança e encara como túnel e não fim da viagem – mas certamente passagem definitiva e sem retorno –, muitos católicos deixaram a Igreja e procuraram religiões que admitem a reencarnação, o retorno e o contato com os falecidos. Precisaram desta certeza que a outra religião ofereceu.

Milhões não admitem o definitivo da partida e querem um ou mais encontros com a pessoa que morreu. Outros apostam em sucessivos retornos antes da vida eterna. Ensinam que há nova chance de viver aqui, em tempo que Deus designa. Não seria ressurreição, e, sim, reencarnação.

Como isso não existe na nossa Igreja e lá se admite, alguns católicos nos deixam e procuram, do lado de lá, irmãos que lhes garantam que tal encontro é possível com a ajuda de um médium, um intermediário, alguém que é mais do que intercessor.

DE VOLTA ao catolicismo

Ele não apenas ora, mas também entra em contato e garante que sabe o que o outro que morreu tem a dizer.

Passagem definitiva

Verdadeira ou não, a palavra do médium traz mais conforto do que a do padre ou do pastor que falam em ida sem volta. Nós lidamos com o definitivo. Para nós não se evoca um falecido. Pode até haver comunicação nossa com eles, mas não há resposta nem pedido de que se manifestem. Caso se manifestem, ou nos pareça estar recebendo sinais deles, a iniciativa é de lá e não de cá. A Igreja pede muito cuidado com tais práticas. Pode-se cair facilmente na ilusão do vidente, que garante ter visto o que não aconteceu. É a nossa opinião, embora respeitemos quem crê e aposta com todas as cartas que os mortos aparecem, ditam livros e dão sinais concretos.

Entre os católicos, ora-se a Deus e aos anjos, que não precisam de nossas preces; ora-se aos santos, que estão vivos e não dormindo, como afirmam outros irmãos de fé em Cristo; ora-se aos e pelos falecidos, que talvez ainda precisem de nossa prece. Mas não se pede que venham falar conosco. Entre nós, uma coisa é "invocar" (*orem conosco*) e outra "evocar" (*venham, voltem e manifestem-se*).

Vem e sinaliza!

Quando dizemos ao Espírito Santo *"Vem"*, não o evocamos, até porque já cremos que Ele já está no meio de nós. Invocamos, porque desejamos entender um pouco mais da sua luz que já brilha entre nós. Um católico que **evocasse** (*chama e quer ver e ouvir*) agiria como Moisés, que quis ver o rosto de Deus e isso lhe foi negado. Mas aquele que **invoca** e apenas quer luzes e vislumbres sem exigir provas, está nos limites do que Jesus disse a Tomé, que exigia provas físicas: – *Tomé, você acredita porque* viu e tocou, mas melhor é o caminho daquele que não viu, e assim mesmo acreditou! (cf. Jo 20,26-29).

Eles querem contato

Milhões de irmãos se consolam com a doutrina de que nossos familiares mortos podem falar conosco, psicografam, dão recados e se comunicam. Algumas estantes de livros em aeroportos e restaurantes de beira de estrada mostram esta realidade. Nossos irmãos kardecistas consolam-se com a ideia de que haverá uma chance de viver de novo, reencarnar-se com outro nome, outro corpo e outro rosto, até que chegue a vida definitiva.

Enquanto isso, alimentam sua fé lendo relatos de quem morreu e manda mensagens psicografadas de lá, de onde estão. É uma crença arraigada da qual a grande maioria não abre mão. A nenhum católico ou evangélico assiste o direito de ofendê-los, destruir ou mandar destruir seus sinais, como infelizmente tem acontecido, até em livros de espiritualidade. Entre nós não se aceita o gesto de Gedeão, que foi saudado como herói por ter destruído imagens e ídolos dos outros (cf. Jz 6; 7). Cristão não age dessa forma. Deus não nos deu esse direito. Por que exigiríamos deles que vejam a vida e a morte como nós vemos, se nós também não abrimos mão da nossa fé?

Assim como eles nos respeitam quando dizemos que não há este retorno, cabe a nós respeitá-los quando garantem que há. Irmãos inteligentes discordam sem um perder o respeito pelas certezas do outro sobre a outra vida. Essa discussão do **volta-não-volta** só será resolvida quando entendermos melhor a vida e a ressurreição, a nossa e a dos outros. E não é fácil entender estes mistérios.

Aparições e visões

Muitos católicos creem em aparições de santos ou de seus familiares e até afirmam que os viram num canto da sala, ou ao pé

DE VOLTA ao catolicismo

de sua cama. Os que cultivam religiões e práticas espiritualistas também dizem que os falecidos estão vivos numa outra dimensão e que seus mestres estabelecem contato com eles.

Há católicos que não aceitam com facilidade os relatos de videntes ou revelados católicos. Querem provas, porque nem toda visão corresponde a uma aparição verdadeira. A Igreja é muito severa ao analisar as "visões". Em alguns casos admite que ali houve algo sobrenatural; em outros, suspende o julgamento. Na maioria dos casos a sentença é clara: foi ilusão, o vidente não viu!

A Igreja não incentiva tais práticas. Uma coisa é falar ao santo que não vemos e outra é chamá-lo, ou espalhar que ele nos visitou e falou conosco. Uma coisa é invocar a prece de quem já morreu e cremos que está com Deus e outra, evocar quem morreu e pedir que nos apareça e se manifeste. O Deus que nos criou e nos pôs aqui nos espera para, um dia, estarmos para sempre com Ele.

Para nós não há nirvana

Não cairemos no esquecimento total. "Seremos" para sempre. Por isso, os católicos falam em eternidade com o Criador, eternidade longe do seu "colo", no céu ou no inferno; existiremos para sempre.

Canonização e condenação

Prudente, a Igreja, que crê na justiça, mas também crê no perdão e na misericórdia, jamais declarou que alguém está no inferno. Contudo, declara que há bilhões de pessoas no céu. Se Deus é justo, Ele deu o céu para quem foi bom e o buscou aqui, amando seus irmãos. Se Deus é misericordioso, ele deu mais uma chance a quem o rejeitou. Jesus toca neste assunto quando em Mateus 25,31-46 fala dos benditos do Pai que seriam bem-vindos ao céu porque praticaram a caridade.

Então dirá o Rei aos que estiverem à sua direita: "Vinde, bendito de meu Pai, possuí por herança o reino que vos está preparado desde a fundação do mundo;
Porque tive fome, e destes-me de comer; tive sede, e destes-me de beber; era estrangeiro, e hospedastes-me;
Estava nu, e vestistes-me; adoeci, e visitastes-me; estive na prisão, e fostes ver-me".
Então os justos lhe responderão, dizendo: "Senhor, quando te vimos com fome, e te demos de comer? ou com sede, e te demos de beber?
E quando te vimos estrangeiro, e te hospedamos? ou nu, e te vestimos?
E quando te vimos enfermo, ou na prisão, e fomos ver-te?".
E, respondendo o Rei, lhes dirá: "Em verdade vos digo que, quando o fizestes a um destes meus pequeninos irmãos, a mim o fizestes".

Exceto por alguns casos, entre eles um dos ladrões na cruz (cf. Lc 22,42-43), não sabemos quem se arrependeu na hora decisiva. Bastam dois segundos para dizer *"Sim, eu me arrependo"* e três segundos para dizer *"Não, eu não me arrependo do que fiz"*. Aí repousa a diferença não entre o bem e o mal, mas entre o bom e o mau!

45. Sem medo do que virá

Bandidos parecem não temer a morte.
Os santos também não.

Agora e na hora da nossa morte

Na nossa doutrina, a morte pode ser um bem. Todos os dias os católicos se lembram dos limites do seu agora e pedem ajuda à mãe de Jesus, que cremos estar viva com o Filho, para que ela ore conosco pela graça de viver bem e de morrer em paz. Aquele que nasceu morrerá! Essa é a realidade. Para todos chega a hora de ir. Jesus propõe que estejamos preparados (cf. Mt 24,36-42). Por isso pedimos ajuda do céu para enfrentar essas duas realidades, o que não é nem nunca foi fácil. Mas, como diz Paulo, há um momento em que morrer é lucro (cf. Fl 1,21), principalmente quando alguém combateu o bom combate (cf. 2Tm 4,7) e seu viver foi Cristo (cf. Gl 2,20). Paulo ainda ensina que Jesus entregou sua vida pelos outros (cf. Rm 5,8). É graça enorme viver como quem sabe que vai morrer e morrer como quem achou o sentido do seu viver.

Por que recorrer a Maria?

Todos os dias nós, católicos, celebramos a vida como "realidade certa" e a morte como "certeza de data incerta". Um dia, o Senhor nos chamará. Como não sabemos quando e como será, pedimos antecipadamente à mãe de Jesus que interceda a seu Filho por nós. Cremos que ela pode. Se pedimos sua ajuda e sua prece é porque cremos que ela está no céu e ora por nós. Direito nosso! Se outros cristãos duvidam disso, direito deles! Um dia saberemos quem estava certo! Não cultivamos a morte, mas também não cultivamos a fuga. Encaramos os fatos. E tanto os encaramos que na oração do rosário milhões de católicos repetem todos os dias, cinquenta vezes, àquela que esteve com Jesus do primeiro ao último suspiro: *"Rogai por nós, pecadores, agora e na hora da nossa morte!"*.

A mística do morrer em Cristo

Dois ou três amigos meus fizeram-me saber que a mística da boa morte os trouxe ao Catolicismo. Um dos casos foi o de uma mãe que afirmava em e-mail, no ano de 2007, que por anos deixara o Catolicismo para viver sua fé numa Igreja pentecostal. Voltou quando seu filho morreu assassinado. Entendeu o que é encarar a morte com preces aos santos do céu, muitos dos quais morreram na mesma situação.

Lembrou-se da intercessão da mãe do Cristo, que também teve o filho assassinado numa cruz. Maria estava lá! De vida e milagres e de morte ela entendia. Lembrou-se da mística do *"agora e naquela hora"* dos católicos. Uma amiga católica lembrou-lhe que ela não perdera o filho; os dois se veriam na eternidade, mas agora ele via melhor do que ela, porque estava no colo de Deus, e bem vivo. Não estava dormindo o sono da espera. Ela não mais o veria, mas ele a veria e, mesmo sem vê-lo, ela sempre o teria.

Céu agora

Aquela senhora acreditou no "céu agora" e voltou ao Catolicismo porque, mesmo sem vê-lo, nem receber seus recados, mesmo sem falar "com ele", ela podia falar "a ele". Hoje, ela aposta que seu filho assassinado, na porta de sua casa, não está esperando pelo último dia. Já foi salvo pelo sangue do também assassinado Jesus. Crê que ambos, mãe e filho, oram um pelo outro. Ela aqui, por ele, e ele lá, por ela, com a ajuda de todos os santos! Está pensando e orando como católica! Outros irmãos ensinam

DE VOLTA ao catolicismo

e pregam de outro jeito, apoiando-se em outras passagens da Bíblia. Sejam respeitados! Sobre o céu muito se crê e pouco se sabe!

A mística do encontro futuro

A verdade é que a mística do encontro com os do céu tem consolado a milhões de católicos que encaram a morte como certeza e antecipam aquele dia, colocando-se já, agora, no colo de Deus, que, pelo sangue redentor do Cristo, nos quer com Ele. *O sangue de Jesus salva de verdade, agora, já, e não daqui a milhares de anos,* dizem os católicos. Pentecostais têm outra versão desta fé. Cremos que não temos que esperar o último dia da humanidade. Se existem passagens bíblicas que dão a entender isso, há outras que nos dizem que o céu vem antes daquele dia final! Para nós está mais do que claro que há bilhões de humanos no céu.

Quando se entra no céu?

Quando eu disse estas coisas a um irmão de uma Igreja pentecostal, ele exclamou que eu não sabia do que estava falando. Com isso deu a entender que ele sabia! Pedi sua Bíblia e mostrei-lhe uns vinte textos que falam de misericórdia e cantei-lhe um trecho da canção que diz que o "sangue de Jesus tem poder". Perguntei-lhe qual o prazo certo para Deus usar de misericórdia para com quem morreu e levá-lo para o céu. Disse mais. Se todo o poder foi dado a Jesus (cf. Mt 28,18), ele tem ou não tem poder de levar alguém hoje mesmo para o céu? Levou ou não levou o ladrão arrependido para o paraíso naquele mesmo dia?

É claro que ele me encheu de respostas para explicar que não há santos no céu. Mas ficaram as perguntas. Eu não tenho certeza, nem ele. O que temos é fé a partir de alguns pontos de vista. Minha fé católica me diz que o céu está repleto de salvos em Cristo! Ele diz que está todo mundo dormindo e esperando o último dia. Seja feliz na sua fé. Eu sou na minha!

Raham, o colo de Deus

A Bíblia está cheia de passagens que falam de abraço, colo, ternura, aconchego, seio do Deus que perdoa e ama. Também está cheia de avisos de que a justiça de Deus funciona. Ele pune. Mas a ideia de *raham*, *colo*, está expressa com clareza nos Evangelhos e nas epístolas. Jesus tem ombro de pastor e colo amigo. Certa vez Ele até mandou um agraciado ir anunciar a sua misericórdia (cf. Mc 5,19). Sugeriu que seus ouvintes e adversários aprendessem sobre o que é essencial à fé em Deus: a misericórdia (cf. Mt 9,13). Teve compaixão do povo (cf. Mt 9,36). Ofereceu-se como modelo de perdão e mansidão e nos motivou a não ter medo do futuro (cf. Mt 11,29). Veio perdoar e salvar (cf. Mt 18,11). É impossível anunciar Jesus sem anunciar a sua misericórdia.

Cremos que Jesus oferece ombro e colo ao pecador e nos convida a ir para onde Ele foi preparar-nos um lugar (cf. Jo 14,2). Se fez isso em vida, na mesma hora em que viu o sofrimento da mãe viúva em Naim (cf. Lc 7,12) e do paralítico na piscina (Jo 5,1-14), antecipando-se ao seu pedido e curando-o no corpo e na alma, porque não o faria conosco e com quem já morreu?

Cremos no colo de Cristo

Cremos em acolhimento na terra e no céu e anunciamos que os santos que morreram esperando a misericórdia de Jesus estão na glória. São nossos antecessores e predecessores. Estão onde estaremos: no colo de Deus. Por isso podem, sim, orar por nós, tanto quanto os "santos" daqui, mais sujeitos ao pecado que os de lá, podem orar uns pelos outros. Eles realmente estão salvos. Os "santos" daqui ainda correm algum risco. Por isso, segundo diz Paulo, operam com temor e tremor a sua salvação (cf. Fl 2,12; 2Cor 5,11).

Ver-nos-emos lá no céu. Quem nos precedeu e nos espera já sabe o que é viver e morrer. Nós, um dia, como eles, saberemos quem é, como é, como foi. Lá, no "para sempre" e na eternidade, entre os salvos pela misericórdia e pelas respostas que deram a Deus e ao próximo, celebraremos para sempre as maravilhas do colo e do amor do Criador.

Tudo que é humano nos interessa

Gaudium et Spes[1]

1. As alegrias e as esperanças, as tristezas e as angústias dos homens de hoje, sobretudo dos pobres e de todos aqueles que sofrem, são também as alegrias e as esperanças, as tristezas e as angústias dos discípulos de Cristo; e não há realidade alguma verdadeiramente humana que não encontre eco no seu coração. Porque a sua comunidade é formada por homens, que, reunidos em Cristo, são guiados pelo Espírito Santo na sua peregrinação em demanda do Reino do Pai, e receberam a mensagem da salvação para a comunicar a todos. Por este motivo, a Igreja sente-se real e intimamente ligada ao gênero humano e à sua história. [...]

Cristo é modelo do homem novo

22. Na realidade, só no mistério do Verbo encarnado se esclarece verdadeiramente o mistério do homem. Adão, o primeiro homem, era efetivamente figura daquele futuro,[20] isto é, de Cristo Senhor. Cristo, novo Adão, na própria revelação do mistério do Pai e do seu amor, revela o homem a si mesmo e descobre-lhe a sua vocação sublime. Não é por isso de admirar que as verdades acima ditas tenham nele a sua fonte e nele atinjam a plenitude.

"Imagem de Deus invisível" (Cl 1,15),[21] ele é o homem perfeito, que restituiu aos filhos de Adão a semelhança divina, deformada desde o primeiro pecado. Já que, nele, a natureza humana foi assumida, e não destruída,[22] por isso mesmo, também em nós foi ela elevada a sublime

---

[1] CONCÍLIO VATICANO II. Op. cit.

dignidade. Porque, pela sua encarnação, ele, o Filho de Deus, uniu-se de certo modo a cada homem. Trabalhou com mãos humanas, pensou com uma inteligência humana, agiu com uma vontade humana,[23] amou com um coração humano. Nascido da Virgem Maria, tornou-se verdadeiramente um de nós, semelhante a nós em tudo, exceto no pecado.[24]

Ele morreu por nós

Cordeiro inocente, mereceu-nos a vida com a livre efusão do seu sangue; nele Deus nos reconciliou consigo e uns com os outros[25] e nos arrancou da escravidão do demônio e do pecado. De maneira que cada um de nós pode dizer com o Apóstolo: o Filho de Deus "amou-me e entregou-se por mim" (Gl 2,20). Sofrendo por nós, não só nos deu exemplo, para que sigamos os seus passos,[26] mas também abriu um novo caminho, em que a vida e a morte são santificadas e recebem um novo sentido.

Cristo ressuscitou e nos ajudará a morrer

O cristão, tornado conforme à imagem do Filho que é o primogênito entre a multidão dos irmãos,[27] recebe "as primícias do Espírito" (Rm 8,23), que o tornam capaz de cumprir a lei nova do amor.[28] Por meio deste Espírito, "penhor da herança" (Ef 1,14), o homem todo é renovado interiormente, até à "redenção do corpo" (Rm 8,23): "Se o Espírito daquele que ressuscitou Jesus de entre os mortos habita em vós, aquele que ressuscitou Jesus de entre os mortos dará também a vida aos vossos corpos mortais, pelo seu Espírito que em vós habita" (Rm 8,11).[29] É verdade que para o cristão é uma necessidade e um dever lutar contra o mal através de muitas tribulações, e sofrer a morte; mas, associado ao mistério pascal, e configurado à morte de Cristo, vai ao encontro da ressurreição, fortalecido pela esperança.[30]

E isto vale não só dos cristãos, mas de todos os homens de boa vontade, em cujos corações a graça opera ocultamente.[31] Com efeito, já que por todos morreu Cristo[32]

DE VOLTA ao catolicismo

e que a vocação última de todos os homens é realmente uma só. [...]

Sem medo de morrer

Lumen Gentium[2]

48. [...] Já chegou para nós, portanto, a última fase dos tempos (cf. 1Cor 10,11), a renovação do mundo está irrevogavelmente decretada e vai-se realizando de certo modo já neste mundo: de fato, a Igreja possui já na terra uma santidade verdadeira, embora imperfeita. Até que haja céus novos e nova terra, em que habite a justiça (cf. 2Pd 3,13), a Igreja peregrina leva consigo, nos seus sacramentos e nas suas instituições, que pertencem à época presente, a figura deste mundo que passa e vive entre as criaturas, que gemem e sofrem as dores do parto até agora, suspirando pela manifestação dos filhos de Deus (cf. Rm 8,19-22).

A morte nos levará para Deus

Unidos, pois, a Cristo, na Igreja, e marcados pelo selo do Espírito Santo, "que é o penhor da nossa herança" (Ef 1,14), chamamo-nos e na realidade somos filhos de Deus (cf. 1Jo 3,1), mas não aparecemos ainda com Cristo na glória (Cl 3,4), na qual seremos semelhantes a Deus, porque o veremos tal como ele é (cf. 1Jo 3,2). Assim "enquanto habitamos no corpo, vivemos no exílio longe do Senhor" (2Cor 5,6) e apesar de possuirmos as primícias do Espírito, gememos dentro de nós (cf. Rm 8,23) e suspiramos por estar com Cristo (cf. Fl 1,23). Este mesmo amor nos impele a vivermos mais intensamente para aquele que por nós morreu e ressuscitou (cf. 2Cor 5,15). Por isso, nos empenhamos em agradar em tudo ao Senhor (cf. 2Cor 5,9) e nos revestimos da armadura de Deus, para podermos estar firmes contra as maquinações do demônio e resistir

---

[2] CONCÍLIO VATICANO II. Op. cit.

no dia mau (cf. Ef 6,11-13). Mas, como não sabemos o dia nem a hora, devemos vigiar constantemente, segundo a recomendação do Senhor, para, ao terminar a nossa única passagem por esta vida terrena (cf. Hb 9,27), merecermos entrar com ele no banquete nupcial, sermos contados entre os benditos do seu Pai (cf. Mt 25,31-46), e não sermos repelidos como servos maus e indolentes (cf. Mt 25,16), para o fogo eterno (cf. Mt 25,41), para as trevas exteriores onde "haverá choro e ranger de dentes" (Mt 22,13; 25,30). Pois, antes de reinarmos com Cristo glorioso, compareceremos todos "perante o tribunal de Cristo, a fim de que cada um receba a retribuição do que tiver feito durante a sua vida no corpo, seja para o bem, seja para o mal" (2Cor 5,10); e no fim do mundo sairão "os que tiverem feito o bem para uma ressurreição de vida; os que tiverem praticado o mal para uma ressurreição de julgamento" (Jo 5,29; cf. Mt 25,46). Tendo por certo que "os sofrimentos do tempo presente não têm proporção com a glória futura que há de revelar-se em nós" (Rm 8,18; cf. 2Tm 2,11-12), esperamos com fé firme o cumprimento da "feliz esperança da manifestação gloriosa do grande Deus e Salvador, nosso Senhor Jesus Cristo" (Tt 2,13), "o qual transformará o nosso corpo de miséria, tornando-o semelhante ao seu corpo glorioso" (Fl 3,21) e virá "para ser glorificado nos seus santos e admirado em todos os que creram" (2Ts 1,10).

46. Nascer e morrer católico

Rogai por nós, pecadores,
agora e na hora da nossa morte!

Gaudium et Spes[1]

O mistério da morte

18. É em face da morte que o enigma da condição humana mais se adensa. Não é só a dor e a progressiva dissolução do corpo que atormentam o homem, mas também, e ainda mais, o temor de que tudo acabe para sempre. Mas a intuição do próprio coração fá-lo acertar, quando o leva a aborrecer e a recusar a ruína total e o desaparecimento definitivo da sua pessoa. O germe de eternidade que nele existe, irredutível à pura matéria, insurge-se contra a morte. Todas as tentativas da técnica, por muito úteis que sejam, não conseguem acalmar a ansiedade do homem: o prolongamento da longevidade biológica não pode satisfazer aquele desejo de uma vida ulterior, invencivelmente radicado no seu coração.

Enquanto, diante da morte, qualquer imaginação se revela impotente, a Igreja, ensinada pela revelação divina, afirma que o homem foi criado por Deus para um fim feliz, para além dos limites da miséria terrena. A fé cristã ensina, além disso, que a morte corporal, de que o homem teria sido isento se não tivesse pecado,[14] será vencida, quando o homem for restituído à salvação, que por sua culpa perdera, pelo onipotente e misericordioso Salvador. Com efeito, Deus chamou e chama o homem a unir-se a ele com todo o seu ser na perpétua comunhão da incorruptível vida divina.

Esta vitória, alcançou-a Cristo ressuscitado, libertando o homem da morte com a própria morte.[15] Portanto, a fé,

---

[1] CONCÍLIO VATICANO II. Op. cit.

que se apresenta à reflexão do homem, apoiada em sólidos argumentos, dá uma resposta à sua ansiedade acerca do seu destino futuro; e ao mesmo tempo oferece a possibilidade de comunicar, em Cristo, com os irmãos queridos que a morte já levou, fazendo esperar que eles alcançaram a verdadeira vida junto de Deus.

Quando nasce um católico

Ninguém nasce católico, mas pode-se nascer num lar católico. A criança consagrada a Deus como filha de católicos vai se tornando católica à medida que vê a abertura, o *para todos*, o *cat holou*, o *colo, a abrangência espiritual, o diálogo, a acolhida, a busca dos sacramentos, mormente a Eucaristia, o respeito pelos santos e mártires da nossa Igreja, o amor por Maria, a mãe do Cristo, e o desejo de ver Cristo amado e conhecido por todos.*

Batismo, Primeira Eucaristia, primeiros atos de comunhão, primeiros louvores, primeiros atos de solidariedade, Crisma, unção ainda na juventude, propostas de namoro dentro da doutrina católica sobre sexualidade, cooperação ou confronto com o mundo a depender do que o mundo propõe, procura da vocação, desejo de vida solidária, sensibilidade para com a dor humana, tudo isso vai se tornando jeito de cristão católico.

E há os templos, as lembranças, os ritos, os objetos sacros, os livros, o catecismo, as romarias, os grupos e movimentos, os enfoques, as místicas, a sabedoria de conviver e admirar quem é de outro movimento e achou lá uma razão a mais para ser católico.

ABERTURA PARA OS OUTROS ILUMINADOS
Esta abertura para o outro caracteriza quem nasceu numa família católica e foi se tornando católico. O fechamento num só grupo, num só autor, num só tipo de leitura ou canções, a incapacidade de orar, cantar, misturar-se aos

DE VOLTA ao catolicismo

outros católicos acaba em desvio e sectarismo. Poderia ser mais amplamente católico, mas escolheu ouvir apenas um tipo de pregador e orar apenas do jeito daquele grupo e ler apenas os livros daquele movimento. Excluiu da sua vida teólogos e sociólogos católicos profundos e de fé provada. Excluiu inclusive o Papa, já que nunca leu os principais documentos da sua Igreja. Mas os livrinhos de testemunho de pessoas do seu movimento ele leu. Aderiu ao movimento. Agora, só falta aderir à Igreja Católica, que é muito mais e mais profunda do que aquela expressão de fé chamada TPD, CTQ, QRM ou coisa que o valha. Quando acentuar toda a Igreja, e não apenas uma parte dela, terá se tornado mais católico.

Quando nasce um filho de católico, à medida que se desenvolve como pessoa marcada pela doutrina dos católicos, o recado será sempre este:

Vai! Ouve! Anuncia! Partilha! Sê fraterno! Vê Deus agindo no outro. Acende tua luz na luz do outro e deixa o outro acender a dele na tua. Aceita iluminar e aceita ser iluminado. Prega, mas também ouve! Abre teu coração para todos e não apenas para os pregadores do teu grupo. Há mais católicos além dos de tua comunidade ou movimento e eles têm tanto acesso à graça quanto os do teu amado e querido grupo de fé.

Unidade, diálogo, abertura caracterizam esta Igreja que tem o nome de *cat-holou*, *cathólicos*, **para todos**. É a doutrina do *raham, rahamim*: colo de Deus aqui na terra. Somos o ombro e o colo de Deus neste mundo. Não podemos nos fechar em redomas.

Vivemos pelos outros, com os outros, nos outros e para os outros, como vivemos em Cristo, com Cristo, por Cristo e para Cristo!

Quando morre um católico

Pelo que ensinamos sobre a vida e a morte, a morte de um católico deveria ser diferente. Para muitos, é. A doutrina sobre o depois, o poder do sangue de Cristo e a misericórdia dele nos tranquiliza. É impressionante o número de católicos que só na América Latina, nos últimos 40 anos, deram a vida pelos outros. Seu gesto nos autoriza a dizer que são e foram frutos da doutrina católica sobre a solidariedade e sobre dar a vida em favor dos outros.

Oramos para morrer bem

A doutrina sobre o despojamento de si em favor de todos já fez muitos irmãos católicos arriscarem a vida e dá-la em favor da comunidade. Também aconteceu com irmãos de outras Igrejas, mas entre nós tem sido mais frequente. Está no cerne de nossas preces. Somos uma das poucas religiões que *todos os dias pensa na morte*.

Reprisemos o conceito: um católico, ao morrer, se morrer em paz com Deus e com o próximo, irá para o céu e não haverá longa espera, nem longo sono dos justos até o dia final. Em caso de necessidade de purificação, cremos em purgatório e na misericórdia de Jesus. Cremos que o céu está cheio de santos e iremos para lá depois da morte se nossa vida tiver sido com Cristo, por Cristo e em Cristo. Para nós o morrer deveria ser lucro, como diz São Paulo: *Porque para mim o viver é Cristo, e o morrer é ganho* (cf. Fl 1,21).

Auxílio para morrer sereno

Para um católico que assimilou o catecismo, o depois da vida não é trágico, nem o é o túnel da morte, que é a passagem para a eternidade. Levamos *vida, morte, juízo, inferno ou paraíso* a sério. Como vimos anteriormente, a oração da Ave-Maria nos dispõe a isso, porque ela viu o nascer, o crescer e o morrer do seu Filho.

Não vemos a morte como tragédia, mas como desfecho natural de uma vida cercada de dons, de santos e de testemunhas do Cristo. Outra vez acentuemos que a devoção aos santos faz isso por nós. Ela nos ajuda a pensar no verbo ir e na eternidade para onde eles foram e onde estão intercedendo a nosso favor ao Cristo e em nome dele. Nós fazemos isso aqui e eles lá, de onde nos esperam.

De volta à visão católica

Sentimo-nos peregrinos. Francisco de Assis até chamava a morte de irmã, posto que ela o levaria para mais perto de Jesus. Outros santos viveram a mesma mística de São Paulo. Morrer seria lucro, porque sabiam em quem acreditaram.

Para a nossa doutrina sobre a morte serena, sem apego a este mundo e sem susto, baseamo-nos nas doutrinas sobre a ressurreição e ascensão de Jesus e sobre a assunção de Maria e nas seguintes passagens, que tanto podem levar a pensar que haverá a longa espera, como nossa entrada no céu será imediata:

Jesus pode salvar

Parece não haver espera

E, chegando-se Jesus, falou-lhes, dizendo: "É-me dado todo o poder no céu e na terra" (Mt 28,18). *Então ele também tem poder sobre a morte e pode levar para o céu na hora em que ele quiser.*

Jesus respondeu, e disse-lhe: "Se alguém me ama, guardará a minha palavra, e meu Pai o amará, e viremos para ele, e *faremos nele morada*" (Jo 14,23). *Se Deus já mora em alguém, isto não é céu aqui? Por que teria que esperar o céu depois?*

350   Pe. Zezinho, scj

"Porque isto é o meu sangue, o sangue do novo testamento, que é derramado por muitos, para remissão dos pecados" (Mt 26,28). *Se o sangue dele salva, a salvação será parcial? Só vai funcionar plenamente no dia final da humanidade? Ou ele tem poder de salvar logo e levar logo para o céu? Foi dado a ele só algum poder ou todo poder?*

"Quem come a minha carne e bebe o meu sangue tem a vida eterna, e eu o ressuscitarei no último dia" (Jo 6,54). Logo muito mais agora, tendo sido justificados pelo seu sangue, seremos por ele salvos da ira (Rm 5,9). *Seu sangue salva e leva para o céu ou só fará isso depois de alguns séculos quando o mundo, enfim, acabar?*

"Na casa de meu Pai há muitas moradas; se não fosse assim, eu vo-lo teria dito. Vou preparar-vos lugar" (Jo 14,2). *Vai preparar e quem morrer terá que esperar quantos séculos para enfim ocupar este lugar? Ou será logo depois da morte e do julgamento pessoal?*

"Tenho-vos dito isto, para que em mim tenhais paz; no mundo tereis aflições, mas tende bom ânimo, eu venci o mundo" (Jo 16,33). *Quem venceu o mundo e tem todo poder não venceu a morte? Se a venceu leva ou não leva quem o ama para o céu? Ou este fiel ficará dormindo até o dia final da humanidade?*

E eis que lhes apareceram Moisés e Elias, falando com ele (Mt 17,3). *Então santos que morreram 12 séculos antes dele não estavam dormindo. Se estavam falando com Ele é porque estavam vivos numa outra dimensão da vida.*

E abriram-se os sepulcros, e muitos corpos de santos que dormiam foram ressuscitados (Mt 27,52). *Se Jesus pode com sua morte ressuscitar pessoas que já dormiam o sono da espera e, se voltaram a viver, o que houve com elas? Morreram de novo e voltaram a dormir? Ou foi um sinal de que os do céu podem vir testemunhar a glória de Deus? O que a Igreja cristã primitiva entendia a partir destes fatos? Já existe gente no céu ou aqueles corpos e pessoas apenas dormiam?*

E disse-lhe Jesus: "Em verdade te digo que hoje estarás comigo no Paraíso" (Lc 23,43). *A palavras "hoje" e "paraíso" significam "depois" e "sheol" ou significam "naquele mesmo dia" e "céu"? Jesus foi ou não foi ao céu ao morrer? Ou só foi para o Pai quarenta dias depois, na ascensão. Então o que o autor quis dizer com "hoje"? Como devemos interpretar esta palavra?*

E aconteceu que o mendigo morreu, e foi levado pelos anjos para o seio de Abraão; e morreu também o rico, e foi sepultado (Lc 16,22).

Antevisão do céu

Foi arrebatado ao paraíso; e ouviu palavras inefáveis, que ao homem não é lícito falar (2Cor 12,4). *Então alguém pode experimentar o céu antes de morrer!*

Parece haver espera até o dia final

"Em verdade vos digo que alguns há, dos que aqui estão, que não provarão a morte até que vejam vir o Filho do homem no seu reino" (Mt 16,28). *O que houve com eles? Morreram ou não morreram? Que vinda? No fim dos tempos ou para buscá-los logo após a sua morte?*

E quando o Filho do homem vier em sua glória, e todos os santos anjos com ele, então se assentará no trono da sua glória (Mt 25,31).

Porque o mesmo Senhor descerá do céu com alarido, e com voz de arcanjo, e com a trombeta de Deus; e os que morreram em Cristo ressuscitarão primeiro (1Ts 4,16).

Num momento, num abrir e fechar de olhos, ante a última trombeta; porque a trombeta soará, e os mortos ressuscitarão incorruptíveis, e nós seremos transformados (1Cor 15,52).

E, além disso, está posto um grande abismo entre nós e vós, de sorte que os que quisessem passar daqui para vós não poderiam, nem tampouco os de lá passar para cá (Lc 16,26).

Num momento, num abrir e fechar de olhos, *ante a última trombeta; porque a trombeta soará*, e os mortos ressuscitarão incorruptíveis, *e nós seremos transformados* (1Cor 15,52).

Parte II

Uns e outros em Cristo

Parte II

Uns e outros
em Cristo

47. Insatisfeitos como sempre

Milionários querem mais milhões, pobres querem mais reais, mulheres querem mais beleza, pregadores querem mais fiéis; atletas, mais vitórias; vendedores, mais fregueses; bancos, mais correntistas; famosos, mais sucesso. A insatisfação pode ser alavanca que move o progresso, mas pode ser também fator de insensibilidade. Para ter ou ser mais não são poucos os que diminuem, caluniam, silenciam ou esmagam os seus concorrentes. Olhe as técnicas e táticas dos insatisfeitos com o que já conseguiram e verá do que são capazes os que não descobriram o seu bastante!

Racionais e relacionais

Estudar Deus sem observar e aprender com as suas obras, entre elas, em primeiro lugar, o ser humano, é buscar uma religião para além das nuvens. A fé pode e deve ir para o alto, mas precisa partir daqui, olhar para baixo e para o lado, onde se ri, se chora, se dança, se acerta, se erra, se sofre, se vive, se ajuda e se sonha junto um mundo melhor do que este que nos deixaram.

A Antropologia é ciência que pode contribuir grandemente para a fé. Foi Jesus quem disse que o que tivermos feito aos outros a Deus teremos feito (cf. Mt 25,40). Ecoe nos nossos ouvidos o Salmo 8,6: *Pois pouco menor o fizeste do que os anjos, e de glória e de honra o coroaste.*

O que é ser humano?

Que é o homem mortal para que te lembres dele, e o filho do homem, para que o visites? (Sl 8,5)

Afinal de contas, que ser é este que vive do vir a ser? Quem é este ser que se agarra ao seu presente sempre efêmero e que mira mais para o futuro do que para o passado, do qual em geral se esquece? Quem somos nós, homens de um pequeno, obscuro e insignificante planeta chamado TERRA, que na ciclópica e infinita dimensão do universo não passa de um exaltado grão de poeira cósmica, nascidos não sabemos exatamente onde, espirrados num planeta que ainda não sabemos como se formou, amarrado pela gravidade a um sistema solar que se dirige, em velocidade inconcebível, em direção não se sabe de que, num universo que não se sabe nem como nem onde termina e que movimentos realmente desenvolve?... Quem somos?

Classificamo-nos como civilizados, mas continuamos incapazes de conviver com as ideias, a raça, a cor, a fé, os sonhos dos outros e até mesmo nos esmurramos porque uma bola entrou duas vezes entre três vigas de madeira. Pomos cercas dividindo a grama para que os dois lados não se matem por causa de um filete de água. Falamos de boca cheia de nossas conquistas científicas, de já termos posto homens na Lua, mas quase nada sabemos do que houve com as milhares de gerações que nos precederam, nem quando tudo começou, e não temos certeza de onde, como e porquê...

Quem somos nós que ainda nos perguntamos sobre nossas origens, que ainda discutimos sobre a possibilidade ou não de haver outros seres inteligentes em outros planetas, que várias vezes engolimos sem questionar a mais recente revelação de algum vidente a gritar no rádio e na televisão que ele fala com Deus e Deus fala com ele, que sorvemos tudo de um só gole, como se fossem definitivas as teorias sobre extraterrestres, UFOs e OVNIs?

DE VOLTA ao catolicismo

Que civilizados somos nós que nos cansamos de crianças e até permitimos leis que as arranquem do ventre materno?... Que deixamos milhares de irmãos morrerem de fome, enquanto armazenamos sextilhões de dólares, ienes, iuans e rublos em armamentos para preservar a paz que afinal de contas ninguém respeita?

Matamos os que acabaram de ser concebidos, queremos pena de morte até para adolescentes, achamos o luxo e o desperdício uma coisa justa e normal, consideramos válido gastar milhões em lantejoulas, paetês, brilhantes e pedrarias, festas e construções megalomaníacas, enquanto nas ruas e nos tugúrios do mundo 800 milhões passam fome, abandonados, esquálidos, apodrecendo em vida... Discutimos sobre a existência ou não da alma e de outra forma de vida depois dessa, enquanto debatemos nos congressos a data em que alguém se torna um ser humano, para ver se autorizamos ou não a sua morte e o uso daqueles tecidos em laboratório... Damos autoridade aos políticos e aos juízes para matá-los e negamos autoridade aos religiosos que os defendem, como se os que permitem a morte, com seus livros ou seus votos, soubessem mais do que os que também estudam a vida e oram, só que por outros livros... Extrair um feto virou progresso e preservá-lo virou retrocesso.

Não conhecemos a bilionésima parte do segredo do infinito da vida; não sabemos o que se passa depois da morte, vivemos com medo de morrer, mas comercializamos como arte no cinema e na televisão o explodir de uma cabeça humana, o crime, a morte, o ódio, a violência, os instintos e a degradação. Mostramos atos sexuais nas telas em horário que crianças podem ver. Temos vergonha de dizer que somos bons, que queremos ser bons e que temos fome de felicidade e de paz eterna. Deixar os carinhos e o sexo entre quatro paredes parece ultrapassado. Luta-se pelo direito de mostrá-los. Não poucas vezes aplaudimos em programas de auditório a mulher que afirma ter abortado um filho porque naquela hora tinha um projeto mais urgente... Aplaudimos a moça que se despiu em revistas e num filme pornográfico premiado pela crítica... Vale o estético! Não vale o ético! Não vale o religioso, mas vale o cético! Qual a nossa noção de corpo, de sexo, de mulher e de pureza? Quem somos? O que realmente queremos? Já não contam os valores espirituais?

Terra, planeta Terra que tens medo de espiritualidade e da ideia de um Criador que tudo vê, mas aceitas ser dominada tanto por impostores que usam o seu nome, como pelos que, em nome dele, negociam com armas, montam clínicas de morte e sustentam economias injustas que empobrecem povos inteiros! Corres atrás de milagres fáceis, com data e hora marcadas, magias, bruxos, adivinhos, horóscopos, dinheiro, conforto, luxo, sucesso, fama... e de homens que te conservem iludida, prometendo o que não podem prometer, garantindo o que não podem garantir e alienando teus filhos de tua verdadeira identidade!

No infinito macrocosmo, cujas dimensões não podem ser registradas no papel, tal a tua extensão e o tamanho das galáxias que conténs, na ciclópica e indevassável extensão do universo que aparentemente se expande em ordem incrivelmente precisa, nesses milhões, bilhões, trilhões de anos-luz, alguns indivíduos que vivem 30, 40 ou 60 anos e ainda não sabem nem de onde vieram, e às vezes mal conseguem pregar direito os botões de sua camisa, dizem de boca cheia ou que DEUS lhes contou tudo, ou que Ele é uma invenção de gente sem perspectiva. São ótimos ao medir o grau de miopia dos outros. Falta medir a deles!

Feitos para elevar e elevar-se

Quem não toma a sua cruz, e não segue após mim, não é digno de mim (Mt 10,38).

Ninguém tem maior amor do que este, de dar alguém a sua vida pelos seus amigos (Jo 15,13).

Caracteriza-se como "ascese" o ato de *elevar-se acima do comum, além da estrita obrigação; a generosidade de ir mais longe do que nos pediram que fosse, de dar mais do que o copo de água que nos foi solicitado* (cf. Mc 9,41), *de antecipar a ajuda ao sofredor* (cf. Jo 5,8-11).

É ascese o gesto de dar uma das duas túnicas que temos, dar dois mil passos com quem nos pedia apenas mil (cf. Lc 3,11), a atitude de buscar o melhor para os outros e de saber se colocar em segundo ou último (cf. Mt 19,30; 23,6), de aceitar ser elevado na cruz e, se elevado ao trono, ser capaz de lavar os pés dos que nos servem; o ato, enfim, de procurar as coisas do alto é **subida, acesso, busca, ascensão** e **ascese**.

Os outros

Onde há amor demasiado por si mesmo e pouco amor pelos outros, busca excessiva de conforto, projeto pessoal inarredável, nosso eu em primeiro e os outros em segundo, não pode haver ascese. E onde não há ascese não há crescimento na fé. A proposta é de Jesus:

> E chamando a si a multidão, com os seus discípulos, disse-lhes: "Se alguém quiser vir após mim, negue-se a si mesmo, e tome a sua cruz, e siga-me" (Mc 8,34).

> "E quem não toma a sua cruz, e não segue após mim, não é digno de mim" (Mt 10,38).

> "Cada vez que fizestes isso a um dos menores desses meus irmãos, a mim foi que fizestes" (Mt 25,40).

48. Humanos demais

Humanos e à procura de si mesmos

Do homem se espera que saiba o que significa ser "pessoa masculina", da mulher, o que é ser "feminina", e de ambos o que um pode oferecer ao outro. São dois universos que podem se unir ou cintilar lado a lado. Em muitos aspectos o homem dependerá da mulher e esta, do homem. Se não é bom depender totalmente, também não é bom agir como quem não precisa. Sem as mulheres a maioria das crianças não sobreviveria. Excepcionalmente os homens dão conta do recado, mas a Bíblia lembra que o nome da mulher é Eva (Gn 3,20). Para um hebreu, o sentido era "mãe dos viventes".

O homem tem corpo em geral mais forte, mas isso não o faz mais forte em tudo. A mulher tem o corpo mais delicado e mais frágil, mas isso não a faz mais frágil. Homens e mulheres reagem de forma diferente aos acontecimentos. Dos homens se diz que são como seta que mira um alvo. Não conseguiriam falar ao mesmo tempo com cinco pessoas cinco assuntos diferentes. "As comadres" conseguem. Agem por atacado. São mais abrangentes.

Tudo indica que as mulheres suportam mais as dores e as esperas e entendem muito mais do processo de amadurecer. São mais detalhistas, mostram-se capazes de concentrar-se ao mesmo tempo em muitas tarefas. Isso facilita o seu trabalho de cuidar do lar, das crianças, do marido e de quem mais precisar de seu colo, sempre maior do que elas.

Dependência recíproca

A Igreja Católica tem uma vasta e muitas vezes provada doutrina sobre o matrimônio, resumida hoje em livros como *Enchiridion de la famiglia*,[1] do Pontifício Conselho para a Família. São mais de 1.500 páginas de análise e orientação sobre as mais diversas situações vividas pela família em todos os tempos. O leitor conheça também, do mesmo Pontifício Conselho, o livro *Lexicon, termos ambíguos e discutidos sobre família, vida e questões éticas*.[2]

Muitos homens não entendem as mulheres, nem elas a eles. Isso inclui mãe, irmã, avó, esposa e filhas ou filhos. Perdem-se demais em si mesmos e, no dizer de Bento XVI,[3] não percebem

> a sua igualdade ontológica de um só ser com uma única dignidade humana, feitos para uma interdependência recíproca. Os dois sofrem da necessidade de ser completados e um pode fazer isso pelo outro. Quando se amam e se casam precisam entender que suas diferenças são complementares, feitos para se doarem um ao outro, e com isso dar vida a uma nova existência e dedicar-se até o fim às vidas às quais se doaram ao doar-se um ao outro. Não são assim tão diferentes nem tão iguais que não possa ela ser ela mesma e ele ser ele mesmo sem que um consuma e esmague o ser do outro.

Tarefas

Há tarefas que não devem ser impostas às mulheres. Os homens não são diminuídos se exercerem algumas tarefas

---

[1] PONTIFÍCIO CONSELHO PARA A FAMÍLIA. *Enchiridion de la famiglia*. Bologna: Centro Editoriale Dehoniano, 2000.

[2] Id. *Lexicon, termos ambíguos e discutidos sobre família, vida e questões éticas*. São Paulo: Escolas Profissionais Salesianas, 2007.

[3] RATZINGER, Joseph (Papa Bento XVI). Op. cit., *Dio e il mondo*, p. 72.

DE VOLTA ao catolicismo

tradicionalmente confiadas a elas, como regar as flores, cozinhar, lavar, passar, limpar a casa... Mas, como a mulher engravida, alimenta, aleita e tem um ventre que hospeda a vida, algumas tarefas em minas ou fábricas que lidam com produtos capazes de afetar a gestação ou o delicado organismo da mulher não devem ser impostas a elas. Igualar nisso não é igualdade, nem ajuda a família, nem as mulheres de quem a sociedade precisa para tarefas que uma cabeça feminina faz melhor e com mais habilidade.

Todo casal católico deveria conhecer o básico da catequese católica sobre o homem e a mulher. É sábia e profunda.

Os solitários e os solidários

Cuidar dos outros é parte essencial do Cristianismo. É até mesmo condição de salvação. O já citado texto de Mateus 25,31-46 é claríssimo contra quem não praticou a solidariedade. Não haverá céu para ele. A caridade cristã nos deve levar aos que sofrem e, se preciso, antecipar o socorro, antes mesmo que o peçam. Jesus fez isso para com a viúva de Naim (cf. Lc 7,11-16) e para com o paralítico na piscina de Bethesda (cf. Jo 5,1-14). Mostrou o que é uma fé solidária na parábola do bom samaritano (cf. Lc 10,30-37) e em sentenças que marcam em definitivo a pertença ao Reino de Deus. Somente os solidários são de Cristo. O que fizermos ou deixarmos de fazer pelos outros atinge os céus.

> Digo-vos que, se a vossa justiça não exceder a dos escribas e fariseus, de modo nenhum entrareis no reino dos céus (Mt 5,20).

> Ai de vós, os que estais fartos, porque tereis fome. Ai de vós, os que agora rides, porque vos lamentareis e chorareis (Lc 6,25).

> Se fizerdes o bem só aos que vos fazem bem, que recompensa tereis? Também os pecadores fazem o mesmo (Lc 6,33).

> Não é vontade de vosso Pai, que está nos céus, que um destes pequeninos se perca (Mt 18,14).

> Então lhes responderá, dizendo: "Em verdade vos digo que, quando a um destes pequeninos o não fizestes, não o fizestes a mim" (Mt 25,45).

Não conseguem amar

A Igreja ensina que Deus criou o homem por amor e para que o homem o amasse e se amasse (cf. Ex 20,2-19). E ensina também o adendo de Jesus: para que ele amasse os outros.

> O segundo mandamento, semelhante a este, é: "Amarás o teu próximo como a ti mesmo" (Mt 22,39).

> João radicaliza: Se alguém diz: "Eu amo a Deus", e odeia a seu irmão, é mentiroso. Pois quem não ama a seu irmão, ao qual viu, como pode amar a Deus, a quem não viu? (1Jo 4,20).

Está claro que o amor a Deus inclui o amor ao ser humano. Não é possível enganar-nos ou enganar os outros ao falar bonito sobre Deus e fingir que o amamos, quando não amamos os outros, nem nos mostramos capazes sequer de amar quem nos amou e por anos a fio cuidou de nós.

Quem de fato segue Jesus?

> **Quem não julga os outros.** Não julgueis, para que não sejais julgados. Porque com o juízo com que julgais, sereis julgados; e com a medida com que medis vos medirão a

DE VOLTA ao catolicismo

vós. E por que vês o argueiro no olho do teu irmão, e não reparas na trave que está no teu olho? Ou como dirás a teu irmão: "Deixa-me tirar o argueiro do teu olho, quando tens a trave no teu?". Hipócrita! Tira primeiro a trave do teu olho; e então verás bem para tirar o argueiro do olho do teu irmão (Mt 7,1-5).

Quem faz o que pode pelos outros. Portanto, tudo o que vós quereis que os homens vos façam fazei também vós a eles; porque esta é a lei e os profetas. Entrai pela porta estreita; porque larga é a porta, e espaçoso o caminho que conduz à perdição, e muitos são os que entram por ela; e porque estreita é a porta, e apertado o caminho que conduz à vida, e poucos são os que a encontram (Mt 7,13-14).

Quem não se acha acima dos outros. Guardai-vos dos falsos profetas, que vêm a vós disfarçados em ovelhas, mas interiormente são lobos devoradores (Mt 7,15).
Pelos seus frutos os conhecereis. [...] Assim, toda árvore boa produz bons frutos; porém a árvore má produz frutos maus. Portanto, pelos seus frutos os conhecereis (Mt 7,16-17.20).
Nem todo o que me diz: "Senhor, Senhor!" entrará no reino dos céus, mas aquele que faz a vontade de meu Pai, que está nos céus. Muitos me dirão naquele dia: "Senhor, Senhor, não profetizamos nós em teu nome? E em teu nome não expulsamos demônios? E em teu nome não fizemos muitos milagres?". Então lhes direi claramente: "Nunca vos conheci; apartai-vos de mim, vós que praticais a iniquidade" (Mt 7,21-23).

Quem se sacrifica pelos outros. Ele, porém, querendo justificar-se, perguntou a Jesus: "E quem é o meu próximo?". Jesus, prosseguindo, disse: "Um homem descia de Jerusalém a Jericó, e caiu nas mãos de salteadores, os quais o despojaram e espancando-o, se retiraram, deixando-o quase morto. Casualmente, descia pelo mesmo caminho certo sacerdote; e vendo-o, passou de largo. De igual modo também um levita chegou àquele lugar, viu-o, e passou de largo. Mas um samaritano, que ia de viagem, chegou perto dele e, vendo-o, encheu-se de compaixão; e aproximando-se, atou-lhe as feridas, deitando nelas azeite e vinho; e pondo-o sobre a sua cavalgadura, levou-o para uma estalagem e cuidou dele. No dia seguinte, tirou dois denários, deu-os ao hospedeiro e disse-lhe: 'Cuida dele; e tudo o que gastares a mais, eu to pagarei quando voltar'. Qual, pois, destes três te parece ter sido o próximo daquele que caiu nas mãos dos salteadores?". Respondeu o doutor da lei: "Aquele que usou de misericórdia para com ele". Disse-lhe, pois, Jesus: "Vai, e faze tu o mesmo" (Lc 10,29-37).

Coração solidário

Para com a terra, as pessoas e os animais

Seis anos semearás tua terra, e recolherás os seus frutos; mas no sétimo ano a deixarás descansar e ficar em repouso, para que os pobres do teu povo possam comer, e do que estes deixarem comam os animais do campo. Assim farás com a tua vinha e com o teu olival. Seis dias farás os teus trabalhos, mas ao sétimo dia descansarás; para que descanse o teu boi e o teu jumento, e para que tome alento o filho da tua escrava e o estrangeiro (Ex 23,10-12).

Para com os escravos e servidores

Pois nunca deixará de haver pobres na terra; pelo que eu te ordeno, dizendo: Livremente abrirás a mão para o teu irmão, para o teu necessitado, e para o teu pobre na tua terra. Se te for vendido um teu irmão hebreu ou irmã hebreia, seis anos te servirá, mas no sétimo ano o libertarás. E, quando o libertares, não o deixarás ir de mãos vazias; liberalmente o fornecerás do teu rebanho, e da tua eira, e do teu lagar; conforme o Senhor teu Deus tiver abençoado te darás. Pois lembrar-te-ás de que foste servo na terra do

DE VOLTA ao catolicismo

Egito, e de que o Senhor teu Deus te resgatou; pelo que eu hoje te ordeno isso (Dt 15,11-15).

Para com os mais pobres

Mas quando deres um banquete, convida os **pobres**, os aleijados, os mancos e os cegos; e serás bem-aventurado; porque eles não têm com que te retribuir; pois retribuído te será na ressurreição dos justos (Lc 14,13-14).

Mas qualquer que fizer tropeçar um destes **pequeninos** que creem em mim, melhor lhe fora que se lhe pendurasse ao pescoço uma pedra de moinho, e se submergisse na profundeza do mar. Vede, não desprezeis a nenhum destes **pequeninos**; pois eu vos digo que os seus anjos nos céus sempre veem a face de meu Pai, que está nos céus. Porque o Filho do homem veio salvar o que se havia perdido (Mt 18,6.10-11).

Quando, pois, vier o Filho do homem na sua glória, e todos os anjos com ele, então se assentará no trono da sua glória; e diante dele serão reunidas todas as nações; e ele separará uns dos outros, como o pastor separa as ovelhas dos cabritos; e porá as ovelhas à sua direita, mas os cabritos à esquerda.

Então dirá o Rei aos que estiverem à sua direita: "Vinde, benditos de meu Pai. Possuí por herança o reino que vos está preparado desde a fundação do mundo; porque tive fome, e me destes de comer; tive sede, e me destes de beber; era forasteiro, e me acolhestes; estava nu, e me vestistes; adoeci, e me visitastes; estava na prisão e fostes ver-me". Então os justos lhe perguntarão: "Senhor, quando te vimos com fome, e te demos de comer? Ou com sede, e te demos de beber? Quando te vimos forasteiro, e te acolhemos? Ou nu, e te vestimos? Quando te vimos enfermo, ou na prisão, e fomos visitar-te?". E responder-lhes-á o Rei: "Em verdade vos digo que, sempre que o fizestes a um destes meus irmãos, mesmo dos mais **pequeninos**, a mim o fizestes".

Então dirá também aos que estiverem à sua esquerda: "Apartai-vos de mim, malditos, para o fogo eterno, preparado para o Diabo e seus anjos; porque tive fome, e não me destes de comer; tive sede, e não me destes de beber; era forasteiro, e não me acolhestes; estava nu, e não me vestistes; enfermo, e na prisão, e não me visitastes".

Então também estes perguntarão: "Senhor, quando te vimos com fome, ou com sede, ou forasteiro, ou nu, ou enfermo, ou na prisão, e não te servimos?". Ao que lhes responderá: "Em verdade vos digo que, sempre que o deixaste de fazer a um destes mais **pequeninos**, deixastes de o fazer a mim". E irão eles para o castigo eterno, mas os justos para a vida eterna (Mt 25,31-46).

E quando conheceram a graça que me fora dada, Tiago, Cefas e João, que pareciam ser as colunas, deram a mim e a Barnabé as destras de comunhão, para que nós fôssemos aos gentios, e eles à circuncisão; recomendando-nos somente que nos lembrássemos dos **pobres**; o que também procurei fazer com diligência (Gl 2,9-10).

Dependentes demais

Para milhões de homens, mulheres, anciãos, adultos, jovens e crianças falta o essencial do essencial. Não possuem nem o mínimo do mínimo. Não se sentem aceitos, amados e incluídos, ou, por algum empecilho insuperável, não conseguem suprir suas necessidades básicas. São corações solitários e carentes. Precisam de cuidados.

Há uma dependência sadia que deve ser incentivada. Nasce do afeto e da escolha de precisar, por questão de amor sereno. Há uma outra, dolorosa, que nasce da incapacidade de sobreviver. Há um precisar que é legítimo. Há um que é sôfrego e pegajoso.

Acontece em todas as sociedades que muitos, milhões até, dependam dos outros para viver. Suas limitações não lhes permitem cuidar de si mesmos. Os cuidados de uma comunidade deverão ser destinados em primeiro lugar a eles. Não sobreviveriam sem nós. Uma fé consciente e serena nos levará a eles que não podem vir a nós.

Há enfermidades das quais é difícil cuidar. Ninguém encomenda o tipo de cruz que deseja levar. Ela aparece. Expulsar de casa um filho drogado, um pai bêbado, às vezes é um ato de desespero. A família, infelizmente, chega ao extremo de não saber sobreviver com eles em casa. Para isso, há as Igrejas e o poder público. Se estes falharem, o quadro será de desintegração daquela pessoa e daquela casa. É o que tem acontecido. O resultado se vê nos viadutos e nas ruas. Estão muito mais perto da ascese proposta por Jesus os grupos que levam assistência a estes irmãos de rua ou de sarjeta. Se faltarem outros valores à fé desses irmãos solidários, a sua solidariedade lhes trará de acréscimo o que falta à sua fé. Não ficarão sem recompensa.

> "E se amardes aos que vos amam, que recompensa tereis?
> Também os pecadores amam aos que os amam" (Lc 6,32).

Prisões e cadeias

Há pessoas que caíram prisioneiras do arbítrio e da ira dos outros, vítimas de regimes autoritários, de religiões agressivas e excludentes, de preconceitos, do medo, de fobias, de enfermidades graves, das drogas, do sexo, de algum vício do qual não conseguem se libertar. Não se libertarão sem ajuda.

Insatisfeitos demais

Há milhões de indivíduos que sentem não ser quem são, ou como deveriam ser. Não se mostram satisfeitos nem consigo, nem com os outros. Algum limite físico, mental, social ou moral atua como um muro intransponível a impedir suas vidas. Não "chegaram lá" e costumam dizer que nunca chegarão. Perderam a esperança e a confiança em Deus, em si e no futuro. Não deu, não dá, não dará... Um certo grau de insatisfação é natural porque somos imperfeitos. Mas o excesso ou trai ou leva à enfermidade mental.

Igreja motivadora

A Igreja se oferece como fonte motivadora. Milhares de profissionais dedicam suas vidas a ajudar tais pessoas a viverem bem consigo e com outras. Nossa Igreja se propõe a trabalhar em estreita relação com esses estudiosos da pessoa humana, já que ela mesma quer ser mãe e mestra e especialista em humanidade. Está claro nas suas encíclicas e documentos oficiais: *Gaudium et Spes, Mater et Magistra, Redemptor Hominis, Persona Humana, Donum Vitae, Solicitudo Rei Socialis, Familiaris Consortio, Mulieris Dignitatem.*

> Cabe aos católicos a missão de motivar os insatisfeitos a encontrarem a sua felicidade, que consiste no *satis* (bastante, suficiente). Entendem que já foi feito o suficiente por eles e que eles mesmos fizeram o suficiente por si e pelos outros para merecerem ser quem são. Perfeição jamais haverá. A felicidade não consiste no encontro da perfeição, mas, sim, na sua busca serena, admitidos os limites e assumidas as qualidades!

Somos alguém

O que não faz sentido é alguém dizer que se sente um nada ou que se vê como lixo. Na mente de Deus, sempre fomos alguém a ser criado. Além do mais, Deus não fabrica lixo! Ele não cria por criar. Das mãos de Deus nada sai de inútil. Haverá sempre um porquê. Se até o lixo pode ser reciclado, por que não um ser humano? De muitas maneiras, podemos canalizar e aproveitar as águas de um rio. O que não podemos é interrompê-lo ou desviá-lo do seu destino final.

49. Eu de menos e eu demais

O desafio de amar

Amar continua a ser o maior desafio do ser humano. É mais do que sentir simpatia. É transcender. É ato de ascese. Nosso "eu" se curva ao "eu" do outro e o acolhe. A maioria dos humanos só consegue amar de verdade apenas os do seu círculo de sangue ou de afinidade. Muitos, nem isso!

Eu demais

De tal maneira milhões de cidadãos optam por si mesmos que, tendo que escolher entre eles e os outros, abandonam pais, filhos, esposa ou esposo, grupo de fé ou pessoas que lhes deram alegrias, formação e os bens que hoje possuem. Escolhem-se. Cheios de amor por si mesmos, narcisistas e incapazes de renunciar aos seus projetos pessoais, rompem laços, fundam outra família, escolhem outras pessoas para amar e mudam de foco e de enfoque, se isto lhes convier. Falam bonito, mas não são pessoas relacionais. Não há reciprocidade. Seu eu vem sempre em primeiro. Ceder ou perder, jamais! Não amam o suficiente para isso, posto que o amor supõe a capacidade de, não poucas vezes, ceder e perder em favor do outro.

Por causa do amor

É bem verdade que nem todos os que mudam de lar, de comunidade ou de Igreja são egoístas, mas é muito grande o número dos que pensam apenas nos próprios direitos e no próprio projeto. Não hesitam em sacrificar os outros para conseguir os seus objetivos. Há os confusos e feridos e há os maus. Os maus não estão nem aí para o sofrimento que causam. Vale o seu desmesurado ego. Cabem-lhes muito bem o mito de Narciso e *O retrato de Dorian Gray*, de Oscar Wild.

Na mitologia grega, o personagem Narciso permanece um clássico. Nunca amara ninguém porque na verdade não se conhecia. Quando, finalmente, se viu no espelho das águas de um rio, afogou-se, desesperado por um encontro com o ser mais lindo que ele já vira: ele mesmo. A única vez que amou, amou errado. Já gostava demais de si mesmo e segundo uma das lendas acabou mergulhando atrás de sua irresistível imagem... Morreu por excesso de "eu".

Amar pela metade

Gostar é relativamente fácil. Amar, que é muito mais do que gostar de alguém, é um chamado exigentíssimo. Há os que aceitam todas as consequências dessa virtude e há os seletivos: amam por um tempo, enquanto aquele relacionamento lhes traz alguma vantagem. Não conhecem o amor crucificado. Não conseguem permanecer fiéis, nem mesmo aos amigos de ontem. Nem sequer os reconhecem como amigos depois que mudam de ambiente, quando se tornam ricos ou famosos, ou depois que algum deles ousou corrigi-los. Só amam quem os elogia ou os deixa totalmente livres. Não suportam cobranças nem contradições.

Amor é ato vital

Jesus diz que o maior ato de amor é o de dar a própria vida pelos outros (cf. Jo 15,13). Amor verdadeiro teve o samaritano da história de Jesus em Lucas 10,29-37. Provocativamente Jesus o situou numa outra religião. Conversão verdadeira ao amor teve o baixinho Zaqueu, que se dispôs a devolver quatro vezes mais o que tinha tirado dos outros (cf. Lc 19,8). Amor sincero teve a viúva que deu do que lhe faria falta (cf. Mc 12,42). Amor tinha Jesus, que se antecipou ao menos quatro vezes (cf. Jo 5,1-15; Lc 7,11-17), operando milagres em favor de quem nem sequer lhe pedira. Foi compaixão (cf. Mt 9,36).

Humanos que não se amam

O que Paulo descreveu há vinte séculos, na sua Carta aos Romanos, foi grave (cf. Rm 1,18-32). Falava de homens e mulheres incapazes de qualquer renúncia. Jogaram fora a sua dignidade. Igualaram-se ou desceram abaixo dos animais. Isso acontecia entre muitos povos. Há 28 séculos, Hesíodo dissera o mesmo na sua obra *Os trabalhos e os dias*. Os desvios cometidos na Grécia do século VIII a.C. e, segundo os historiadores de Atenas e Esparta, no século IV a.C. também eram aberta e deslavadamente praticados em Roma do tempo de Paulo. Era coisa de ímpios, pessoas sem espiritualidade, gente que pensava apenas em si. Naquela sociedade imperava o mais crasso individualismo.

Individualismo exacerbado

Nos nossos dias o individualismo voltou a triunfar. Acontece no mundo inteiro e é filmado e distribuído em milhões de cópias pela indústria do espetáculo. Repete-se com mais técnica e para milhões de pessoas, via internet, o que acontecia naqueles tempos até entre alguns cristãos que tratavam de amenizar a doutrina sobre o prazer, o sexo e o casamento ao ensinar que tudo é válido, desde que interesse ao indivíduo. Ascese era tolice. Renunciar a bens, por quê? Viemos a este mundo para sermos felizes.

Ao invés de converterem a sociedade, a sociedade em que viviam os pervertia. Paulo chegou a ponto de pedir que expulsassem da comunidade de Corinto um membro que roubara a esposa do pai. Vivia maritalmente com a madrasta. Pior: a comunidade aceitava! (cf. 1Cor 5,1-5).

Pessoas aviltadas

Paulo não foi aceito nem amado por muitos judeus e cristãos do seu tempo. Mudara de fé, e na nova fé propunha ascese. Tentaram desautorizá-lo de todas as maneiras (1Cor 4-9; 2Cor 11,5), logo ele, que falou tão bonito sobre o amor, o ósculo santo, a ternura e a caridade entre as pessoas e não hesitou em dar a vida pelo que pregava. Não buscou conforto nem vantagens econômicas na sua fé. Estava muito longe da teologia da prosperidade, muito em voga nos dias de hoje.

Paulo foi duro com relação a relacionamentos não aprovados pelos cristãos. O que disse ele? A seu modo o que já estava exposto nos profetas. Ele conhecia os livros santos e a cultura greco-romana. Não exagerava. Mulheres e homens se aviltavam e se vendiam por dinheiro, corrupção, prazer, concubinato, relações homossexuais, prostituição ou posição social. Tudo parecia válido para ter dinheiro ou subir na vida. É o quadro de hoje em muitas sociedades. Quando o dinheiro se torna um deus e um valor absoluto, a pessoa perde os valores fundamentais.

Mídia que avilta

Repassemos com olhos e palavras de hoje a pregação de Paulo, que, de resto, poderia ser afixada em becos e avenidas de nossas modernas, grandes e civilizadas cidades do Ocidente e do Oriente, perto dos letreiros de cinemas, casas de sexo ou lojas e bancas de revistas e DVDs pornográficos. Agora é ainda mais ousado. Até canais de televisão trazem o pecado para dentro de casa, no quarto do casal e no das crianças. As prefeituras mandam selecionar o lixo, mas, ao que parece, não há o mesmo empenho na seleção das mensagens que entram numa comunidade. Só agora se começa a combater com dureza a pedofilia e o terrorismo via internet.

A profecia de Paulo

[...] Eles sabem o que estão fazendo. Escolheram esse tipo de vida. Tendo conhecido a Deus, não o glorificaram como Deus, nem lhe deram graças. Acharam-se sábios, modernos e avançados. Nas suas especulações seu ego se inflou, e o seu coração ficou bobo e se obscureceu. Achando-se sábios, tornaram-se tolos, e fizeram imagens nas quais Deus parece homem corruptível, ave, quadrúpede, réptil. Deus os largou, nas concupiscências de seus corações, naquela cloaca de vida. Desonraram os seus corpos em festinhas de embalos, entre gente que nem sequer se conhecia; trocaram a verdade de Deus pela mentira, e adoraram e serviram à criatura e não ao Criador, que é bendito eternamente. Amém.
Está aí o resultado da doutrina deles. Entregam-se a paixões infames. Até suas mulheres aceitaram ter relações que desrespeitam o uso natural do corpo com atos contrários à sua natureza de mulheres. Também os homens trocaram as mulheres por homens, se inflamaram em sensualidade uns com os outros, macho com macho, cometendo torpeza e pagando um alto preço moral e espiritual pelos seus atos. Rejeitaram o conhecimento de Deus, e Deus não reagiu. Mas ficaram entregues a sentimentos nada naturais. Chegam a gabar-se de fazer o que é proibido.
Estando cheios de toda a forma de injustiça, malícia, cobiça, maldade; corrupção, inveja, homicídio, contenda, dolo, malignidade; sendo murmuradores, detratores, aborrecedores de Deus, injuriadores, soberbos, presunçosos, inventores de males, desobedientes aos pais; néscios, infiéis nos contratos e compromissos, sem palavra, sempre prontos a enganar mais um otário, sem afeição natural, sem misericórdia; conhecendo bem o decreto de Deus, que declara dignos de morte os que tais coisas praticam,

não somente as fazem, mas também aplaudem os que fazem como eles (cf. Rm 1,20-32).

A profecia de Hesíodo

Oitocentos anos antes de Cristo, Hesíodo, na sua obra *Os trabalhos e os dias*, assim se expressou, na lúcida tradução de Mary de Camargo Neves Lafer:[1]

Serão cometidos os crimes mais infames em nome da lei. As pessoas dignas e honradas; os justos, os bons, servirão de motivo de chacota. Não haverá espaço para eles num mundo onde impera a desonra, a desonestidade, a corrupção, a covardia. Um mundo de malfeitores, que prezam apenas a si mesmos, fechado na própria ambição e no próprio egoísmo.

O respeito será apenas uma vaga lembrança de um passado distante. Maldades e injúrias serão a regra. Os homens de bem, vítimas dos covardes, ver-se-ão acusados de crimes que não praticaram, e sobre eles se lançará a cólera da injustiça. A inveja será a parceira dessa população de miseráveis e fará com que a competição desmedida substitua o companheirismo.

Incapazes de fazer frente a tantos horrores, a Justiça e o Respeito, envoltos no branco véu à própria sorte, aos mortais nada restará senão aflições, excessos, desequilíbrios. Escravos das paixões, dos sentimentos mais vis, eles serão piores do que as bestas. Porque lhes foi dado o dom de discernir, e o usaram contra a própria espécie.

Quando Zeus finalmente decidir destruí-los, só encontrará devastação e deserto. Os homens terão destruído a si mesmos. Contra o mal, força não haverá!

---

[1] *Dicionário de mitologia*. São Paulo: Best Seller, 2000, p. 20.

Pecado de opção

Voltemos ao duplo desvio de Adão e Eva, personagens protótipos da pessoa humana. Agiram como cientistas e religiosos rebeldes.

A Bíblia conta simbolicamente a história da duplamente errada atitude de ambos. Tudo lhes fora permitido. Apenas uma coisa Deus vetou: mexer com o núcleo da existência, simbolizado pela *árvore do conhecimento do bem e do mal no centro do paraíso*. Zelariam pelo planeta. Ao decidir mudar o projeto e ao pensar que com uma boa mordida num fruto proibido eles se transformariam em deuses, optaram pela magia e pelo imediatismo (cf. Gn 3,3).

Quiseram ir ao centro da questão no centro do centro do paraíso terrestre. Não aceitaram a ascese e o processo de se aperfeiçoar. Optaram por um simples ato mágico que lhes pouparia o penoso e demorado processo de humanizar-se. Quiseram dar o pulo impossível: tornarem-se deuses. Revolta de cientista, revolta de religioso. Estamos condenados a não saber tudo e aceitar ao menos um limite: o da verdade. Há um passo que não se dá!

Quem manipula dados e, conscientemente, semeia hoje a morte ou a desinformação de milhares de pessoas, deixa de agir como cientista. Por isso, os que fizeram a bomba atômica pecaram contra Deus, contra o ser humano e contra a ciência. Não a fizeram para defender todo o planeta, nem apenas por mais energia. A intenção foi viciada desde o começo. A cientista judia Lisa Meitner, ao dizer não, agiu como cientista.

Manipuladores da fé

Também quem se aproveita da boa-fé dos outros, buscando adeptos para a sua Igreja a qualquer preço, inclusive manipulando a justiça e a verdade, deixa de agir como religioso. Quando as estatísticas valem mais do que a ética e quando o número de fiéis "convertidos" para aquela fé passa a ser o critério do valor de uma Igreja, pregador e Igreja demonstram não ligar para os verdadeiros valores. Convertedores de gente a qualquer preço e sob qualquer marketing são como cientistas que conduzem qualquer experimento, mesmo que já se preveja como será usado no futuro. Não se deixam os resíduos de nossos experimentos físicos ou espirituais para os cientistas ou religiosos do futuro.

Os que tentaram pular de pessoas humanas para pessoas divinas, como se isso fosse possível, imaginando ir direto ao cerne da vida por meio de um clique, erraram de atitude e de alvo. Por isso, São Paulo chama o pecado de *hamarthia*: errar o alvo. Milhões de crentes ou não crentes são traídos pelo *"seja feliz agora, já"*, *"transgrida e faça o que seu coração mandar"*, *"liberte-se de quem proíbe"*, *"tome posse do sucesso e da vitória"*. De certa forma Adão e Eva foram os precursores da era digital, na qual grandes coisas aconteceram com apenas um, dois ou seis cliques. Apertou, aparece, não importa se é permitido ou se foi proibido! Toca-se três vezes, e o bem ou o mal aparecem numa tela!

Descenso e baixarias

Se ascese é subida e crescimento humano, há um descer e uma queda que desumanizam. A história de Adão e Eva, descrita como "queda", é seguida de outras histórias de desvios, desumanidades e erros colossais. Na mesma Bíblia e no mesmo livro do Gênesis a narrativa de Sodoma e Gomorra (cf. Gn 3,10; 18,20; 19,28) mostra o grau de baixaria de uma pessoa que rejeita o amor e a sua vocação de gente. Esse tipo de comportamento pode ser visto na televisão, nas bancas de revista e até nas esquinas de pecado: pessoas a oferecer a própria nudez ao vivo ou em imagem. E alguns deixam claro que o fazem por dinheiro.

Indecência e decadência

O que Paulo diz aos romanos já fora dito sobre algumas cidades no tempo do patriarca Abraão. A depravação em Sodoma e Gomorra era tanta que, segundo a narrativa, os anjos de Deus tiveram que intervir e destruir as duas cidades. Envolvia homossexualismo, estupros de estrangeiros e visitantes, orgias bestiais, tudo praticado à luz do dia, em atitude animalesca. Em nome da liberdade total, as autoridades tinham feito vistas grossas, e até mesmo aderido.

Em Juízes 20, relata-se que a tribo de Benjamim foi praticamente varrida do mapa por um gravíssimo pecado contra a concubina de um levita de outra tribo. Ela foi estuprada até a morte. Tais depravações eram punidas com a morte e a destruição da cidade ou da tribo. Ou isso, ou o caos!

Os textos bíblicos são fortes. O leitor fará bem em consultá-los, para saber a que comportamentos Paulo se referia na sua Carta aos Romanos, posto que Roma cometia os mesmos pecados.

> Confira Gn 13,13; Gn 19; Dt 29; Jz 20.

Pela descrição desses textos, somados aos de Paulo e de historiadores gregos, com raras exceções, homens e mulheres ainda não tinham descoberto nem a justiça, nem os direitos dos outros, nem a dignidade do corpo e do amor. Reinavam os baixos instintos e o pecado, que, além do mais, davam lucro. Não tem sido diferente nos nossos dias.

Que sua visão de católico seja fortemente assentada nos direitos e deveres da pessoa. Nada disso se consegue sem a busca permanente da vontade de Deus e do melhor para os outros e para a comunidade a que servimos. Nosso eu não poderá jamais vir em primeiro lugar. É este o postulado da ascese cristã católica: o melhor de nós mesmos para Deus e para os outros.

A internet é hoje um gigantesco desafio para qualquer religioso. Ela vive de assaltos e quem a usa vive de sobressaltos. Pode nos roubar, invadir nossa privacidade, interferir na educação das crianças, semear o joio, sugerir crimes e desvios de conduta, prejudicar nossas máquinas infectando-as de vírus, criar as maiores dificuldades para o trabalho e a vida de governos, firmas e lares. Lembra o enorme campo de trigo preparado com esmero e carinho, no qual pessoas mal-intencionadas semearam toda a espécie de ervas daninhas. Sem uma catequese de discernimento será muito difícil para um católico entender o que acessou. Os *downloads* da internet não poucas vezes afetam os *downloads* da graça!

50. Nascido semelhante

O animal homo

Gaudium et Spes[1]

12. Tudo quanto existe sobre a terra deve ser ordenado em função do homem, como seu centro e seu termo: neste ponto existe um acordo quase geral entre crentes e não crentes. Mas, que é o homem? Ele próprio já formulou, e continua a formular, acerca de si mesmo, inúmeras opiniões, diferentes entre si e até contraditórias. Segundo estas, muitas vezes se exalta, até se constituir norma absoluta, outras se abate até ao desespero. Daí as suas dúvidas e angústias. A Igreja sente profundamente estas dificuldades e, instruída pela revelação de Deus, pode dar-lhes uma resposta que defina a verdadeira condição do homem, explique as suas fraquezas, ao mesmo tempo que permita conhecer com exatidão a sua dignidade e vocação.

A Sagrada Escritura ensina que o homem foi criado "à imagem de Deus", capaz de conhecer e amar o seu Criador, e por este constituído senhor de todas as criaturas terrenas,[1] para as dominar e delas se servir, dando glória a Deus.[2] "Que é um mortal, para dele te lembrares, e um filho de Adão, que venhas visitá-lo? E o fizeste pouco menos que um deus, coroando-o de glória e beleza. Para que domine as obras de tuas mãos, sob os seus pés tudo colocaste" (Sl 8,5-7).

Deus, porém, não criou o homem sozinho: desde o princípio criou-os "varão e mulher" (Gn 1,27); e a sua união constitui a primeira forma de comunhão entre pessoas. Pois o homem, por sua própria natureza, é um ser social, que não pode viver nem desenvolver as suas qualidades sem entrar em relação com os outros.

---

[1] Concílio Vaticano II. Op. cit.

Como também lemos na Sagrada Escritura, Deus viu "todas as coisas que fizera, e eram excelentes" (Gn 1,31).

Semelhantes ao planeta

A Bíblia diz que o homem é pó, "terra", *adamah*, Adão. A ciência moderna, de certa forma, também chama o ser humano de "terra" ao revelar que ele é composto basicamente de seis elementos, como também o é a vida. **Semelhante** ao planeta, o homem é mais água do que sólido. Até agora, o que sabemos é que não viemos de outra galáxia; somos daqui mesmo!

Como a Terra e demais corpos celestes, é no equilíbrio de seus átomos que, como um *pequeno universo*, o corpo humano funciona. O que acontece em escala gigantesca com os astros, gravitando uns em torno dos outros, acontece com o homem. Podemos chamar seu corpo de pequeno universo que reproduz, em escala de microcosmo, as mesmas evoluções do macrocosmo. Quem criou o universo criou o planeta Terra, e quem criou a Terra criou um ser inteligente que veio da terra e que para ela deve voltar, estando estreitamente ligado a ela. São milhões os micro-organismos que passeiam imperceptíveis apenas numa concha de mão. Não temos ideia do quanto algumas vidas são pequenas, frágeis e breves e o quanto outras são duráveis e resistentes. Podem ir de 2 horas a 500 anos. O corpo humano, no máximo, chega a 100 anos e são raríssimos os que conseguem tal longevidade.

Ele morre antes

Em cada árvore que mata, em cada rio que polui, em cada metro de céu que suja, o homem morre junto. Sua qualidade de vida diminui. Também se vive menos quando não se sabe conviver com as águas e as matas. Cada floresta derrubada é um passo mortal a mais; é como serrar o galho no qual se está sentado. Não raro, porém, sucede que o tronco em agonia sobrevive ao madeireiro que o cerrou.

A humanidade morre um pouco por dentro e torna-se ainda mais desafiadora em cada Eva que não quer ser Eva (mãe) ou Adão que não quer ser pai, e em cada filho não desejado e por isso mesmo declarado apenas embrião ou feto, mas nunca filho. Uma sociedade não decide impunemente ter apenas um filho por casal. Na populosa China que, para controlar o crescimento populacional, optou por um filho por casal, quase não há tios nem primos. O Estado e o Partido não têm como suprir esta falta. Não é natural para o ser humano ter apenas pai e mãe.

Os que ontem lutavam pelo direito de dissecar um cadáver humano agora querem o direito de extrair as células-tronco de um embrião humano vivo. Querem o direito de interferir, segundo eles, em favor de outra vida, como fazem o plantador de soja e o criador de gado. Também eles matam a floresta para que outra vida que lhes interessa mais ali se instale.

Um planeta chamado homem

Neste pequeno planeta, que de tão pequeno nem sequer seria visível de Júpiter, apareceu, talvez há um milhão de anos, **um ser fenomenal.** Era o fenômeno *homo*: mais precisamente **o homem e a mulher,** porque não há um sem o outro. Como o planeta em que vive, começou incompleto e permanece incompleto, inacabado, imperfeito, em formação.

"Fenômeno" é algo maravilhoso, fato de natureza moral regido por leis especiais, algo raro e surpreendente, manifestação material ou espiritual fora do comum. Pelo que fez e desfez e por sua capacidade de interferir na Criação, o ser humano foi, é e será sempre um ser fora do comum. Como ele não há nenhum outro ser com tamanho potencial para construir ou destruir.

Um livro, uma pintura, uma dança, uma canção, um olhar, um beijo revelam a diferença quase abissal entre o homem ou a mulher e os demais seres vivos do planeta. Não somos seres como os outros. Podemos ser mais criativos e também mais perigosos. Às vezes nos portamos como anjos, às vezes como demônios, às vezes somos piores do que as feras. É impressionante a nossa capacidade de amar ou de odiar. Somos capazes de morrer por amor e também de matar por paixão.

Um ser chamado semelhante

Do grego *homós*, *semelhante*, *igual*, *comum*, a palavra **homem** lembra um fato real: somos seres comparáveis, relacionáveis. Não existimos sozinhos e raramente sobrevivemos quando isolados. Em muitos aspectos somos **semelhantes**, **iguais**, ou **lembramos** outros seres. O nome real do ser humano, segundo nos diz a versão grega da Bíblia, é **O Semelhante**. No caso, o livro dos hebreus e cristãos fala da semelhança "relativa" com o Criador do universo. O homem é um ser criativo e, a seu modo, poderoso. Ele pode fazer a diferença para pior e para melhor.

Se quisermos ir além da etimologia, lembremos que a palavra *humus*, do latim, significa o produto da decomposição parcial dos restos vegetais que se acumulam no chão florestal, aos quais se juntam restos animais em menor escala.

Semelhante, igual a tantos, feito de **humo** ou *adamah-adam*: **feito de terra, de pó, um pouco terra, um pouco esterco**, este ser define, decide, melhora, piora, interfere, subverte, não aceita as coisas como elas são, do seu jeito as torna suas, veio para mudar o planeta, e pelo seu comportamento atual mais o muda do que o conserva.

A Bíblia, livro religioso dos hebreus e cristãos, entra de cheio na psicossociologia deste ser:

Deus, pois, fez os animais selvagens segundo as suas espécies, e os animais domésticos segundo as suas espécies, e todos os répteis da terra segundo as suas espécies. E viu Deus que isso era bom.

E disse Deus: "Façamos o homem **à nossa imagem, conforme a nossa semelhança** (*homo*); domine ele sobre os peixes do mar, sobre as aves do céu, sobre os animais domésticos, e sobre toda a terra, e sobre todo réptil que se arrasta sobre a terra".

Criou, pois, Deus Adam à sua imagem; à imagem de Deus o criou; homem e mulher os criou. Então Deus os abençoou e lhes disse: "Frutificai e multiplicai-vos; enchei a terra e sujeitai-a; dominai sobre os peixes do mar, sobre as aves do céu e sobre todos os animais que se arrastam sobre a terra" (Gn 1,25-28).

"Do suor do teu rosto comerás o teu pão, até que tornes à terra, porque dela foste tomado; porquanto **és pó, e ao pó tornarás**". Chamou Adão à sua mulher Eva, porque era a mãe de todos os viventes. E o Senhor Deus fez túnicas de peles para Adão e sua mulher, e os vestiu (Gn 3,19-21).

Na sua versão primeira o **Gênesis** (As origens) chama de **Adam** (terráqueo) ao ser *criado para lembrar a existência de Deus*. Mas chama-o também de *homo* (semelhante, feito à imagem). E à *homo* feminina, *também ela criada para lembrar Deus*, chama de **Eva**, porque *mãe da vida*; *a que geraria vidas humanas: nutriz, geradora, geratriz*.

Contraste

Aqui, o contraste: os primeiros humanos se assemelham a Deus em alguma coisa, mas *Deus, sendo Javé, aquele que é ele mesmo,* a ninguém é semelhante. Fica bem claro que Deus não é homem nem mulher. Ele é Deus. A nada se assemelha, mas tudo o que Ele criou aponta para a sua existência. Entre suas obras, o ser humano é quem mais se destaca: criamos e interferimos, escolhemos e optamos, assumimos ou abandonamos!

Insatisfeito

O texto a seguir fala do ser humano como um **ser insatisfeito**. O homem precisa a todo instante ser refeito, reparado e melhorado, mas, como criança, quer mexer, tocar, interferir no que vê. Mete o nariz em tudo. Como "bicho carpinteiro", sente impulsos de destruir e reconstruir do seu jeito.

Depois da sua passagem pelo planeta muito do que ele toca precisa ser diferente. Assim, alegoricamente, a Bíblia mostra como será o relacionamento deste ser com Deus. O **semelhante**, *homo*, irá desafiar seu Criador enquanto existir: *"Eu posso mais, eu quero mais, eu vou mais longe, eu mudarei as coisas"*; *"Não me diga para não interferir que eu interferirei"*. É mais ou menos isso o que aconteceu com todas as civilizações. Está simbolizado na história de Adão e Eva. *"Não importa se é proibido: eu posso fazer e faço!"*

Teimoso e voluntarioso

Fazem isso as crianças, desmontando os seus brinquedos, mesmo diante das proibições da mãe; faz isso o adolescente com a bicicleta, a moto e o carro nos quais ele interfere, os quais modifica. O veículo que os engenheiros criaram, mas que agora é seu, tem que ter o seu toque e a sua marca... Não pode ficar do jeito que está!

Já falamos dos cientistas que criam bombas atômicas ou interferem na genética e compram a briga para poder retirar células--tronco do embrião vivo, mesmo que com isso o embrião morra. Há os que vão aos extremos, como o médico nazista Mengele, que fazia pesquisas com corpos humanos de judeus vivos. Em nome da ciência há quem não aceite limite algum. Também em nome da fé! Se alguém já crê em Deus numa Igreja ou num grupo há sempre um pregador que o quer ao seu lado. Fará de tudo para tirar o fiel daquele círculo.

Revolucionários

Hoje, os cientistas querem o direito de remexer e retocar as origens, modificar geneticamente plantas e animais. O que garante que um dia não criarão uma imitação do ser humano? Por que razão não o fariam?... Significativamente, o primeiro livro da Bíblia tem este nome: **As Origens – Gênesis.** O sonho de boa parte da Idade Média era criar o ouro, modificando os metais. Hoje, por enquanto, criam-se plantas novas, frutos novos. Não é sem razão que alguns governos proíbem terminantemente a clonagem de humanos. Se alguém puder fazê-lo, um dia o fará!

Os humanos sempre acham que podem melhorar o original. Se a Terra e a vida foram de Deus, agora é deles, e se tiverem possibilidades interferirão. Por isso, não hesitam em derrubar em cinco minutos uma sequoia de 200 anos. Ela tem história e vida, mas eles têm o poder da motosserra... Os pregadores religiosos que preguem a fidelidade que quiserem ao projeto de Deus! Eles, quando puderem, interferirão no mar, no ar, na terra, nas espécies, no DNA e, se puderem, modificarão a vida a seu critério. Ninguém consultou a humanidade na hora de criar a bomba atômica que afetaria a todos. Viverão de reinventar a vida para além do lógico ou do permitido...

Pequenas luas

Vale a pena refletir sobre os defeitos e as virtudes da Lua. É um planeta instável. Aparece e desaparece, cresce e diminui aos nossos olhos, não tem luz própria, mas influencia as marés, as águas, o plantio e até as pessoas. É um astro pequeno, mas influente. Daí, entre os povos, as palavras *mâmi* (medida), *mâs, mâh, menu, mêna, méne, mensis, mês, menstruação*... A raiz está no morrer, no renascer e nas mudanças que ela vive.

Assim é o ser humano. Iluminado, mas instável. Poderíamos, contudo, educar-nos para ser sempre como lua cheia ou lua nova. É a mesma Lua, mas muito mais plena, que reflete para a Terra, a quem está estreitamente ligada, a luz que o Sol lhe manda. Eis aí uma ascese e uma excelente catequese a ser desenvolvida. Mesmo sem luz própria podemos iluminar este mundo!

51. Nem deuses, nem semideuses

Para fora do jardim...

> Então disse o Senhor Deus: "Eis que o homem se tem tornado como um de nós, conhecendo o bem e o mal. Ora, não suceda que estenda a sua mão, e tome também da árvore da vida, e coma e viva eternamente. O Senhor Deus, pois, o lançou fora do jardim do Éden para lavrar a terra, de que fora tomado. E havendo lançado fora o homem, pôs ao oriente do jardim do Éden os querubins, e uma espada flamejante que se volvia por todos os lados, para guardar o caminho da árvore da vida (Gn 3,22-24).

Semideuses?

Iguais a Deus? Impossível, mas os primeiros humanos, segundo a alegoria bíblica, fizeram isso. Não aceitaram ser apenas semelhança, não apenas seta que aponta para Deus, mas deuses terrenos! Por que não? Trata-se de alegoria, pois se Deus é *Ele mesmo, aquele que é quem é e não quem poderia ou deveria ser*, jamais teria medo de ser suplantado por alguém que já não é quem já foi, ou que, no máximo, é alguém com chances de se desenvolver e vir a ser o que ainda não é, mas que nunca é exatamente quem deveria ser.

O que o autor quis dizer é que "o semelhante" quis ser "o igual"; quis tornar-se Deus por um ato de magia: tudo ao alcance de apenas uma pequena mordida. Quis ir além do "até agora!", além da sua contingência. Atrevido, cruzou os limites da sua condição.

390   Pe. Zezinho, scj

Não é isso o que ensaiam o tempo todo os alpinistas, os velocistas, os corredores, os que arriscam morrer para bater mais um recorde, ainda que de menos de um segundo ou de meio centímetro? Por que expõem suas vidas por cinco centésimos de minuto? Fariam isso sem a divulgação e a glória de terem ido além? Não é a ovação que querem, ao subir no pódio por terem superado os outros? Não há centenas ou milhares que arriscam morrer por um segundo a mais? E o pregador que fala a milhões e sabe que foi a sua pregação que trouxe aquele mar de gente para a avenida? Buscou apenas a glória de Deus? Não é a sua sede de glória que ele deixa escapar quando aceita passivamente e com um sorriso celestial que o proclamem "o maior", "o escolhido" e "o eleito" ou quando afirma que seu grupo é a bola da vez no Reino de Deus e que antes deles tudo estava aquém do projeto divino?

Que tipo de progresso?

Gaudium et Spes[1]
Desenvolvimento econômico a serviço do homem
64. Hoje, mais do que outrora, para fazer frente ao aumento populacional e satisfazer às crescentes aspirações do gênero humano, com razão se faz um esforço por aumentar a produção agrícola e industrial e a prestação de serviços. Deve, por isso, favorecer-se o progresso técnico, o espírito de inventiva, a criação e ampliação dos empreendimentos, a adaptação dos métodos e os esforços corajosos de todos os que participam na produção; numa palavra, todos os fatores que contribuem para tal desenvolvimento.
Mas a finalidade fundamental da produção não é o mero aumento dos produtos, nem o lucro ou o poderio, mas o serviço do homem; do homem integral, isto é, tendo em conta a ordem das suas necessidades materiais e as exigências da sua vida intelectual, moral, espiritual e religiosa; de qualquer homem ou grupo de homens, de qualquer

---

[1]   Ibid.

raça ou região do mundo. A atividade econômica deve regular-se segundo as leis e métodos próprios da economia, mas exercer-se dentro dos limites da ordem moral,[2] para que se cumpra o desígnio de Deus sobre o homem.[3]

Matar o começo

Matar um ser humano nos primeiros dias de vida? Nós, católicos, achamos que nenhum juiz tem tal direito, seja qual for o Estado e a Nação. É rebelião. Extraídas as células-tronco, o embrião será um minicadáver, terminando talvez numa pia ou num ralo. Alguém matou aquela vida. Mas quem o faz argumenta que "aquilo" ainda não é pessoa. A mãe que aborta nunca diz que abortou um filho. Diz que extraiu um feto. A que o deseja já o chama de filho.

Quando o Estado permite

Morre aos poucos o Estado que permite que se extraia um filho, mesmo que as leis proíbam excessos. Denúncia veiculada no dia 27 de novembro de 2007 no jornal *ABC*, de Madri, Espanha, informava que seis pessoas de uma clínica abortavam fetos de até 7 meses e jogavam os fetos dilacerados num triturador, deixando a carne escorrer pelo ralo para os esgotos da cidade. Se um país permite o aborto, por que não ir mais longe? Se permite derrubar mil metros quadrados de mata nativa, por que não mil e quinhentos?

Votar em favor da morte

Num país onde as pesquisas assustadoramente indicam que 49 a 51% da população aprova a pena de morte, somos todos suicidas em potencial. Matar para resolver os problemas de um povo é optar pela morte como solução para a paz. Os pagãos faziam isso: *Si vis pacem para bellum,* se queres a paz *prepara-te para a guerra,* diziam os romanos.

A resposta dos católicos

Os não evangelizados acabarão concordando com quem tem maior poder de mídia. Mas quem foi batizado e entende o seu Batismo não admite a morte do outro como solução para os seus impasses, nem vota a favor dela, nem concorda com os juízes que a permitem. Quem deixa que se desmatem milhões de hectares de áreas verdes em nome do progresso e do lucro, ou da balança de pagamentos, quem não reage às poluições ambiental, visual e sonora está matando o amanhã. Erramos quando nos calamos diante de testes atômicos e quando assistimos, impassíveis, ao assassinato da vida no planeta. Se acharmos normal que os pais decidam que feto pode ou não pode ver a luz, voltaremos à barbárie ou criaremos barbárie pior do que a dos trogloditas. Estes ao menos precisavam de filhos para sobreviver.

Querer a morte do outro

Se não protestamos e reagimos, somos tão culpados quanto o médico que faz o aborto, os pais que o procuram e a enfermeira que o assiste. Inocente como a flor ou a árvore, o crime do feto é o de estar no lugar que desejamos ocupar, ou o de aparecer em hora errada num ventre de mulher. A clínica quer aquelas células-tronco de feto; a madeireira, aquele tronco de mogno. Se as leis proíbem, muda-se o nome do feto e da madeira e mudam--se as leis. Então a madeira deixa de ser "de lei" ou "rara" e o humano deixa de ser "humano" e passa à mesma condição de um tumor que se extrai porque alguém decidiu livrar-se dele.

Não há muita diferença entre jogar um filho de 6 anos no lago e mandar matar um embrião congelado, mas vivo. Os dois eram vida humana, uma já nascida e a outra congelada, mas tão viva

DE VOLTA ao catolicismo

que os laboratórios a cobiçam por razões científicas e humanitárias. Humanitárias...?

O limite decisivo

Se a Terra adoece, o homem adoece. Se morre, o homem morre. Morre junto à árvore destruída, junto ao riacho poluído e de certa forma junto aos milhões de fetos sugados de mães que não os queriam. Há um limite para tudo. A Bíblia, que não é livro tão ingênuo quanto possa parecer, queria passar alguma mensagem quando chamou o ser humano de terráqueo (**Adam**) e de semelhante (*homo*). Via o ser humano como filho da mãe Terra e como alguém que aponta para um Ser maior. A Igreja reafirma na Quarta-Feira de Cinzas: "Lembra-te, homem, que és pó; e voltarás a ser pó" (Gn 2,7; 3,19). Mas será deprimente se voltarmos como assassinos ou suicidas.

Na lápide de milhões dever-se-ia escrever: *Não matou, não feriu, não destruiu. Respeitou e preservou a vida.* Seria uma justa homenagem a quem não desafiou o autor da Criação. Quanto aos outros, já se saberia que destruíram uma ou mais vidas e que teimosamente foram além do último limite!

52. Católicos e guardiões da vida

Não há como negar que a vida está sendo destruída e vilipendiada em macroescala. As máquinas cada dia mais mortíferas, tratores e motosserras, escavadeiras, bombas de sucção, bombas poderosíssimas, agrotóxicos, aborto, chacinas inimagináveis, ódio religioso, ódio racial, crime organizado, destruição de espécies vegetais e animais, poluição de rios e mares, aquecimento global e outras aventuras imediatistas e urgentes de quem quer poder e riqueza a qualquer preço puseram em risco a vida no planeta. Em toda a história de pelo menos um milhão de anos de convivência do ser humano com o planeta nunca se destruiu tanto como nos últimos 60 anos. Progredimos como nunca, mas a que preço? Três gerações como as que agiram desde 1950, quando começou a era do consumismo selvagem, e o planeta não terá como sobreviver.

> *Evangelium Vitae*[1]
> 17. A humanidade de hoje nos oferece um espetáculo verdadeiramente alarmante, se considerarmos não só os diversos âmbitos nos quais se produzem os atentados contra a vida, mas também sua singular proporção numérica, junto ao multíplice e poderoso apoio que recebem de vastos setores da opinião pública, de frequente reconhecimento legal, que implica o apoio do pessoal da saúde.

Isso disse o Papa. Traduzido em linguagem que todos podem entender, o texto lembra que aumentaram de maneira alarmante

---

[1] João Paulo II. Carta encíclica *Evangelium Vitae*. In: *Encíclicas*. São Paulo: LTr, 2003.

os abortos, com a ajuda da mídia, dos governos, das clínicas, dos médicos e dos enfermeiros.

A vida mal-amada

Foi um passo de milênios a decisão da Assembleia da ONU, em meados de novembro de 2007, de banir de todos os países do mundo a pena de morte. Se o ser humano existe há cerca de 1 milhão de anos, levou precisamente este tempo para que a humanidade entendesse que o direito de viver é uma lei suprema. Nós, católicos, cremos que só Deus pode dar e tirar a vida. Se alguém matar, que o seja apenas em caso extremo e de legítima defesa, quando está em jogo, naquele momento, a vida dele ou de alguém mais frágil diante de algum malfeitor. Caso contrário, o malfeitor seja preso, julgado e condenado, mas não à morte, nem à escravidão. Repare seu erro em institutos de reeducação. É lei que levará séculos até ser obedecida por todos os povos.

Vidas incômodas

Até novembro de 2007, aldeias, tribos, cidades, estados e nações não apenas prendiam ou puniam os culpados de agirem contra as suas leis: um líder ou um grupo de jurados e um ou mais juízes determinavam sua morte. Ali, finalmente, foi decidido o que já estava na Bíblia e no Corão, mas nem mesmo os judeus, cristãos e muçulmanos obedeciam. Ninguém em particular, grupo algum, nem rei, nem imperador, nem juiz têm o direito de ordenar a morte de quem quer que seja. É verdade que os dois livros também mandam e permitem matar, mas prevalece neles a ideia de que matar não resolve. Também para a religião tem sido um passo penoso e lento chegar à ideia de que pura e simplesmente não se mata um ser humano. Encontre-se outra solução!

A longa estrada dos direitos humanos

Passo a passo muitos Estados aboliram a escravidão, o trabalho escravo, o trabalho infantil; avançaram no combate ao tráfico de drogas, ao tráfico e à venda de mulheres e de crianças e à venda de órgãos humanos. Outros ainda patinam nesta prática. Levou séculos. Levará décadas ou séculos ainda. Mas as leis agora existem, embora nem sempre sejam aplicadas e obedecidas. Estranhamente, contudo, enquanto se progrediu na defesa dos vivos, quase todos os países do mundo passaram a permitir a morte de humanos em formação, concebidos mas indesejados.

A guerra contra a semente

Talvez o mundo leve outro milhão de anos para entender que não se pode destruir sementes e mudas de árvores que alimentam ou mantêm o equilíbrio da Terra; que não se pode impedir as fontes de jorrarem, os rios de correrem; que não se pode dizimar ursos pandas, o mico-leão-dourado, borboletas de trinta cores, baleias e focas. Concluirão que também não se pode extrair um ex-espermatozoide e um ex-óvulo que se tornaram uma vida humana chamada filho ou filha, embora ainda em fase embrionária. Mas vai demorar! Nos lixões das grandes cidades há muitas sementes que poderiam ter sido plantadas e cultivadas. Alguém não as queria.

Se a ONU decretou, depois de milhões de anos, que nenhum Estado tem o direito de matar um ser humano, espera-se da ONU que também decrete, como a maioria das religiões já decretou aos seus fiéis, que nem os pais, nem os médicos, nem juiz algum tem o direito de interromper a vida de um ser humano concebido dias atrás...

Matar e desperdiçar

Na doutrina dos cristãos, e de maneira acentuada no Catolicismo, toma corpo a consciência de que é pecado desperdiçar água, espécies vegetais e minerais, destruir ou desrespeitar os animais, porque hoje, como nunca dantes, está em jogo o futuro do planeta. O pecado contra a ecologia é, pois, pecado contra a obra milenar de Deus, tanto quanto é pecado destruir qualquer vida humana com o uso de armas ou de veículos. Matar mil árvores é ferir milhares de pessoas num futuro bem próximo. Tem o Estado o direito de autorizar a destruição da floresta para que ali se criem bois ou se cultive soja? Quando é que já se avançou demais? E os políticos e técnicos sabem traçar a linha?

Anjos do planeta

Cremos que é missão dos anjos proteger os humanos, porque somos menos espirituais, menos perfeitos e mais incapazes do que eles. Há coisas que não conseguimos sem o cuidado e a proteção de alguém mais capaz. Pela mesma razão cremos que é nossa missão – já que temos inteligência, recursos humanos e talentos suficientes – proteger, cuidar da saúde e do bem-estar dos animais e da sobrevivência do verde no planeta.

Pró-água

Cabe a nós preservar também a pureza das águas. Por isso é pecado poluir, intencionalmente ou por grave descuido, os mares, os rios e a atmosfera, como também é pecado maltratar os animais, inclusive os que criamos para nos darem alimento. Somos anjos deste mundo com a missão de cuidar da vida que nos cerca, principalmente a vida humana.

Herbívoros ou carnívoros?

Jesus comeu o cordeiro pascal e peixes. Seguiu o costume do seu povo. Foi comparado ao cordeiro sacrificado pela humanidade (cf. Jo 1,19). A Bíblia diz que nos inícios os humanos se alimentavam de frutos da terra (cf. Gn 3,2; Ex 23,10). Mais tarde afirma que, após o dilúvio, se alimentavam de carne, mas com restrições (cf. Gn 9,4). Manteve a proibição de comer determinadas carnes. Segundo a narrativa de Êxodo, Deus, no deserto, mandou maná e codornizes em grande quantidade. Portanto, admitia-se o consumo de carne (cf. Ex 16,13; Nm 11,31-32; Dt 12,15). Nós seguimos em parte a tradição judaica.

Sem crueldade

Entre nós admite-se o uso de carne como alimento, mas não se admite morte cruel para os animais cuja carne comeremos. Que animais comam os outros ainda vivos é algo da sua natureza que não sabemos explicar. Deus quereria isso? Estava no projeto inicial da vida ou é um desvio? Foi sempre assim?

De qualquer forma, o ser humano sabe que o animal sente dor. Devemos fazer de tudo para não abandonar, não ferir e não deixar pequenos e grandes animais passarem fome. Na escolha entre a vida de um animal e de um ser humano escolhemos o ser humano, sem esquecer de respeitar, cuidar, proteger e, no caso de querermos sua carne, causar o mínimo sofrimento ao animal que vai morrer. Cresce no mundo o número dos que radicalmente se opõem ao uso da carne em qualquer circunstância. Sejam respeitados. Providencie-se para eles a proteína extraída de outras fontes.

53. Ai daquele que matar!

Defensores da vida

> De palavras de falsidade te afastarás, e não matarás o inocente e o justo; porque não justificarei o ímpio (Ex 23,7).

> Ouvistes o que foi dito aos antigos: Não matarás; mas qualquer que matar será réu de juízo (Mt 5,21).

> Fratura por fratura, olho por olho, dente por dente; como ele prejudicou alguém, assim lhe será feito. O que tiver matado um animal deve repô-lo; mas quem tiver matado um homem será condenado à morte (Lv 24,20-21).

Grandes assassinos!

Histórias como a de Gengis Khan, Alexandre Magno, Calígula, Hitler, Stalin, Pol Pot e outros guerreiros ou frios assassinos devem servir de reflexão constante para quem se afirma seguidor de Jesus. Ele, que foi vítima de violência religiosa e política e proibiu aos seus discípulos o uso da espada, advertiu contra a espiral da violência, porque quem faz uso de armas um dia morrerá vítima das armas nas quais acreditava (cf. Mt 26,52).

A Bíblia conta histórias de monstros no poder que massacraram seu povo e seus adversários. A História registra homens furiosos como Gengis Khan, que matou mais de 30 milhões de pessoas. De Hitler se diz que matou 6 milhões de judeus e causou a morte de mais de 20 milhões de europeus. Derrotado, suicidou-se. Foram milhares os monstros sanguinários da História. Sentiam prazer em matar.

Países e nações inteiras desapareceram do planeta por causa do ódio de uns poucos. A história da crueldade humana não é para qualquer ouvido ou para quaisquer olhos. Somente espíritos fortes seriam capazes de ouvir o seu relato sem caírem em depressão.

Síndrome de Caim

No passado também houve religiosos que mataram em nome da sua fé. Carregaram todos a mesma síndrome: a de Caim, o primeiro filho que matou o segundo filho, seu irmão Abel (cf. Gn 4,1-16). A história dos dois é altamente ilustrativa. Lembra, de certa forma, que todo assassinato é um fratricídio, já que os humanos são todos irmãos. Ao situar o assassino como um homem do campo e a vítima como um pastor de ovelhas, estabelece também um fato que acompanha a humanidade até hoje: o conflito pela terra e pela hegemonia, simbolizado no campo e nas cercas e no conflito de papéis.

A tribo de Dan precisava de terra e não hesitou em invadir e massacrar o pacífico povo de Lais (cf. Jz 18,1-30). Achou uma razão: *Deus queria que tivessem uma terra*. Partiram, então, julgando ter as bênçãos de Deus para atacar quem morava nas terras que eles desejavam possuir (cf. Jz 18,1-6). Até oraram e consultaram o Senhor. Foram convictos de que Deus lhes daria tudo o que pedissem, não importa de quais métodos usassem. Literalmente pilharam, roubaram e massacraram em nome da sua eleição.

A tribo teve ainda o atrevimento de dizer que matara com as bênçãos de Deus. Javé teria entregado nas mãos deles aquele povo bom e pacífico (cf. Jz 18,10). A maioria dos atos de violência e dos massacres da história humana nasceu da luta pela

DE VOLTA ao catolicismo

hegemonia, por espaço e fronteiras e pela teologia de eleição vivida por grupos invasores. Deus queria! Religião errada, atitude errada, mentalidade assassina.

Religiosos que matam

Assassino vem de Assaz, um líder religioso do Oriente Médio que viveu por volta do século X e matava autoridades ou pessoas de outro credo. Seus métodos de matar traiçoeiramente deram origem ao nome. Pessoas como ele causam a morte do outro para alcançar seus objetivos. Por isso, agem contra o Criador e a Criação, interferindo brutalmente em vidas que não criaram e das quais não são donos. Deus criou e eles descriam milhões de seres humanos, ao mandá-los para o túmulo, com facas ou tiros ou ao explodi-los com aviões e bombas. É a síndrome de Caim. Simbolicamente a Bíblia diz que merecem carregar uma marca na testa. Não podem ser aceitos como gente normal (cf. Gn 4,1-24).

Demoníacos

Seja qual for o motivo, quem mata optou pelo pior: pelo demônio. O termo *daimon*, palavra grega da qual se origina o substantivo "demônio", quer dizer *ruindade*, *coisa ruim*. Mesmo que a Bíblia ou o Corão o permitam, é errado atribuir a Deus o desejo de matar. Aqueles que o fizeram, achando que Javé ou Alá queria aquelas mortes, por mais heróis que pareçam ainda hoje aos olhos de alguns grupos religiosos que até adotam seus métodos, erraram nas suas decisões. Foi fé primitiva. Não tinham evoluído. Escolheram mal.

Erraram também pregadores famosos, papas, bispos, mulás, imãs, aiatolás, pastores, fundadores de Igrejas reformadas, evangélicas ou pentecostais quando, no uso do poder político que haviam adquirido, aprovaram mortes e agiram como se Deus as quisesse. Luz demais... Seguramente Deus não queria aquelas mortes. Obcecados e deslumbrados, faltou-lhes a graça do vislumbre, que consiste em luz suficiente que permite ver sem perder a lucidez.

Fanáticos

Erraram e erram judeus, muçulmanos, budistas e cristãos que aprovam hoje a morte dos inimigos, pondo em risco milhares de vidas inocentes. Não há fé verdadeira que justifique a morte de alguém que não amamos, a não ser em legítima defesa, mas é preciso, cada vez, verificar o que é legítimo e se o uso da violência retaliatória não nasce do ódio descontrolado.

Nunca, jamais o ódio!

Nenhuma religião pode legitimar o ódio. Aos cristãos é, inclusive, proibido odiar os inimigos. Jesus, que ordenou a Pedro que guardasse a espada na bainha (cf. Mt 26,51-52; Jo 18,11), nunca aboliu aquele ensinamento. Morreu sozinho e não quis levar ninguém para a morte (cf. Jo 18,8). Isso de dar ou não dar a vida foi decisão pessoal de cada um deles (cf. Jo 15,13). As Igrejas cristãs precisam proclamar cada dia mais alto a doutrina firme sobre a paz e contra a violência das pessoas, das comunidades, dos governos e dos povos.

Os documentos sociais da Igreja são claríssimos: os católicos fiéis à doutrina da sua Igreja repudiam qualquer forma de violência, venha ela de onde vier. É esta a razão de nossa luta ferrenha em defesa do embrião e do feto. Para nós, trata-se de violência covarde, com a atitude agravante de redefinir o conceito de ser humano para poder interferir. Fizeram o mesmo os que escravizaram as mulheres, os vencidos, os negros ou os índios. Tratavam-nos como não humanos, ou inferiores. Hoje declaram que o zigoto, o embrião e o feto podem vir a ser, mas ainda não são um ser humano em formação. Redefinem o que é humano para redefinir o aborto.

Abortar é assassinar

Está cada dia mais claro para um católico que a pena de morte deve ser abolida. Se já foi permitido no passado, cresce entre os estudiosos a luta pela sua abolição total. Nenhum governo ou parlamento tem o direito de decretar a pena de morte, até mesmo para o mais perigoso dos bandidos. Não cabe ao homem o direito de matar (cf. Ex 20,13). Mas religiosos, esquerdistas e direitistas e até centristas do mundo inteiro permitiram. Redefiniram o conceito de pessoa.

É nossa missão defender quem não pode nem sabe se defender. É nosso dever pedir castigo e pena para os bandidos e assassinos, mas nunca a pena de morte! Não temos esse direito! Já foi dito anteriormente que somos anjos humanos, protetores de outros humanos em perigo. Depois que determinado espermatozoide encontrou determinado óvulo, uma vida humana se formou. Ela não mais pertence ao casal que a gerou.

Orar pelos assassinos

Jesus orou pelos que o torturaram e mataram. Pediu perdão ao Pai porque eles não entendiam a extensão e a gravidade do seu pecado (cf. Lc 23,34). Mas, se não sabiam a quem, sabiam que estavam matando. Queriam, sim, matar um homem incômodo e, quando se mata um ser humano, nenhuma explicação explica aquela morte.

Assim pensamos hoje. Com Jesus também perdoamos quem fez isso, sem culpar os seus descendentes, até porque espiritualmente também nós descendemos do povo judeu. A história dos católicos e evangélicos também registra cruéis atos de violência, por mais ilibada que uma Igreja se declare nas suas revistas e nos seus livros. A tendência é afirmar que a outra Igreja errou mais ou traiu o Evangelho. Raramente seus membros admitem que eles também tiveram e têm os seus graves desvios.

Por amor ao povo judeu

A Igreja diz que todos nós, seres humanos, carregamos as consequências do pecado. Também os cristãos carregam culpas. Paulo faz profissão de amor ao povo hebreu e afirma que, por amor ao seu povo (cf. Rm 9,3), ele até aceitaria ser anátema, isolado, ignorado. Nós, católicos, oramos pedindo perdão pelas mortes que se cometem no mundo e chamamos a nós parte dessa responsabilidade quando, logo após o Pai-Nosso, fazemos a prece pela paz universal. Somos chamados a lutar contra a pena de morte ou qualquer desperdício de vida humana, entre judeus, católicos, evangélicos, ortodoxos, budistas, xintoístas, sunitas ou xiitas.

Não crucificar, mas tirar da cruz

Não podemos ser torturadores, nem crucificadores, e muito menos compactuar com quem põe ou deixa alguém na cruz. Nossa missão é impedir que outros morram crucificados. Se alguém for torturado pela crueldade humana, ou por circunstâncias alheias à sua vontade ou entendimento, precisamos tirá-lo de lá. É o caso das vítimas de violência, de acidentes ou de drogas. É o caso das crianças vítimas de abusos, ou das mulheres escravas, reféns de quadrilhas ligadas à prostituição. A luta é a mesma em favor deles e do embrião. Não sabem nem podem se defender.

Aqueles que crucificaram Jesus já estavam errados ao matar, por razões políticas e religiosas, um ser humano incômodo. Erraram mais ainda ao matar alguém como Jesus. Mas não nos compete condená-los, porque Jesus os perdoou enquanto morria (cf. Lc 23,34).

54. Os católicos e suas culpas

Confesso que pequei muitas vezes...
Por minha culpa, minha culpa,
tão somente minha culpa!

Sim, fui eu

Ao amigo que ironicamente falava do sentimento de culpa que leva milhões de católicos a se ajoelharem ou sentarem em um confessionário, segundo ele, membros que somos de uma Igreja penitente e cheia de proibições, lembrei que somos também uma Igreja humilde e prudente. Admitimos que ainda somos pecadores. Se ele não leu essas passagens e a Igreja dele não as ensinou, todos os membros daquela comunidade deveriam reler suas Bíblias. Ser de Cristo é uma coisa. Ser sem mancha e perfeito é outra. Admitir-se pecador é um grande passo para a santidade. Foi o que disse Pedro ante o milagre dos peixes, em Lucas 5,8: *Ao ver isso, Simão Pedro atirou-se aos pés de Jesus, dizendo: "Senhor, afasta-te de mim, porque sou um pecador!".* É o que diz o Eclesiástico 32,17-18: *O homem pecador não aceita a correção, e encontra sempre justificativa para seguir os próprios caprichos. O homem de bom senso não deixa de refletir, enquanto o estrangeiro e o orgulhoso não conhecem o temor.*

Não se cultiva ocasião de pecados. Tentamos nos antecipar a ela, proibindo atitudes que geram mais pecados. De um seguidor de Jesus espera-se que não procure nem alimente o que pode escapar ao seu controle.

Há no mundo moderno uma tendência de não achar nada errado, de conviver com o erro, de não combatê-lo e não sentir culpa. Ouve-se demais o coração e muito pouco a razão. É famosa a frase: *fiz e não me arrependo*. Um católico, porém, sente culpa e se arrepende se o que fez feriu os outros. Distinguimos entre culpa e remorso. Por isso oramos todos os dias na missa: *Senhor tende piedade de nós!*; *Confesso que pequei*; *Por minha culpa*; *Peço que oreis por mim a Deus Nosso Senhor*. Sabemos que Deus perdoa, mas também sabemos que, sim, somos pecadores. Se depender apenas de nós, prosseguiremos no pecado. Ninguém se livra facilmente da droga. Pecado é como droga ou como pit bull.

Contei-lhe a história do casal que tinha um pit bull filhote e três pit bulls adultos em casa. Seus donos garantiam que seus lindos cães não fariam mal a ninguém porque eles tinham poder e controle sobre aquelas feras. Os vizinhos, mais prudentes, sabiam que pit bulls são feras e estão longe de ser cãezinhos dóceis e obedientes. Mas quem ama seus cães faz qualquer coisa para não ficar sem eles.

Um dia, o pequeno e um dos grandes escaparam do cercado onde viviam soltos. Mataram um dos filhos da casa e um amigo, filho mais novo de um casal da casa da esquina. Se os donos dos cães tivessem tido um pouco mais de medo do que faziam e maior sentimento de responsabilidade para com a vizinhança, não teriam alimentado nem cultivado aquelas feras. Pecado é como pit bull. É melhor não cultivá-lo.

Acusados de mil culpas

Acusados de pecado no passado e no presente, os católicos escutam ofensas de outras Igrejas e grupos políticos que também têm suas culpas atuais no cartório da História. Na Inquisição foram mortos muitos inocentes e se converteram à força muitos membros de outras religiões. Eram os neoconversos, dentre os quais muitos pseudoconversos. Matavam-se "não crentes", crentes de outros grupos e até católicos que ousassem ensinar algo diferente do que se ouvia dos que detinham o poder.

O pano de fundo da Europa Medieval era político e irado, numa Igreja que na Europa ibérica saía da dominação dos muçulmanos. Tendo conquistado pela força das suas cimitarras e dos seus combatentes a península que era cristã, lá permaneceram por 700 anos, trazendo coisas boas e ruins. Tinham levado muita gente para o lado deles. Isso foi inaceitável para patriotas e cristãos europeus.

Hoje, em alguns países de credo muçulmano, fiéis mais radicais daquela religião fazem o mesmo, prendendo, matando e expulsando os católicos ou quem se torna católico, embora o Corão proponha respeito por outros crentes. Repetem o que os católicos fizeram depois da metade do século XVI, após a vitória de Lepanto (1571). Naqueles dias os católicos foram duros para com culpados e inocentes. Era crime ser de outra religião ou anunciá-la.

Fé ditatorial e monolítica

As Cruzadas, os banhos de sangue em Jerusalém e em muitos outros lugares apontavam para uma fé monolítica, que, a ferro e a fogo, como de resto pensavam os outros no poder, conquistaria o planeta. De um lado e de outro houve injustiças que doem até hoje. Em nome de Javé, Cristo e Alá, fiéis aguerridos do Judaísmo, do Catolicismo, mais tarde do Protestantismo e do Islamismo, se mataram e se perseguiram. A questão era política, mas com viés teológico. E nunca faltaram pregadores para abençoar aquelas armas e aqueles guerreiros.

A busca de diálogo nos dias de hoje, ainda que penosa, torna impensável uma fé que ainda cometa aqueles crimes. São sempre

410   **Pe. Zezinho, scj**

atos isolados de governos ou grupos. Naquele tempo não era assim. Uns queriam varrer o outro do seu território, e se não achavam culpados inventavam, mas o outro teria que se converter ou ir embora. Repetiam-se os já mencionados episódios de Dan em Lais (cf. Jz 18,1-30).

Neste pano de fundo aconteceu a **Inquisição,** que legalizou milhares de mortes cruéis em instrumentos de tortura inauditos. Queimava-se e decapitava-se por qualquer acusação, embora também seja verdade que houve lugares onde ela foi branda e pouca gente foi morta, porque lá os inquisidores discordavam daqueles procedimentos. Mas ficou a culpa. Hoje, onde há possibilidade, algum escritor ou professor universitário lembra com ironia essa mancha entre outras que feriram profundamente os católicos. Outras Igrejas e religiões têm também milhares de mortes na consciência, e convém a nós, católicos, admitir nossos erros e a eles admitirem os deles.

> A falácia da mídia religiosa moderna é apresentar alguém como moderno porque usa gravata, não se assina padre ou pastor, ou tem métodos modernos de celebração, convocação e arrecadação. Tudo isso merece uma reflexão à parte. O visual nem sempre traduz as palavras. Por outro lado, há os que investem pesadamente nas vestes, algumas dos séculos X ou XIII, reeditando nos trajes um conceito de Igreja.

> Que toda religião exalte os seus valores e carismas, mas que também, sem mentiras e falso marketing, toda religião admita seus pecados de ontem e de hoje.

55. Santos e pecadores

Não há Igrejas perfeitas
e não há santos sem escorregões

Não há Igrejas perfeitas e não há santos sem escorregões. Deus é perfeito, mas quem o procura ou se afirma seu porta-voz não é. A Igreja canonizou muitos dos seus fiéis portadores de algumas manchas na sua biografia. Os judeus nutrem respeito pela santidade de Moisés, que também teve manchas na sua biografia: mandou matar 3 mil idólatras, diz o livro. Também Elias exorbitou ao ordenar a morte de 450 sacerdotes de Baal. Henrique VIII tem manchas na sua vida: matou e mandou matar quem dele discordou, embora tivesse sido chamado de Defensor da Fé. Lutero tem sérias manchas, Calvino as teve. Muitos papas as tiveram, e sérias. Isso não diminuiu os santos daquelas Igrejas ou religiões. Somos "cristos" (ungidos), mas não somos "o Cristo" (o Ungido). Ele, sim, podia desafiar seus inimigos a achar pecado nele.

> Quem dentre vós me acusará de pecado? E se vos digo a verdade, por que não credes? (Jo 8,46).

Deram um jeito e acharam. Mas ele viveu e morreu como cordeiro inocente. Nós, seus seguidores de todas as denominações, mesmo depois de convertidos, estamos sujeitos ao pecado. *Quem está em pé cuide para não cair*, afirma Paulo (1Cor 10,12).

> Portanto, como por um homem entrou o pecado no mundo, e pelo pecado a morte, assim também a morte passou a todos os homens; por isso que todos pecaram (Rm 5,12).

Sujeitos ao pecado

Quase sempre que uma Igreja se proclama pura, ilibada e sem pecado ou fala como se ali todos estivessem convertidos, imediatamente um ou muitos fatos provam o contrário. Uma coisa é estar em processo de conversão e outra proclamar-se convertido. Os noticiários estão cheios de pecados de pregadores católicos, evangélicos e pentecostais que não conseguiram viver o que pregavam. Ninguém está isento. A todos diz Jesus e corrobora São Paulo:

> Ai de vós, escribas e fariseus, hipócritas! Pois que sois semelhantes aos sepulcros caiados, que por fora realmente parecem formosos, mas interiormente estão cheios de ossos de mortos e de toda a imundícia (Mt 23,27).

> Aquele, pois, que acha que está em pé, tome cuidado para não cair (1Cor 10,12).

Santos e pecadores

Somos santos por vocação e pecadores por condição. Precisaremos sempre de misericórdia. Igrejas não são para anjos e sim para seres humanos que pecam. Não existe ser humano vivo que possa dizer, em sã consciência, que não peca mais. Contudo, feliz é aquele que peca menos do que pecava ontem. Mas não há santos sem pequenos escorregões. Desconfiemos de quem dá testemunho nas ruas, nos templos, no rádio e na televisão afirmando-se convertido e salvo por Jesus. Se seu discurso sugere que agora já não peca mais, ele está blefando. Ou não entendeu, ou está se promovendo a "santo sem mancha" que ainda não é e nunca será neste mundo. Perfeito, só Deus. Só Jesus poderia dizer o que disse. O pecado não estava nele.

Tomai sobre vós o meu jugo, e aprendei de mim, que sou manso e humilde de coração; e encontrareis descanso para as vossas almas (Mt 11,29).

Três hinos esclarecedores

O pecado existe e está no mundo e nas Igrejas; esteve e está na nossa. Por isso nós, católicos, começamos a missa entoando o *Kyrie,* que é o hino de um coração pecador e penitente ao Senhor que é perdoador. Ele é cantado antes do **Glória**, que, por sua vez, é um hino de louvor ao Deus que nos guia com a sua luz *(Kavod).* Outra vez, antes da Eucaristia, oramos ao **Cordeiro de Deus** que tira o pecado do mundo. Três admissões de pecado e de necessidade de alguém que nos conduza, numa só celebração. E há outras manifestações da consciência de que somos pecadores.

Iluminados e iluminadores

> **Lumen Gentium**[1]
> 50. [...] Vivemos de maneira eminente a nossa união com a Igreja celeste, especialmente quando na sagrada liturgia, na qual a virtude do Espírito Santo age sobre nós mediante os sinais sacramentais, celebramos juntos, em fraterna alegria, os louvores da majestade divina,[18] e quando todos os resgatados pelo sangue de Cristo, de todas as línguas, povos e nações (cf. Ap 5,9) reunidos numa única Igreja, glorificamos o Deus uno e trino com o mesmo cântico de louvor.
> É ao celebrarmos o sacrifício eucarístico, que mais unidos estamos ao culto da Igreja celeste, numa só comunhão com ela e venerando em primeiro lugar a memória da gloriosa sempre Virgem Maria, de São José, dos Apóstolos e mártires, e de todos os santos.

---

[1] Concílio Vaticano II. Op. cit.

56. Mais com Deus e mais de Deus

Doutrinas e crenças geram comportamentos, forjam atitudes. Se alguém crê que só o grupo dele foi eleito para mudar a sua Igreja, ou que apenas a sua Igreja foi escolhida para salvar o mundo, agirá como um cristão com um chamado especial, superior ao dos outros.

A partir dessa convicção será difícil dialogar com esse alguém, porque ou se negará a ouvir os demais, ou os ouvirá com um sorriso beatífico no rosto, mas não fará caso do que ouviu, porque sente-se especial e está mais em posição de ensinar algo novo do que de aprender algo velho e ultrapassado.

A catequese gera comportamentos. Não é fácil crer diferente e, ao mesmo tempo, ser gentil e fraterno com quem discorda de nós. Mais difícil ainda é não cobiçar um lugar especial de poder à direita ou à esquerda do Cristo (cf. Mt 20,21-23), quando nos achamos mais crentes do que os outros crentes, um pouco mais fiéis do que os outros fiéis e, por isso, um pouco mais merecedores das recompensas que Deus reservou a quem se converteu a Jesus... O perigo é o uso indiscriminado da palavra "mais". Ela esconde comparações nada fraternas.

Desde o tempo dos apóstolos, que foram repreendidos por isso, tem sido grande a tentação de invadir a seara do outro, tentação fácil de se perceber na mídia dos nossos dias. Como agir, crendo que temos algo a mais a oferecer ao mundo e, ainda assim, ouvir e respeitar os que acham que também eles têm algo a mais a nos oferecer?

> Se religião fosse tema fácil, claro e óbvio não haveria tantas propostas e tão desencontradas, às vezes no seio da mesma família.

Se Igrejas cristãs fossem caminhos humildes, seguros e garantidos de chegar a Jesus, não haveria tantas delas a disputar o título de "a mais pura", "a mais eleita" ou "a mais eficaz".

Se os pregadores fossem todos amigos da sabedoria e da verdade, não haveria tantos deles a garantir, sem ter que provar coisa alguma, que ouviram e falaram com Deus, ou que Deus lhe falou. Pediriam desculpas pelas suas promessas, predições, milagres e profecias que não aconteceram. Em geral, não pedem.

Quando o objetivo de um pregador não é o anúncio da verdade, mas o sucesso da sua pregação e da sua Igreja e, mais do que anunciar, puxar alguém para o seu templo, talvez não esteja apontando para o céu, e sim para o próprio microfone!

Postura de católico

Na primeira parte dessas reflexões, que, espero eu, tenham sido de fácil assimilação, repeti, insisti, voltei ao tema e mostrei algumas atitudes e reflexões que pudessem favorecer a nossa postura de católico numa sociedade que incontáveis vezes nos desafia e não perde a chance de nos questionar. Quanto mais engasgarmos, mais eles nos confrontarão.

De Jesus se diz que, exceto diante de Pilatos (cf. Jo 19,10-11) e de Herodes (cf. Lc 23,9), respondia a todas as perguntas que lhe faziam. E respondia tão bem que, segundo nos diz o evangelista Marcos 12,34, houve um dia em que ninguém mais ousou confrontá-lo com perguntas atrevidas. Ele tinha respostas e não vinha com frases previamente decoradas, tão a gosto dos fazedores de novos adeptos.

Não temos o conteúdo de Jesus, mas podemos, sim, ter respostas melhores do que as que temos tido quando subimos a um púlpito. Elas estão nos nossos documentos, em livros e nas leituras diárias que todo católico deveria fazer para aprofundar

DE VOLTA ao catolicismo   417

sua catequese. **Se sabemos ler, não temos que ser doutores, mas certamente temos que ser leitores.** Num mundo alfabetizado não basta "ouvir" a palavra. Ela deve ser lida, anotada e pesquisada.

Entremos, agora, em questões que deixam muitos católicos perplexos. É impossível abordá-las de maneira popular e acessível num só livro. Fixemo-nos em apenas algumas delas.

De Platão aos bispos capadócios

Guarde estes nomes: *Platão, Gregório de Nissa, Basílio de Cesareia, Gregório Nazianzeno.* Guarde também as palavras *theoria* e *phronesis, dogma* e *kerigma, mathein* e *pathein.* Têm tudo a ver com a catequese no Brasil de hoje. São atitudes. Não sei a qual delas você aderiu. Guarde também nomes como Ário, Atanásio, Efrém, Montano, Agostinho, Orígenes, Tertuliano, Jerônimo, Plotino ou Dionísio Areopagita. Alguns eram pregadores trágicos, tristes e misóginos. Outros, alegres e abertos. Seu jeito de procurar Deus ou achar que o achou o levará às atitudes desses pregadores, se é que já não levou. O mundo, Deus, a vida, o sexo e as mulheres serão para você o que foram para eles. Quando ler seus livros entenderá o que se passa hoje na mídia religiosa moderna.

A falta de leitura da História das Religiões leva muitos pregadores e fiéis a repetirem comportamentos de ontem. *Mathein*: estudar, ir fundo, apreender e abrir-se; *pathein*: experimentar, sentir, intuir e, de certa forma, fechar-se na experiência pessoal ou do grupo de iniciados; *theoria*: ir fundo, abranger, querer saber mais; *phronesis*: ater-se ao aqui-agora, selecionar o que interessa, ir ao resultado, ao imediato, àquilo do qual preciso no momento, sem maiores projeções ou elucubrações; *dogma*: estabelecer e comparar conhecimentos e formular uma doutrina; *kerigma*: anunciar com a vida, testemunho e unção de algo que já sei.

57. Separados em nome do aproximador

Numa larga avenida de uma grande cidade do centro-oeste do Brasil, há na mesma quadra seis templos de seis Igrejas cristãs. Três de um lado e três de outro. Praticamente as construções se entreolham. Sabe-se que lá dentro todos oram e falam com Deus, a quem chamam de Pai. Nunca se soube de alguma reunião ou encontro entre essas comunidades ou entre seus líderes. É certo que aquelas comunidades falam com Deus. Mas também é certo que não falam do jeito certo. Se o fizessem, já teriam programado alguns eventos para dialogarem.

Igrejas desligadas num planeta interligado

São bilhões de quilômetros de fios, trilhões de peças mecânicas, chips, artefatos e sinais a nos interligarem. Com fios, sem fios, com olhares, abraços, afagos, beijos, acenos, sons, palavras, desenhos, traços, riscos, imagens, canções, cartões, e-mails, mensagens, sites, púlpitos, bilhetes e, às vezes, um curto pigarro, os humanos se interligam.

Em questão de poucos segundos, alguém alcança um outro alguém do outro lado do planeta. Nunca foi tão fácil comunicar alguma coisa. Mas continua difícil, quase impossível, comunicar-nos. A ingente tarefa das Igrejas é aproximar milhões de pais e filhos, irmãos, vizinhos e fiéis de Igrejas da mesma rua. Comunicar é uma coisa, comunicar-se, outra!

Aproximadores

Há indivíduos abençoados e serenos que criam laços e interligam pessoas. São anjos aproximadores. Na Bíblia se lê que personagens como os anjos Gabriel e Rafael, mulheres como Noemi, a rainha Ester, a Virgem Maria, Gamaliel e centenas de outros deram um jeito de levar alguém a alguém, ou de estabelecer laços de fraternidade. De todos eles Jesus é o modelo, posto que dele diz o Livro Santo:

> Ressuscitando Deus a seu Filho Jesus, primeiro o enviou a vós, para que nisso vos abençoasse, no apartar, a cada um de vós, das vossas maldades (At 3,26).

> Mas, vindo a plenitude dos tempos, Deus enviou seu Filho, nascido de mulher, nascido sob a lei (Gl 4,4).

> Nisto se manifesta o amor de Deus para conosco: que Deus enviou seu Filho unigênito ao mundo, para que por ele vivamos. Nisto está o amor, não em que nós tenhamos amado a Deus, mas em que ele nos amou a nós, e enviou seu Filho para propiciação pelos nossos pecados (1Jo 4,10).

> "Eu vim em nome de meu Pai, e não me aceitais; se outro vier em seu próprio nome, a esse aceitareis" (Jo 5,43).

> O ladrão não vem senão a roubar, a matar e a destruir. Eu vim para que tenham vida, e a tenham com abundância (Jo 10,10).

> Portanto ide, fazei discípulos de todas as nações, batizando-os em nome do Pai, e do Filho, e do Espírito Santo (Mt 28,19).

DE VOLTA ao catolicismo

Quem ama, vai ao outro

O verbo **ir** faz parte fundamental da práxis cristã. Quem não vai ao encontro do outro não entendeu Jesus. Ele veio, procurou as pessoas, chamou-as, foi lá, teve compaixão, ajudou, mudou suas vidas, curou, perdoou, ensinou a pensar, caminhou junto e ensinou a ir. Sua proposta era a de solidariedade plena. Dispunha-se a ir lá, como no caso do servo do centurião. Jesus se dispôs a ir. O centurião humildemente o dispensou de ir (Mt 8,5-13).

A doutrina sobre a graça de Deus que age em nós mostra que de certo modo ela é sorrateira como o sol, que, mesmo quando lhe fechamos as cortinas, teima em nos iluminar, ainda que pela fresta que inadvertidamente lhe deixamos. Deus nem sempre espera que lhe abramos a porta; às vezes ele nos invade.

Mesmo que não queiramos

Recebi, ao longo dos anos, centenas de e-mails e até severas críticas de irmãos sacerdotes, que chegaram a proibir que nas suas paróquias se cantasse um de meus hinos penitenciais. Diziam que Deus não converte ninguém à força. Tem que haver assentimento da pessoa. Minha canção dava a entender que Deus força sua graça. O canto assim começava:

> Mesmo que eu não queira, converte-me Senhor./ Mesmo que eu não peça, converte-me Senhor./ Mesmo se a consciência me disser que eu não pequei,/ mesmo assim tem piedade de mim pelas vezes em que eu errei!

A um bispo e cinco sacerdotes reunidos, pedi licença para relembrar a conversão da mulher samaritana junto ao poço de Jacó (Jo 4,6-35). Ela não estava procurando conversão. A iniciativa foi de Jesus. Perguntei, ainda, se Jeremias, Paulo, Madalena, o paralítico da piscina de Betesda (Jo 5,2), a mãe viúva em

Naim (Lc 7,12), Santo Agostinho, São Francisco e Santo Inácio de Loyola procuravam Deus, quando Deus os sacudiu. Foram até Jesus, pedindo que os convertesse ou curasse, ou na verdade foram procurados, muito antes de pedirem a graça da conversão ou da ressurreição do filho (viúva de Naim), e acabaram por assentir?... Não há filhos imaturos que se negam a tomar o remédio e os pais o fazem engolir?

Fui mais longe, propus um debate em torno das passagens:

> Nisto se manifesta o amor de Deus para conosco: que Deus enviou seu Filho unigênito ao mundo, para que por ele vivamos (1Jo 4,9).

> Nisto consiste o amor, não em que nós tenhamos amado a Deus, mas em que ele nos amou a nós, e enviou seu Filho para propiciação pelos nossos pecados (1Jo 4,10).

> Nós o amamos a ele porque ele nos amou primeiro (1Jo 4,19).

> Porque Deus enviou o seu Filho ao mundo, não para que condenasse o mundo, mas para que o mundo fosse salvo por ele (Jo 3,17).

> E Isaías ousadamente diz: "Fui achado pelos que não me buscavam, fui manifestado aos que por mim não perguntavam" (Rm 10,20).

> Disse-lhe, pois, a mulher samaritana: "Como, sendo tu judeu, me pedes de beber a mim, que sou mulher samaritana?" (porque os judeus não se comunicam com os samaritanos) (Jo 4,9).

DE VOLTA ao catolicismo

Deus se antecipa e vai ao encontro. Ele cria condições para que alguém queira se converter. Seu "vinde a mim" (cf. Mt 11,28) foi precedido do "eu vim lhes dar a vida em abundância" (Jo 10,10), seguido do "Ide e anunciai" (Mt 20,4; 22,9; 28,19).

O caso da conversão da mulher samaritana mostra a extensão dessa misericórdia. Jesus se aproximou e pediu água, e ela estranhou aquela aproximação. A mulher foi se convertendo, à medida que Jesus a iluminava. Foi nesse fato que me inspirei ao escrever a canção que pede a graça da conversão, "mesmo que eu não queira"... Entendo a graça como chuva que às vezes não pedimos e até a recebemos contrariados, mas ela enche de vida o nosso jardim.

58. Graça depositada

Um pai deixou considerável herança depositada em favor dos seus dez filhos. Cada qual deveria administrar a parte que lhe cabia. Um deles não foi buscar. Não quis saber de absolutamente nada que viesse do pai. Nove a buscaram. Deles, cinco a desperdiçaram. Apenas quatro fizeram bom uso do que lhes fora reservado.

Graça é dom. E a conversão é uma graça. Deus a dá. Nós é que nem sempre a queremos. Santo Agostinho ria de si mesmo ao lembrar que ele queria que Deus lhe desse a graça da conversão, mas não tão cedo. O pecado ainda lhe trazia vantagens.

Só pela razão e pela inteligência ninguém se converte. Se assim fosse, todos os doutores em Teologia seriam santos. Decidir-se pela santidade e pela coerência supõe um mínimo de catequese. Mas a verdadeira conversão começa pelo anúncio de que Deus é Pai e Jesus é seu ungido. A seguir vem o sentimento dos próprios limites e das próprias *hamarthias*, que, segundo São Paulo, é o ato de errar o alvo. Finalmente, vem a certeza de que Deus perdoa, livra da culpa. Acontecem, então, a gratidão e a generosidade de apostar que, se Deus é nosso rumo e Jesus é seu Filho, não há outra coisa a fazer senão viver como Jesus viveu.

Converter-se de verdade é amar Jesus de tal maneira que não se deseja outra coisa que amar como Ele amou e viver como Ele viveu. Não há verdadeira religião sem verdadeira conversão. A consequência é a paz. Foi isso o que aconteceu com todos os santos. Eles, primeiro, se converteram, mas a maioria foi procurada antes de querer mudar de vida! O primeiro passo foi de Deus.

Graça sobre graça[1]

Graça admirável foi a graça que me deste.
Eu tão pecador e tu Senhor tão meu amigo e tão meu Pai.
Eu que não sabia onde achar a minha paz.
Hoje sou feliz e tenho a paz e tenho a paz e muito mais.

Sei que me perdi quando escutei outras palavras.
Todos me diziam que é feliz quem segue sempre o coração.
Mas meu coração já me enganou mais de uma vez.
Hoje eu quero ouvir o sentimento e a razão, e a razão

Fui tão insensato que escolhi o meu pecado
Eu sabia o certo e o errado mas teimava em arriscar.
Tive o que eu queria mas perdi a minha paz.
Hoje eu me possuo e não desejo nada mais que a tua paz.

Quando eu te deixei também deixei de ser pessoa.
Fui perdendo a graça e o equilíbrio quando quis viver sem ti.
Já nem te buscava e já não tinha religião.
Hoje eu rezo muito e tenho mais, eu tenho a paz no coração.

Jesus foi ao encontro de quem queria e de quem não queria mudar de vida. Conjugou plenamente o verbo "ir". E não procurou apenas os bonzinhos e bem-comportados. Buscou os pecadores (cf. Mt 9,13). Era aproximador por excelência.

Entre nós a mística do "ide" está implícita nos verbos "crer" e "amar". Podemos assistir inativos à dor dos outros e, ante o noticiário de rádio e televisão, tecer eruditos, piedosos e sábios comentários de cunho salvífico, sociológico e político; podemos até orar por esses pobrezinhos enquanto comemos pipoca ou sanduíche e tomamos nossa indispensável cervejinha. Mas, se num inverno de 5°C não nos tocamos, se não enfiamos a mão no

---

[1] PE. ZEZINHO, scj. Graça sobre graça. In: *Sereno e forte*. São Paulo: Comep, 2002. 1CD.

DE VOLTA ao catolicismo

bolso para ajudar os irmãos daqui de perto, se não damos nossa contribuição para que alguém sofra menos, não teremos entendido o "Vinde" e o "Ide" da fé cristã. **Os verbos "amar" e "orar" sem o verbo "ir" tornam-se hipócritas.**

Teatrais

No mesmo sentido, em parábola, Jesus questionou o dízimo do fariseu que diante do altar se gabava de ser dizimista e, por isso, mais fiel do que o outro que pedia perdão lá no fundo do templo. Deixou claro que só isso não salva (cf. Lc 18,9-14). *Dê a Deus que Deus dá* pode ser um bonito slogan, mas não é dogma de fé. Retribuição não é o mesmo que barganha.

Parecer ungido, orar em altos clamores e com teatralidade estudada não garante o céu para ninguém. Diversas vezes Jesus ridicularizou esse comportamento de quem teatralizava o que não vivia. Propunha que tais mestres fossem ouvidos, mas não imitados (cf. Mt 23,1-7). Serve para os outros e também para nós que talvez não teatralizemos nossa fé a altos brados, mas temos também nossas incoerências. Este é o grande risco do anúncio: a doutrina que pregamos é bonita, mas trazemos este tesouro em vasos de barro.

> Então falou Jesus à multidão e aos seus discípulos, dizendo: "**Na cadeira de Moisés estão assentados os escribas e fariseus.** Todas as coisas, pois, que vos disserem que observeis, observai-as e fazei-as; mas não procedais em conformidade com as suas obras, porque dizem e não fazem. Pois atam fardos pesados e difíceis de suportar, e os põem aos ombros dos homens; eles, porém, nem com o dedo querem movê-los. E fazem todas as obras a fim de serem vistos pelos homens; pois trazem largos filactérios e alargam as franjas das suas vestes. E amam os primeiros lugares nas ceias e as primeiras cadeiras nas sinagogas, e as saudações nas praças e o serem chamados pelos homens 'Rabi, Rabi'" (Mt 23,1-7).

Reunir multidões para ouvir a Palavra, curar enfermos e expulsar demônios não garante o céu para o pregador. Não, se ele fizer e deixar fazer intenso marketing de si mesmo, cuidando para que tudo aconteça do seu jeito, para depois dizer que seu projeto veio da vontade de Deus (cf. Mt 7,15-23). Nem sempre veio. Jesus manda questionar e duvidar dos separadores, os que movem céus e terra para fazer mais um discípulo e depois o tornam pior do que antes (cf. Mt 23,15).

Fé que separa

O mesmo Jesus lembra que avisou com antecedência, para que, depois de enganados por essas falsas profecias, ninguém se queixe de não ter sido alertado contra um anúncio espetaculoso. Foi com eles porque quis! Não leu porque não quis! Sabia ler e o livro estava lá sobre a sua mesa. Tinha ouvidos para ouvir (cf. Mt 11,15) e preferiu ouvir exatamente quem veio separá-lo dos outros.

> E o Senhor lhes disse: "Agora vós, os fariseus, limpais o exterior do copo e do prato; mas o vosso interior está cheio de rapina e maldade" (Lc 11,39).

> "Mas ai de vós, fariseus, que exigis o dízimo da hortelã, e da arruda, e de toda a hortaliça, mas desprezais o bom senso e o amor de Deus. Importava fazer estas coisas, e não deixar as outras" (Lc 11,42).

> "Nem todo o que me diz: 'Senhor, Senhor!' entrará no reino dos céus, mas aquele que faz a vontade de meu Pai, que está nos céus" (Mt 7,21).

> "E surgirão muitos falsos profetas, e enganarão a muitos" (Mt 24,11).

"Surgirão falsos cristos e falsos profetas, e farão tão grandes sinais e prodígios que, se possível fora, enganariam até os escolhidos. Eis que eu vo-lo tenho prevenido. Portanto, se vos disserem: 'Eis que ele está no deserto', não saiais. 'Eis que ele está no interior da casa', não acrediteis" (Mt 24,24-26).

Na sua prece pelos discípulos (cf. Jo 17,20-22) Jesus pede o precioso dom da unidade, porque sabia das divisões que costumam haver onde há poder, dinheiro e relevância. Quando propôs que os seus não buscassem os primeiros lugares (cf. Lc 14,7), que aprendessem a ser os primeiros a servir os outros e a agir como se fossem os últimos (cf. Mc 9,35; Mt 20,16), sabia das vaidades que atacam não apenas as empresas, os governos e os parlamentos, mas também a religião. Repreendeu duramente a mãe e os filhos que buscavam ser mais eleitos do que os demais (cf. Mt 20,21-23). São atitudes que separam.

Criadores de currais e de redomas

Precisamos tomar cuidado com nossos enfoques. O mundo está cheio de "encontreiros" e separadores. Saem a pregar e logo formam o seu redil e sua redoma. Assim que conquistam ouvintes e fiéis, tratam de fechá-los no círculo a que chamam comunidade ou Igreja, quando na realidade são um curral e impedem que se aproximem dos outros grupos que de fato são comunidades. Até da família há quem separe os seus neoconversos. Usam a expressão: *Você agora é de Cristo!* Deveriam dizer: *Você agora é nosso!*

Os outros podem até se aproximar deles para descobrir a riqueza celeste que eles já descobriram. Mas os que foram para o seu redil não devem ouvir o discurso das ovelhas e dos pastores dos outros, nem se aproximar dos de fora... Afinal, são especiais e conhecem o que o resto do mundo não conhece! Para eles, só vale quem faz parte do novo grupo, do novo movimento, da nova revelação; só vale quem ora como eles e vai ao templo deles. Lá, quem entra ganha a sorte grande. Quem sai, segundo eles, corre o risco de perder a alma.

Separadores

Se alguém os questiona, fazem cara de perseguidos e incompreendidos por amarem os Evangelhos, mas onde podem invadem e levam gente dos outros grupos para o deles. São proselitistas e separadores profissionais. Vieram para salvar o mundo e a Igreja, mas não admitem que alguém de fora possa salvá-los. Ninguém pode invadi-los ou levar seus adeptos, mas eles podem e devem levar os adeptos dos outros. Quem não viu esse filme nos últimos 40 anos no Brasil?

Quando separar

Há casos em que realmente é preciso separar pessoas: o sequestrado do sequestrador, o seduzido do sedutor, o abduzido do abdutor, a vítima do seu algoz, o drogado do traficante.

Mas há casos em que pessoas se agarram tanto umas às outras e exercem tamanho poder sobre os adeptos que, literalmente, as sequestram em redomas chamadas ideologias, religiões, Igrejas ou seitas. Impedem que elas se comuniquem até mesmo com grupos e formadores da mesma Igreja, mas de outra linha ou de doutrina mais aberta. Jesus se insurgiu contra isso ao gritar aos fariseus:

> "Mas ai de vós, escribas e fariseus, hipócritas! Pois que fechais aos homens o reino dos céus; e nem vós entrais nem deixais entrar aos que estão entrando" (Mt 23,13).

> "Ai de vós, escribas e fariseus, hipócritas! Pois que percorreis o mar e a terra para fazer um prosélito; e, depois de o terdes feito, o fazeis filho do inferno duas vezes mais do que vós" (Mt 23,15).

DE VOLTA ao catolicismo

Chegam a impedir a realização de amores sinceros e verdadeiros em nome da ideologia, da fé ou do grupo fechado do qual a moça se fez adepta. Brincam de Deus. Decidem quem deve amar quem e quem deve ser amigo de quem. Acham sempre uma frase bíblica para justificar seu segregacionismo.

Presumidos

O pecado faz isso. Une os maus e tenta atrair os bons à maldade. São os PCCs da vida. Com o tempo, separa também os maus entre si. A virtude aproxima os bons e tenta converter os maus, abre-se para o diálogo. Quem é de Deus sabe a diferença entre concordar e discordar e entre discordar e, mesmo assim, amar a pessoa da qual se discordou.

O rumo, as estradas e os veículos

O crente sereno admite que, se o rumo é certo, outras estradas, ainda que esburacadas, podem levar ao destino... Até veículos menos vistosos e potentes podem chegar. Há estradas boas e bem traçadas e outras que, mesmo em condições precárias, também nos conduzem ao local desejado. Grandes e poderosos navios às vezes afundam, porque, apesar de todos os instrumentos modernos, o comandante confiou demais na estrutura da nave, enquanto barcos precários chegam ao porto. Jesus lembrou isso aos fariseus que achavam que lhes bastava o fato de serem descendentes de Abraão (cf. Lc 3,8) para se salvarem. Ensinavam que bastava jejuar, pagar o dízimo (cf. Lc 18,12) e dizer "Senhor, Senhor" (cf. Mt 7,21) para serem mais santos do que os outros. Não eram!

Diabólicos e demonizadores

Não é sem razão que demônio (o que traz coisas ruins), satanás (o que nos tenta), lúcifer (o que deveria, mas se negou a levar a luz de Deus) também são chamados de diabo (*dia-bolus*, o separador).

Ainda se ouve no rádio e se lê em livros, revistas e jornais de alguns seguidores de Cristo que outros grupos têm satanás, estão nas trevas ou servem ao demônio. Inventam demônios às grosas e depois acusam os outros de os servirem, enquanto eles são os expulsadores dos demônios que eles mesmos criam: demônio da dengue, da febre, da unha encravada e da diarreia. Por verem demônios nos outros são diabólicos; separam as pessoas e decidem quem é e quem não é filho de Deus e agem como demonizadores, porque atribuem demônios a quem não ora nem pensa como eles.

Todo aquele que separa as pessoas e joga umas contra as outras, semeia preconceitos contra irmãos da própria Igreja ou faz alguns se sentirem mais de Deus do que os outros, diminui quem não é do seu grupo ou faz de tudo para que seus seguidores não cheguem perto de quem ora, crê ou pensa diferente, corre o risco de pecar gravemente contra a unidade pela qual Jesus pediu ao Pai:

> "E eu já não estou mais no mundo, mas eles ainda estão no mundo, e eu vou para ti. Pai santo, guarda em teu nome aqueles que me deste, para que sejam um, assim como nós" (Jo 17,11).

Desunidos

O pecado separa. O pior separador chama-se orgulho. Faz pessoas, Igrejas, etnias, classes sociais se sentirem mais do que as outras e, por isso, viverem perto, mas distantes. Invocam o nome de Deus e alegam seu chamado especial para nem sequer se dar as mãos ou comer no mesmo restaurante que os outros.

DE VOLTA ao catolicismo

Vai levar séculos até que as religiões assimilem esta verdade. O demônio é chamado de diabo porque semeia a separação entre as pessoas. O amor aproxima e ensina a erguer e reerguer. É preciso ter muita virtude para viver esta dimensão da vida: "nosso eu a serviço dos outros!".

Moro há mais de 25 anos numa pequena rua entre a Rua da Paz e a Rua da Fraternidade. Passo todos os dias pela Rua Verbo Divino. No exterior, onde estudei Teologia, passava com frequência pela Rua da Esperança. Por anos a fio, no meu trabalho pastoral, passava pela Avenida da Consolação e pelo Largo da Concórdia.

Alguém pode passar por tais placas e nomes e não dar significado algum a elas, ou achar que Deus o pôs lá porque lhe fez um chamado muito especial. Nesse caso teria que admitir que outros cinco mil irmãos e irmãs recebem todos os dias o mesmo chamado. Na maioria dos casos as coisas têm um significado porque lhes damos um sentido. O sol poente é bonito, mas muita gente nem sequer olha para ele. O turista tira cinquenta a cem fotos porque viu com outros olhos o que os moradores daquele santuário acham normal e comum. Recém-convertidos tendem a ver graça, milagre e aviso de Deus em tudo. Falam de Deus pelos cotovelos, mas nem sempre da maneira correta, porque se converteram, mas ainda não aprenderam a interpretar a sua fé. Fazem como o sujeito que escreve e conclui um livro de viagens antes de pisar em terra firme.

Dei um sentido à ruas da Paz, do Verbo Divino e da Fraternidade, perto das quais eu moro. Afinal, escolhi pregar estes valores, e o fato de morar perto de tais ruas muitas vezes me fez pensar na minha missão ao ler aquelas placas.

Faço o mesmo com as imagens, com uma garça branca que caiu do ninho e procura seus pais sem saber como voltar lá para cima. Aprendi que a catequese, mais do que ver, é prestar atenção, perceber e aprofundar. Por isso os livros que escrevo, os artigos que divulgo, as canções que rascunho e canto nascem das catequeses que li ou que vivi e, muitas vezes, das placas e sinais que me deram alguma razão de prosseguir.

59. Graça armazenada

Há outro conceito de graça que pode ajudar nossa catequese progressiva de atitudes. Reflitamos sobre ela através de um fato real. Duas chuvas prolongadas trouxeram dois aguaceiros ao sertão. Na Fazenda Galo Preto as águas se perderam, porque não havia sistema de captação. Na Fazenda Uricoró foram inteiramente aproveitadas. Sobrou água para o ano inteiro, porque seus administradores souberam armazenar.

É assim a graça de Deus. Uma parte, Deus manda. Depois, pode acontecer de não virem tantas graças. A outra parte depende de nós. Se soubermos armazenar a graça recebida hoje, teremos com o que nos abastecer amanhã. Não devemos crer que choverá no sertão toda vez que alguém pedir água do céu. Não devemos esperar que Deus derrame suas graças toda vez que as pedirmos. Este é o risco dos programas de rádio e de auditório, nos quais o pregador garante que Deus dará as graças reclamadas se todos clamarem juntos. Deus não depende desses clamores. Dará quando achar que deve dar.

É disso que falava Jesus, na parábola dos talentos (cf. Mt 25,15-22), e São Paulo, na sua Carta aos Romanos (Rm 5,20) e a Timóteo (1Tm 1,14). Ela é abundante, mas não depende de nossos prazos. Que a graça de Deus não caia em vão sobre nós. Temos que aproveitá-la (2Cor 6,1). Somos instados a fazer com que ela renda, consoante a parábola dos talentos narrada por Jesus (cf. Mt 25,14-30). Aprendamos a armazená-la. Maria fez isso. Armazenava tudo no coração. Não desperdiçou nenhuma experiência ao lado de seu filho. Não deixou passar e ensinou a não deixar passar (cf. Lc 12,19).

Graça desperdiçada

Quem capta água de chuva, porque fez a sua parte, terá frutos, flores e pastagens. Quem deixa perder, continuará pedindo que Deus mande outra chuva. Pede o milagre da hora, quando o milagre já veio há meses, mas não foi aproveitado!

Agiu bem o dono da Fazenda Uricoró. Ter chuva duas vezes por ano depende da estação e do céu. Ter água o ano inteiro depende da sabedoria de quem sabe armazenar! Não é muito diferente com a graça de Deus. Armazenemo-la, porque virão dias de canícula!...

Virgens sem amanhã

Em Mateus 25,1-13, Jesus se refere ao crente alienado que não prepara seu futuro e ao prudente que pensa no futuro dele e do reino. Compara-os a virgens sem amanhã; ingênuos, portanto, os que acham que tudo correrá bem para eles, mesmo se não levarem sua missão a sério. Os prudentes são como virgens com um projeto. Estarão nas bodas do reino porque se prepararam para a missão.

Evangelizados e capacitados

Jesus ensina o mesmo sobre o general que vai à guerra sem medir as forças do seu lado e as do outro. Não aconselha nenhum deles a seguir o caminho de Gedeão que, com trezentos homens, venceu os poderosos madianitas, mas acabou prepotente; nem o de Salomão ou Sansão, que sozinhos derrotaram grandes exércitos, mas foram extremamente vingativos e ditatoriais nos seus projetos. Salomão e Sansão decidiram por atender suas mulheres, não importando em que condições, e mataram levados pela ira ou por interesses pessoais. O mesmo fez Gedeão.

DE VOLTA ao catolicismo

Jesus manda que os seus se preparem (cf. Lc 14,31). Nada de improvisos, que, em não dando certo, depois Deus conserta... Deus proverá, mas não em tudo o que pedirmos. Não existem preces infalíveis. O vento sopra onde quer e não onde queremos que sopre (Jo 3,8).

A mensagem é outra: *Vocês foram avisados, mas não me levaram a sério.*

> Porque surgirão falsos cristos e falsos profetas, e farão tão grandes sinais e prodígios que, se possível fora, enganariam até os escolhidos. Eis que eu vo-lo tenho predito. Portanto, se vos disserem: "Eis que ele está no deserto", não saiais. "Eis que ele está no interior da casa"; não acrediteis (Mt 24,24-26).

> E disse ele: "Rogo-te, pois, ó pai, que o mandes à casa de meu pai, pois tenho cinco irmãos; para que lhes dê testemunho, a fim de que não venham também para este lugar de tormento". Disse-lhe Abraão: "Têm Moisés e os profetas; ouçam-nos". E disse ele: "Não, pai Abraão; mas, se algum dentre os mortos fosse ter com eles, arrepender-se-iam". Porém, Abraão lhe disse: "Se não ouvem a Moisés e aos profetas, tampouco acreditarão, ainda que algum dos mortos ressuscite" (Lc 16,27-31).

> Vigiai, pois, porque não sabeis a que hora há de vir o vosso Senhor (Mt 24,42).

> Ali haverá choro e ranger de dentes, quando virdes Abraão, e Isaque, e Jacó, e todos os profetas no reino de Deus, e vós lançados fora (Lc 13,28).

O cristão eficaz

Já falamos da Teologia da Prosperidade. Voltemos a ela. Há, na mídia, dezenas de Igrejas afirmando que são eficazes, porque com elas as coisas acontecem. O marketing é tentador. São Igrejas de resultado. Os que dão testemunho da eficácia delas garantem que deram e receberam, oraram e conseguiram emprego, fizeram as correntes e a prosperidade veio. Lembram as propagandas de remédio: tomou, curou! Pim, pam, pum, toma lá, dá cá... Será assim no reino de Deus? É assim tão certo como dois mais dois são quatro? Até onde é fé e até onde é temeridade?

Jesus sabiamente ensina que há uma graça que capacita as pessoas, mas que não pode ser desperdiçada, seja grande ou pequena. Somos chamados a trabalhar com a graça recebida e não a guardá-la medrosa e timidamente no cofre da acomodação e debaixo de alguma desculpa: *Não tenho, não sei, não posso!* Dar, ele dá, mas que fique claro que não será do nosso jeito e sim do dele. O Pai sabe do que realmente precisamos (cf. Lc 12,30). Pelo bem delas não damos tudo o que nossas crianças pedem. Por que, então, ensinar que tudo o que pedimos Deus concede naquela Igreja? Não seria marketing demais disfarçado de fé total?

No capítulo 16,1-22 de Mateus, Jesus incentiva os discípulos a lerem os sinais dos tempos e das coisas. Quem não sabe interpretar, ou não percebe o que acontece ao seu redor, ou vê milagre em tudo. Uma fé inteligente aprende a ler a vida sem exagerar. Nem tudo é coincidência, nem tudo é vontade de Deus para nós, nem tudo é sinal e nem tudo é milagre. Um grande número de pessoas interpreta como vontade de Deus para elas o que é apenas vontade delas para elas mesmas. Obcecadas num projeto, criam uma obra vultosa e caríssima e esperam que Deus ou os fiéis que os ouvem paguem a conta. Na maioria dos casos 2+2 é apenas isso: dois mais dois. O resultado é quatro. Deus não está dizendo nada mais do que isso. Nem tudo na vida é milagre.

Graça e competência

Somos todos competentes para pelo menos alguma função. Todos receberam o suficiente para se realizar, de acordo com a sua potencialidade. Não adianta alguém ser talentoso, mas acomodar-se, tirar de letra, não aprofundar e não trabalhar seriamente sobre os dez ou cinco talentos que recebeu. Não vai adiantar ser deste ou daquele grupo, deste ou daquele povo, orar em línguas, saber orar em alta voz e com palavras bonitas, nem ter expulsado demônios em nome do céu. Jesus diz que nada disso é garantia de salvação (cf. Mt 7,15-23). O talento que salva é o da justiça, o da caridade.

Eficazes no bem

A eficácia que Jesus espera não é a de quem paga o dízimo no dia certo e na quantia exata, nem do que ergue templos e torres de rádio e televisão. Isso também conta, mas o que vale é o que se faz pelos outros. Uma leitura atenta de Mateus 7,15-23; 25,15-46 mostra um discurso mais do que claro sobre o que é receber talentos e onde se deve aplicá-los. Fazer uso deles para marketing pessoal é desvio de finalidade. É como receber um empréstimo para erguer um hospital e aplicar o dinheiro na promoção de si mesmo. É a isso que Jesus se refere em Mateus 7,20-23:

> "Portanto, pelos seus frutos os conhecereis. Nem todo o que me diz: 'Senhor, Senhor!' entrará no reino dos céus, mas aquele que faz a vontade de meu Pai, que está nos céus. Muitos me dirão naquele dia: 'Senhor, Senhor, não profetizamos nós em teu nome? e em teu nome não expulsamos demônios? e em teu nome não fizemos muitas maravilhas?'. E então lhes direi abertamente: 'Nunca vos conheci; apartai-vos de mim, vós que praticais a iniquidade'."

Talento desperdiçado

Também não faz sentido jogar fora os dons, sob a desculpa de que recebemos pouco. No reino de Deus vale não a quantidade, mas a qualidade. O povo tem um ditado que se fundamenta na parábola dos talentos: *O pouco com Deus é muito*. Jesus arremata dizendo que a viúva que pôs apenas duas moedas no cofre do templo deu mais do que os mais afortunados, porque deu do que lhe faria falta (cf. Mc 12,42-43).

A recompensa

> Disse-lhe o seu Senhor: "Você agiu bem, servo bom e fiel. Sobre o pouco foi fiel, sobre muito o colocarei; entre no gozo do teu senhor" (Mt 25,21-23).

O cristão acomodado

Jesus é severo com os que, dizendo-se discípulos dele, se acomodam e nada fazem pelos outros. Chama-os de inúteis (cf. Lc 17,10). Na parábola diz que serão punidos (cf. Mt 25,30; Mt 25,24-28). Também afirma que haverá punição maior para quem usa dos talentos de arrecadador e da boa-fé dos outros para ganhar dinheiro (cf. Mc 12,40). Quem lê tais passagens não pode ficar indiferente. Deus vê e se importa.

Que os pregadores saibam a diferença entre levantar fundos e ser profundos. Que primeiro sejam profundos, se querem levantar fundos, para que possam tornar mais profundo o povo que vem ouvi-los.

DE VOLTA ao catolicismo

O cristão solidário

Na sua provocadora tese de doutorado *Teologia da Solidariedade*,[1] Padre Joãzinho, scj, analisando Gustavo Gutiérrez, aponta a solidariedade como um caminhar teológico. Não é discurso ou nomenclatura teológica nova... Não vem como substitutivo para a Teologia da Libertação... Tem seu caminho dentro e para além da teologia. Uma experiência não existe sem a outra: solidariedade supõe libertação. Estão implicadas no binômio criação-salvação. O autor ressalta de muitas maneiras que só uma fé sólida pode fazer pessoas solidárias. Há muito mais a se aprender no livro e nos escritos do conhecido autor.

De nossa parte, insistimos que está cada dia mais claro que os verbos *ir* e *importar-se* fazem parte do cerne da fé cristã. Não é próprio do cristão fazer de conta que não é com ele. O texto está em Lucas 10,25-37. Na parábola, os personagens são cuidadosamente escolhidos. Um doutor da lei, mestre judeu, quer saber o que fazer para ganhar a vida eterna. Talvez fosse desejo de ouvir, talvez provocação. Jesus fala de atitudes: a de um sacerdote e de um levita judeus que não se importaram com um homem assaltado e quase morto à beira do caminho. Na parábola, nem um, nem outro se importam com o homem ferido. A resposta também foi provocativa. O religioso precisa ir além da sua Igreja, do seu grupo ou do seu movimento. Ir ao cerne da fé é mergulhar na solidariedade.

Atitude para além da religião

Para provocar seus ouvintes, Jesus põe outro personagem na história: um "herege" samaritano que faz o que os religiosos e pregadores não fizeram. Cuida da vítima que nem sequer conhece e ainda se dispõe a, na volta, cobrir todas as suas despesas.

---

[1] ALMEIDA, Padre João Carlos, scj. *Teologia da Solidariedade*: uma abordagem da obra de Gustavo Gutiérrez. São Paulo: Loyola, 2005.

A catequese de Jesus deixa claro que é isso que prepara alguém para a vida eterna. No discurso em Mateus ele acrescenta que a omissão põe em risco a nossa eternidade:

> E, respondendo o Rei, lhes dirá: "Em verdade vos digo que, quando o fizestes a um destes meus pequeninos irmãos, a mim o fizestes" (Mt 25,40).

> Então lhes responderá, dizendo: "Em verdade vos digo que, quando a um destes pequeninos o não fizestes, não o fizestes a mim" (Mt 25,45).

Deus em nós e nos outros

Há um mistério perto de nós que só perceberemos quando deixarmos de pensar que tudo o que é de Deus acontece nos nosso círculos. O mistério não está sempre ao nosso redor, mas vai além dos solos onde pisamos e onde nos ajoelhamos. A graça é muito mais abrangente do que gostamos de imaginá-la. Há chineses xintoístas e budistas caridosos, recebendo curas, graças e luzes, mesmo sem ter ouvido falar de Jesus. Jesus não veio apenas para quem o invoca (cf. Mt 7,21-23; Jo 10,16). Ele tem outras ovelhas que no tempo certo reunirá no seu aprisco. O recado é forte e desafiador para os que se agarram ao seu grupo e desprezam os outros: o Cristo tem suficiente poder para, se preciso, fazer filhas de Deus até as pedras... (cf. Lc 3,8).

Quando o percebermos a brilhar em outras cabeças e em outros corações, quando tivermos entendido a parábola do fariseu e do publicano, do homem ferido à beira do caminho e do levita e do sacerdote que passaram ao largo, do samaritano que cuidou daquela vítima e prometeu continuar cuidando, naquele dia entenderemos de mistério, porque teremos, finalmente, entendido que Deus faz pelos outros o mesmo ou até mais do que fez e faz por nós.

60. Graça que nos capacita

> Por esse motivo, três vezes pedi ao Senhor que o afastasse de mim. Ele, porém, me respondeu: "Para você basta a minha graça, pois é na fraqueza que a força manifesta todo o seu poder". Portanto, com muito gosto, prefiro gabar-me de minhas fraquezas, para que a força de Cristo habite em mim. E é por isso que eu me alegro nas fraquezas, humilhações, necessidades, perseguições e angústias, por causa de Cristo. Pois quando sou fraco, então é que sou forte (2Cor 12,8-10).

Usamos adjetivos para aprofundar, definir melhor ou acrescentar sentido aos substantivos. Por isso dizemos casa "branca", homem "forte", caminho "seguro".

A graça seria como um adjetivo, adendo, aditivo, algo a mais em nós que amplia nossa capacidade ou nos redefine. São retoques ou intervenções da mão do artista que ainda não terminou em nós a sua obra.

Paulo dizia que pela graça de Deus tornara-se quem agora era e que nele a graça não fora desperdiçada (cf. 2Tm 4,7; 1Cor 15,10). Afirmava que Deus dá a cada um as graças das quais necessita para cumprir sua vocação. Jesus fala dos talentos que ampliaram a ação de quem os recebeu a ponto de, capacitados, produzirem o dobro. Mas fala também do que desperdiçou o talento recebido (cf. Mt 25,15-30).

Entre nós a doutrina da graça é feita de oferta e aceitação, de proposta e resposta. É dom gratuito, sim, maior do que merecemos. Vem até sem que o peçamos, mas supõe nossa resposta. Se fecharmos nossa cortina, a luz não entrará com a intensidade que lhe é própria. Mas, então, o problema não será da luz... Será nosso.

A palavra *gratia*, graça, auxílio, favor, vem do latim. Origina-se do vocábulo grego *xaris*. Significa charme, qualidade a mais, algo que qualifica; também significa dom. Dessa raiz vem a palavra *eu-charistia*: o excelente favor, ou seja, imenso dom.

Dom a mais

Em latim *gratia* significa ajuda, dom que não teríamos por nós mesmos, embora já tenhamos a nossa graciosidade. A graça divina, porém, é sempre uma ajuda, um auxílio, um algo a mais do qual o ser humano precisa. Chamemo-la de aditivo ou adjetivo a qualificar e ampliar a ação do nosso humano e limitado eu.

Força a mais

Pode-se ilustrar a graça com a história do filho que sozinho não consegue atravessar a correnteza; suas pernas são frágeis. O pai lhe dá a mão, ou coloca-o no colo, e com a força do pai ele atravessa. Mas muito mais pedagogo é o pai que dá a mão e não o colo para o filho, enquanto ensina o menino a enfrentar a correnteza. Parte da força é do menino e parte do pai. O menino se torna mais protagonista de sua própria história.

Auxílio pedagógico

É doutrina católica, na sua catequese de atos e atitudes, que o Deus que nos dá a sua graça e seus favores também nos dá a coragem e a valentia para enfrentar as dificuldades, com a certeza de que estará conosco durante a jornada e em qualquer travessia. Deus não nos dá corda e solta. Não somos seu brinquedo. Ele incentiva e ensina a nos mexermos. Muito do que fazemos tem que vir de nós. Não temos que, a toda hora, precisar que Deus nos dê corda! Mãe que dá colo demais atrofia as perninhas do filho. Deus não dá colo demais; dá o necessário! Depois, temos que andar por nossas próprias pernas. É isso o que Paulo afirma que o Senhor lhe disse:

> Três vezes orei ao Senhor para que se desviasse de mim. E disse-me: "A minha graça te basta, porque o meu poder se aperfeiçoa na fraqueza". De boa vontade, pois, me gloriarei nas minhas fraquezas, para que em mim habite o poder de Cristo (2Cor 12,8-9).

Graça humilde

O pregador entusiasmado e pouco versado em catequese proclamou, na mídia, que o jovem corredor chegou em primeiro lugar porque era evangélico. Deus lhe dera a vitória. Esqueceu-se de comentar o que houve, quando na competição seguinte o mesmo corredor chegou em sétimo lugar. O rapaz não vencera por ser evangélico, nem perdera por ser daquela Igreja. Nem os outros ateus ou católicos venceram por serem desta ou daquela linha de fé ou pensamento. O pensamento é bonito, mas não confere. Ateus também fazem dois gols numa partida e também chegam em primeiro lugar... Que Deus dá a vitória aos seus eleitos é certo (cf. Pr 21,31; 1Cor 15,57), mas temos que perguntar de que vitória se trata: na firma, no campo, nas pistas ou na vida?

Instrumentalizar a graça

Exagerar o auxílio de Deus a nosso favor é instrumentalizar a graça. Pregar que o demônio manda um câncer para destruir uma família, e quando o câncer acontece com alguém daquele grupo de fé dizer que é graça e provação de Deus, é no mínimo proselitismo irresponsável. Isso tem acontecido e está registrado em fitas e DVDs. Seria calúnia, se não estivesse gravado e nas estantes dos fiéis a testemunhar a grosseira instrumentalização da graça para fins de marketing.

Criação continuada

A graça de Deus é como um holofote que alguém acende do lado de fora para que, dentro da casa que escureceu, a forte luz de fora nos ajude a encontrar nossa pequena lanterna, e com ela reparar a luz que apagou. *A luz de Deus nos dá a graça de encontrarmos as nossas pequenas luzes e de valorizarmos os nossos pequenos dons, dons esses que trazemos desde o nascimento.* Enfim, fazem parte da criação continuada o favor e a graça de Deus. Mas Deus não faz tudo por nós. Já fez! Deus não tem que vir e acender nossa vela quando já nos deu a caixa de fósforos e centenas de outras velas acesas.

Importa-se conosco

Aquele que nos criou não apenas nos colocou neste mundo, mas também importa-se conosco e, quando precisarmos, vai dar uma força extra para vivermos seu projeto. Não nos criou e depois abandonou. Criou e continua importando-se conosco. Se pedirmos, Ele atenderá, porque Jesus disse com muita clareza que era para insistirmos: *"Pedi e recebereis, batei e abrir-se-vos--á, buscai e achareis"* (Mt 7,7). Peçam, procurem, batam... Jesus garante que Deus atende, mas é preciso buscar e fazer a nossa parte. Precisamos também entender que nem sempre ele atende como queremos ser atendidos. Dá-se o mesmo com os filhos pequenos que pedem uma taça de sorvete quando estão gripados.

Deus ajuda, mas muito depende de nós. Como é que eu vou sair do poço, se não pego a corda que as pessoas estão me jogando? Como é que vou escapar do afogamento, se não seguro a corda que alguém me joga? Eu tenho que fazer a minha parte, porque Deus já fez a dele. Nunca deixou de nos amar, embora exista gente que não aceita ser ajudada. Isto mesmo! Existe gente que não corresponde à graça que Deus dá. Existem olhos que se fecham ante a luz do sol.

Auxílio disponível

A graça de Deus existe, como existem os raios de sol que levam alguns segundos para percorrer os 150 milhões de quilômetros que nos separam daquela imensa luz. A graça de Deus chega bem mais depressa! Não é porque não os queremos que eles deixam de existir. Como o sol é uma realidade, da qual poderemos nos esconder se assim o desejarmos, a graça de Deus também é. Depende de nós abrirmos as portas ou as cortinas, porque o sol brilha por entre e por cima das nuvens, ou do outro lado do planeta, e amanhã certamente voltará a nos iluminar.

61. Manchados pelo pecado

> Não consigo entender nem mesmo o que eu faço; pois não faço aquilo que eu quero, mas aquilo que mais detesto. Ora, se eu faço o que não quero, reconheço que a Lei é boa; portanto, não sou eu que faço, mas é o pecado que mora em mim. Sei que o bem não mora em mim, isto é, em meus instintos egoístas. O querer o bem está em mim, mas não sou capaz de fazê-lo. Não faço o bem que quero, e sim o mal que não quero. Ora, se faço aquilo que não quero, não sou eu que o faço, mas é o pecado que mora em mim (Rm 7,1-20).

Pecha é mancha. *Peccare* é conspurcar, enodoar, manchar. É a isso que Jesus se referia na parábola da veste inadequada. Diferente, sim, mas não demais. Não há razão para que o ponta-direita vista uma camisa de cor e desenho diferentes do resto do time. Joga-se com os demais e veste-se a camisa do Reino. Quem se nega a isso escolheu a si mesmo!

O projeto do prédio era bom, mas interferiram tanto que, ao final, a construção já não lembrava mais o autor. Então ele não a reconheceu como sua (cf. Mt 7,23; 25,12).

Era branco e puro como a neve o vestido da noiva. No auge da festa o descuido de uma amiga o manchou de vermelho. Não houve como não notar. A contragosto ela teve que tirar o vestido e servir-se de um outro, e prosseguiu não mais caracterizada de noiva. O símbolo manchado perdera o seu significado.

Pode acontecer conosco! Graves erros, como se fossem pechas, pecados, manchas, podem prejudicar nossa personalidade. Era a isso que Jesus se referia na parábola da veste nupcial (cf. Mt 22,12). Para viver o projeto do Reino de Deus o mínimo que de nós se exige é que vistamos sua camisa. E limpa!

Pe. Zezinho, scj

É impossível falar de religião sem falar de pecado e de graça. São duas realidades flagrantes em ação no mundo. Todo religioso precisa admitir a existência delas. Uma comunidade de fé pode: (1) acentuar o pecado que é superado pela realidade da graça ou (2) ressaltar a graça que nem sempre sabemos aproveitar por causa do pecado.

Relendo a Carta de Paulo aos Romanos 7,8-25

Se eu faço o que não quero, já não sou livre. Faço o que faço por estar sob a influência do pecado que tomou conta de mim. Por um tempo eu vivi sem lei, mas, aprendendo sobre os mandamentos, percebi que o pecado é uma dura realidade. Naquele dia aprendi que de certa forma eu morrera. Cheguei a pensar que o **mandamento, que era para vida, para mim tinha se tornado morte. Mas não era o mandamento e sim o pecado. Ele, o pecado, me seduzira** e me fizera morrer interiormente.

Então eu disse: "Ai de mim! Não aprovo isto que eu faço; não faço aquilo que eu quero, e acabo fazendo o que não quero. O bem que tanto queria eu não faço, e acabo querendo o mal que afirmo rejeitar".

Parece que nos meus membros há uma outra lei que batalha contra a lei da razão e me prende debaixo da lei do pecado que se apossou de meus membros. Eis aí a minha miséria de ser humano! E quem me livrará deste corpo que carrega a morte dentro de si?

Sou grato a Deus por Jesus Cristo nosso Senhor. Ao menos, tenho a reta intenção de servir à lei de Deus, mesmo que a carne às vezes me empurre para o pecado.

A água, os entulhos e o canal

Pode-se falar da água pura que chega até nós, mas que é desperdiçada porque nossos entulhos e descuidos entupiram os

DE VOLTA ao catolicismo

canais que a traziam, ou pode-se falar dos canos e canais entupidos e conclamar a comunidade a mantê-los limpos. Pode-se alertar o tempo todo contra o mosquito da dengue para não ter que ir atrás da cura. Tudo depende do pregador e da sua ênfase. Antes, durante e depois do pecado!

Bicho-papão demais

É válido alertar contra o risco permanente do pecado, mas há que se ter prudência para não gerar cristãos deprimidos, culpados demais, medrosos demais ou covardes na fé. Crianças que ouvem o tempo todo histórias de bicho perigoso, ou têm medo até da vizinhança, ou crescem curiosas para conhecer o bicho...

Culpa ou perdão?

Em todas as religiões há pregadores que enfatizam o pecado e o demônio. Não passam um dia sem falar deles. Ligue o rádio e perceba a toda hora a citação do inimigo! E alertam para o fato de que um dos maiores truques do inimigo hoje é fazer os crentes esquecerem que ele existe. Deveriam acrescentar que outro truque é levar os pregadores a banalizá-lo e até entrevistá-lo ao microfone!

Há os que também falam da graça e da misericórdia de Deus, mas gastam mais tempo alertando contra o "demo". Numa só pregação de uma hora, fato gravado em fita, uma pregadora que orava e intercedia pelos seus ouvintes usou 320 vezes a palavras maligno, inimigo, demônio, satanás, lúcifer. Bem menos vezes falou de misericórdia, perdão, Cristo e redenção. Seria a sua ênfase de sempre ou agiu assim apenas naquele dia?

Ênfases

Apareceu João batizando no deserto, e pregando o batismo de arrependimento, para remissão dos pecados (Mc 1,4).

Para lhes abrires os olhos, e das trevas os converteres à luz, e do poder de Satanás a Deus; a fim de que recebam a remissão de pecados, e herança entre os que são santificados pela fé em mim (At 26,18).

Onde o pecado crescia como erva daninha a graça cresceu muito mais (Rm 5,20).

Somos justificados gratuitamente pela redenção que há em Cristo Jesus (Rm 3,24).

E não só o planeta, mas nós mesmos, que temos as primícias do Espírito, também gememos em nós mesmos, esperando a adoção, a saber, a redenção do nosso corpo (Rm 8,23).

Vós sois dele, em Jesus Cristo, e Cristo para nós foi feito por Deus sabedoria, e justiça, e santificação, e redenção (1Cor 1,30).

Há os que todos os dias falam de "copiosa redenção", de graça e da misericórdia de Deus, sem esquecer de mencionar o pecado que nos ronda como leão à espreita (cf. 1Pd 5,8), mas **a ênfase é a graça que liberta, capacita e qualifica**. É fácil verificar qual a ênfase de uma Igreja ou de um pregador. Observemos o quanto ele fala de pecado, inimigo, demônio ou de perdão, de graça e de compaixão.

Controvérsias

Há quem negue a existência do pecado. Age como se ele não existisse. Seria apenas uma tentativa das Igrejas de mostrar o certo e o errado, com maior ou menor grau de culpa. Nós, católicos, dizemos que o pecado existe, é realidade e deve ser combatido. O

DE VOLTA ao catolicismo

fiel deve ser fortalecido contra o pecado que é real e vem de fora e que age dentro dele (cf. Rm 7,8-25). Seus atos errôneos tornaram-se hábito e atitude. A Bíblia fala dos nascidos no pecado ou dos propensos e inclinados ao pecado. Paulo fala do pecado *que havia nele* (cf. Sl 51,5; Rm 5,20-21; 7,20). Não vinha de fora; vinha da sua natureza carnal inclinada ao pecado e marcada por ele (cf. Rm 7,14).

Palavras e ideias

Se repetimos uma palavra é porque ela existe. Aqui e acolá criamos palavras, mas nossa comunicação é feita de palavras criadas por outros. Raramente criamos nossas palavras. E quando as criamos os outros não entendem. A palavra que proclamamos já foi dita e registrada e já causou os seus efeitos em alguém. Existia com este mesmo significado e nós a acolhemos.

Dá-se o mesmo com o pecado. Posso declarar pecado o que não é e negar que seja pecado o que pecado é. Eu também posso dizer que a água não é água, mas ela não depende de mim para ser o que é. Não sou eu que determino se algo é ou não é pecado. Posso ser mais ou menos culpado, mas não cabe a mim decidir o valor moral do meu ato, como não compete a mim decidir que o sinal vermelho do farol doravante significará que se pode atravessar a pista... Já está decidido que é sinal de proibição. Hitler talvez tenha decidido que era justo em nome da sua doutrina matar e cremar os judeus. Isso não mudou o fato de que ele perpetrou um dos maiores genocídios da história.

Eu determino!

Corre pela mídia religiosa uma expressão muitíssimo usada por pregadores de agora: *Pelo poder de Deus, eu determino!* Desculpem se discordo, mas estão deslumbrados e embriagados de fé. Extrapolaram. Não possuem tal poder. Podem declarar, afirmar e confirmar, mas não determinar. Este poder só Deus o tem. O dicionário diz que determinar é resolver em definitivo uma questão. É dar uma ordem a partir de um poder pessoal. Uma coisa é o porta-voz que diz que o rei determina e outra o porta-voz dizer que ele mesmo determina. Segundo a tradição, Lúcifer também achou que em vez de ser porta-luz (*lux-fer*) ele podia ser "a luz". Começou a falar no próprio nome. A palavra "eu" é perigosa na pregação. Que seja usada com enorme cuidado! A palavra em vez de ir ao coração subiu à cabeça!

Incapazes de determinar

Nem sempre somos capazes de determinar o valor de uma ação. Para isso há juízes, confessores e orientadores de consciência. Ninguém consegue ler um livro com o nariz em cima da página. Teria que ser muito míope. É a devida distância que nos ajuda a ter uma visão maior e mais nítida das coisas. E nem sempre conseguimos adotar a devida distância de nós mesmos para julgarmos nossos próprios atos. Aí entra a importância do "outro". Na nossa Igreja, decorre daí a importância do sacramento da **confissão** ou **penitência**. Ninguém é juiz em causa própria. Que outro me julgue ou me ajude a me julgar.

Primeiro o adepto, depois o pecado

Ouve-se dizer na mídia que "pecado é você quem decide se é". Os grandes assassinos da história não estavam nem um pouco preocupados com a natureza de seus atos. Se tinham consciência de pecado não ligaram para o que sabiam e sentiam. Provavelmente suas mentes confusas determinaram que aquilo era o certo a fazer. Nem por isso o que faziam era certo!

DE VOLTA ao catolicismo

MAIS CERTEZA DO QUE FÉ

Nos templos e na mídia do Brasil a pregação da certeza substituiu a da fé. São inúmeros os pregadores que garantem respostas, milagres e curas até com hora, dia e lugar marcados. Falam como quem sabe exatamente o que Deus fará pelos fiéis que forem àquela concentração de milagres, ao templo ou à corrente de clamor por divinas revelações. A fé é diferente. Oferece esperança. Quem vai para receber o prometido milagre vai com certeza. Sua esperança, assim como a pregação do seu líder, não é humilde. Chegam a dizer a Deus que ele não pode faltar à sua promessa. Não lhes ocorre que a promessa possa ter vindo do pregador e não de Deus. Cobram Deus pelo que o pregador prometeu no rádio e na televisão... Lembram a história do porta-voz que prometia casas a quem louvasse mais alto o nome do rei. O rei o destituiu! (ver Mt 7,21-23).

O NOVO POLITEÍSMO

Talvez o comportamento dos homens tenha seguido o caminho contrário daquele que comumente se afirma. Do monoteísmo caíram no politeísmo. Deus lhes pareceu tão distante e tão incapaz de responder aos seus anseios imediatos que os humanos criaram divindades pequenas mais parecidas com um ser humano e as puseram nos Panteões de cada povo.

A julgar pela mídia, jornais, revistas, novelas e canções de hoje, deve ter sido bem isso. De tempos em tempos, para vender é preciso mexer. Provocam-se com métodos eficazes os ouvintes e espectadores. Promovem pequenas Vênus a desfilarem ou posarem de lingerie ou até mesmo despidas. Elas inundam as bancas e a televisão; algum Dionísio ou Narciso exibe seus músculos e beleza para as meninas aos gritos; mostra-se o mais novo goleador, e pronto: há novos ídolos no panteão a vender algum produto.

A propaganda se encarrega de criar ídolos e adoradores. Ele ou ela devem apenas colocar-se naquele nicho de luz e exibir sua imagem, que renderá milhões a alguma empresa que patrocinou. Algumas Igrejas ou grupos de Igreja fazem o mesmo com os seus pregadores, que depois passeiam pelas ruas cercados de guarda-costas. É a nova mitologia, repleta de semideuses excelsos e intocáveis para todos os gostos. Alguns deuses morrem tragicamente ou caem do novo Olimpo por não aguentarem tanto incenso. Elvis, Marilyn, Michael, Joplin, Sinatra, Beatles, milhares deles perderam-se na droga ou no medo de voltar ao anonimato. Eram frágeis demais para tanto ritual.

62. Marcados pelo perdão

De fato, se vocês perdoarem aos homens os males que eles fizeram, o Pai de vocês que está no céu também perdoará a vocês. Mas, se vocês não perdoarem aos homens, o Pai de vocês também não perdoará os males que vocês tiverem feito (Mt 6,14-15).

Perdoar é verbo complicado de viver; perdão é substantivo fácil de pedir e difícil de dar. Quem perdoa aos outros e se perdoa e, em permanente ascese, vive como alguém perdoado, está perto da santidade. Chegou ao máximo, está dando o máximo de si e, pelo perdão que vive, mostra que já não é ele quem vive: o Outro, Cristo e, por causa dele, os outros vivem nele (cf. Rm 14,8; Gl 2,20). Das virtudes cristãs é certamente uma das mais difíceis de exercer.

Perdoar de verdade e viver perdoando é um dos estágios mais avançados de consagração a Deus e aos outros. Ceder o lugar, não buscar elogios e homenagens, deixar-se ultrapassar, não querer ser o primeiro, aceitar perder sem viver como derrotado é virtude dos fortes. Os raivosos e vingativos podem até parecer santos em outros aspectos, mas são atores. Os que precisam ser primeiros, que necessitam de novos adeptos, seu programa precisa ir ao ar, sua ideia precisa vencer, vivem um enredo no qual não acreditam. Não são santos. Não passaram no teste definitivo que Jesus registra no Pai-Nosso: "Perdoai nossas ofensas, assim como nós perdoamos as ofensas dos outros contra nós". O Pai fará o mesmo conosco se no íntimo de nossos corações, não apenas externamente (cf. Mt 6,14), não perdoarmos os outros.

O poder de perdoar

Pedi ao irmão de outra Igreja, que argumentava ainda não haver santos no céu, que abrisse sua Bíblia. O que dizia? Ele leu:

> Ora, para que saibais que o Filho do homem tem na terra poder para perdoar pecados – disse ao paralítico – eu te digo: levanta-te e anda! (Mc 2,10).

Argumentei. Jesus deu uma demonstração de que podia curar o corpo e a alma, ali, no ato, sem espera. Ele podia fazê-lo, para além do sábado (cf. Lc 13,14-16; 14,5; Jo 5,9), muito além do que está escrito na Bíblia (cf. Mt 14,35). Ele era mais do que a Bíblia. Podia mudá-la. A Bíblia diz que Jesus era movido pela compaixão (cf. Mc 8,2). Deus *tem compaixão de quem ele quer ter e usa de misericórdia com quem ele quiser usar de misericórdia* (cf. Ex 33,19).

Mostrei-lhe, a seguir, o texto no qual Jesus prometia ao ladrão arrependido e penitente, naquele mesmo dia (cf. Lc 23,43), a salvação e o paraíso. O ladrão estava perdoado e, por isso, ali mesmo, salvo e candidato ao céu. Minutos antes de Jesus morrer e dar o seu sangue pelo mundo, aquele ladrão convertido foi o primeiro fruto da sua morte redentora, porque o sangue de Jesus tem poder. Por isso, nós, católicos, dizemos que o céu está cheio de santos que morreram e de convertidos que aceitaram o perdão de Deus.

Jesus abre as portas do céu para quem ele quiser, até para os convertidos de última hora. Como não as abriria para quem levou vida santa? Por que teríamos que esperar o último dia? Por causa dos versículos que falam dele? E os versículos que falam da misericórdia, do perdão, ali, no ato, e do poder de salvar, não contam?

Nós, católicos, afirmamos que o céu está repleto de gente que o sangue de Cristo já salvou. Nem sempre cantamos a canção

Cristo tem poder; quem a canta são os evangélicos, mas cremos tanto nessa verdade que afirmamos que Ele pode levar e leva para o céu aquele que aceita o seu perdão e perdoa. Ele disse que salvaria e salva e já salvou bilhões de almas!

Só não entra no céu quem não perdoa os outros. O texto é pesado:

> **Porque, se perdoardes aos homens as suas ofensas, também vosso Pai celestial vos perdoará a vós.** Se, porém, não perdoardes aos homens as suas ofensas, também vosso Pai vos não perdoará as vossas ofensas (Mt 6,14-15).

O arrependimento e o perdão são bilhetes para o céu. Sem eles não haverá como passar por aquela porta estreita (cf. Mt 7,13-14). As palavras são de Jesus. Por isso tomemos cuidado com estas duas frases condenatórias: *Não me arrependo de nada do que fiz! Jamais o perdoarei pelo que ele me fez!* Morramos ao menos como quem tentou perdoar e pediu esta graça ao céu.

Reencarnar até ser perdoado?

Pela mesma razão discordamos dos irmãos que pregam a reencarnação e a volta purificadora, pedagógica e expiatória, até que a alma esteja pronta para viver definitivamente no céu. É a nossa fé no Cristo por nós sacrificado e ressuscitado que nos dá a certeza de que não existe volta.

Não cremos em reencarnação porque cremos na redenção, na misericórdia de Deus e no poder expiatório do sangue de Cristo. O que faltar ao nosso currículo de vida, Deus, que tudo viu e tudo vê, saberá como suprir. Os méritos do Cristo, que para nós não é apenas um anjo de luz ou um profeta, mas "O Filho", nos darão a chance de céu. Se esta chance se chama purgatório ou alguma espera, cremos que não será espera até o último dia da humanidade. Seremos salvos pela misericórdia. Se expiação ou segunda chance houver, não será a volta à vida num outro corpo. Não reencarnaremos.

Respeitamos mas discordamos

Mantemos nosso respeito aos irmãos espíritas, kardecistas ou aos que anunciam a reencarnação como explicação para o depois dessa vida. Agradecemos o seu respeito por nós. Mas nossa fé em Jesus nos leva a crer de maneira diferente. Eles dizem que existe a volta. Nós, não. Vive-se uma vez e morre-se uma vez, segundo o dizer de São Paulo (cf. Hb 9,27). Nossa doutrina de pedagogia, misericórdia e perdão diverge da deles. Tenho um grande respeito por meus irmãos e parentes espíritas, como sei do respeito que me votam, mas na questão do depois da vida divergimos. Isso não impede que nos queiramos bem e nos amemos.

Tudo isso tem a ver com a visão que temos de perdão. Quanto tempo leva para perdoarmos aos outros? Quanto tempo leva para Deus nos perdoar? A resposta determinará nossa crença, ou na longa espera, ou na reencarnação, ou na redenção, no prazo que só Deus sabe qual é.

63. Vencedores em Cristo

> Quem nos poderá separar do amor de Cristo? A tribulação, a angústia, a perseguição, a fome, a nudez, o perigo, a espada? Como diz a Escritura: "Por tua causa somos postos à morte o dia todo, somos considerados como ovelhas destinadas ao matadouro". Mas, em todas essas coisas somos mais do que vencedores por meio daquele que nos amou. Estou convencido de que nem a morte nem a vida, nem os anjos nem os principados, nem o presente nem o futuro, nem os poderes nem as forças das alturas ou das profundidades, nem qualquer outra criatura, nada nos poderá separar do amor de Deus, manifestado em Jesus Cristo, nosso Senhor (Rm 8,35-39).

> *Ao vencedor, darei um prêmio: vai sentar-se comigo no meu trono, como também eu venci, e estou sentado com meu Pai no trono dele. Quem tem ouvidos, ouça o que o Espírito diz às Igrejas* (Ap 3,21-22).

Crer é vencer-se

A fé em Cristo deve levar-nos a vencer a nós mesmos, o pecado e as tentações deste mundo. Mas quando é usada para vencer os outros, num marketing claramente destinado a diminuir outro grupo de fé ou a superá-lo e silenciá-lo, estamos diante não de um processo de evangelização, e sim de suplantação de outros.

Não vê quem não quer que a busca pela mídia, em muitos casos, virou competição e está longe de ser cooperação entre irmãos na fé. Por cerca de 40 anos fui, e ainda sou, bastante entrevistado e sei como agem as mídias dos mais diversos grupos. Elas determinam quem e qual notícia é interessante. Gravam 15 minutos para divulgarem 20 segundos. Também a mídia religiosa decide quem ela deseja repercutir e quem não deve aparecer no seu veículo. Puxam para o seu lado. Não há imparcialidade. Há um tipo de "vencedor em Cristo" que, mais do que vencedor de si próprio, faz de tudo para derrotar os outros, de outra linha, de outra Igreja ou de outra visão pastoral.

Gravíssimos desvios

O marketing da fé tem ido a tais extremos que ultimamente estampa-se até a efígie do pregador à frente, na celebração, ou no fundo dos templos. Critica-se o uso de imagens de São Francisco, ou Santo Antônio, ou de Maria, mas está lá o enorme *banner* do pregador, acolhendo quem veio à sua pregação! De tal forma personalizou-se a palavra de Deus que os seguidores de Cristo voltam a ser adeptos incondicionais dos novos Paulo, Apolo ou Cefas. A idolatria não mora longe do excesso de marketing. Seis a dez horas do mesmo pregador na tela, ou criam novos ateus ou geram mais um ídolo.

Oferta de sucesso

A vitória do crente em Jesus faz parte do evidente marketing da fé praticado por muitas Igrejas: *Tome posse da vitória que Deus preparou para você.* Ouve-se isso com frequência. Por melhor que seja a intenção, o slogan pode levar à ideia de que *os fiéis daquela Igreja são vitoriosos e os de outras, não.* No começo do Gênesis, capítulo 3, é esta a atitude proselitista atribuída à "serpente", que segundo o autor era o demônio (semeador de coisas ruins), disfarçado no papel de "satanás" (tentador) e "diabo" (separador). Ele prometeu vitória pessoal e, aos dois humanos proibidos de ir ao cerne da vida, a elevação à categoria de deuses. Poderiam então fazer o que quisessem...

Ao fazer dos dois primeiros humanos seus dois primeiros adeptos e puxá-los para o seu lado, o tentador prometeu **o mais** tentador de todos os sonhos humanos: o sucesso total! A busca do sucesso, para a maioria das pessoas, supera a busca da verdade. Não buscam necessariamente o certo, mas o que dá certo para eles...

Não é pecado!

Na narrativa do Gênesis, o demônio glamoriza o pecado. Começa por apresentá-lo como "não pecado". Foi como se o tentador dissesse: *"Pecado não existe! Vocês é que decidem se é ou se não é"; "Se seu coração está mandando, então não é errado"; "Deus inventou essa proibição para que vocês não façam algo que certamente os tornaria livres e capazes de acesso a tudo. Vocês seriam como ele"; "Não se privem dessa experiência e não deixem que ninguém lhes tire esse direito. Nem Deus"; "Não se reprimam".*

Eu posso, eu quero, eu faço

Estava ali a descrição do pecado como rebeldia: "eu posso", "eu quero", "eu decido", "eu me concedo", "errado ou certo, eu quero!".

Noção de pecado

A graça existe, o milagre existe, o pecado existe. Mas nem tudo vem do céu, nem tudo é milagre e nem tudo é pecado. Por isso a Igreja tem uma catequese que na verdade é um curso permanente de informação, reflexão, motivação e discernimento. O fiel evangelizado precisará saber distinguir o que nos seus atos e atitudes é pecado e o que não é, o que é milagre ou cura e o que não é. Sem a devida evangelização abre-se o espaço para o charlatão que cria demônios, pecados, milagres e curas a seu talante.

Cremos em milagres. Não cremos é em qualquer pregador que se diz capaz de curar.

Pode-se ver pecado onde ele não está. Pode-se não ver como pecado o que é pecado. Pode-se cometer um ato pecaminoso sem intenção ou capacidade de pecar. O ato é errado, mas quem o faz nem sempre é responsável. Há pecados "graves", pecados "mortais", "veniais", "de ato", "de atitude", "de opção". Há outras definições igualmente dignas de reflexão, posto que milhões de fiéis não têm noção do mal que fazem. Outros têm, mas não se controlam e outros têm e não pretendem parar, porque o pecado lhes traz vantagem.

Intenção de pecar

Aqueles pais, santos e magníficos, cujo filho tem um sério distúrbio, sabem que o rapaz não tem noção do que faz quando agride e fere as pessoas ao redor. Armam-se de paciência e buscam para ele todos os tratamentos possíveis, sabendo que precisam do milagre de Deus para que seu rapaz aprenda a conviver. Os atos do rapaz ferem, mas não constituem pecado porque o moço é incapaz de pecar.

Existem, portanto, ações que ferem, mesmo não sendo pecaminosas. Seriam, se ele soubesse o que e a quem está fazendo algum mal. Mas ele não tem noção de bem ou de mal. Foi isso que Jesus lembrou do alto da sua cruz e da sua misericórdia: *Perdoa-lhes. Eles não sabem o que fazem!* (Lc 23,34). Tinham intenção de matar e sabiam que matavam, mas não a quem matavam! Não tinham noção da extensão do seu pecado.

Avanços da Teologia Moral

O leitor procure conhecer livros de moral católica. Mostram nossa postura diante de situações pecaminosas e diante de quem as pratica. Uma coisa é o pecado e outra o pecador. Os avanços

DE VOLTA ao catolicismo

da Psicologia e da Psiquiatria têm ajudado o clero a orientar melhor os fiéis e a encaminhá-los para tratamento mais adequado. Há milagres que começam no templo, mas passam pelo consultório e pelo hospital.

Nem todo milagre é prodigioso. Muitos seguem o trâmite conhecido, sem deixar de ser graça do céu. Jesus deu início à cura daqueles dez leprosos, mas a cura aconteceu durante o caminho. Jesus, que podia tê-los curado ali, no ato, os havia mandado a outros (cf. Lc 17,11-19). Apenas um reconheceu isso e voltou para agradecer. Este foi curado interiormente. Jesus já lembrara isso ao paralítico curado quando o viu no templo. Havia mais a ser feito, além de ser curado. Viver uma vida digna. A moral católica supõe atitudes antes, durante e depois do que se chama de conversão.

O fato de a mulher samaritana ter admitido conversar com um homem judeu e mostrar-se disposta a ouvi-lo foi uma atitude. Sua disposição de falar a verdade foi outra. Sua decisão de anunciar Jesus aos seus concidadãos foi outra atitude. Por isso se fala em moral e catequese de atitudes!

Livros como o de Marciano Vidal, *Ética teológica: conceitos fundamentais*,[1] facilitariam a tarefa dos pregadores que hoje falam no rádio e na televisão.

Tendência, tentação e adesão

O pecado traz no seu bojo uma escolha. Primeiro é tendência e tentação. Aos poucos torna-se adesão e escolha. Se escolho um rumo certo, fiz a parte essencial da escolha. Mas ainda falta escolher as estradas, os meios, com quem e de que maneira irei. Se escolher o rumo errado, estarei sujeito ao pecado. Se optar por qualquer estrada, posso não chegar. Se não escolher bem

---

[1] VIDAL, Marciano. *Ética teológica*: conceitos fundamentais. Petrópolis: Vozes, 1999.

as companhias, elas podem me desviar. Se passar por cima dos outros, não chegarei com méritos, se é que chegarei.

Errar o alvo

Já vimos o conceito de *hamarthia* em Paulo. É erro de rumo e de alvo, qual seta mal mirada ou mal atirada. Há pecados que me mancham e há os que mancham os outros. Há setas que ferem a mim e aos outros. Por isso Paulo fala de *hamarthia*: errar o alvo da ação e da vida; estabelece o desequilíbrio e a controvérsia dentro da pessoa (cf. Rm 7,17). Ela sabe o certo e o errado, mas não consegue escolher corretamente e acaba fazendo o mal que não quer e não fazendo o bem que deveria querer (cf. Rm 7,11-25).

A Igreja fala, ainda, de *peccare*, enodoar, conspurcar, manchar a veste batismal. Em Mateus 22,12, Jesus conta a parábola do convidado que não usou a veste adequada. Falava de atitudes corretas e não de roupas. A mancha vermelha de vinho no vestido branco da noiva prejudicou o brilho da festa. Teria sido bem mais alegre para ela se o vestido não estivesse manchado. A comparação serve para entendermos que uma vida na fé e no amor supõe integridade.

Quando formos tentados

Ser tentado é uma contingência da vida e uma realidade para todo aquele que pensa, vê, escuta e tem vontade livre. Ninguém escapa à tentação. Mas pode não ceder a ela! Jesus até transformou isso em oração. Está no "Pai-Nosso". A tentação certamente virá. Precisaremos de ajuda para não cair nela. As versões do texto não falam de livrar da tentação e, sim, de não deixar cair. No final do versículo falam em *livrar da malícia* (cf. Mt 6,13). Poderíamos concluir: "Livrai-nos de escolher errado!". Jesus distingue entre o fato e a intenção.

DE VOLTA ao catolicismo

Se uma pessoa teve vontade de esmurrar o outro porque sentiu raiva, mas controlou-se e não o fez, esta pessoa não pecou. Se a pessoa teve raiva mas não a alimentou, não pecou. Se teve o desejo de responder com palavrão, mas controlou-se e não respondeu, não pecou. Querer pode ser meio caminho andado, mas pode ter meia-volta e retorno.

Ser tentado e ceder

Precisamos entender a diferença entre ser tentado e cair na tentação. É a mesma coisa de ser convidado a entrar num abismo e não entrar, ser convidado a jogar-se de um trem em movimento e não se jogar, a tomar veneno e não tomar. Quando a pessoa tem motivações fortes para não fazer determinadas coisas, ela supera a tentação. Se não tem motivações fortes e o seu desejo de errar é maior do que a vontade de acertar, então ela é uma possível vítima do seu impulso.

Estamos todos sujeitos à tentação, e todos podemos cair. É por isso que Paulo diz: *"Quem está em pé, que se cuide para não cair"* (1Cor 10,12). É que não há santo neste mundo sem pequenos tropeços e pequenos arranhões.

Atenção para não pecar

> Sede vós, pois, perfeitos, como é perfeito o vosso Pai que está nos céus (Mt 5,48).

Jesus propõe a busca do melhor, dentro da nossa pequenez. O pai é perfeito na sua plenitude, nós seremos completos até onde é possível ser. O reservatório pode estar repleto até a borda, mas o pequeno balde também estará cheio, se carregar o máximo que nele couber.

O mesmo Paulo alerta frequentemente para esta realidade, quando numa das suas cartas, aos Romanos, fala da graça de

468   **Pe. Zezinho, scj**

Deus, que ajuda as pessoas a superar as suas dificuldades (cf. Rm 5,2-21). Deus repara o que quebrou e completa o que nos falta. Paulo narra também suas dificuldades pessoais, deixando os seus ouvintes entreverem que no seu íntimo travou uma batalha muito grande: *"Nem sempre faço o bem que eu quero. Mas acabo fazendo o mal que não quero. Quem vai me livrar deste dilema fatal e terrível para minha alma?"* (cf Rm 7,19-23). A seguir, ele afirma que Jesus é libertador. Em outra passagem ele aponta Jesus como aquele que pode nos dar a motivação para não errarmos (cf. Rm 5,20). Onde o pecado foi copioso a graça foi muito mais copiosa. E nele a graça deu certo. O pecado não venceu.

> E, para que não me exaltasse pela excelência das revelações, foi-me dado um espinho na carne, a saber, um mensageiro de Satanás para me esbofetear, a fim de não me exaltar. Acerca do qual três vezes orei ao Senhor para que se desviasse de mim. E disse-me: "A minha graça te basta, porque o meu poder se aperfeiçoa na fraqueza". De boa vontade, pois, me gloriarei nas minhas fraquezas, para que em mim habite o poder de Cristo (2Cor 12,7-9).

Fé que motiva

Pecar, todos pecamos, às vezes muito, às vezes menos. Grande ou pequeno, estamos todos sujeitos ao erro. É por isso que buscamos o poder, a misericórdia e o perdão de Deus. Cremos que, por maior que seja nosso erro, a misericórdia de Deus é maior. Mesmo quando não agimos bem, Ele pensa em nosso bem. Fez isso com Madalena, com a samaritana e com Paulo. Como vimos anteriormente, nenhum deles pensava na própria conversão. Jesus pensou por eles e depois com eles!

Jesus foi tentado?

Foi alegoria. Para os cristãos, Jesus não pecaria. Nenhuma tentação o levaria ao pecado. Se ele e o Pai eram um, não há como Jesus ter tido impulso de pecar. O texto de Mateus é pedagógico. Lembra hiperbolicamente que a tentação não poupa ninguém, nem mesmo o Filho de Deus (cf. Mt 4,1-11).

A narrativa que é pedagógica mostra uma realidade humana. Idolatrias de poder, riquezas e vaidade sempre existirão. E é melhor que os cristãos se cuidem, porque pensando controlar acabarão sucumbindo às três maiores tentações da vida: orgulho, riquezas e poder. Jesus a tudo respondeu mostrando um projeto de vida. Seus discípulos deveriam ter o mesmo projeto: **Só em Deus, só a Deus** (cf. Mt 4,10).

Seremos sempre tentados

Quando Jesus propõe que estejamos atentos, refere-se a uma realidade exigente. Espera de nós uma atitude. Nem sempre percebemos que estamos sitiados pelo pecado ou que já cedemos a ele. Tentados nas mesmas circunstâncias de Jesus, provavelmente cairíamos, porque há uma tendência no ser humano de se autoinflar e de se apresentar como "o primeiro" e "o melhor", de mostrar o seu poder e suas obras e querer que todo mundo reconheça o que ele fez.

Esta tentação atinge principalmente os poderosos, os líderes políticos, os ricos e os pregadores. Adoram se autoelogiar ou para ganhar eleição, fazer mais amigos e clientes de altas esferas, ou para ver seus templos cheios de ouvintes. Adoramos ser incensados e exibir nossas qualidades. Sofremos todos da tentação de brincar de semideuses (Gn, 3). Há uma síndrome de Narciso a rondar as tribunas e os púlpitos, principalmente os eletrônicos, que levam nosso discurso a milhões de ouvidos.

Perseguidos pela vaidade, pelo orgulho de mostrar que sabemos e podemos mais, quase sempre caímos. Em pouco tempo passamos a agir como se fôssemos maiores do que a mensagem que levamos. É a síndrome do porta-voz que começa a usar demais o pronome "eu". *Eu determino, eu proclamo, eu quero, eu exorcizo, eu garanto*... Ouça a mídia religiosa dos nossos dias e perceberá as armadilhas da mídia e do poder que a mídia nos dá sobre os outros. **Todo pecado tem "eu" demais e Deus de menos.** Foi isso que Jesus ridicularizou em Mateus 7,15-23. *Profetizamos em teu nome*... E daí, se foram falsos no resto?

Ególatras

A narrativa das tentações de Jesus (cf. Mt 4,1-11) mostra que as idolatrias do poder, da fama, da riqueza, do egocentrismo que acabam em egolatria tornam-se permanentes. O sujeito passa a perseguir aquele objetivo e nem mais disfarça. Se não tomarmos cuidado é isso que seremos: ególatras. Adoraremos o nosso magnífico e escolhido "eu" e nos colocaremos em tronos porque temos poder, somos famosos, bonitos, ricos, brancos, europeus, do primeiro mundo, do primeiro escalão, moramos num país rico, ou somos doutores, estudamos em universidade famosa, ou, ainda, atingimos um determinado grau de fama.

Quem são os outros para nos dizer se estamos certos ou errados, se tudo o que realizamos mostra que fomos escolhidos? Tem sido este o comportamento de milhares de líderes espirituais através dos tempos. Não admitem que possam estar errados. Raramente aceitam correção fraterna. Parece que nunca ninguém disse, cantou ou realizou o que eles estão realizando hoje.

Em alta conta

Se não tomamos cuidado, começamos a andar cercados de guarda-costas e protegidos, porque somos mais, e não podemos

DE VOLTA ao catolicismo

nos misturar. Daqui a pouco o cantor vira ídolo, o político se faz intocável, o religioso, superincensado! Sua imagem se torna maior do que a do Cristo.

Deus propõe o contrário. Jesus, na sua simplicidade, se mistura com os seus irmãos. Quem diz crer em Jesus precisa, todos os dias, examinar os seus limites. Todo cuidado é pouco, porque a tentação chega em forma de libidinagem, de interesses, de mais e mais dinheiro, ou em forma de fama. Quando, enfim, percebemos, já estamos gostando muito daquilo. Fica difícil voltar para a simplicidade, para a fé pura e desvinculada de poder e dinheiro, para a fraternidade que aplaude e valoriza os outros. Os ídolos, na sua maioria, não conseguem gostar de segundos ou terceiros lugares. Têm enorme dificuldade em trocar o púlpito por algum assento ao lado dos fiéis que vieram ouvir um outro e não a eles.

Fama e autodestruição

Faz pensar o livro *Assim morreram os ricos e famosos*, de Michael Largo.[2] No original, o título era "Obituário portátil". Seria um registro de mais de quinhentos nomes, para o leitor se lembrar de como alguns famosos e ricos, que a mídia exaltava e que por um tempo foram vencedores, morreram subitamente ou se autodestruíram. É impressionante o número dos que se mataram ou morreram de overdose de drogas e de álcool. Na tela eram encantadores. Na vida desencantaram-se com Deus, consigo ou com os outros. No Brasil, foram dezenas os famosos que morreram de overdose.

Até o fim da vida, seremos todos tentados a ser mais do que os outros. Algumas pessoas subirão no falso trono que elas mesmas

---

[2] LARGO, Michael. *Assim morreram os ricos e famosos*. São Paulo: Larousse do Brasil, 2008.

ergueram, ou que outros ergueram para elas, e adorarão sentir os holofotes a segui-las pelo palco. Outras fugirão do brilho excessivo. Vai depender do seu grau de humildade e de unidade com o Pai e com os outros. Quem respeita os outros sucumbe menos. Quem se adora sucumbe mais! O pecado faz mais vítimas onde a vaidade e o desejo de ser mais do que os outros é maior. Pior ainda é quando, visivelmente, não se busca a vitória, mas a derrota do outro.

Escorregões

Pessoas escorregam e caem, levantam-se e fazem de tudo para não cair de novo. Pessoas pecam, erram, arrependem-se e fazem de tudo para não tornar ao erro de ontem. Milhões de pessoas realmente mudam de vida e de atitude. Mas há os que escolhem o pecado. Dá lucro e traz vantagem. Por isso não pensam em sair do tráfico de entorpecentes, da prostituição, do tráfico de mulheres ou de escravos, do comércio de órgãos humanos ou de armas... Por isso continuam a sequestrar, prender, matar, roubar e assaltar. O terrorista não cessa de explodir carros, trens, aviões e, neles, gente inocente. Escolheu matar. Os fanáticos insistem em religiões que eles mesmos sabem que mentem. Todos eles escolheram o pecado porque, no seu caso, o pecado está dando certo. Trouxe vantagens.

Nudez em público

A moça que pousa nua para várias revistas e ganha dinheiro com o seu corpo, a cantora e a atriz, o cantor e o ator que abertamente admitem que as cenas que protagonizam lhes trazem vantagens econômicas, nenhum deles pensa em mudar. Por que o fariam se o que fazem engorda a sua conta no banco? Houve cientistas que não aderiram à bomba atômica. Há artistas que

DE VOLTA ao catolicismo   473

decidem não aceitar determinadas cenas, mesmo que o diretor os mande embora. Escolheram.

Transgressores habituais

Milhões de cidadãos optaram pelo pecado e pela transgressão habitual. Sabem que a sociedade desaprova o que fazem, mas fazem. Que a sociedade se acostume, porque eles não mudarão! São felizes? Dizem que são. É certo o que fazem? A maioria diz que não. Eles dizem que sim.

O poderoso político que, na primeira semana de setembro de 2008, disse que no seu gabinete mandava ele, e mesmo que a lei proibisse o fumo ele fumaria, mostrou-se transgressor habitual. Optou por desafiar uma decisão mais do que óbvia. Ninguém tem o direito de jogar baforadas tóxicas em narinas alheias. Do alto do seu cargo não hesitou em impor a fumaça do seu cigarro aos que o fossem ver, ou que com ele trabalhassem. Errou e deu péssimo exemplo a milhões de jovens que apontaram para a sua atitude para justificar a deles.

Uma coisa é errar e depois fazer de tudo para não voltar ao erro; outra é persistir no erro porque interessa persistir. Para a Igreja, pecador é quem insiste no pecado. Os que escolheram viver do erro chamado droga, violência, pornografia, assalto, desvio de verbas, tráfico de escravos não se importam nem um pouco com a ideia de que, um dia, serão julgados pelo Criador. O que Deus quer não lhes interessa. Sodoma e Gomorra estavam nessa situação (cf. Gn 18,20; Mt 10,15). Deu no que deu! Mas eles acham que é apenas história sem pé nem cabeça. Enganam--se! Sodoma e Gomorra têm um pé e uma cabeça em cada lugar devasso e violento do mundo.

64. Entre o poder e o pedir

Uma suave senhora veio e pediu-me que fizesse sobre ela uma "oração de poder". Consoante a formação que recebi, disse-lhe que faria por ela uma "oração de pedir", que seria também uma "oração ao poder", mas que eu não sabia fazer "oração de poder", até porque achava que toda oração é um ato de reconhecimento do poder, mas de um poder que não está com quem ora e, sim, com quem concede. Jesus, "o" Filho de Deus, ora com poder. Todos os outros filhos não possuem poder. Apenas possuem o pedir.

Ela elevou os sobrolhos, ajustou os óculos e perguntou: – *Como é que é?* Prossegui explicando que, segundo os Evangelhos, *todo poder foi dado ao Filho* (cf. Mt 28,18), que certamente o delegou em parte aos seus, mas nunca todo o poder. Por isso invocamos o nome dele, sabendo que este *nome tem poder e a ele se dobra todo joelho* (cf. Fl 2,10).

E ela me interrompeu: – *Então não existe oração de poder?*

Prossegui: – As únicas orações de poder que eu conheço são as de Jesus registradas nos Evangelhos e as outras que Ele faz por nós no céu, mas que não conhecemos... As nossas, a menos que repitam as de Jesus, são "de pedir". Se nós as criamos não são de poder, são "ao poder".

Não há oração criada por um ser humano, aqui neste mundo, que possa ser chamada de poderosa. Foi simpático, mas errou aquele pregador que disse que Deus não resistiria à oração que ele estava distribuindo num folheto. A oração fora composta por um santo. Ninguém dobra Deus com uma prece, por mais bonita que seja. Deus é livre para dar ou não dar o que pedimos.

As do céu, certamente, são preces de quem agora sabe por que pede e como pede. Até as orações feitas por Maria precisam passar por Jesus, porque o poder é dado a ele. A essência da oração cristã é essa: falamos com quem tem poder e, embora exista a promessa de que *tudo o que pedirmos em nome de Jesus o Pai o dará* (cf. Jo 15,16), também existe o fato de que *Deus tem misericórdia de quem ele quer ter misericórdia e se compadece de quem ele se compadece!* (cf. Ex 33,19).

O Espírito (vento) sopra onde quer (cf. Jo 3,8). A decisão de Deus é soberana e ele não tem que nos atender. Nossa oração é de pedir. As preces que fazemos não são as mesmas que Jesus faz. Por isso pedimos em nome dele! Nesse sentido, não há essas orações de poder que vejo em livretos e panfletos. Exceto o Pai-Nosso e algumas que estão nos Evangelhos, são todas orações de pedir. A decisão não está com quem ora e sim com aquele a quem se ora. Dizer que vamos orar e vai haver milagres numa concentração é um marketing perigoso. E se não houver?

Ela pediu que explicasse tudo de novo. Expliquei. Entendeu. Pediu-me então que, já que todos podemos e devemos pedir por nós e pelos outros, eu a ajudasse a fazer uma "oração de pedir àquele que tem o poder" para que curasse os olhos da sua filha. Pedimos, sem saber se conseguiríamos. Foi uma prece de esperança.

Disse-me que eu a ajudara de duas maneiras: com a prece e com a catequese. Ela nunca havia pensado daquela forma. Foi embora feliz da vida e sorrindo. Eu fiquei na capela, feliz da vida e também sorrindo. Continuo sem fazer orações de poder, mas a cada dia faço mais "orações de pedir" àquele a quem foi dado todo o poder (cf. Mt 28,18).

Saber falar com Deus

Eu ainda não sei e muita gente ainda não sabe orar. Em carta a uma jovem clarissa de um mosteiro na Itália, dizia eu, há cerca de dez anos, que há quem tenha o dom de falar **de Deus aos outros** e há quem tenha o dom de falar **dos outros a Deus.**

Seria maravilhoso se tivéssemos os dois valores. Mas percebo cada dia com maior clareza que orar não é executar bem uma prece, como o faria um violinista na orquestra. É mais do que fechar os olhos, pôr as mãos no peito, erguer a voz suave e chorosa, dar gritos, cantar aleluias, sentir o toque de Deus, buscar sinais, falar em línguas de sons estranhos, seguir esquemas, cuidar da inflexão de voz e dar ordens teatrais a Deus num programa de rádio na madrugada.

Aquilo é oração teatralizada, às vezes é performance de atores. Jesus já condenava esse comportamento dos fariseus em parábolas e frases contundentes. Evidentemente, também no tempo de Jesus havia os que faziam da oração em público uma forma de ostentar uma piedade que de fato não viviam. O leitor leia e aprofunde os textos que seguem. Funcionavam como se o piedoso fariseu dissesse: *Olhem só como eu oro e jejuo bonito...*

Orar em alta voz

Definitivamente, Jesus não aceitava a oração fingida e teatral para os outros verem. A pedagógica, sim. Ele mesmo fez uso dela. Somos convidados a orar em voz alta, sim, mas não como artistas da prece e sim como cristãos que realmente oram. Quando Jesus rezou em voz alta, de maneira pedagógica, havia uma razão. Mas, no demais, propunha discrição. Nada de querer aparecer. Propunha que se orasse e se desse esmola em segredo (cf. Mt 6,4-6). O conteúdo da prece mostra se a pessoa está orando para Deus ou orando para o outro ouvir e impressionar-se. Jesus sabia falar de Deus ao outro e do outro para Deus. Nele, o diálogo era natural. Ele e o Pai eram um só (cf. Jo 10,30). Nós, ansiosos que somos por reconhecimento e aplausos, precisamos tomar cuidado para não instrumentalizar a nossa prece.

A oração espetáculo

Por sermos limitados em tudo, precisamos de sons, sinais, às vezes de penumbra, silêncio, lugares ermos, fundos musicais, ritmo, palmas, expressões motivadoras e até efeitos especiais.

São Paulo entendia essa necessidade, mas não lhe dava muita importância (cf. 1Cor 14,5-39). Preferia orar em público de maneira serena e clara, para que todos pudessem dizer amém, como sinal de que haviam entendido. Falava mais línguas do que aquela comunidade de Corinto, mas preferia falar cinco palavras em grego ou hebraico do que dez mil em língua desconhecida. Não é que não tivesse o dom; tinha, mas sabia quando externá-lo e quando não. Continha-se, porque era pregador. Nem todo mundo nas assembleias daqueles dias estava e nem todo mundo hoje está preparado para ouvir uma oração em línguas pela televisão. Por isso há documentos da Igreja pedindo a quem tem o dom que o viva de maneira reservada. A CNBB, que pediu isso em 1993, não tem sido obedecida. Os crentes pentecostais parecem seguir a mesma ideia de que se pode orar em línguas em qualquer lugar e a qualquer hora. Paulo discordava e muitos bispos de hoje não pensam assim, embora alguns permitam. Que a oração pedagógica ou de testemunho seja compreendida além de ouvida. Hoje em dia, dispensaram-se os intérpretes. Ou, talvez, em muitos dos casos, não haja mesmo o que interpretar (1Cor 14,18-19). É de se perguntar se toda a oração em línguas vem de fato do Espírito Santo.

Oração de marketing

Aquela senhora que orou em línguas e, depois, de maneira inteligível, pediu ao Espírito Santo que, *sendo ele servo fiel* de Jesus... e instrumento da Trindade..., fizesse com que todas as Igrejas se convertessem para a verdadeira fé pregada pelo seu reverendo, estava traindo sua intenção de fazer adeptos, mais do que a intenção de fazer uma prece. Chamemo-la de oração de marketing.

Saber que não sabemos

Saber que não sabemos orar é uma graça muito grande. É mais honesto do que pensar que sabemos e, de tanto pensar que sabemos, marcar lugar, data e momento para Deus obrar um milagre lá no templo onde estaremos orando. Entendo a pedagogia dos que, no rádio, enquanto falam com Deus, dão o endereço e o horário para Deus aparecer por lá. Atrairão pessoas para o culto onde vai acontecer algo além do comum!

Deus "não tem" que atender a coisa nenhuma. Atenderá se quiser. Nós também não temos que rezar de determinado jeito só porque a assembleia toda orou daquela forma. Rezamos com aqueles sons se quisermos ou sentirmos necessidade e se tivermos recebido aquele dom e, com o dom, aquele som.

Deus não nos fulmina por isso. Mas perdemos uma grande chance quando ignoramos a importância de nos comunicarmos com Deus. Ele não precisa de nossas orações. Nós é que precisamos nos comunicar com Ele.

O "x" da questão

E aí está o "x" da questão. Comecemos a nos comunicar com Deus: porque confiamos nele, porque o amamos e porque, longe dele, a saudade machuca. Nossa oração só se torna verdadeira e plena quando se torna conversa de filho com vontade de saber tudo sobre o Pai e sobre as coisas da família.

Continua mais fácil falar de Deus do que falar com Deus. Rezar de verdade é coisa para quem realmente conseguiu amar a Deus e amar o ser humano. Sem isso é fuga ou histeria.

Pedidos de oração

Não leve muito a sério a teologia dos que atendem a pedidos de oração, pela televisão, dos adeptos de suas Igrejas e depois condenam os pedidos de oração dos adeptos de outras Igrejas. Estão dizendo que eles, os santos da Terra, podem ser intercessores. Seria tudo normal e tranquilo se, admitindo que eles, os santos vivos e convertidos a Cristo na Terra, podem interceder pelos seus fiéis, eles também admitissem a intercessão dos santos do Céu. Santo da Terra pode e santo do Céu não? Será por que santo da Terra está vivo e o do Céu está dormindo? Quem falou? A mesma Bíblia também fala de santos do Céu muito bem acordados, como foi o caso de Moisés e Elias aparecendo ao lado de Jesus e falando com Ele no Tabor. Se falavam com ele, é porque estavam acordados e vivos... (cf. Mt 17,3).

Orar aos santos do céu

O que é intercessão de santo senão um pedido de oração? Se o fiel de outra Igreja pode pedir ao pastor que ore e o pastor até incentiva, pela televisão, que os fiéis lhe enviem pedidos de oração, por que não pode outro cristão pedir ao santo do Céu, que já está bem mais salvo que o santo da Terra, que ore por ele? Os daqui podem receber pedidos e os de lá não? Os daqui podem mais do que os de lá? Pedido de oração pela televisão vale mais do que pedido de oração num banco de Igreja? O fiel que fala com o pastor não está falando com alguém cuja imagem viu na TV?

E por que não podemos falar com alguém cuja imagem vimos numa parede? Não estão os dois se valendo de imagens para chegar ao seu intercessor? Só porque uma imagem se mexe e a outra não, uma é idolatria e outra não é?

Orar na televisão

A pergunta sobre estes pedidos de oração pela televisão é esta: se nós, pregadores da Terra, podemos interceder ao Pai em nome de Jesus por alguém que nos conhece através da imagem na televisão, por que concluir que católico pede para uma imagem morta e evangélico pede para uma pessoa viva? As duas imagens são mortas e as duas lembram uma pessoa viva, uma na terra e outra no céu. Como, para nós, os santos estão vivos, nós oramos a eles. Como para outras Igrejas eles estão dormindo, então oram olhando a imagem do pregador vivo no estúdio, mas a imagem que lhes chega é imagem morta. Mexe-se, mas é morta.

Por causa da ressurreição da carne

Nós cremos na ressurreição e no céu. E cremos que muita gente já está lá com Cristo. A morte foi vencida por Cristo e eles a venceram em Cristo. Como cremos que os santos estão ressuscitados e glorificados em e com Cristo (cf. Rm 8,17), oramos a pessoas vivas. Se Jesus está esperando o fim dos tempos para levar quem morreu para o céu, como explicar que ele levou o bom ladrão naquele mesmo dia para o paraíso? Ou não levou? Se levou um ladrão arrependido, não levará seu pai e sua mãe e você? Eu não falo com mortos. Falo com quem morreu, mas foi para o céu e está vivo e bem desperto em Cristo.

Oração de intercessão

Pedido de oração é intercessão. Quem o incentiva está se oferecendo como intercessor junto a Jesus. Vale o intercessor que está na televisão e não vale o intercessor que está no Céu?

Orar e adorar

Há pessoas que oram, mas não adoram. Sai de cor e da boca para fora, mas não pensaram nem pensam no que estão dizendo. Basta ouvir suas palavras. Fazem como alguns jovens que cantam em inglês, porque decoraram o som, mas não entendem o que estão dizendo. Repetem o que ouviram o outro pregador falar, declamam uma prece do jeito que seu pregador preferido fez, mas não demonstram estar conversando com o Criador e falando a Ele. Lembram o ator que decorou sua parte, mas não vive o que fala. A palavra que dizem não nasce deles e nem do Espírito Santo, que certamente não assinaria em baixo de uma prece que manda o demônio da unha encravada sair daquela unha em nome de Jesus...

Adorar é mais do que orar

Adorar é muito mais do que orar. Falar com Deus mecanicamente é uma coisa e falar com amor e respeito é outra. Uma pessoa pode falar com Deus sem prestar a Ele tributo de filho e de criatura que o ama. Uma pessoa pode conversar com Deus sem adorá-lo. Adorar é ir mais fundo na conversa. Se a fala for vazia é fala, mas não é prece. As religiões ensinam que, além de conversar com Deus, precisamos prestar-lhe um tributo de louvor, pedir perdão pelas vezes em que o ofendemos ou desobedecemos a ele, pedir ajuda para outros e glorificá-lo, isto é, proclamar a sua grandeza e glória.

A adoração consiste, pois, em ir bem mais longe do que apenas recitar algo com acentuada emoção. Consiste em reconhecer que Deus é o único Senhor e que é Pai, que tudo converge para Ele, de quem tudo veio. Adorar é admitir que existe um Deus que nos chama para si e nos convida a caminhar para o futuro onde Ele está, sem esquecer o passado, onde Ele esteve, e a não ignorar o presente, onde Ele atua. É admitir que Deus é o Senhor de nossas vidas. Mais do que falar com Ele, é viver uma vida voltada para Ele. Tomemos cuidado para não orarmos apenas em palavras. Orar com vocábulos e frases é uma coisa. Orar com a vida é outra!

65. Entre o crer e o sentir

> E, respondendo Jesus, disse: "Deixai-os; basta". E, tocando-lhe a orelha, o curou (Lc 22,51).

> Tendo dito isto, cuspiu na terra, e com a saliva fez lodo, e untou com o lodo os olhos do cego (Jo 9,6).

> Muitos que foram ouvi-lo tocaram em Jesus e seu toque não deu em nada. Uma mulher tocou com fé e foi curada. Jesus mesmo lembrou isso (cf. Mt 9,22). Não é preciso tocar para ganhar a graça, mas se tocarmos é melhor que seja com fé inteligente.

Pregadores modernos andam valorizando, e com razão, o dom da cura. O toque lhes parece importante e fundamental. Baseiam-se nos Evangelhos. Jesus usou de muitos meios para motivar o povo. Às vezes tocava, às vezes só falava, outras vezes curou a distância. O toque, para Jesus, era pedagógico, mas não era essencial. Curou muita gente sem isso. Há médicos que também não precisam tocar no paciente. Depende da enfermidade.

A Bíblia deixa entrever que nem todos os que tocaram em Jesus foram curados. Mas diz que uma mulher tocou apenas no manto dele e mesmo assim foi curada. E Ele mesmo se encarregou de dizer que não foi o toque, mas foi a fé que a salvou.

Então há uma diferença entre tocar com fé e tocar sem fé. Numa cultura onde tanta gente precisa tocar para sentir o sagrado, vale a pena desenvolver uma catequese do toque sagrado. Se aperto de mão é importante entre amigos ou estranhos, há bênçãos que também têm um enorme sentido. O enfermo no hospital sabe a importância da mão do médico no lugar da dor.

Jesus fez uso do toque, mas não o considerou essencial. Tanto faz tocar como não tocar, mas se queremos mesmo tocar, que não seja de maneira idólatra, achando que aquele objeto é poderoso. Que seja com respeito, mas sem fetichismo nem idolatria! Nenhuma imagem tem poder. O que ajuda a salvar é a fé. Há um toque idolátrico e um toque sereno nas imagens e nos objetos de culto. Que os fiéis saibam a diferença! Que os que os agridem, também.

Tocados por Jesus

Os menos acostumados à linguagem religiosa andam estranhando a expressão "Deus me tocou". "Tocar" é uma palavra que no vocabulário religioso de muita gente quer dizer "miraculado, convertido". Partem da narrativa dos Evangelhos que dizia que Jesus tocou em muitas pessoas para curá-las, como fazem os médicos.

> Muita gente tocou em Jesus e Ele tocou em muita gente. Nem todos que o tocaram foram curados. Ele deve ter tocado em Judas. Por isso é bom entender: o gesto sem a fé perde sua força.

Jesus tocou em muita gente. No Evangelho de Marcos fala-se que ele usava das mãos, da saliva e dos gestos para curar. Noutros casos curou de longe. E curou pessoas que nem sequer falaram com ele ou pediram algo. Curou, a distância, o servo do centurião que nem sabia de nada. Curou aquele pobre homem na piscina, sem que o homem pedisse. Também tocou no morto em Naim sem que a mãe tivesse pedido. Nem sempre Jesus esperava que pedissem. Muitas vezes curou porque quis.

DE VOLTA ao catolicismo

Este era Jesus. Alguém que sentia pena e até se antecipava. Nas bodas, em Caná, não ia fazer o milagre. Até disse que não era o momento de agir. Mas sua mãe pediu e insistiu. E Jesus voltou atrás na decisão. Acabou fazendo o milagre.

Isso talvez ajude a pensar na importância da oração. Jesus mesmo disse que era para pedir e insistir. Alguma coisa acontece quando Deus vê nossa aflição, ou quando pedimos. Às vezes, nem precisamos pedir. Ele sabe! E o que é mais importante: Ele quer ajudar. Para quem crê em Jesus, mas tem dificuldade em orar, é um consolo saber que até quando a gente não ora ele ajuda. É um dos lados mais bonitos da personalidade daquele que deu origem ao Cristianismo.

Jesus não desprezava o sentir

Depois se aproximou, **tocou** no caixão, e os que o carregavam [...] (Lc 7,14).

Ela foi por trás, e **tocou** na barra da roupa de Jesus [...] Perguntou: "Quem foi que **tocou** em mim?". Todos negaram [...] Jesus disse: "Alguém me **tocou**, pois eu senti que uma força [...]" (Lc 8,44-46).

A comunidade é testemunha de Jesus ressuscitado. Tomé, chamado Gêmeo, que era um dos Doze, não estava com eles quando Jesus veio. Os outros discípulos disseram para ele: "Nós vimos o Senhor". Tomé disse: "Se eu não vir a marca dos pregos nas mãos de Jesus, se eu não colocar o meu dedo na marca dos pregos, e se eu não colocar a minha mão no lado dele, eu não acreditarei" (Jo 20,24-25).

Tomé exige um toque. Uma semana depois, os discípulos estavam reunidos de novo. Dessa vez, Tomé estava com eles. Estando fechadas as portas, Jesus entrou. Ficou no meio deles e disse: "A paz esteja com vocês". Depois disse a Tomé: "Estenda aqui o seu dedo e veja as minhas mãos. Estenda a sua mão e toque o meu lado. Não seja incrédulo, mas tenha fé". Tomé respondeu a Jesus: "Meu Senhor e meu Deus!". Jesus disse: "Você acreditou porque viu? Felizes os que acreditaram sem ter visto" (Jo 20,26-29).

66. Entre o puro e o impuro

> "Britney começou a beber aos 13 anos,
> perdeu a virgindade aos 14
> e entrou no mundo das drogas aos 15."
> (Linne Spears, mãe da cantora Britney Spears.)[1]

Dois primos, um católico e um evangélico, casaram em 1983. Quinze anos depois os dois haviam terminado o seu casamento, jurado diante de testemunhas e dos ministros de suas comunidades. Ambos estavam em segunda união com outra mulher. O católico não podia contrair novo casamento na nossa Igreja. Entre nós não se aceita um segundo casamento, caso o primeiro tenha sido válido. Mesmo assim casou-se no civil. O evangélico, com a anuência de sua Igreja, casou-se de novo na Igreja e no civil.

As mulheres também estão vivendo com outros maridos. A senhora católica mudou de religião para se casar com um pentecostal, também divorciado. Ele não admitia viver com uma católica. Ou isso, ou não se casaria com ela. Então, ela mudou de Igreja para se casar.

São várias interpretações do mesmo livro. Um diz que permite e o outro, que não permite um segundo casamento. Reflitamos sobre esta realidade que atinge milhões de crentes em Cristo.

Doutrina rígida

Milhares de fiéis deixaram a Igreja Católica por sua rígida postura na questão do matrimônio e do exercício da sexualidade. Não quiseram mais jurar fidelidade a uma Igreja que exigia deles mais do que estavam dispostos a dar. Isso não quer dizer

---

[1] Revista *IstoÉ*, 13.ago.2008.

Pe. Zezinho, scj

que todos os seus fiéis e pregadores que ficaram vivem tal doutrina. Forte na proposta, mas, por conta das limitações dos seus fiéis, cheia de fragilidade na execução do seu exigente projeto, a Igreja Católica tem sido duramente questionada por outras religiões, por Igrejas cristãs e por ateus.

As chances de que essa doutrina mude são pequenas. A rigidez prosseguirá. Os apóstolos foram os primeiros a perceber que, depois de Jesus, o matrimônio seria muito mais rígido:

> Disseram-lhe seus discípulos: "Se assim é a condição do homem relativamente à mulher, não convém casar". Ele, porém, lhes disse: "Nem todos podem receber esta palavra, mas só aqueles a quem foi concedido. Porque há eunucos que assim nasceram do ventre da mãe; e há eunucos que foram castrados pelos homens; e há eunucos que se castraram a si mesmos, por causa do reino dos céus. Quem pode compreender, compreenda" (Mt 19,10-12).

Vem de Deus

Não faria sentido uma Igreja ver ou colocar malícia em todas as formas de relações sexuais. Aliás, na Igreja, a negação deste valor configura heresia. Posturas rígidas contra as mulheres como se lia em Agostinho e Tertuliano não são mais aceitas na Igreja. Radicalismo como o de Orígenes, que se castrou, não é mais admitido. Seria negar a obra de Deus. O ser humano poderia ter sido criado por cissiparidade. Se desde que o mundo é mundo a criação de um novo ser humano supõe a relação sexual, então ela é inerente à Criação. Fez muitos casais santos, não apesar, e sim também por essa entrega.

O que a Igreja pode e deve fazer é dar profundidade a estes atos e orientar seus fiéis a nunca viverem a sexualidade sem a caridade e o cuidado mútuo. Precisam ser fruto do compromisso de um amor que os torne plenos, sem esquecer que são atos de doação. Sem ternura e respeito e sem um projeto, a Igreja os questiona. Não podem ser reduzidos a um ato mecânico, medido pelo desempenho dele ou dela. No ser humano, o desejo carnal e espiritual pelo ser do outro não acontece apenas em determinada estação. Vai muito além da hora. Supõe espiritualidade. É desejo pelo ser do outro. Sem esta profundidade é mergulho no raso: relação íntima, porém superficial...

Mexe com a liberdade

As exigências da Igreja quanto ao controle desse impulso vital provocam e questionam a liberdade do casal. Até que ponto se é livre entre quatro paredes? A ira dos que não admitem interferência no quarto conjugal ou no encontro de dois amantes vai ao cerne. Voltamos à reação de Adão e Eva. Por que não posso fazer o que desejo, ir até onde quero e comer como quero?

A grande verdade é que as pessoas, inclusive as que se afirmam crentes, admitem com docilidade as severas orientações da nutricionista que lhes passa um regime alimentar para emagrecerem, superarem alguma disfunção do corpo e conseguirem melhor vivência, mas não aceitam um regime sexual para melhor convivência.

Aceitam controlar o hábito de comer e beber, ou de não beber antes de dirigir, mas não admitem controle sobre seu instinto sexual. Neste caso não aceitam normas. Sabem, mas não admitem que sexo pode ferir.

Doutrina de católico

Qual é, pois, a doutrina dos católicos? A Igreja Católica "só permite sexo para procriar"? Dois velhinhos já incapazes de procriar podem ou não podem casar na Igreja? Um casal jovem, que depois de algum tempo se descobriu estéril, deve terminar o casamento? Ela vê o sexo como pecado ou como bênção? Que catequese e de que pregador você aprendeu esta experiência que agora vive? É bênção ou não é? É um mal necessário, ou é bem que pode fazer enorme bem, ou bem que pode fazer mal?

Estamos diante de um chamado que vem no pacote do viver. Pode ser e é sinal do céu. Não é verdade que os católicos de hoje condenam a carne e seus impulsos. Os documentos da Igreja propõem sua canalização pela mesma razão que uma comunidade controla os riachos que cortam a cidade. Se a Igreja declara o exercício conjugal da sexualidade serena um "sacramento" e "sinal do céu" é porque vê nele uma bênção.

Vivida por pessoas que de fato se assumem e se protegem no aconchego da família, ela fez a faz muitos santos. Como filhos do Deus que criou o ser humano e deu-lhe o impulso vital da sexualidade, os católicos são convidados a ver o seu desejo como parte do grande projeto do Reino. Aí reside a beleza do casamento cristão.

Tema delicado

Os assuntos **homofilia, homofobia, angústia do sexo, identidade e diferença sexual, orgulho gay, orgulho hétero** pululam pela mídia moderna. Estão todos os dias na internet, nas bancas, em revistas e jornais que escancaram o corpo humano e até os seus desvios. Estão em canções, no rádio, nas novelas, em programas de televisão nos quais o sexo constitui o tema permanente e o corpo seminu, o ingrediente de dezenas de programas.

Sexo coisificado

Do ponto de vista católico, não se trata de "coisa" que você tem que experimentar para ser feliz. Não "tem que ter", nem "tem que não ter". Faz parte do nosso ser pessoa. O que ele tem é que nascer de uma escolha bem-feita ou levar a ela. Você pode exercê-lo ou não. Dependerá sempre de quando, com quem, por que e para quê.

Se a sua libido e a sua vocação apontam para uma vida com alguém, se tudo em você lhe diz que vai ser bom unir-se a tal pessoa, se esta pessoa poderá completar você como ser humano e você completá-la, sendo ambos heterossexuais, então a Igreja diz a você, mulher: – *Seja feliz com ele e faça-o feliz*. E diz a você, homem: – *Seja feliz com ela e faça-a feliz*. Encham-se de respeito, de amor e de carinho adulto. A Igreja não diz o mesmo aos homossexuais. Respeita-os como pessoas, mas discorda do que assumiram. Procura não ofendê-los, mas não concorda.

Doação

Se alguém acha que pode dar o seu instinto e os seus sentimentos totalmente para o céu e viver como se fosse eunuco, isto é, viver sem se expressar sexualmente com uma outra pessoa, se acha que sua fé é suficientemente forte para esse tipo de renúncia a algo que é intrinsecamente bom porque se trata de doação de pessoa para pessoa, a Igreja lhe diz: – *Seja feliz, mas não deixe de amar o povo, nem perca a ternura e a generosidade dos que se entregam.*

Somos chamados a multiplicar-nos, a procriar, a doar-nos, a dar e receber carinho, a prolongar-nos em outras pessoas, a criar vidas novas, a mergulhar, ele no mistério dela e ela no dele, enquanto ambos perseguem, a dois, o mistério da família. O chamado à felicidade permite escolhas. Ninguém tem que ser pai ou mãe, nem tem que ser virgem por toda a vida. Haverá o tempo da escolha e da opção. Consagro meu corpo a Deus junto com alguém com quem fundarei uma nova comunidade, ou consagro-me a ele no celibato consciente.

Não é fácil

Há os que conseguem. Encontram alguém do outro sexo com os valores que buscavam. Desejam-se, entregam-se, fazem famílias bonitas e tranquilas, com "crias lindas" às quais chamam de crianças e filhos. Se os filhos não vêm, mesmo assim eles acham o consolo um no outro, ou em obras sociais, ou adotando filhos que outros não puderam ou não quiseram criar. Os dois se realizam guardando-se um para o outro. Dá-se o mesmo com o celibatário. Se sua vocação é autêntica, ele se realiza guardando-se para o Reino de Deus. Colocam um limite à sua carne.

Carne que leva ao céu

Se a Igreja tivesse que ficar quieta porque sua pregação incomoda os não héteros, não estaríamos numa sociedade democrática. Se eles tivessem que se calar porque sua postura e pregação desagrada aos católicos ou evangélicos, também não seria democrático. Não somos um país teocrático, no qual a religião dominante cala a boca dos que discordam. Mas também não somos um país onde a minoria consegue silenciar a maioria, ou vice-versa. A liberdade de opinião vale tanto lá quanto cá. A Igreja sabe que o impulso sexual é uma força gigantesca. Represe um riacho sem nenhuma vazão e ele inundará tudo. Romperá o dique. Represe um riacho com o devido cuidado de lhe dar a vazão certa, e ele dará pureza, vida e luz a quem sabe utilizá-lo. Dialoga-se com a alma e com a ajuda do corpo e dos sentimentos. Isso é doutrina católica.

A era do corpo e da sedução

Nossos adolescentes e jovens fazem parte de uma era que lhes ensina a expor o corpo e a seduzir. Vivem na era do visual, da mídia e da superexposição. Uma jovem herdeira milionária de uma cadeia de hotéis faz sexo explícito e pornográfico e o vende para ganhar espaço e ser assunto diário da mídia. Torna-se estrela da macroindústria do voyeurismo. É bonita, tem dinheiro e pratica o "marketing vale-tudo" para conseguir o que deseja. Ela, com milhares de outros homens e mulheres, decidiu ganhar dinheiro seduzindo pessoas e valendo-se da curiosidade mórbida de quem quer ver a nudez alheia e saber com quem ela se deitou.

Ninguém quer saber com quantos e com quem uma prostituta se deitou, mas uma herdeira rica de vasta fortuna faz mais dinheiro quanto mais pessoas querem saber quem é o homem da vez na sua vida dissipada. Acontece com atores e atrizes que aceitam e ganham fortunas com isso. Não deixa de ser uma forma de prostituição. É usar do corpo e da sexualidade para ganhar dinheiro.

O corpo como isca

O corpo tem sido instrumento de poder de milhões de pessoas. Tornou-se fonte de lucro e base de muitas indústrias: da droga, do sexo, da moda, dos esportes, da ginástica, dos espetáculos. Há o uso positivo e o negativo. O positivo é que nas artes e no esporte, bem utilizado, pode elevar a pessoa. O negativo é que milhões de mentes são levadas ao prazer do sexo nos encontros casuais e altamente incentivadas à sua prática. Um exemplo disso é o seriado *Sex and the City*, até hoje reprisado e vendido em bancas no mundo ocidental. Traz tudo o que as Igrejas cristãs condenam. Se há uma inocência na ginástica ou em alguns espetáculos, o mesmo não se pode afirmar das indústrias que investem na libido humana.

É a era do visual e do prazer sem limites. Não teria que ser assim. Por si mesmo, sem demasiada interferência externa, um rio se limpa nas pedras e no seu próprio leito. Ele não vem sujo. Os detritos o sujam.

O fato é que a história do ser humano e dos seus impulsos vitais passa pela sexualidade. Foi incentivada, solta, reprimida, vista como um bem ou um mal, como virtude ou pecado, como graça ou desgraça. Muitos religiosos puseram a culpa na mulher, quando na verdade ela tem sido a maior vítima do sexo sem amor. Homem não engravida. Mas as sociedades, ou liberaram geral, ou reprimiram em excesso. A nossa, tem caminhado para a libertinagem: há excessos e descontrole. A internet e as bancas de esquina o atestam. Feliz quem pode chegar ao fim dos seus dias e dizer que nunca se feriu, nem lesou ninguém ao usar a sua sexualidade.

Saber dirigir-se

Quando você decide ter um carro, tem que fazer um curso, mostrar que sabe usá-lo, aceitar uma placa e tirar licença. Ao tirá-la, compromete-se a obedecer às leis de trânsito e a pagar as eventuais multas. É o mínimo que se exige das pessoas para não saírem por aí se machucando, ou ferindo os outros. Ninguém dirige o seu veículo como quer e onde quer. O mesmo vale para o corpo.

Sexo é ternura

A Igreja diz que sexo é ternura. E estabelece algumas normas para que uma união possa ser considerada cristã. Ela crê que Jesus hoje pediria isso a um cristão católico:

1. Que o sexo seja fruto de amor sincero por outra pessoa e doação mais do que posse.
2. Que o sexo seja feito entre pessoas livres e maduras, sem outros compromissos amorosos, para que as outras pessoas não sejam feridas.

DE VOLTA ao catolicismo

3. Que o sexo não cause escândalo ou mal-estar na comunidade, que tem seus costumes e leis.

4. Que seja casto e puro. Isto é, não é um vale-tudo entre quatro paredes. A Igreja sabe dos sofrimentos de quem achou que valiam todos os tipos de atos sexuais na juventude. Dirige bem seu carro não quem tira o que pode da máquina, e, sim, quem sabe dos seus limites, da estrada e dos limites dos outros.

5. Sem ternura e compromisso não se deve fazer sexo. Seria um ato egoísta.

6. Respeitem-se os sentimentos da pessoa amada, das famílias e, onde houver crianças, os limites delas. Que seja sempre sereno, reservado, discreto. Nem todas as pessoas estão preparadas para testemunhar atos de carinho das outras.

7. Que não se venda, nem se alugue, nem se compre o ato sexual. Não se prostitua o que é um dom.

8. Que os namorados esperem o grande encontro. Se não o conseguirem, não exijam da Igreja que concorde com sua fome e seus desejos. Saibam que o projeto da Igreja é que o sexo seja exercido dentro do matrimônio.

9. Que se veja a sexualidade como um bem maravilhoso e o sexo como um dom complexo, mas bonito e santo, em que o outro é sempre respeitado, mesmo quando desejado. Os sentimentos dos dois precisam ser respeitados. Com imposição, é ato deteriorado.

10. Que o sexo seja criador. Ser criador não é necessariamente ter filhos, e, sim, se os dois são férteis, não excluir esta hipótese. Quem se casa decidindo que, mesmo podendo, não vai ter filhos está negando ao outro e a si mesmo um dos principais motivos do sexo: gerar outros seres humanos. Para a Igreja, não basta o casal dizer que se casou

apenas para terem um ao outro. Em caso de impossibilidade de gerar, os dois precisam refletir junto às lideranças da Igreja para ver como viveriam este sacramento. Cada caso é um caso.

11. Não "tem" que gerar filhos, mas não se pode desprezar este valor. Se a Igreja só abençoasse quem pode gerar filhos, não faria o casamento de dois anciãos. Se o faz, é porque ela considera matrimônio e sinal do céu também o encontro sem possibilidade de filhos. Neste caso vale o mútuo cuidado. Mas, no caso de jovens, é diferente. Ela pede que se veja o sexo não apenas como prazer pessoal, mas também como dever e compromisso para com a outra pessoa e com a sociedade.

12. De alguns cristãos a Igreja pede, se sentirem o chamado, que se guardem sem o exercício do sexo, no celibato, a serviço do povo. É uma escolha. Hoje em dia, no rito e na cultura latina está ligado ao sacerdócio, desde o Sínodo de Elvira, na Espanha (em 305 ou 306), mais tarde retificado em outros sínodos e concílios. Em algumas regiões do mundo, vigora a permissão de ministério para sacerdotes casados. Por circunstâncias históricas passou-se a exigir no Ocidente o celibato para quem quer ser sacerdote católico. Não é dogma, mas é disciplina da qual a Igreja, ao que tudo indica, não pretende abrir mão.

Além disso, há outros cristãos não sacerdotes que, por profissão de fé, renunciam a esse direito, para viver mais a serviço do povo. Não se trata de estado de vida melhor ou pior, superior ou inferior. Os casados não são inferiores aos celibatários, nem estes aos casados. Trata-se de maneiras de viver o amor na Igreja.

13. Para muitos católicos, sexo continua sendo tabu ou bandeira. Uns não admitem conversar sobre o assunto.

DE VOLTA ao catolicismo

Outros decidem como vivê-lo e não dão a menor importância ao que dizem os padres e os bispos, por considerá-los "incompetentes na matéria", já que não são casados. E há os que abertamente atacam sua própria Igreja, porque ela é rígida na questão do uso da sexualidade, do casamento e do aborto.

14. Finalmente, há os que ouvem, ponderam e decidem com respeito e serenidade, sabendo que sua Igreja não está brincando com um assunto que já fez bilhões de pessoas felizes ou infelizes nestes vinte séculos de Cristianismo.

67. Amor que vem do céu

> E nós reconhecemos o amor que Deus tem por nós e acreditamos nesse amor. Deus é amor: quem permanece no amor permanece em Deus, e Deus permanece nele (1Jo 4,16).

Entre os filósofos gregos e entre os cristãos foi tomando forma um conceito de amor que chegou aos nossos dias como experiência abrangente de vida. Existe o amor que envolve o desejo pela outra pessoa em seu todo, incluindo o corpo, e que propõe e supõe o prazer e o ato criador. É o amor **Eros**. Também há o amor **Philia** (de *philos*, *amigo*), que não inclui nem a procura nem o desejo pelo corpo da outra pessoa. O encantamento é de outra natureza. Não vem como complemento de prazer carnal. Não se contempla nem o desejo nem a intimidade do ato sexual. Amam-se a alma, o jeito, as ideias, o companheirismo da outra pessoa, mas o relacionamento espiritual que une estes dois corações não conduz às carícias da entrega total. É coisa de amigos do peito, amigos de alma.

E há o amor **Ágape**, pleno de vida comunitária, de espiritualidade, de partilha de ideais, de fé que torna os crentes participantes do mesmo sonho, que faz grupos de indivíduos sentirem-se fraternos e capazes de ver milhões de outros humanos como irmãos. É um amor de fraternidade universal, coletivo, destinado a moldar uma comunidade humana melhor. Busca a humanidade como um todo e inspira-se na unidade da raça humana.

Os católicos são chamados a viver todas essas dimensões, se chamados a tal vocação. Pode haver aquele que se sinta chamado ao amor Filia e Ágape sem realizar o amor Eros, que a

Igreja propõe que seja vivido dentro do matrimônio. É o caso do celibatário.

A família pede socorro

Chamados a viver o amor Eros, o Filia e o Ágape, os casais que construíram uma família católica, como as demais famílias do país, sentem enorme dificuldade em viver a sua vocação. A família no Brasil e no mundo de hoje pede socorro:

- Encurralada pelo governo, que, não sabendo cortar os seus gastos, cobra quase 40% de impostos; pelos bancos, que inventam taxas absurdas; pelos bandidos, que sequestram, invadem, assaltam, roubam e matam, fazendo com que a família precise levantar muros altos, implantar cacos de vidro, cercas elétricas, alarmes e arame farpado, portões eletrônicos e guardas em guaritas;

- Perplexa com a invasão da internet e da mídia em geral, que nada mais respeita, e com as Igrejas novas em busca de adeptos e conversões;

- Com medo da violência internacional e nacional; insegura quanto aos seus doentes e velhinhos, num sistema sucateado de saúde;

- Insatisfeita com a escola mal-assistida e professores mal pagos; amedrontada com o crescente poder dos traficantes e o avanço das drogas, que leva seus filhos ainda adolescentes para o crime;

- Atarantada com os costumes ousados da juventude e da adolescência e, apesar da informação, da camisinha e da pílula, com o aumento do número de mães ainda adolescentes;

- Inquieta com o aumento assustador de divórcios no país e com o aumento da taxa de abortos e crimes contra a pessoa e contra o patrimônio;

DE VOLTA ao catolicismo 501

- Assustada com a perda de privacidade, a ousadia nas canções e com o nu e o erótico nas ruas e na televisão.

Além de Deus, em quem ela crê, quem poderá socorrê-la senão ela mesma que, sitiada mas também situada, sabe o que deseja ser como família? Os pregadores e catequistas e os grupos de família que se unem para enchê-la de conceitos e motivações podem ajudá-la a situar-se e a enfrentar uma sociedade que não a respeita e que vê seus membros como clientes, consumidores e número. Ela pode se recusar a exercer este papel.

A Igreja tem uma catequese familiar que oferece respostas. Documentos às centenas e livros como *Enchirydion de la famiglia*[1] e *Lexicon da família*,[2] encontrados nas livrarias da nossa Igreja, certamente ajudam o casal a pensar como família missionária.

Mas, para isso, ela mesma precisa conhecer a realidade em que vive. E para conhecê-la, além de orar, precisa ver, ler e estudar. A família hoje depende da catequese para saber o que fazer num mundo que lhe tira a autoridade, a unidade e a liberdade.

Você, que lê estas páginas, já pensou em tornar-se um catequista católico, daqueles que perguntam, pesquisam, protestam, reagem em defesa do núcleo familiar, falam, incomodam e criam leis em defesa do casal e dos seus filhos? Saiba mais sobre o sacramento e a santidade da vida e do lar. Saiba e lute por estes valores! Torne-se catequista! Repercuta!

Católico não pode!

Católico, por ser católico, não pode muitas coisas que evangélicos ou membros de outras religiões podem. Nosso conceito de amor Eros, Filia e Ágape nos autoriza muitos comportamentos e

---

[1] Pontifício Conselho para a Família. Op. cit.
[2] Pontifício Conselho para a Família. Op. cit.

proíbe muitos outros. Entre os judeus e muçulmanos há o permitido e o proibido; entre nós também.

> Se um governo permite manipulação com as células-tronco de embriões congelados, se permite o divórcio, se até distribui camisinha para a permissividade dos dias de carnaval, se autoriza uniões civis entre homossexuais, se outra Igreja permite que um bispo gay se case com seu parceiro, se outra Igreja permite divórcio, para um católico tudo isso é proibido.

Mas há muitas coisas que católico pode e os mesmos irmãos evangélicos e pentecostais que permitem o divórcio proíbem, a partir de sua moral e de seus dogmas e enfoques. Podemos ter imagens desde que não as adoremos, e entre algumas Igrejas deles não se permite. É terminantemente proibido até mesmo tê-las em casa.

Um estudo sereno do que nos é proibido e permitido revelará que mais de 95% é permitido. As proibições são relativamente poucas diante do que nos é permitido. Mas, porque pesam, parecem ocupar toda a nossa vida.

Questão de amor aceito

> Acreditar em Deus e no seu amor infinito, experimentá-lo como quem o prova aos poucos, e, em retribuição, amá-lo com o maior amor humano possível, às vezes com a decisão de, se for este o chamado, renunciar até ao mais bonito e realizador amor deste mundo;
> Encontrar uma pessoa que nos sacode por dentro e amá-la com um amor gentil e sem reservas; conseguir amá-la sem adorá-la e, mesmo assim, saber que nela está grande parte do que se buscou de bom neste mundo;
> Santificar-se nesses amores de entrega e de renúncia, amor Eros, amor Filia, amor Ágape, e viver mais para os outros do que para si mesmo; passar serenamente tais

DE VOLTA ao catolicismo

sentimentos a quem cruzar os nossos caminhos, sem a ninguém desrespeitar: eis o chamado da maioria dos humanos.

Feliz aquele que ama e se sente amado e chamado às consequências deste amor. Feliz aquele que até aceita não ser amado como gostaria de ser, mas assim mesmo ama. Feliz de quem, mesmo não tendo o amor que sonhou encontrar, ama de maneira maiúscula e madura.

De tal ser humano pode-se dizer que se tornou pessoa e carrega na fronte o sinal dos filhos de Deus.

Amores e sacramentos

Existem amores que são sacramentos. O Batismo, a Crisma, a Penitência, a Eucaristia, a Unção dos Enfermos, o Sacerdócio, o Matrimônio por amor ao reino de Deus são sinais de amor e são sacramentos. Havendo amor e a intenção de viver o amor em função de outros que passarem por nossa vida, ou que virão de nosso afeto, conscientes de que tudo isso é dom de Deus, haverá um sacramento. Terá o selo do santo e do sagrado.

Muitos desses atos podem ser sinais de Deus, mas assim mesmo é possível alguém não vivê-los como sacramento. Ou falta fé, ou conhecimento ou vontade de testemunhar a graça de Deus em nós. Não basta submeter-se ao rito. Sacramento se vive!

Amor sem sacramento

Muitos casais se uniram com intenção de sacramentar seu amor no papel e na Igreja, testemunhando que o seu amor vinha de Deus e a Deus levava, e que eles o queriam oferecer à Igreja e ao mundo, na família que agora começavam. Parecia tão claro! Hoje andam perplexos. A moral que a mídia impôs ao país os assusta! A ideia de casamento mudou entre os jovens. É o caso da família Shreidnel, nome fictício para personagens reais.

A filha de 25 anos mantém um relacionamento íntimo e escancarado de 6 anos com um rapaz de 29, e nem um nem outro querem se casar na Igreja. Não entendem seu amor como ato religioso. Não querem sacramentá-lo diante do altar. Os dois se encontraram numa universidade. Não aceitam que a religião regule seu afeto. Basta que os pais saibam.

O filho de 28 anos mora com uma mulher divorciada, mas nenhum dos dois quer casamento na Igreja. Ela já foi casada e ele não quer casar. Os dois não acreditam em sacramento. Dizem que se amam, mas não querem servir de testemunhas nem de modelo para nada nem ninguém, nem mesmo para os seus filhos. Não querem testemunhar. Se der certo, que no futuro alguém aprenda com eles! Mas testemunhar e jurar amor eterno, e ainda por cima consagrar seu amor à Igreja, não! Não creem o suficiente na Igreja para lhe permitir que opine sobre seu casamento. É assunto só deles.

Sacramento sem amor

E há um quase ex-casal. Forma a família Reuver, nome também fictício para personagens reais. Fez tudo segundo o figurino: festa de arromba, lua-de-mel em Punta del Este, manchetes e fotos em revistas e jornais. Veio o bebê. Outra festa! Foi tudo bem, até que começaram as queixas e acusações, as suspeitas, os ciúmes e as brigas quase que diárias. Os beijos ficaram raros. O entusiasmo acabou. Vivem na mesma casa, mas de maneira morna e sem alma. O casal podia ter crescido como sacramento, mas não cresceu. A relação estagnou. Ele não mais a vê como o amor de sua vida, custa a elogiá-la. Ela diz que, se a coisa continuar assim, vai se divorciar.

Sacramentos com amor

Há amores sacramentos, amores sem sacramento e sacramentos vividos sem amor. Se o amor não é sagrado, fica muito mais difícil vivê-lo, porque nem tudo e nem todos os que amamos são agradáveis. **Não amamos o outro só porque ele nos agrada: agradamos o outro porque o amamos. O sacramento passa pelo agrado, mas tem mais a ver com o agradar do que com o agradar-se.** Se entendermos isso, entenderemos o sacramento. Mas se, para uma relação virar sacramento, tudo tem que ser exatamente do jeito que encomendamos, então não o será nunca!

> É que o amor tem seus deleites, e as pessoas os seus defeitos!... Ou levamos a laranja com a doçura que ela tem ou não haverá laranjada. Felizes os que sabem para que serve o açúcar mascavo!

O amor é solidário

Solidário é quem consegue ser sólido e oferecer sua solidez aos outros. O ombro solidário é aquele no qual o outro pode se apoiar. Mostrar-se humano e solidário é saber caminhar junto, sentir-se na pele do outro, colocar-se no lugar do outro e imaginar como é a vida daquele ângulo. Solidário é quem acha sempre alguma moeda em algum lugar do bolso ou do carro para dar a alguém que talvez não ganhe mais do que cinco reais por dia. Solidário é quem não diz que não tem, quando tem.

Trata-se de um outro nome para o substantivo "fraternidade". Se me sinto irmão de todos, sou solidário. Se não me sinto irmão, arranjo motivos para não ajudar, ou faço de conta que não tenho ou não vi. É o que fazem os motoristas nas esquinas repletas de meninos e velhinhos pedintes. Para não alimentar possíveis vagabundos, tornamo-nos filósofos farisaicos e insensíveis. Não dou porque ele pode usar errado estes 25 centavos que eu lhe der... Achamos mais razões para não ajudar do que para ajudar.

Sentimentos fraternos

Fraternidade é atitude. Só tem sentimentos fraternos para com todas as pessoas aquele que se sente e age como alguém do mesmo colo. Daí a importância da doutrina da **paternidade universal**. Dela nasce a doutrina da **fraternidade universal**. Os não crentes por causa de **Gaia**, a mãe Terra; os crentes, por causa do Criador. Religiões e povos se desentenderiam menos se todos vissem o outro como irmão que fala diferente, crê diferente, alimenta-se diferente e veste-se diferente, mas é humano, por isso mesmo, irmão.

Para alguns homens ou mulheres é muito difícil ser solidário e fraterno. Alguns mais pedem do que dão. Alguns religiosos gastam o que arrecadam mais em templos e torres do que em hospitais, asilos e creches. Têm lá os seus argumentos, mas fé solidária supõe mais do que erguer templos chamativos e pregar sobre o amor de Deus e o seu poder de cura e de conversão pessoal! É dar a quem não tem, mesmo se depois tal pessoa não vem orar conosco.

Crentes não solidários

O que está nos capítulos 23 e 25 de Mateus atesta que muitos crentes não conseguem ser fraternos porque são incoerentes. Fraternidade é coerência. Os que decidem que só os bonzinhos e convertidos para o seu modo de ver a vida são irmãos deturpam a fraternidade. Daí a ver quem pensa, prega e dança diferente como adversário e inimigo é um passo. Muitos chegam a declarar pecadores e presas do demônio e das trevas os que não oram como eles. Oficialmente deletam os seus nomes do Reino de Deus, como se pudessem fazê-lo!

DE VOLTA ao catolicismo

Não pensam em Deus como seu pai e como pai de todos. Se o for, é mais pai deles que dos outros! Os eleitos são eles! Para os outros, arranjam sempre uma deficiência e um pecado maior do que os deles. É o discurso que se ouve em muitos templos e em muitos programas de rádio e televisão. Quase não se ouve elogios aos outros em quem Deus também opera...

Temos um longo caminho a percorrer para que o mundo se torne mais solidário. E não chegaremos lá sem um conceito claro do que seja dar o ombro e o colo. Para nós, cristãos, por causa de Jesus deveria ser mais fácil. Não tem sido... Países cristãos não deveriam ter milhões passando fome, quando há tanta comida de sobra nos campos e nas prateleiras...

> Os cristãos evangelizados são mais serenos. Fazem como o escolhedor de feijão ou de arroz. Tira as impurezas e fica com a realidade: aquilo que de fato vai alimentar os outros. Isso também é fé: fé solidária que trabalha com os fatos e as pessoas! Olhar para a luz pode ser heróico e bonito, mas é muito mais coerente olhar para aquilo que a luz ilumina! Jesus mandou os três iluminados no Tabor descerem e não contarem a ninguém o que tinham visto, a não ser depois da ressurreição! Então, estariam mais maduros! (cf. Mt 17,2-9).

68. Jesus fez muitos santos

Queridos santos de Deus

Vocês já não pecam mais, mas nós ainda somos pecadores. Houve um dia em que vocês decidiram viver para Deus, e dali por diante pecaram cada vez menos, até encontrarem a serenidade em Jesus Cristo. Foram recompensados com a paz, por promoverem a paz dos outros e por terem feito penitência pela paz que tiraram de alguém. Agora gozam da paz eterna e da visão beatífica. Souberam seguir Jesus, e não usaram falsamente o nome dele.

Somos gratos a vocês pela bonita trajetória de vida e pelo show de graça e de santidade que deram ao mundo. É por isso que nós, católicos, temos orgulho de vocês e lhes devotamos louvor de respeito. A Deus damos o louvor de adoração, a vocês o de veneração e admiração. Vocês nos impressionam.

Não importa o que os outros dizem de nós ou de vocês. Eles não sabem o que sabemos e não sentem o que sentimos. Algumas outras Igrejas cristãs também os admiram. E há outras que respeitam, mas não falam com vocês, porque têm outro conceito de morte e de vida eterna. O nosso também é bíblico e é claro. Jesus salva e não espera milhões de anos para levar um fiel para o céu. Vocês foram recompensados e já estão lá. Jesus os levou ao Pai. Lá vocês oram a Deus, contemplam sua Trindade Santa e intercedem a Jesus por nós.

Por isso, sempre que pudermos, conversaremos com vocês e pediremos sua intercessão. Orem conosco e por nós, já que santo do Céu sabe mais e é mais santo e melhor que santo da Terra. Vocês já estão salvos. Os santos da terra que oram por nós no rádio, nos templos e na televisão ainda estão se salvando...

Nossa Igreja Católica se orgulha de tê-los tido entre seus membros e respeita também a vocês que se santificaram noutros caminhos de fé.

A vocês, santos do céu, principalmente à senhora, Maria, mãe do Cristo, o nosso mais profundo respeito. Jesus tem o poder e vocês têm o pedir. Peçam conosco e por nós e ajudem-nos a chegar aonde vocês estão. Amém.

Jesus fez muitos santos

Se você é católico, saiba que o tratado de Mariologia ou Hagiologia, que se ocupa do estudo dos santos que Jesus fez e faz, é parte da Cristologia e da Eclesiologia. São os frutos do Cristo Jesus. Maria, sua mãe, foi o melhor desses frutos. A Igreja ajudou a grande maioria deles a chegar mais perto do Cristo.

Para um católico, Maria é **mãe da Igreja** porque mãe do nosso irmão Jesus. É **santíssima**, não em comparação com Deus, porque só ele é infinitamente santo, mas em comparação com todos os outros santos de Deus, porque ela está acima de todos. Não é deusa, mas é quem mais perto esteve do mistério de Deus, ao ter no ventre aquele a quem proclamamos Filho de Deus.

Santos daqui e de lá

Para quem é católico evangelizado, nem os santos, nem suas imagens, nem os santuários e templos dedicados à memória deles são problema. Ele sabe o que significam. O católico que não teve boa catequese e não lê nem estuda sua fé chega a dizer que Deus lhe fala, mas teima em não ler o *Catecismo*, que representa o pensar de toda a Igreja. O que acontece? Para alguns desses católicos a imagem vira *o santo* ou *a santinha*. Não falam em "imagem da santa"; falam da imagem como se ela fosse "a santa".

E há os que, às vezes, falam com a imagem. Passam a impressão de que acreditam que aquele gesso é Jesus ou Maria. Seu gesto não corresponde à sua fé. Precisam ser lembrados da nossa fé. Nós usamos imagens, mas não lhes atribuímos poderes. O poder foi dado ao Cristo e ele não o passou a nenhuma imagem.

Tomemos, pois, cuidado com as expressões "imagem poderosa", "imagem milagrosa". Expliquemos bem estas expressões. Nem mesmo o manto de Jesus era milagroso. Muitos tocaram nele e nada conseguiram. A mulher que o tocou com fé conseguiu. E Jesus logo ensinou que não fora o seu manto, mas a fé que a salvara (cf. Lc 8,48).

Confusa

A maneira de alguns orarem e usarem os símbolos é, no mínimo, confusa. Isso inclui até alguns pregadores que, em vez de "carregar a imagem da santa", dizem carregar "a santa", ou pedem aplauso do povo para a " santa" que vem vindo no andor... Acontece! É cochilo de pregador. O santo não está naquele andor, está com Jesus. Aquela imagem certamente não é uma pessoa.

Imagens que ajudam

Para um evangélico nascido evangélico, ou para um católico que nos deixou sem saber o que de fato nossa Igreja ensina, pode soar estranho e até antibíblico lembrar através de imagens o que houve em Nazaré da Galileia, em Belém de Judá, e o que há em Aparecida e em Belém do Brasil. São lembranças. Acontece que seus pregadores insistem mais nos textos que proíbem o uso de imagens do que nos que permitem.

Mostrem-se os dois lados

Se foi permitido um poste com uma cobra, um éfode, uma arca com querubins de ouro para ensinar uma catequese naqueles dias no deserto e do templo, então é permitido hoje aos cristãos, com o mesmo direito dos israelitas de ontem, lembrar Jesus e seus santos, desde que não adorem tais sinais. Outras Igrejas ficam com as passagens que proíbem fazer e ter imagens e nós ficamos com as passagens que permitem. Fizeram sua escolha e nem por isso os chamamos de infiéis. E é melhor que nem por isso nos chamem de infiéis. O que eles fazem e o que nós fazemos está na mesma Bíblia. Lembranças se cultivam!

Cristãos na mídia

Quando um canal de televisão que pertence a um grupo cristão escolhe mostrar cenas de erotismo, de violência e de vampirismo, sabe o que está fazendo. É uma concessão ao mundo, já que pelas outras pregações seus porta-vozes não pensam assim. Se o projeto é conseguir audiência, conseguirá. Mostrará uma face aceitável e mundana que certamente atrai espectadores. O que virá, Deus sabe e eles mesmos sabem. Modernidade pode ser algo bom para atrair adeptos. Mas rima com qual moralidade? A da Igreja ou a dos telespectadores? No mundo sem ser do mundo, ou do jeito do mundo para conquistar o mundo?

69. Santa Mãe Maria

E, respondendo o anjo, disse-lhe: "Descerá sobre ti o Espírito Santo, e a virtude do Altíssimo te cobrirá com a sua sombra; por isso também o Santo, que de ti há de nascer, será chamado Filho de Deus" (Lc 1,35).

Os católicos acharam um lugar especial para Maria na sua fé cristocêntrica. "Perto de Maria, perto de Jesus." "Quem está perto de Maria nunca está longe do seu Filho."

A ideia é a de que Maria nunca se afastou do mistério da redenção. Nenhuma outra pessoa esteve tão dentro da realidade do Cristo como esta mulher privilegiada. Por isso, para um católico, Maria é a primeira grande consequência do Filho de Deus neste mundo, primeira cristã, primeira santificada! Assim cremos, assim anunciamos.

Eis a tua mãe

Interpretamos a passagem de João 19,26 como se, ao morrer e ao deixar Maria aos cuidados de João e João aos cuidados de Maria, ele tivesse nos dado a ela e ela a nós. Por isso, cuidamos de Maria, pensamos nela com frequência e pedimos a ela que nos conduza a Jesus. De fidelidade ela entende! Como cremos que os santos estão vivos e acordados no céu, fazemos dela a nossa intercessora junto ao Filho. Se nos templos, emissoras de rádio e televisão pregadores oram por seus fiéis a Jesus e ao pai em nome de Jesus, por que não admitir que Maria e os santos façam o mesmo e melhor ainda no céu? Ou santo da terra é mais santo do que santo do céu?

> Nosso amor por Maria é gesto de filho sensível e de fiel agradecido ao Cristo pela mãe que ele nos deu. Ela é grande porque soube se fazer pequena (cf. Lc 1,38). É especialmente reverenciada e bendita não apenas por sua maternidade virginal, mas também porque ouviu, praticou (cf. Lc 11,27-28) e guardou a graça no coração (cf. Lc 2,19). Maria foi excelente cristóloga. Viveu querendo entender o seu Jesus!

Santa especial

Maria é santa muito especial na vida dos católicos. Contrariamente aos que nos acusam de adorá-la, ao louvarmos Maria adoramos o Deus que a fez e ao Filho que nela morou. A Maria nós veneramos com um **culto de hiperdulia** (*doulos*: escravo, servo). É um culto especial à serva mais especial. Nas suas múltiplas imagens, cada qual com feições diferenciadas, pensamos na mulher que embalou no colo o mistério do Cristo. Damos-lhe um rosto de mulher judia, chinesa, europeia, indígena, hindu, mestiça, jovem, adulta. Certamente aqueles rostos não a retratam, apenas a idealizam. Cada povo adota Maria como se a mãe de Jesus fosse daquela raça ou tribo. Não a adoramos nem a retratamos: idealizamo-la.

O ventre de Maria

O que houve com Maria foi algo além do que poderíamos imaginar. Deus se encarnando no ventre de uma jovem mulher? Se Deus, segundo algumas religiões, é uma só pessoa, como pode Deus Pai ter um filho, que é Deus como Ele? Só isso já escandaliza os outros crentes. Mas a nossa ousadia de crer vai mais longe. Dizemos que Deus é um e é três!

Maria também não sabia disso! De repente, um anjo lhe aparece e ela demonstra receio:

– Medo do quê? – pergunta o anjo. – Você foi escolhida e Deus, o altíssimo, vai se encarnar como pessoa humana dentro do seu ventre. Você vai abrigar o Filho do Altíssimo...

É claro que Maria não entendeu.

– Se você que vem de lá está falando isso, que seja como você falou! Que aconteça o que Deus quer que aconteça! – disse ela.

E ficou com aquilo na cabeça e no coração.

"Como assim? Vou ser mãe de um modo como virgem alguma jamais foi?"

A cada momento ela aprofundava mais aquele fato.

"Todas as gerações irão discutir isso até o fim dos tempos. E muitos vão dizer que Deus fez coisas incríveis em mim e dirão que sou feliz. Mas eu sei o que me espera!"

Está tudo nos dois primeiros capítulos de Lucas.

Silente e pensativa

Diz o texto de Lucas que ela guardou silêncio e só falou com quem fosse capaz de entendê-la. Sua parenta Izabel também tinha passado por uma gravidez fora do comum. Nem com José ela falou. Entregou o noivo aos cuidados de Deus. Foi o céu que disse a José para não ter medo da gravidez de Maria. Ele a levou para a sua casa, tornando-se cúmplice daqueles fatos. Filho especial, mãe especial, gravidez especial, paternidade especial... A narrativa entra de cheio no mistério. Explicar o que a José?

Naquele tempo já era difícil crer que Deus se fez humano no ventre de uma virgem, mesmo que a profecia preconizasse um Messias excepcional nascendo nessas condições. O Messias não era visto como filho de Deus, no sentido que hoje afirmamos (cf. Mt 1,23; Is 7,14). Hoje, não apenas os ateus, mas também crentes de outras Igrejas e de outras religiões acham difícil crer na virgindade perpétua de Maria. A fé tem ousadias que desafiam o que se tem como lógica. Virgens não geram filhos... Água não brota da rocha ao toque de uma varinha, o mar não se afasta para um povo atravessá-lo, árvores não pegam fogo sem se consumir, bastões não se transformam em cobra, mordida de cobra não se cura olhando um poste com uma serpente e paralíticos não saem andando só porque alguém os mandou andar. Ou cremos em milagres ou negamos todos e achamos uma explicação racional para tudo. Neste caso, fechemos nossas Bíblias e todos os templos de todas as religiões. Ou Deus pode ou não pode! Se ele pode, então Maria pode ter sido e permanecido virgem!

Foi mãe de outros filhos?

Versículos da mesma Bíblia dão a entrever que os citados como irmãos de Jesus têm outra mãe. Alfeu era pai de Tiago (cf. Mt 10,3). A mãe de Tiago era Maria (cf. Lc 24,10), que talvez fosse a "outra Maria" citada em Mateus (27,61 e 28,1). Tiago era irmão de Judas, Simão e José. Os quatro eram irmãos entre si, mas pelos escritos eram filhos dessa Maria mãe do Tiago, filho de Alfeu (cf. Mc 3,18; Mc 15,40). Então a Maria, mãe de Tiago Menor e José e Salomé tinha outro marido, o Alfeu. Se Judas era irmão de Tiago Menor (cf. Lc 6,16) e se Tiago era irmão de José (cf. Mc 15,40), e se tinham um irmão chamado Simão (cf. Mt 13,55), então a mãe de Tiago era a mãe dos cinco.

Em várias passagens das epístolas são citados como irmãos entre si e também como irmãos do Senhor, que, porém, segundo João 2,1, era filho de Maria, esposa de José (cf. Mt 1,19). Vários textos indicam que os citados irmãos de Jesus eram filhos de Alfeu. Então Jesus e eles não eram irmãos de sangue, nem do mesmo ventre. Parece que houve "outra Maria" mãe dos cinco citados como irmãos de Jesus. Outro pai já sabemos que houve: o Alfeu.

DE VOLTA ao catolicismo

Mas tais versículos estrategicamente nunca são lidos, nem lembrados, nem postos um ao lado do outro. Os polemistas preferem ficar com a passagem de Mateus 13,55, em que os quatro, Tiago, Simão, Judas e José, mais Salomé, são citados como filhos do carpinteiro José com Maria.

Outras passagens

Mas há outras passagens. Assumindo a polêmica, há quem pregue que Maria teve outros filhos e só foi virgem até conceber Jesus. Depois deles foi mãe como outra mãe qualquer. O diálogo com tais cristãos precisa ser sereno. Por trás da polêmica sobre a virgindade de Maria esconde-se outra: "Nós somos mais fiéis aos textos!". São mesmo?

Como entender Maria, a Mãe

Para muitos, inteligente é quem conclui, crê ou nega como eles. Para nós, inteligente é quem lê dentro dos acontecimentos: *intus legere*. Maria o praticou. Leu dentro, guardou-os no coração e aprofundou sem pressa de afirmar, passo a passo e sempre com o filho, do nascer ao morrer, ao ressuscitar e ao voltar ao céu. Mais pensou do que falou.

Fez o contrário de muitos de nós, catequistas e evangelizadores, que mais falamos do que pensamos e achamos que quanto mais marketing usarmos e quanto mais horas de rádio, de púlpito e de televisão ocuparmos, mais evangelizaremos; ou quanto mais falarmos do que Deus fez em nós, mais seremos profetas. O que houve com Maria foi incomum. Silenciou. Há quem diga que foi silenciada, porque os escritores canônicos não falaram dela e os apócrifos falaram, mas não foram aceitos... A polêmica prosseguirá. Quem a quer achará motivos. Quem aceita diálogo, também!

Aceitar sem entender?

Jamais conseguiremos explicar que o mais filho dentre os filhos existe e se fez homem. Maria também não saberia nem inventar, nem prever isso. Aceitou e teve que assimilar os fatos a cada golfada de leite, a cada roupa que lavava, a cada papinha que lhe punha na boca, a cada palavra que lhe ensinava, a cada brincadeira, choro e riso do menino. Não deve ter sido fácil para ela.

O aprendizado prosseguiu a cada palavra que ele disse e a cada golpe que levou. Para ela a fé também foi um desafio de *aceitar e procurar entender. Credo ut intellegam.* Não é difícil imaginar que Maria refletia sobre aqueles acontecimentos! Se alguém fez um curso completo de Cristologia, este alguém foi ela: do berço até a cruz. Poderíamos aprender com ela. O mundo está inflacionado de pregadores e de fiéis que preferem o sentir ao pensar. Primeiro anunciam, depois pensam e leem, quando o fazem! O leitor ouça o rádio e veja os programas de televisão de agora. Mas o mundo será mudado pelos que conseguem pensar o ontem, o hoje, o amanhã sem jogar fora os dados da revelação. As águas podem ter ouro, mas consegue-o aquele que garimpa!

Nazaré, Belém e Aparecida

Voltemos à devoção a Maria, que mexe com o sentimento de alguns e com a cabeça de outros. Não há católico razoavelmente evangelizado que não tenha ouvido estes nomes: *Nazaré, Belém, Aparecida.* Faz parte do ideário, do roteiro da fé, da devoção e da catequese de milhões de católicos. São mais de mil os lugares onde os católicos reverenciam a memória da mãe de Jesus.

Jesus nasceu em Belém de Judá, numa visita que José e Maria fizeram a Jerusalém para se registrarem como súditos do Império Romano. A lei o impunha. Naqueles dias, na pequena Belém, Jesus nasceu. Com a consciência da ressurreição e da divindade de

DE VOLTA ao catolicismo

Jesus, os cristãos passaram a ver Maria como a mãe mais especial do mundo. Não é todo dia que uma mulher dá à luz alguém como Jesus! As raízes desse culto de veneração a uma santa mãe, culto do qual os católicos não abrem e não abrirão mão, estão nos textos de Lucas:

> E, respondendo o anjo, disse-lhe: "Descerá sobre ti o Espírito Santo, e a virtude do Altíssimo te cobrirá com a sua sombra; por isso também o Santo, que de ti há de nascer, será chamado Filho de Deus" (Lc 1,35).

> E, no sexto mês, foi o anjo Gabriel enviado por Deus a uma cidade da Galileia, chamada Nazaré, a uma virgem desposada com um homem, cujo nome era José, da casa de Davi; e o nome da virgem era Maria. E, entrando o anjo onde ela estava, disse: "Salve, agraciada; o Senhor é contigo; bendita és tu entre as mulheres" (Lc 1,16-28).

> Disse-lhe, então, o anjo: "Maria, não temas, porque achaste graça diante de Deus" (Lc 1,30).

> Bem-aventurada a que creu, pois hão de cumprir-se as coisas que da parte do Senhor lhe foram ditas (Lc 1,45).

> "Porque atentou na baixeza de sua serva; pois eis que desde agora todas as gerações me chamarão bem-aventurada" (Lc 1,48).

> Mas Maria guardava todas estas coisas, conferindo-as em seu coração (Lc 2,19).

Mil nomes para a Mãe

Nisso, nossa Igreja é privilegiada. Desde os primeiros séculos multiplicaram-se os templos e lugares com os nomes Belém,

Nazaré, Natividade e com referências a Jesus e a sua mãe. Na Igreja Católica acentua-se o feminino ao acentuar-se a mãe do Cristo, sem por isso divinizá-la. Cremos que ninguém esteve tão perto de Cristo quanto esta mulher privilegiada. Buscar o mistério já é louvável. Estar perto dele e continuar estudando-o, mais ainda! Ela fez isso!

Mãe de Jesus e mãe nossa

Para os católicos, Maria é "nossa" mãe, porque mãe do "nosso" irmão. É a única pessoa que, falando com Deus, pode dizer: *Atendei-os em nome do "nosso" Filho Jesus Cristo*. Nós temos que dizer: *"vosso Filho"*. Aí começam as diferenças. Levamos Jesus na mente, mas ela o levou no coração, na mente e no ventre.

Santificada por Ele e em vista dele, nunca pessoa alguma viu o que ela viu. Não há pregador de qualquer religião cristã que saiba mais sobre Jesus e possa levar mais gente a Jesus do que ela. Cremos que ela está salva e viva no céu. Mesmo os que acreditam que ela está dormindo à espera do último dia, se quiserem ser de Cristo, precisam reconhecer que sua mãe foi privilegiada e única. Muito mais ainda, nós que cremos que o sangue de Jesus tem poder e que ele já levou milhões de almas para o céu, entre elas, de maneira especial, sua mãe Maria.

Se Jesus ainda não tivesse levado sua mãe para o céu onde ele está, teríamos que dizer que o sangue de Jesus não teve nem sequer o poder de levar sua própria mãe para o Pai. Ora, se o Pai lhe deu todo o poder, então também lhe deu o poder de salvar e de resgatar almas para o céu.

Salvação agora

Assim cremos, assim anunciamos. Católico crê em salvação agora e não daqui a milhares de anos, quando o planeta acabar, ou só no dia em que Jesus voltar. Por isso falamos com os santos

DE VOLTA ao catolicismo

do céu e pedimos que orem por nós. Estamos seguros de que o céu existe, quem foi para lá está vivo e acordado e vê tudo que aqui se passa. De onde tiramos tais conclusões? De textos como os que seguem:

> "E, chegando-se Jesus, falou-lhes, dizendo: 'É-me dado todo o poder no céu e na terra'" (Mt 28,18). Se Jesus tem todo o poder, quem o impediria de levar para o céu os que morreram na sua graça?

> Dizia-lhes também: "Em verdade vos digo que, dos que aqui estão, alguns há que não provarão a morte sem que vejam chegado o reino de Deus com poder" (Mc 9,1).

> E disse-lhe Jesus: "Em verdade te digo que hoje estarás comigo no Paraíso" (Lc 23,43).

> "E eis que lhes apareceram Moisés e Elias, falando com ele" (Mt 17,3). Narrativa simbólica ou não, fato ou não, interpretem os outros irmãos como quiserem, era crença desde o começo da Igreja que os fiéis do céu estão vivos. Caso contrário, não narrariam que Moisés e Elias apareceram ao lado de Cristo transfigurado e falando com Ele. Esta narrativa questiona os que garantem que santos não falam e nada podem porque estão dormindo. Se os santos do Antigo Testamento estão vivos e acordados, por que não os que seguiram o Cristo?

Intercessora junto a Jesus

Estamos seguros de que Maria age e ora. Por isso a veneramos de maneira especial e a invocamos para que ore ao seu Filho conosco e por nós.

Sabemos que ela não é deusa. O poder só Cristo o possui. Por isso ela intercede junto a Ele. Maria experimentou mais de perto do que todos os pregadores e santos a união com Jesus. Nossa Igreja crê que a santidade dos cristãos é fruto da vitória de Jesus sobre a morte. Se ele venceu a morte, então quem morreu nele também a venceu e está vivo no céu.

> De sorte que fomos sepultados com ele pelo Batismo na morte; para que, como Cristo foi ressuscitado dentre os mortos, pela glória do Pai, assim andemos nós também em novidade de vida (Rm 6,4).

> Sabendo que, tendo sido Cristo ressuscitado dentre os mortos, já não morre; a morte não mais tem domínio sobre ele (Rm 6,9).

> Sepultados com ele no Batismo, nele também ressuscitastes pela fé no poder de Deus, que o ressuscitou dentre os mortos (Cl 2,12).

> Somos também tratados como falsas testemunhas de Deus, porque damos testemunho do Deus que ressuscitou a Cristo. Se Cristo não ressuscitou, então os mortos não ressuscitam (1Cor 15,15).

> Nós também, pois, que estamos rodeados de uma tão grande nuvem de testemunhas, deixemos todo o embaraço, e o pecado que tão de perto nos rodeia, e corramos com paciência a carreira que nos está proposta (Hb 12,1).

Devotos e devoções

Devoção é maneira de expressar o sentimento que temos por alguém amado. Vem do termo "votar", de onde também vem a palavra "voto". Escolho alguém, voto-lhe meus afetos. Ter devoção é votar em alguém e voltar-se para tal pessoa. Devotamo-nos

DE VOLTA ao catolicismo

a Jesus e fazemos o mesmo com relação aos seus santos. Votamos neles! Diz a Bíblia que Deus é glorificado nos seus santos. Entendemos que, ao mostrar devoção a um santo, estamos homenageando quem o santificou. A graça lhe veio do céu e para lá o levou (cf. 2Ts 1,10).

Devotos de Maria

As devoções marianas traduzem, pois, o nosso voto na mãe do Cristo em cada região onde ocorreu algum fenômeno ligado a ela e em cada situação que ela viveu em função do seu Filho. Voltamo-nos para a mãe de Jesus e a elegemos como nossa intercessora junto a ele.

As imagens que temos não são fotos dela. Nem sabemos como eram suas feições, se branca, morena, alta, pequena, se tinha olhos castanhos ou negros. Era judia, isto sabemos! Não esculpimos, nem pintamos o seu rosto real porque não há descrição dele. O que disse algum vidente a Igreja não leva em conta. Respeitar um vidente não é o mesmo que aceitar tudo o que ele diz. Mas as imagens a imaginam europeia, africana, indígena, negra, morena, asiática. Isto, porque apontam para uma devoção mundial. É o jeito de cada povo homenagear a mãe do Cristo, fazendo-a com as feições daquela região.

Explique-se isso aos que combatem as imagens. Por muito anos tive uma imagem negra, outra morena, outra branca e outra asiática de Maria. Lembravam a fé do povo nos países que visitei. Somos os primeiros a saber que nossas imagens não possuem poder, não estão vivas e não são fotos de Maria; nem mesmo a representam. A imagem de Fátima é clara e a de Guadalupe e Aparecida são escuras. Isso não quer dizer que Maria tinha exatamente aquele rosto. Mas aos videntes ela se manifestou em cada lugar de forma diferente. Se cremos que foram aparições, então admitimos que Maria responde assumindo o jeito das mulheres daqueles povos. É o dogma da maternidade de Maria trazido para perto de cada tribo e de cada raça ou nação. O Evangelho de Lucas diz que ela profetizou que todas as gerações se lembrariam dela (cf. Lc 1,48).

Não somos uma Igreja mariana

Amamos muito Maria, mas não somos uma **Igreja mariana**, porque ela não é o centro de nossa fé nem é a razão de ser da nossa Igreja. É quem está mais perto do centro, mas não é o centro. É o mais belo fruto da presença de Cristo entre nós. Mas, por definição do *Catecismo*, somos uma **Igreja cristã**, porque o centro é seu filho Jesus Cristo. Não somos nem mesmo uma Igreja Pentecostal, embora haja irmãos propondo em livros, várias vezes reeditados, que passemos a nos definir não como cristãos, mas como carismáticos... É ousadia!

A verdade é que primeiro somos crentes "cristãos", e não marianos nem carismáticos. Jesus é o Cristo e ele é o fundamento, o Alfa e o Ômega (cf. Ap 1,8; 21,6). Esta catequese fazia parte da Igreja que nascia. Maria, sua mãe, é a primeira cristã, a pessoa que mais viveu o projeto do "Reino de Deus". Não pode haver uma Igreja dela e sim templos em sua memória, na Igreja do Filho dela. Isso explica a intensidade do nosso carinho por esta mãe exemplar e fiel. Mas ela não pode ser mais citada do que Jesus, nem mais lembrada do que ele. Estão certos os sacerdotes que na missa, ao fim da liturgia, depois da despedida, entoam uma canção mariana ou rezam uma Ave-Maria. Erram os que depois do sermão ou em plena comunhão mandam rezar uma Ave-Maria. Na Eucaristia, ela é comungante e não a comungada. No sacrifício da Eucaristia, ela está do lado de cá e não no altar. O culto não é para ela, mas às vezes a lembra. Ali, porém, falamos com o Pai, e nosso tema é o seu Filho, *"que convosco vive e reina"*.

DE VOLTA ao catolicismo

Quem acha que para a missa ficar completa tem que rezar um mistério do rosário em ação de graças numa missa mostra não entender de liturgia, nem de missa, nem de Cristo, nem de Maria, nem de Igreja Católica. A piedade pessoal do celebrante e do coro não podem substituir a piedade da Igreja, nem um catecismo de 20 séculos de caminhada.

Intenso feminino

Maria representa para um católico o **intenso feminino, a consagração da mulher ao reino,** seja ela solteira ou casada, virgem, mãe, viúva ou anciã. Mulher é muito mais do que um ventre que gera vidas. É coração que guarda o mistério e vê o mundo com olhos femininos; é inteligência que lê os acontecimentos a partir da ótica da mulher, ótica moldada por bilhões de olhares e corações femininos. Elas viram, sentiram a história e a narraram do seu jeito.

O mundo já escreveu milhares de tratados sobre a mística feminina através dos tempos. Para nós, Maria é sua proeminente líder, ainda que silenciosa. Ouviu e aprofundou a Palavra. Mergulhou na esperança e não saiu de perto do filho, desde Belém até a cruz e muito tempo depois dela.

Práticas de católico

Praticamos muitas devoções e celebramos muitos sinais sagrados, mas três práticas estão arraigadas entre nós. Uma delas é a **Eucaristia,** lembrança da última ceia e certeza de que Jesus ali se faz presente entre nós; a outra é a **devoção aos santos** que Jesus nos deu, Maria em primeiro lugar; a terceira é a nossa busca de **unidade em torno do Papa.**

Unidos no essencial

A Igreja Católica é um colo onde cabem muitas místicas e muitos enfoques: pluralidade na unidade. Esta unidade, embora cheia de plurais e maneiras de viver em Cristo, não nos permite fundar comunidades desligadas do Papa e dos Bispos. Isso tem nos mantido católicos. **Não criamos Igrejas: criamos movimentos e comunidades dentro da Igreja-Para-Todos, a Católica,** que é una!

Quem ensaiasse um movimento com doutrinas contrárias às nossas teria que deixar o Catolicismo, ou corrigir-se. Muitos nos deixaram. Alguns grupos de cristãos de uma região do Brasil que, seguindo seus sacerdotes, romperam com o Papa ainda se proclamam católicos, mas não romanos. Optaram por declarar--se católicos, mas separados de nós, que nos consideramos *para todos a partir de Roma: católicos romanos.* Eles o fazem a partir do Brasil.

MAIS DO QUE UM MOVIMENTO

Não somos um movimento. Somos uma Igreja, e não cabem pequenas Igrejas dentro da Igreja católica. Admitimos movimentos e experiências dentro da mesma Igreja. Nossas dioceses e paróquias são exatamente o que dizem os nomes: parte. São a Igreja lá naquela região. Mas tem que haver unidade. Todos os que insistiram em doutrinas que negavam o dogma católico e insistiram em liturgias apenas do seu jeito acabaram criando uma Igreja não católica. Não se sentiam mais parte do todo. Não souberam ser com todos e para todos. Seus pregadores nem sequer sabiam mais falar a outros grupos. Endureceram na linguagem peculiar de seu movimento. Foi criada para aquele fundador e do jeito dele. Com o tempo, ele o seu grupo não mais conseguiam caminhar com os católicos do mundo inteiro. Tinham ido longe demais e não quiseram e nem tentaram mais voltar à unidade.

Seu sangue tem poder

Nós cremos que o sangue de Jesus tem poder, embora quem mais cante tal canção sejam nossos irmãos evangélicos. Mas, para nós, trata-se do poder do Cordeiro de Deus (cf. Jo 1,29-36), o Filho que tem o poder (cf. Mt 4,3; 8,29; 16,16; 28,18). Jesus nos leva a afirmar que, sim, o céu tem bilhões de santos. Na sua misericórdia e por seu sangue derramado pelo mundo, ele os salvou (cf. Mt 23,35; 26,28; Mc 14,24; Rm 5,9).

Igreja da palavra e do sinal

Esta fé também nos leva aos sacramentos, principalmente a Eucaristia. Somos uma Igreja plena da Palavra dos profetas, de Jesus, dos apóstolos e de sinais. Podemos afirmar que somos **Igreja da Palavra e do sinal**. Os ortodoxos também se valem da Palavra e dos símbolos. Aos poucos, Igrejas evangélicas e pentecostais começam a investir nos gestos, nos símbolos e nos sinais. É visível sua mudança na televisão e nas marchas para Cristo.

Nós, católicos, sempre valorizamos os sinais e os gestos. Moisés e os profetas precisaram da Palavra e do Sinal. Deus lhes deu sinais, sinais que eles passaram ao povo. Jesus não poucas vezes fez uso do gesto e do sinal. Ao tocar em leprosos, cegos e enfermos (cf. Mt 8,15; 9,29), tocar na língua com saliva (cf. Mc 7,33), tocar nos olhos dos cegos (cf. Mt 20,34), estava agindo também para os olhos do povo. Sinais fazem parte da fé. Os nossos e os que julgamos virem do céu.

O maior do sinais

Com o Batismo, consideramos a Eucaristia **o magno sinal**, doutrina central na nossa fé. Pode receber tal sinal do Cristo presente, quem foi batizado. Quem recebeu o Batismo não deve caminhar sem esta força que vem do pão e do vinho transubstanciados. Cremos nessa verdade. Jesus agora é alimento para nossa vida.

A última ceia nos deu garantia de que, se a partilhássemos juntos em seu nome, aquele pão e aquele vinho transubstanciados seriam Ele mesmo, presente entre nós.

> "Porque, onde estiverem dois ou três reunidos em meu nome, aí estarei no meio deles" (Mt 18,20).

Cremos que Deus tem esse poder. Se fôssemos ateus ou de outra religião, poderíamos duvidar dessa possibilidade. Mas somos cristãos e católicos e achamos que, sim, Deus age no seu povo, e o maior milagre diário da fé é a Eucaristia: Jesus interage no fiel.

Jesus voltou a viver

Este sinal que não apenas vemos, mas também vivemos, vem da nossa convicção de que Jesus está vivo e se faz presente quando nos reunimos para fazer o que ele fez na última ceia. Cremos e afirmamos sem hesitar que aquele pão e aquele vinho se transubstanciam e se tornam misteriosamente corpo e sangue do Cristo. Direito nosso! Outros irmãos cristãos dizem que se trata apenas de símbolo. Direito deles!

Alguns deles também, como lembramos anteriormente, dizem que ainda não há ninguém no céu, porque ainda não soaram o último dia e o toque da trombeta (1Cor 15,52). Por isso sustentam que todos, inclusive Maria, estão dormindo o sono dos justos, mas ainda não estão no céu. Segundo eles, um santo não pode interceder por nós mais do que os seus pastores vivos. Direito deles. Nós cremos que o sangue de Jesus os levou para o céu e que Cristo salva e tem poder. Direito nosso!

Cremos que quando Jesus voltar em sua glória virão com ele todos os santos que ele já salvou, porque o céu está repleto de santos (cf. Lc 23,43; 2Cor 12,4; Mt 25,31). Direito nosso! Sobre

DE VOLTA ao catolicismo

o depois desta vida discordamos seriamente de irmãos evangélicos, pentecostais e espíritas. E eles de nós.

Os exageros que nos separam

Há exageros do lado pentecostal ou evangélico. Alguns combatem com veemência o culto de veneração e admiração que damos aos santos, enquanto adoramos o Cristo que no-los deu. Mas também há exageros de alguns católicos que acentuam demais as imagens e esquecem que são apenas sinais, lembranças, objetos de devoção.

> Ênfases e utilização errada dos textos bíblicos ou das imagens e sinais atrapalham nossa unidade em Cristo. Acentos demais prejudicam a leitura dos textos; também o diálogo e a fé. Temos brigado por vírgulas e acentos para provar que sabemos mais de Bíblia do que os outros. O debate, mais do que teológico, muitas vezes é político: problema de quem quer adeptos, ou de quem procura a hegemonia.

Aprofundar a reflexão

Falta reflexão e catequese dos dois lados. Por que não haver templos e imagens dedicados à memória dos servos que Jesus salvou? Não é gratidão ao Cristo salvador? Lá está sempre o sacrário no centro para lembrar de quem é aquela casa. É erguida em memória de um santo, mas que ninguém se iluda: o dono é Jesus. O dono da Basílica de Nazaré, em Belém do Pará, da Basílica da Penha, em Vitória, da Basílica de Aparecida, em Aparecida, é Jesus. Aquelas casas pertencem a ele. Sua mãe, lembrada através de uma imagem, nos leva a Jesus. O mesmo se dá com as catedrais dedicadas a São Francisco, São Pedro ou Santo Antônio. O centro é Ele: em Cristo, por Cristo e com Cristo. Santo é periferia, mas que periferia maravilhosa! Eles e os anjos circundam o Cristo. Suas setas apontam para quem os fez santos.

Hoje, quando evangélicos mais piedosos ostentam letreiros em seus carros, bicicletas e carroças a dizer que aquele veículo pertence a Jesus, fica mais fácil explicar-lhes que nossos templos são dedicados a alguém que Jesus santificou, mas o dono é Jesus. O sacrário continua a ser a parte mais importante de um templo. Em geral, fica à frente ou no centro dos templos.

Buscamos Jesus

Que os irmãos de outras Igrejas não se enganem! Nós, católicos, buscamos Jesus, mas aceitamos a prece dos santos que ele já salvou e dos que por aqui andam tentando ser santos. Se eles preferem as dos santos daqui, que sejam respeitados no seu amor pelos seus pastores, tanto quanto nós amamos o Papa. Mas que também nos respeitem.

Na mesma Bíblia, há frases que falam a favor deles e outras a favor do que fazemos. Não é tudo simples como arroz com feijão. O tema pode se complicar quando estudamos a Palavra de Deus e a resposta de cada crente ou grupo de crentes. Letras demais, anjos demais, demônios demais, curas e milagres demais podem significar desvios. Bíblia é como vinho. Por melhor que seja, beba-se com moderação; caso contrário, alguém acabará fanático, unilateral demais, ou totalmente embriagado pela fé que bebeu demais, com sofreguidão e sem o uso da razão. Fé tem que ser pensada. Mais do que isso: dialogada!

70. Fósforos, facas e imagens

Não tenha medo das facas do seu faqueiro. Sabendo usá-las, você nunca será um assassino. Não tema os fósforos e as velas da sua casa. Sabendo usá-los, você nunca será um incendiário. Não tenha medo das imagens que lembram Jesus, Maria e os Santos que nos precederam. Sabendo usá-las, você nunca será um idólatra.

Quem não sabe usá-las, não deve tê-las por perto. Quem sabe, louve a Deus também por meio dessas lembranças!

Imagens, doutrina e uso

Deram-me uma imagem que lembrava o Pai como homem idoso, o Filho como homem jovem, o Espírito Santo como pomba e Maria como mãe coroada. Guardei-a numa gaveta. A pessoa que a deu perguntou por que não a deixei entre as outras. Respondi que, com todo o respeito, eu entendia a imagem de Jesus, uma vez que ele é o verbo encarnado. Ele é Deus e é homem. Entendia a da mãe dele ao seu lado, porque ela é humana e foi o primeiro fruto da redenção, santificada pelo Filho que teve. Mas não imagino o Espírito Santo como pomba, nem o Pai como um homem idoso, porque o Pai não se encarnou e não é humano, nem o Espírito Santo é ave. Uma vez uma pomba foi sinal de sua presença, mas ele não era aquela pomba. Então, eu não exporia aquela imagem na minha parede, porque minha fé não inclui uma ideia do Pai como um senhor idoso. Quem quiser pensar assim e achar um sentido para isso que o faça, mas Jesus e Maria eu imagino com rostos humanos, não o Pai.

Assunto polêmico

Esse assunto de imagens sempre será polêmico. Para a catequese dos católicos, de vez em quando, é bom voltar a ele. Para um cristão, católico, ortodoxo ou evangélico que leu a Bíblia está claro que entre os judeus **se proibia e se permitia** o uso de imagens. **Proibido era ter e fazer para adorar**, como se a imagem fosse um deus.

Era permitido ter, fazer e usar desde que a imagem os levasse a Deus e não fosse, ela mesma, vista como um deus. Quando havia abuso, quebrava-se a imagem.

> Ele, Ezequias, tirou os altos, quebrou as estátuas, deitou abaixo os bosques, e fez em pedaços a serpente de metal que Moisés fizera; porquanto até aquele dia os filhos de Israel lhe queimavam incenso, e lhe chamaram Neustã (2Rs 18,4).

Em alguns casos, punia-se com a morte. Esta prática tornou-se perigosa e antissocial, porque em nome de uma leitura errada do uso das imagens muitos cristãos iconoclastas andaram destruindo-as em nome da pureza da fé. Se não queriam usá-las, que não usassem, mas não as quebrassem! Imitaram Gedeão (cf. Jz 6 e 7) que, em nome da pureza da fé judaica, quebrou imagens e até apelou para a violência. Fiéis excessivamente zelosos caluniaram e mataram quem não adorava como eles, prova de que sua fé não era tão pura. Quem mata o outro, seja qual for o motivo, perde a pureza.

O culto às imagens

Adorar a Deus é reconhecê-lo como senhor e único. Venerar uma imagem é respeitar um objeto que lembra a ação de Deus em pessoas por ele abençoadas ou recorda um momento da história. Nós, católicos, sabemos a diferença entre adorar ao Deus uno e trino e venerar os seus santos, respeitando as imagens deles e usando-as com sabedoria. É como usar uma faca, uma vela ou um canivete. Sabendo usar, pode ter em casa. Quem não sabe usar facas ou garfos, coma com a mão! Quem não sabe usar uma imagem, não a tenha ou esconda-a! Quem não sabe entender uma Bíblia, mantenha-a fechada. Nos três casos, se não aprender a usar vai fazer mau uso. Mas se souber use sem medo e sem culpa. Uma coisa é olhar uma imagem e outra é adorá-la.

Proibido fazer, ter e adorar

O motivo
Não terás outros deuses diante de mim (Ex 20,3).

Não fareis outros deuses comigo; deuses de prata ou deuses de ouro não fareis para vós (Ex 20,23).

Ó Senhor, quem é como tu entre os deuses? Quem é como tu glorificado em santidade, admirável em louvores, realizando maravilhas? (Ex 15,11).

Os idólatras
Envergonhados sejam todos os que servem imagens de escultura, que se gloriam de ídolos; prostrai-vos diante dele todos os deuses (Sl 97,7).

Porque também eles edificaram altos, e estátuas, e imagens de Asera sobre todo o alto outeiro e debaixo de toda a árvore verde (1Rs 14,23).

E levantaram, para si, estátuas e imagens do bosque, em todos os altos outeiros, e debaixo de todas as árvores verdes (2Rs 17,10).

E ele os tomou das suas mãos, e trabalhou o ouro com um buril, e fez dele um bezerro de fundição. Então disseram: "Este é teu deus, ó Israel, que te tirou da terra do Egito" (Ex 32,4).

Então eu lhes disse: "Quem tem ouro, arranque-o"; e deram-mo, e lancei-o no fogo, e saiu este bezerro (Ex 32,24).

A cabeça daquela estátua era de ouro fino; o seu peito e os seus braços de prata; o seu ventre e as suas coxas de cobre (Dn 2,32).

E, se não, fica sabendo ó rei, que não serviremos a teus deuses nem adoraremos a estátua de ouro que levantaste (Dn 3,18).

O seu coração está dividido, por isso serão culpados; o Senhor demolirá os seus altares, e destruirá as suas estátuas (Os 10,2).

E agora julgais que podeis resistir ao reino do Senhor, que está na mão dos filhos de Davi, visto que sois uma grande multidão, e tendes convosco os bezerros de ouro que Jeroboão vos fez para deuses (2Cr 13,8).

E, enquanto Paulo os esperava em Atenas, o seu espírito se comovia em si mesmo, vendo a cidade tão entregue à idolatria (At 17,16).

Portanto, meus amados, fugi da idolatria (1Cor 10,14).

A lei
Não fareis para vós ídolos, nem vos levantareis imagem de escultura, nem estátua, nem poreis pedra figurada na vossa terra, para inclinar-vos a ela; porque eu sou o Senhor vosso Deus (Lv 26,1).

DE VOLTA ao catolicismo

Não te inclinarás diante dos seus deuses, nem os servirás, nem farás conforme às suas obras; antes os destruirás totalmente, e quebrarás de todo as suas estátuas (Ex 23,24).

Outras formas de idolatria

Mortificai, pois, os vossos membros, que estão sobre a terra: a prostituição, a impureza, a afeição desordenada, a vil concupiscência, e a avareza, que é idolatria (Cl 3,5).

Porque é bastante que no tempo passado da vida fizéssemos a vontade dos gentios, andando em dissoluções, concupiscências, borrachices, glutonarias, bebedices e abomináveis idolatrias (1Pd 4,3).

Não sabeis que os injustos não hão de herdar o reino de Deus? Não erreis: nem os devassos, nem os idólatras, nem os adúlteros, nem os efeminados, nem os sodomitas (1Cor 6,9).

Não vos façais, pois, idólatras, como alguns deles, conforme está escrito: O povo assentou-se a comer e a beber, e levantou-se para folgar (1Cor 10,7).

Mas, quanto aos tímidos, e aos incrédulos, e aos abomináveis, e aos homicidas, e aos fornicadores, e aos feiticeiros, e aos idólatras e a todos os mentirosos, a sua parte será no lago que arde com fogo e enxofre; o que é a segunda morte (Ap 21,8).

Porque bem sabeis isto: que nenhum devasso, ou impuro, ou avarento, o qual é idólatra, tem herança no reino de Cristo e de Deus (Ef 5,5).

Destruam as imagens de vocês e as dos outros

E aconteceu que, chegando Moisés ao arraial, e vendo o bezerro e as danças, acendeu-se-lhe o furor, e arremessou as tábuas das suas mãos, e quebrou-as ao pé do monte (Ex 32,19).

E todas as suas imagens de escultura serão despedaçadas, e todas as suas ofertas serão queimadas pelo fogo, e de todos os seus ídolos eu farei uma assolação (Mq 1,7).

E destruirei do meio de ti as tuas imagens de escultura e as tuas estátuas; e tu não te inclinarás mais diante da obra das tuas mãos (Mq 5,12).

Lançareis fora todos os moradores da terra de diante de vós, e destruireis todas as suas pinturas; também destruireis todas as suas imagens de fundição, e desfareis todos os seus altos (Nm 33,52).

E derrubaram perante ele os altares de Baalins; e despedaçou as imagens, que estavam acima deles; e os bosques, e as imagens de escultura e de fundição quebrou e reduziu a pó, e o espargiu sobre as sepulturas dos que lhes tinham sacrificado (2Cr 34,4).

Porém assim lhes fareis: derrubareis os seus altares, quebrareis as suas estátuas; e cortareis os seus bosques, e queimareis a fogo as suas imagens de escultura (Dt 7,5).

Mas os seus altares derrubareis, e as suas estátuas quebrareis, e os seus bosques cortareis (Ex 34,13).

Pode-se fazer, ter e usar sem adorar

Farás também dois querubins de ouro; de ouro batido os farás, nas duas extremidades do propiciatório (Ex 25,18).

Farás um querubim na extremidade de uma parte, e o outro querubim na extremidade da outra parte; de uma só peça com o propiciatório, fareis os querubins nas duas extremidades dele (Ex 25,19).

DE VOLTA ao catolicismo 537

E ali virei a ti, e falarei contigo de cima do propiciatório, do meio dos dois querubins (que estão sobre a arca do testemunho), tudo o que eu te ordenar para os filhos de Israel (Ex 25,22).

E o tabernáculo farás de dez cortinas de linho fino torcido, e azul, púrpura, e carmesim; com querubins as farás de obra esmerada (Ex 26,1).

E puseram a arca do Senhor sobre o carro, como também o cofre com os ratos de ouro e com as imagens das suas hemorroidas (1Sm 6,11).

Depois farás um véu de azul, e púrpura, e carmesim, e de linho fino torcido; com querubins de obra-prima se fará (Ex 26,31).

Assim todo o sábio de coração, entre os que faziam a obra, fez o tabernáculo de dez cortinas de linho fino torcido, e de azul, e de púrpura, e de carmesim, com querubins; da obra mais esmerada as fez (Ex 36,8).

Fez também dois querubins de ouro; de obra batida os fez, nas duas extremidades do propiciatório (Ex 37,7).

E no oráculo fez dois querubins de madeira de oliveira, cada um da altura de dez côvados (1Rs 6,23).

E revestiu de ouro os querubins (1Rs 6,28).

E todas as paredes da casa, em redor, lavrou de esculturas e entalhes de querubins, e de palmas, e de flores abertas, por dentro e por fora (1Rs 6,29).

E sobre as cintas que estavam entre as molduras havia leões, bois, e querubins, e sobre as molduras uma base por cima; e debaixo dos leões e dos bois junturas de obra estendida (1Rs 7,29).

Imagem de serpente. Deus mandou fazer

Bem-utilizada, ajudava a salvar

E disse o Senhor a Moisés: "Faze-te uma serpente ardente, e põe-na sobre uma haste; e será que viverá todo o que, tendo sido picado, olhar para ela" (Nm 21,8).

E Moisés fez uma serpente de metal, e pô-la sobre uma haste; e sucedia que, picando alguma serpente a alguém, quando esse olhava para a serpente de metal, vivia (Nm 21,9).

A mesma imagem, mal-utilizada, foi destruída

Ele tirou os altos, quebrou as estátuas, deitou abaixo os bosques, e fez em pedaços a serpente de metal que Moisés fizera; porquanto até aquele dia os filhos de Israel lhe queimavam incenso, e lhe chamaram Neustã (2 Rs 18,4).

Respeitar para merecer respeito

Calúnia pode levar para o inferno. Quem nos acusa de idólatras por causa das imagens que não adoramos está caluniando e julgando. Em Mateus 7,1-2 se lê:

Não julgueis, para que não sejais julgados. Porque com o juízo com que julgardes sereis julgados, e com a medida com que tiverdes medido vos hão de medir a vós. E por que reparas tu no argueiro que está no olho do teu irmão, e não vês a trave que está no teu olho? Ou como dirás a teu irmão: "Deixa-me tirar o argueiro do teu olho", estando uma trave no teu?

DE VOLTA ao catolicismo

A postura de Dona Zélia era uma antes de ler o *Catecismo*. Passou a ser outra a sua atitude quando descobriu a diferença entre símbolo e mistério e também quando passou a entender os sinais da fé.

E disse à sua irmã, que ainda falava com as imagens:

– Isso não é coisa de católico. Católico olha a imagem e esta o faz pensar em quem ela representa. Não é retrato do santo. É idealização. Não sabemos se Jesus ou Maria tinham essa aparência. Então, fechamos os olhos e conversamos com a pessoa que a imagem lembrou. Você não fala com as placas à beira da estrada, fala? Então não fale com as imagens. Elas não ouvem. Imagem não é pessoa. Não se fala com a representação. Fala-se com o representado!

71. Pela Igreja e com a Igreja

Fiéis à procura da própria Igreja

> "Pois também eu te digo que tu és Pedro, e sobre esta pedra edificarei a minha Igreja, e as portas do inferno não prevalecerão contra ela" (Mt 16,18).

TRÊS IRMÃOS: TRÊS ATITUDES

A mãe era uma santa. Como não há santo sem escorregões, dela se podia dizer que tinha muito mais valores e qualidades que defeitos. Sim, dona Iglésia era santa. Tinha três filhos. Um era malcriado e não perdia chance de apontar os defeitos da mãe. Outro era deslumbrado. Tudo na mãe era perfeito. A mãe não errara, não errava e não erraria nunca! Ai de quem falasse contra ela. Reagia com dureza. O terceiro era sereno a respeito dos valores e das imperfeições da sua santa. Quando discordava, dizia-o. Mas venerava sua mãe. Brincava de dizer que faltavam apenas 99% para ele ser santo, mas a mãe com mais 10% seria só virtudes.

São assim os religiosos. Há os que não perdem chance de criticar sua Igreja. Há os que não admitem nenhuma crítica ou admissão de culpa. Há os que administram a história e os erros de sua Igreja, sabendo que há mais méritos do que defeitos na comunidade que o acolheu.

Tipos de católicos

1. Os DOUTOS – Gostam de Teologia, Sociologia, Filosofia, História, Antropologia e ciências que podem aperfeiçoar a convivência. Mergulham fundo na busca de maior conhecimento de Deus e da humanidade. Defendem teses e são licenciados ou

Pe. Zezinho, scj

doutores. Mesmo sem doutorado, há outros que se revelam donos de notório saber em algum campo do conhecimento humano. Tais irmãos servem à Igreja com sua cultura.

2. Os ESTUDIOSOS – Leem muito e querem saber o que os teólogos e outros estudiosos escrevem sobre Deus e o ser humano. Não recebem títulos, mas estudam a fundo, porque querem saber mais. Não receberam o título de doutores, mas revelam-se assíduos e dedicados leitores. Alguns são mestres, licenciados, bacharéis ou, mesmo sem nenhum diploma especial, sua conversa é a de quem leu e assimilou. Conhecem os principais livros do momento e estão a par dos documentos básicos da Igreja.

3. Os INDIFERENTES, PRAGMÁTICOS, EMPÍRICOS OU IMEDIATISTAS – O processo de aprender não os empolga. Não estudam, não se importam e não sentem necessidade de Teologia, Filosofia ou matérias que exigem aprofundamento. Seguem o faro, ou o espírito, que nem sempre é o Espírito Santo, embora muitos insistam que é. Não são intelectuais e até assumem esta postura de confronto com irmãos que estudam. Entre a mente e o coração optam pelo coração. Não os imagine com livros profundos na mão, porque não se regem pelo aprendizado. Gostam mais de sentir, viver, ser tocados. Chegam a dizer que sentir e fazer é o que importa. Mal conseguem ler dois ou três livros por ano. Há milhões que não leem nem um.

Na vida prática

Você verá os doutos e estudiosos debruçados sobre os livros abertos à sua frente, suas estantes repletas de obras profundas sobre Deus e a humanidade, a maioria delas rabiscadas ou cheias de anotações. Querem saber mais. Deus mexeu com a sua mente. Sabem quem falou, quando falou, o que disse e quais as consequências, no seu tempo e séculos depois, de tudo quanto se ensinou sobre Deus.

DE VOLTA ao catolicismo

Verá também as estantes dos que gostam de Teologia, Sociologia, Antropologia e outras ciências repletas de livros. Eles sabem menos do que seus irmãos doutores, mas têm razoável grau de informação, porque seu coração se encantou com Deus, mas também sua razão se entusiasmou com a vastidão de conhecimentos que vêm com a busca do autor da vida. Querem saber mais e aperfeiçoam os seus conceitos, à medida que aparecem novas informações. Estão dispostos a aprender com todos os caminhos e místicas do Catolicismo. Abriram sua mente para outras experiências de Igreja. Veem beleza nas outras religiões. O ecumenismo lhes vem sereno. Sabem o que os outros pensam. Reconhecem a luz de Deus nos outros e humildemente acendem as suas velas nas luzes que Deus deu aos outros.

Verá, depois, as estantes dos que não estudam a fé. Muitos nem biblioteca possuem. Na sua casa não há livros. No seu quarto talvez haja uma pequena estante e poucos livros, a maioria devocionais, na linha de espiritualidade do grupo ao qual aderiram. Não espere ver grossos compêndios de Teologia, Filosofia, Sociologia ou Antropologia na sua estante. Encontram motivações suficientes na sua devoção ou na frequência a determinado grupo, no qual alguém pregará sobre os temas que eles querem saber. São mais de ouvir do que de ler.

Há os que desafiam: "E daí se alguns sabem tudo, mas não vivem aquilo no coração?". Apostam na vivência, no sentir! Alguns até são pregadores. Abrem sua Bíblia, meditam sobre um trecho e sobre ele pregam, sem nunca ter estudado História, Bíblia, Sociologia, e às vezes sem nunca ter lido a Bíblia por inteiro, nem o *Catecismo*, nem os documentos mais recentes da Igreja no mundo, no país e na diocese.

Na mídia católica

Observe a mídia católica e conclua. Na sua maioria, quem está evangelizando os católicos? Irmãos e irmãs que estudam? Formados em catequese? Vão fundo na Teologia ou são católicos que falam apenas a partir do que sentem e experimentam pessoalmente? Quem chega à maioria dos católicos? Os mestres do estudo ou os mestres da vivência? Quem está dando testemunho de vida na mídia? Observe e decida que tipo de Catolicismo você pretende viver! Ele determinará os rumos da sua fé e da sua pregação.

A Igreja que olha para si mesma

Sem olhar para si mesma nenhuma Igreja olhará direito para o Céu, para a Terra e para o ser humano. Não é diferente conosco!

> Que assembleia de eleitos queremos ser? Que Igreja temos sido? Que Igreja somos hoje? Que Igreja queremos ser no futuro? Que tipo de práticas devocionais prevalecerão? A maioria dos católicos orará com os mais diversos movimentos, ordens e congregações, ou, dado o crescimento da mídia nas mãos da RCC (Renovação Carismática Católica), prevalecerá o jeito carismático de orar e o jeito de pregar desses sacerdotes? A mídia, hoje em grande parte nas mãos de católicos carismáticos, influenciará a visão da maioria ou haverá mudanças substanciais a partir de algum fato novo?

Estas questões estão em mais de 30 documentos da Igreja, desde o Vaticano I ao Vaticano II, aos papas dos últimos 60 anos. Que rumo seguiremos? Também se pode ler tais interrogações nos livros de Antropologia e pastoral. Uma leitura desses documentos e livros mostra um constante repensar do nosso papel e

DE VOLTA ao catolicismo

do nosso lugar na História e a proeminência e depois a retração deste ou daquele grupo ou movimento.

A cada mudança do mundo muda também a Igreja, que sofre a influência dos tempos e das sociedades que deseja influenciar. Há mudanças sólidas e saudáveis. A Igreja as quer. Há mudanças superficiais, imediatistas e deletérias para o ser humano como indivíduo e como comunidade. Essas, ela acaba por rejeitar. A missão do Papa e dos bispos é a busca do equilíbrio e da unidade. Se um grupo se impõe demais numa Igreja, a reação não tarda a aparecer.

Documentos não lidos

Nunca nenhuma Igreja publicou tantos documentos sobre si mesma quanto o fez a Igreja Católica. Faz parte da essência da fé o repensar-se a cada sinal de Deus. Faz parte da Igreja repensar seu modo de ser e de expressar-se a cada guinada da História. Somos uma Igreja missionária. Missionário fala e faz!

Juramentos não cumpridos

Os documentos e as declarações da Igreja sobre si mesma desafiam o fiel católico que se dispõe a ouvir.

> Que Igreja você quer? E o que você faz para, um dia, ver essa Igreja? Na crise, vai embora ou fica? Discorda e, por isso, deixa a nossa fraternidade e vai mergulhar no colo de outra que fala o que você desejava ouvir? Não foi rejeição de um pregador em troca de outro? Foi doutrina ou aconchego que lhe faltou? Tem paciência de esperar? Discorda e, por isso, deixa de amar a sua Igreja?
>
> Sente-se amado ou pressionado pela Igreja porque ela não autoriza seu novo casamento? Vai mudar de diocese ou de congregação porque deseja muito fazer uma coisa que ali

> não lhe permitem fazer do jeito que você planejou? Mas o que foi que você disse a si mesmo e à Igreja, quando, já capaz de compreender, assumiu algum sacramento e jurou ser mais católico a partir daquele momento?

Cultura e atualização

Quando o Papa João XXIII deu início ao Concílio Vaticano II, que veio cerca de 100 anos depois do Vaticano I, usou o termo *aggiornamento*, "atualização", "colocar-se em dia!". Quase 50 anos depois, enquanto escrevo estas linhas, quantos fiéis leram aqueles documentos e os mais de 200 outros escritos nessas últimas décadas pelos papas e pelos bispos reunidos?

Escritos, mas não lidos

Você conhece os principais escritos nos quais a Igreja se apresenta ao mundo? Já leu *Gaudium et Spes* (Alegria e esperança), *Mater et Magistra*? (Mãe e mestra) ou *Populorum Progressio* (O progresso dos povos)? Leu os Documentos do Celam? Ouviu falar das declarações ou documentos de Puebla, Medellín, Santo Domingo, Aparecida? Se ouviu, já leu? Supondo que você seja diácono ou animador de rádio e televisão, catequista, palestrante ou até sacerdote, a pergunta é ainda mais incômoda. **Leu, ou apenas sabe que existem?**

Igreja penitente e agradecida

Você faz parte de uma Igreja que vive olhando para o passado, para o presente, para Deus, para o mundo e para si mesma. É uma pena que na sua catequese nunca lhe tenham apresentado os documentos que mostram o que a Igreja pensa de si mesma.

Entenderia por que o Papa em alguns momentos pede perdão pelos pecados do passado e do presente de milhões de seus membros. Ela tem mais de 1 bilhão e 200 milhões de fiéis. Um entre cada 5 habitantes do mundo é católico. Em outros, faz festa pela santidade e pelo testemunho de milhões de outros. Entenderia por que raramente expulsamos um pecador do nosso meio. Entenderia melhor esses 2 mil anos, desde Pedro até Bento XVI.

Igreja relacional

Como o ser humano é um ser relacional, isto é, relaciona-se e cresce quando faz o bem e regride quando faz o mal, a Igreja leva em conta não apenas os seus, mas também os fiéis das outras Igrejas e das outras religiões. **A "barca de Pedro" faz tempo que não singra sozinha nos mares da fé.**

Os outros? Eles pensem de nós o que quiserem! É um direito que lhes compete. Só Deus pode julgar suas intenções. Nós devemos respeitar. Seremos julgados se quisermos destruí-los ou denegri-los. Também eles serão julgados pelo que dizem ou pensam sobre nós.

Contínua conversão

Da nossa parte, queremos pensar e repensar a Igreja que somos e a Igreja que sonhamos ser: *gloriosa, sem mácula, nem ruga, nem falhas semelhantes, mas santa e irrepreensível* (cf. Ef 5,27). Não chegaremos a isso se não olharmos todos os dias para nós mesmos, conscientes de que santo humano não é aquele que não peca, mas o que luta por ser cada dia mais correto e fraterno.

Só Deus é santo e sem nenhum pecado. Santo é o Cristo, Filho de Deus. Também os santos já salvos e no céu não pecam mais. Mas a Igreja que vive aqui na terra está cheia de santos que ainda pecam e de pecadores que, de tal maneira aderiram aos seus pecados, que nem sequer desejam ser santos. O pecado lhes dá mais lucro e vantagem. Contudo, mesmo pecadores e calculistas no seu pecado, ainda assim são filhos da Igreja, cujo colo tem lugar até para eles. Nós cremos em conversão!

A Igreja que olha para si mesma e se admite santa e pecadora é penitente, mas confiante, esperançosa e disposta a aprender: Igreja discípula e missionária. Dessa Igreja fazemos parte.

Os serviços da nossa Igreja

Cento e vinte cidades de 4 a 40 mil habitantes têm, cada qual, o seu sistema de água, de saúde, de educação, de comunicação e de transporte. Serão, portanto, um ou cinco sistemas de serviço. Tomadas em conjunto, serão cerca de 500 sistemas. Uma grande cidade de 500 mil habitantes terá os mesmos cinco sistemas, ou talvez doze a quinze. Isso não quer dizer que ela tenha menos serviços. Foi o que eu respondi a uma jornalista que perguntava por que os evangélicos e pentecostais têm mais emissoras de rádio e de televisão, mais livrarias, mais gravadoras e editoras.

– Eles são mais de duzentas cidades médias ou pequenas. Nós somos uma metrópole. E é muito mais difícil e complexo servir e administrar uma cidade como São Paulo do que uma cidade de 3 mil habitantes. A unidade dos católicos tem o seu lado prático e o seu lado mais complexo.

A Igreja que olha para o mundo

Nosso livro começou dizendo que milhões de católicos, por razões que só eles podem explicar, ouviram as vozes de outros púlpitos e foram adorar a Deus em outros altares e ouvir longamente as doutrinas dos outros. Muitos deles, agora, por razões que também só eles podem expor, falam em voltar.

Os bispos, no Concílio Vaticano II, na Declaração *Nostra Aetate* e no Decreto *Unitatis Redintegratio*, e João Paulo II, na encíclica *Ut Unum Sint*, nos deixaram normas de como tratar os irmãos que se foram ou os que sempre viveram numa outra Igreja. Não podemos esquecer que continuamos irmãos!

Diferentes, mas católicos

Não há como fingir que estamos unidos em tudo. Entre nós há divisões mais ou menos graves. Está cada dia mais claro que há, na Igreja, vários tipos de católicos. Nem todos falam, oram, cantam ou se expressam do mesmo jeito. Vale dizer: são filhos que encaram a mãe de maneira diferente. Há correntes. Nem todos leram os documentos oficiais da Igreja. Preferem ouvir os seus pregadores. Há os que nunca leem o que a Igreja escreve. Mesmo assim gostam de repercutir o que a imprensa não católica seleciona para eles. Não procuram a fonte, embora tenham computadores em casa. Permitem que gente que não é católica interprete para eles a posição da hierarquia.

Várias posturas de Catolicismo

Não há como negar que há várias posturas de Catolicismo e que nem todos os católicos obedecem ao Papa ou aos bispos. Nem sempre os que dizem obedecer obedecem. Parecem o filho que disse que ia, mas não foi. No que concordam, elogiam as autoridades. Quando discordam, continuam a fazer o que sempre fizeram. Consideram-se acima daquelas normas e proibições. Alegam que Deus fala com eles. Então, seguem fazendo o que acham que Deus quer que façam, mesmo quando os bispos proíbem. Não estudaram nas mesmas escolas nem leram os mesmos livros de Teologia. Não ouviram os mesmos pregadores, nem tiveram os mesmos mestres. Cada qual teve a sua formação de berço, às vezes errada, porque suas mães e avós sabiam pouca Teologia. Em determinados casos, nem ler sabiam.

Cada qual fez as suas leituras e sofreu as suas influências. Por isso, os católicos escolhem livros, pregadores e os movimentos com os quais melhor sintonizam. Nem todos seguem a doutrina oficial da Igreja Católica. Muitos, de corpo e de alma, sem questionar uma só palavra, obedecem ao que seus pregadores amados e preferidos lhes oferecem, porque é neles que acreditam.

Abertos e diastólicos

Sístole é o fechamento da válvula que leva o sangue ao coração. *Diástole* é a abertura. Em questão de fé, há **atitudes sistólicas ou diastólicas**. Não se pode estar sempre aberto a tudo, nem sempre fechado a tudo. A maturidade vem de saber para o que se abre e para o que se fecha!

Há na Igreja os que tranquilamente aceitam outra visão e outras posturas de seus irmãos católicos. Acreditam que Deus ilumina os de cima, os de baixo, os de lá e os de cá. São **diastólicos**, seu coração é realmente fraterno e aberto. Mesmo discordando, procuram ver o lado bom de tudo na sua Igreja.

E há os **sistólicos**, irados, cheios de reticências, sempre à procura do que há de errado nos outros grupos e movimentos. Reagem contra tudo o que parece estranho ao seu coração, aos seus olhos e aos seus ouvidos. Chegam a entrar em conflito e a rejeitar o irmão católico que não prega nem ora do jeito deles. Têm enorme dificuldade de misturar-se. Até nos encontros gerais ficam isolados entre si. São extremamente gregários com o seu grupo e desconfiados, tímidos, longínquos com os outros. Alguém os formou em redoma. Seria bom conhecer os motivos e o conceito que os levou a essa atitude permanentemente sistólica. Os outros grupos poderiam desviá-los do chamado especial que sentem possuir? Que se analisem os seus discursos.

DE VOLTA ao catolicismo

> No momento em que escrevo estas linhas, acabo de reler de Joseph Ratzinger, Bento XVI, *Collaboratori della verità*,[1] *Introdução ao Cristianismo*,[2] *O sal da terra*,[3] *Dio e l´uomo*.[4] São temas fortes, escritos ou ditados por um homem que depois se tornou Papa. O generoso nos livros desse admirável teólogo é que ele dialoga serenamente com não crentes, cita centenas de autores de outras religiões e valores inclusive naqueles de quem discorda. Não é possível alguém atingir tamanha profundidade sem ser generoso. O que o Papa sabe ele bebeu de muitas fontes, inclusive das não católicas. Isso não o impede de ser católico e Papa. Aliás, ajuda! O recado é para os pregadores que só leem livros da mesma editora, apenas autores do seu movimento e teólogos da sua linha! Poderiam ser mais católicos do que são. Preferiram fechar-se.

Fechamento e rompimento

Uma atitude sistólica de ambos os lados deu origem ao magno conflito que resultou na cisão católicos-protestantes, ainda hoje difícil de contornar. Tem avanços e retrocessos. O livro de Martinho Lutero *Do cativeiro babilônico da Igreja*, escrito em 1520, junto a vários outros no mesmo ano, mostra como as ideias recrudescem a ponto de irmãos partirem para a ofensa e o palavrão. Foi escrito para expor ideias, mas também para ofender. Os pró-Roma também não mediram palavras.

Henrique VIII, no seu revide *Afirmação dos sete sacramentos,* não foi nada gentil. Ele mesmo acabaria rompendo com a Igreja de Roma anos mais tarde. Lutero tinha razão, mas não em

---

[1] RATZINGER, Joseph. *Collaboratori della verità*. Milão: Edizione San Paolo, 2006.

[2] Id. *Introdução ao Cristianismo*. São Paulo: Loyola, 2005.

[3] Id. *O sal da terra*. Rio de Janeiro: Imago, 1997.

[4] Id. *Chi ci aiuta a vivere? Su Dio e l'uomo*. Brescia: Queriniana Edizioni, 2006.

tudo, e o Papa tinha razão, mas não em tudo. Porém nenhum dos dois lados aceitou reparos e correção. No meio do debate entrou o jogo do poder e do dinheiro. A muitos, mais do que a Teologia, interessava o rompimento. Príncipes viram nisso um caminho vantajoso.

Como o conflito de interesses vem a passos de pantera e o diálogo a passos de tartaruga, não tardou para que o grito de *"Nós estamos certos. Deus está conosco e não com vocês"* se fizesse ouvir. A frase soava como porrete. Em pouco tempo um chamava o outro de diabólico. Faltou ouvido e sobrou língua! A leitura dos livros daqueles dias mostra gente irada demais para falar de unidade e de fé.

Conflito fraterno

Hoje, alguns não hesitam em julgar e em diminuir os irmãos que não pensam como eles pensam e até os que não oram como eles oram! Recebi certa vez um e-mail de um irmão da RCC que me disse: – *Você não tem o direito de falar a nós porque não ora em línguas nem foi batizado no Espírito!* A resposta foi dada por um diretor da RCC à época, que lhe lembrou que o Papa, os bispos e outros, mesmo não sendo da RCC, têm o direito de lhes falar porque o Espírito atua em todos com os mais diversos dons.

Mas recebi também de um militante da Teologia da Libertação um repto, ao dizer que eu não tinha o direito de pregar sobre libertação, porque não sabia o que era a fome e não vestia a camisa daquela Teologia. Ele não sabia do que faço, dos meus pais paralíticos, da família da qual eu vim, das ameaças sofridas, onde morei, como vivo e o que digo, nem da Congregação à qual pertenço, cujo fundador, Padre Dehon, ajudou a fundar sindicatos e pedia a seus padres que repercutissem a doutrina social da Igreja. Tanto lutou por justiça que um discurso seu contra a usura no seu tempo foi a causa de seu nome ser retirado da lista dos

DE VOLTA ao catolicismo   553

beatificáveis. Segundo quem o combateu, Dehon exagerou na defesa dos pobres e na acusação a todos os judeus, pela situação financeira da França do seu tempo. Nossa preocupação com o social vem de mais de 100 anos antes da Teologia da Libertação.

Mas, para ele, só era libertador quem morasse em casinha de periferia e usasse sandálias havaianas. Esqueceu que os que mais defenderam esta corrente no Brasil não precisaram morar em casa de barro e de sapé para serem quem foram. Há muitas maneiras de ser pobre e mostrar-se solidário com os pobres. Não teria que ser apenas à maneira dele ou à do seu pároco. O conflito de ideias pode acabar em conflito fraterno.

Santos, só os nossos

Há sempre o risco de proclamarmos santos de verdade só os santos do nosso lado... Há grupos que jamais contam histórias dos santos do outro lado. Nunca falam dos mártires da outra "linha pastoral". Se três bispos são perseguidos e sofrem ameaça de morte, eles ficam informados apenas dos riscos do bispo que apoia o seu grupo. Os outros não são convidados nem mencionados na sua assembleia.

Preferem os seus santos, a "sua" Nossa Senhora, e chamam para dar testemunho apenas os do seu lado. Não falam, mas agem como se fossem mais iluminados do que os outros. Entendem que Deus os chamou para salvar a Igreja do desvio, desvio que, é claro, só pode estar no outro lado... Eles se acham os certos! Raramente se retratam.

Há os mais ativos, que fazem uso permanente dos meios de comunicação. Há os que gostam de louvar, e disso vivem. Seu prazer está em cantar, meditar e louvar ao Senhor. Honra seja feita! Muitos deles ajudam os irmãos feridos no corpo e na alma. Mas, certamente, adotam outra visão de mundo e de cura da alma e têm outro projeto social para a sociedade em que vivem.

Poucos leram o *Compêndio da Doutrina Social* da nossa Igreja. Raramente o citam nas suas pregações. Não acham importante pregar sobre a justiça social. Pregam a conversão pessoal, seguros de que tal conversão levará à caridade.

Chamados à compaixão

Há, porém, grupos, comunidades, movimentos e pregadores que se inclinam para a compaixão e valorizam as encíclicas e os pronunciamentos sociais da sua Igreja. Acreditam em organizar o povo, em influir nas leis, nos parlamentos e grupos sociais.

O que seria da Igreja sem os que lutam pelos pobres e injustiçados e abraçam a sua causa? O que seria da Igreja sem os que oram, intercedem, animam e chamam à conversão pessoal? Entre os católicos, há os místicos, os ativistas, e, infelizmente, os indiferentes e os fanáticos. E o que possuem em comum? O que ainda permite que todos se considerem de Cristo? Apesar dos enfoques e diferenças, o que faz ainda os católicos serem unidos e católicos? Ensaie uma pequena lista. Seria um bom teste para o seu conhecimento de catequese!

Jogo de poder

Estamos preparados para enfrentar um mundo dominado por algumas poucas poderosíssimas agências de notícias e por conluios e conchavos políticos internacionais e nacionais? Saberemos ser católicos e unidos, oferecendo-nos mutuamente os microfones e as câmeras, num país onde mudam os governadores, os prefeitos e o presidente, mas no qual praticamente oito famílias estão o tempo todo ditando o conteúdo da mídia religiosa do país?

Enquanto ordens religiosas, congregações religiosas e a maioria dos movimentos laicos a cada três ou seis anos renovam sua direção, você já percebeu que algumas Igrejas e comunidades já

DE VOLTA ao catolicismo

estão há mais de 20 anos sob a liderança das mesmas famílias? É direção democrática? É abertura ou fechamento? Entre os católicos, só o Papa fica mais tempo, se viver. Em geral, os bispos estão sempre sujeitos a transferências, e há para todos uma idade limite. Depois, devem ceder a liderança. Sacerdotes e religiosas sabem que deverão passar a direção a outros, em eleições periódicas. O Papa não fundou o Vaticano, foi escolhido para aquela função. Não se transferiu, transferiram-no para lá.

Mas muitos que fundaram uma comunidade criaram algo de cuja direção não pretendem se afastar. Agem como alguns presidentes que chegam ao poder por via democrática e, depois, manipulam para não sair de lá. No caso desses irmãos, não deveriam eles ser questionados, depois de tantos anos na direção? Ou comunidade é como firma, na qual o dono fica na presidência porque é dono e fundador? Já viu bispos pedirem contribuição no próprio nome? Não a pedem para a diocese? Já viu grandes fotos de bispos nas suas catedrais? Já viu grandes fotos do Papa no Vaticano? Não tem havido exageros de Igrejas e grupos na utilização das imagens dos seus líderes? Na era da imagem, o tamanho das imagens dos pregadores não anda exagerado?

Grandes temas

Nossos jovens padres e comunicadores estão preparados para abordar os grandes temas teológicos, dogmáticos, morais, sociais que nosso tempo exige? Leram e estudaram o suficiente? O que pregam? Como pregam? O que acentuam? Num debate com advogados, sociólogos, médicos, cientistas, artistas, jornalistas, pastores, exegetas de outras Igrejas, como se sairiam? Leram os principais teólogos e sociólogos da Igreja? Leram outros autores que o mundo admira?

Ou segregaram-se numa linguagem que só os do seu movimento entendem? Seriam capazes de pregar para toda a Igreja,

556 — Pe. Zezinho, scj

ou sua linguagem atrai apenas um tipo de pregação, um só tipo de canção e um só tipo de oração? Conhecem as filosofias e teologias do nosso tempo e são capazes de discursar sobre elas? Conseguem levar adiante um diálogo com outras Igrejas e outras teologias? Gostam de ler? Querem saber mais? Ou são repetitivos demais? Quem são e como agem os líderes católicos de agora?

Em que mídia estão os grandes teólogos do nosso país? Quem está falando mais? Os preparados, estudados e cultos ou os entusiasmados e piedosos, mas de pouca leitura? Podem-se fazer tais perguntas ou elas ofendem e fogem da proposta católica de permanente atualização? Perguntas incômodas para quem pretende repercutir a fé!

Coração x mente

Uma luta de titãs no século XII entre Pedro Abelardo e Bernardo Claraval, em 1141, revelou o confronto dessas duas atitudes. Enfatizar o entender ou o sentir? Os dois, influentes, mas o abade Claraval muito mais, puseram em confronto a erudição do filósofo e teólogo Pedro com a mística e o tremendo poder de persuasão do poderoso pregador Bernardo, visto como um santo determinado a defender a Igreja contra racionalismos e intelectualismos sem compromisso. Um mexia com os sentimentos. Queria conquistar almas para Cristo. A cristandade não poderia ser derrotada. O outro mexia com a razão. Queria explicar o Cristo. Querer entender também era amar!

O debate tomou contornos políticos fortes porque Bernardo tinha uma legião de seguidores encantados com os seus sermões cheios de fé e de unção. Bernardo não era nada suave. Era tão poderoso que de sua pregação se dizia que esvaziou os campos da Alemanha e da França ao convocar voluntários para a Segunda Cruzada. Pedro Abelardo perdeu. Seu intelectualismo de quem pensa eruditamente no Senhor foi condenado. A experiência

DE VOLTA ao catolicismo   557

mística de quem dá o coração para Jesus foi exaltada. Foi um desencontro típico entre *"Estou pensando em Deus"* e *"Dei meu coração ao meu Senhor".* Divisão entre os da mente que busca e do coração que encontrou! O embate permeia todas as religiões. O medo do árido racionalismo joga alguns no alagadiço terreno das emoções à flor da pele.

Santo Anselmo de Cantuária (1033-1109) já abordara a questão no seu famoso *Credo ut intellegam: "creio para entender"* e não *"entendo para poder crer".* Por detrás da sua tese estava a ideia de primeiro aderir e aceitar e então ir aprofundando para entender, e não a de primeiro tentar entender e só depois aderir. Seria como se declarar amigo de alguém só depois de esquadrinhá-lo e compreendê-lo. Amigos vão aprendendo à medida que aprofundam sua amizade.

Em Jesus e a Jesus

Enquanto judeus e maometanos dizem que Deus se revelou "a" Moisés e "a" Maomé, os cristãos dizem que Deus se revelou "em" Jesus. Isso diferencia grandemente as nossas religiões. É que estes irmãos aceitam que Jesus tenha sido um revelado e um profeta de enorme valor, mas não aceitam que ele seja divino.

Para tais irmãos, Deus se revelou "também" "a" Jesus, como em outros tempos se revelou "a" Abraão, "a" Moisés, e, mais tarde, aos árabes, "a" Maomé. Deus estava com eles, mas não estava neles. Os cristãos dizem que Deus estava em Jesus porque Jesus era Deus. O leitor cristão procure compreender o ponto de vista desses crentes. Não é fácil para quem não crê na doutrina da Santíssima Trindade aceitar Deus se revelando "em" Jesus.

72. Contestados e provocados

> Jesus não nos mandou concordar com os nossos inimigos, nem tampouco pensar e agir como eles. Propôs algo muito mais difícil: mandou amá-los e fazer-lhes o bem! Quem consegue tal virtude pode ser declarado santo!

Em confronto e confrontados

Na volta ao Catolicismo, o irmão que um dia foi embora e o que continuou católico não praticante encontrarão que tipo de espiritualidade e que tipo de catequese? Aderirão a que pregador? A qual discurso? Que Jesus lhes será apresentado?

Não é que a Igreja saiba tudo! Não sabe! Não temos todas as respostas! Mas nem por isso deve a Igreja aceitar qualquer resposta, muito menos a resposta do momento. Nem a dos partidos, nem a das ideologias, nem a da mídia, nem a de outros grupos religiosos, nem a de algum grupo católico com maior poder de mídia. Ou estamos prontos para refletir sobre isso, ou podemos fugir dessas questões e fingir que elas não existem. Mas aí não seria Catolicismo. Sem diálogo o Catolicismo perde a sua mística de *para todos: inclusão e abrangência*.

Ouvir e dialogar

Uma coisa é ouvir e dialogar quando o outro lado aceita o diálogo, expressar as próprias convicções sem ferir ou ofender o interlocutor. Outra é adotar a mística, o discurso, os gestos, as propostas, as respostas, as visões e as promessas de salvação da hora para não perder pontos que convém obter! Só porque algo está dando certo para os outros não quer dizer que é certo e que é verdade para todos.

Por isso, está cada dia mais difícil ser católico sem ceder às tentações do centro, da esquerda ou da direita, ou das revoluções ou propostas de violência deste ou daquele grupo em evidência. Preservar nossa identidade sem copiar, vendo ao mesmo tempo o que há de bom e de inconveniente nos outros, parece um bom caminho.

Discernimento

Mas quem tem tal discernimento? Não é virtude fácil de se conseguir! De tanto ver e ouvir aquele pregador, aquele grupo, aqueles programas, aqueles irmãos atraindo multidões, o católico menos estudado ou menos sereno acaba por aderir porque milhares aderiram. O padre que disse que gostava de celebrar do jeito de determinando grupo, porque aquele jeito atraía multidões, não foi ao cerne. Foi pescar em aquário... Não atraiu. Mesmo sem convite, foi atrás da multidão atraída por outros. Arrastar multidões não é motivo suficiente para se aderir a um tipo de liturgia. Maior conhecimento da História da Igreja, de Moral Católica e dos documentos pontifícios ajudaria, mas a maioria não lê sobre tais temas.

Não é porque quatro a oito milhões oram de um jeito especial que tal modo de orar será o melhor. Nem por isso todo católico terá que adotá-lo como condição para uma fé cristã autêntica. Os dons não são iguais nem homogêneos. Deus não fabrica tijolo. Faz e forma gente! Não é porque em muitas Igrejas se fala em milagres e curas que isso vai ter que acontecer do mesmo jeito na nossa. Não é porque a onda política ou a visão econômica do momento é a que aparece todos os dias na mídia que teremos que adotá-la.

Ainda em discernimento

Não é porque os homossexuais lutam por seus direitos na sociedade que nossa Igreja vai dizer que é certa a união matrimonial entre eles. Respeitar é uma coisa, concordar é outra. Eles não têm que concordar conosco, como de fato não concordam, nem nós temos que concordar com eles. Temos é que respeitar, mostrando com maturidade no que e porque discordamos.

Se a maioria da população apoiasse o aborto aos 9 meses, a Igreja nem por isso deveria mudar a sua doutrina. Somos brasileiros, mas vamos além de sermos brasileiros. Somos cidadãos também de outra realidade. No Brasil há o direito de confissão religiosa. Não temos que concordar em tudo com a Constituição. O confronto não nos deve levar à violência, como foi o caso de tantos personagens na História das religiões. Nem os outros podem quebrar nossos altares, nem nós os deles, nem podemos ir lá destruir os assentos dos juízes do Supremo Tribunal que votaram por 6 a 5, permitindo no Brasil a utilização de embriões congelados para pesquisas com células-tronco. Discordaremos com firmeza, sem ofender aquelas autoridades.

Questionados e questionadores

Podemos até ficar isolados na nossa defesa do feto, mas devemos manter nosso ponto de vista. Ética não se mede por números, nem por oportunismo político. Em João 6,67 lemos que muita gente deixou Jesus por algumas coisas que ele disse. Ele perguntou aos que permaneceram se também eles não queriam ir. Jesus não se guiava por números ou popularidade. Falou com clareza do seu "pequeno rebanho" (cf. Lc 12,32), mudou muitos conceitos, como o do repouso total no sábado (cf. Mc 2,27), mas disse também que algumas coisas não seriam mudadas, nem mesmo uma vírgula ou um pingo de "i" (cf. Mt 5,17). O que liberta não são os números, nem os templos lotados, nem a conta bancária, nem os aplausos do momento, nem as estatísticas, mas a verdade. *A verdade vos libertará!* (cf. Jo 8,32). Mas a verdade é que a verdade dói!

Sem angústia de encher ou esvaziar

E daí, se hoje a maioria dos nossos templos estivessem vazios? Começa pelo fato de que tal notícia nem sempre traz a verdade! Depende de quando e onde. Na sua maioria, nossos templos continuam muito cheios! Os dos outros também, em certas regiões, andam ou cheios ou esvaziados. Mas, mesmo que nossos templos vazios estivessem, nem por isso a nossa Igreja deveria fazer qualquer tipo de experimento em liturgia, nem deveria dar a cada padre criativo o direito de inventar um outro tipo de ação litúrgica, como a de pregar deitado nos seus paramentos à frente do altar e olhando para o teto. É bonito para as câmeras e errado para o projeto litúrgico de toda uma Igreja!

E se eles diminuírem?

E se amanhã os templos dos outros esvaziarem e os nossos se encherem? Quem pode predizer o futuro? A mesma mídia que encheu o país de marketing religioso pode mudar, a depender de quem a possua e a lidere. Mídia muda. Marketing também. Nem tudo dá certo no marketing moderno. Perguntem a muitos políticos que apostaram nesse caminho e perderam as eleições! Foram longe demais e douraram tanto a pílula que perderam a credibilidade. Se isso acontecer, não será justo gritarmos que vencemos. Não é esse tipo de vitória que um cristão deve buscar. O que devemos perguntar é se o país está mais justo e mais fraterno.

Jesus perdeu adeptos

Para os padrões daqueles dias, Jesus tinha multidões a segui-lo, mas em poucos dias tudo mudou. Os que o seguiam não

DE VOLTA ao catolicismo

o defenderam e não estavam lá na hora da sua morte. Muitos nunca mais voltaram. Mais tarde, alguns se penitenciaram e voltaram. Milhares de outros aderiram, com o desenrolar dos acontecimentos. Houve o caminho de Judas e o caminho de Pedro, o de Tomé e o dos outros! Judas se matou de remorso. Pedro chorou e se arrependeu do que fizera. Tomé entendeu. Muitos outros reconsideraram sua partida. Não ficaram somente os 120 do primeiro encontro sem a presença física de Jesus (cf. At 1,15). Quem venceu? Os que o crucificaram e fugiram dele ou os 120 que depois da ascensão de Jesus perseveraram na oração até os acontecimentos de Pentecostes?

Convictos e dialogantes

Uma Igreja que se atualize, sim! Uma Igreja que se adapte ou se ajuste ao que diz a mídia ou ao que propõem os donos do poder, não! Canalizar-se é uma coisa, deixar-se entubar é outra! Nem a mídia quer ser tutelada, nem a Igreja. Então é melhor que as duas se respeitem, porque nem sempre uma chega onde a outra foi ou está...

Quero uma Igreja que ouça os outros, mas que tenha o que dizer. Vai acertar em tudo? Não vai. Sabe tudo? Não sabe! Mas os outros também não sabem tudo. O jeito é dialogar com quem aceita o diálogo. Com os demais, se tiver que haver confronto de ideias, que haja! Sem violência e sem armas. Esse tempo já passou. Pelo menos para os católicos.

De artigos na mídia internacional e na brasileira se depreende que conservador e ultrapassado é quem vota contra o porte de armas, vai contra o aborto e combate o casamento entre pessoas do mesmo sexo.

Moderno e progressista, segundo eles, é quem vota na esquerda, defende a liberdade de comprar, vota pró-aborto e concorda com o casamento entre gays. Evidentemente não são dados suficientes para definir uma posição política ou religiosa. Há conservadores de esquerda e progressistas de centro ou de direita. Antes de ouvi-los discursar sobre os mais variados temas não dá para separá-los como se separa hortaliças, cabras e cabritos!

73. Irmãos que se acham mais

> Perdoai-nos as nossas ofensas, assim como nós perdoamos os que nos ofendem (Mt 6,12).

Um pregador de aguerrida Igreja nova, em Minas Gerais, numa campanha para prefeito, disse ao candidato católico que prometia diálogo e ações em conjunto com as Igrejas:

– Impossível. Nunca trabalharemos junto a uma Igreja de idólatras. Só o faremos se a Igreja Católica renunciar à sua idolatria!

Como também há católicos que se negam peremptoriamente a dialogar com irmãos de outras Igrejas, convém repensar os caminhos de um lado e de outro.

Irmãos pouco fraternos

Por ser fácil acusar os outros, cabe ao católico evitar a atitude de vítima quando no relacionamento com os irmãos de outras Igrejas. Entre eles há os serenos e abertos ao diálogo e, infelizmente, os outros. Dá-se o mesmo entre nós. Leituras de livros e artigos, pregações em CDs e DVDs mostram que tanto entre eles quanto entre nós há os que se apresentam como mais eleitos, mais santos e mais iluminados que os outros. Nem mesmo subentendem. Dizem-no com clareza. São irmãos que não se sentem irmãos. Devem ser perdoados.

Não julgueis e não sereis julgados

A doutrina de Jesus é clara. Não temos o direito de julgar ninguém (cf. Mt 7,1). Nem os da nossa, nem os da outra Igreja.

Limitemo-nos aos fatos e procuremos entender o que leva um irmão a proclamar-se mais eleito, mais fiel e mais de Deus, e por conseguinte diminuir, ridicularizar, humilhar e desrespeitar gravemente uma outra comunidade de cristãos, às vezes com vinte milhões de fiéis, ou um bilhão de almas, como é o caso da nossa Igreja. Jesus mesmo dá a resposta. *Com a mesma medida com que julgarmos, seremos medidos e julgados* (cf. Mt 7,2).

Dizem que não somos cristãos

As pregações de alguns são altamente ofensivas a nós, católicos. Mas convém lembrar que também as pregações de alguns católicos são altamente ofensivas a outras Igrejas. Uma coisa é mostrar que há diferenças, enquanto salientamos a nossa visão dos fatos e do texto do livro santo. Outra é diminuir o outro. Discordar, sim, semear discórdia, não! Discordâncias, sim, discórdia, não!

Defendamo-nos, mas não ofendamos! Aos que dizem que não somos cristãos, perdoemos. Deus sabe se somos de Cristo ou não somos. Jesus sabe! Quanto a eles, terão que se entender com Jesus por causa de seus julgamentos precipitados. Nós também, se decidirmos rotular as pessoas e as Igrejas de acordo com nossos preconceitos. Na verdade, conhecemos muito pouco uns dos outros. Se nos reuníssemos e nos ouvíssemos mais, talvez fôssemos mais prudentes no que dizemos sobre as outras comunidades cristãs. Não é tudo igual, mas há muitas experiências que poderíamos viver em comum.

Mas enquanto nem sequer os pregadores conseguem tomar um café juntos, não esperemos que os fiéis de cada Igreja o façam. Se encontrarmos dois religiosos de Igrejas diferentes se acusando, quebrando imagens, rasgando os livros um do outro e discutindo na rua, olhemos para os púlpitos. Estas brigas começam lá, na boca de pregadores despreparados e radicais... Há os

DE VOLTA ao catolicismo

que dizem que deturpamos a Bíblia, que adoramos imagens, que adoramos Maria e os santos, que estamos nas trevas. Chamam-nos de bestas do apocalipse.

Católicos menos evangelizados costumam se assustar com a conversa de outros cristãos ainda menos evangelizados que eles, atribuindo o número 666 ao Papa ou sempre a quem não é da Igreja deles. Só um tolo aceitaria esta conversa de que o número 666 em tal e tal língua, com algumas pequenas mudanças, quer dizer Roma, Nero, Papa.

Quando um deles vem falar comigo e com essa conversa, peço para me traduzir dez palavras comuns em hebraico ou em grego. Se não sabe, respondo que não vou perder tempo em discutir Bíblia com quem nem sequer sabe dizer *bom-dia, amigo, paz e perdão* na mesma língua que usa para me agredir. Você aceitaria aulas de inglês ou de chinês de um sujeito que nem sabe dizer bom-dia nessas línguas? Então por que se impressionar com sua interpretação, se ele não sabe do que está falando?

> Aqui há sabedoria. Aquele que tem entendimento calcule o número da besta; porque é o número de um homem, e o seu número é seiscentos e sessenta e seis (Ap 13,18).

O texto que fala da besta e lhe dá o número é altamente simbólico. Antigamente, a linguagem dos números tinha alta simbologia. O número 1: unidade; 3: qualidade; 6: negativo; 7: eficácia; 12: plenitude. Por isso se diz de Deus que é três vezes santo, mil vezes santo; por isso se usam o 12 e o 144 para mostrar plenitude, multidão incontável, o 7 para anunciar valores. Jesus mesmo usa isso ao dizer a Pedro que deveríamos perdoar não apenas 7 vezes (para valer, com eficácia), e sim sete, setenta vezes. Quis dizer ao Pedro que se deve perdoar de uma vez por todas e sempre. Naquele tempo, eles provavelmente entendiam essas metáforas, posto que também as usavam. Nós ainda as usamos.

Preferimos, por exemplo, perder mil vezes com Fulano do que ganhar dez vezes com Sicrano; dizemos que "da terceira vez não passa"... É um jeito de lembrar que tudo tem limite!

O seis, para eles, era um número negativo. O autor, ao citá-lo três vezes, um atrás do outro (666: seiscentos e sessenta e seis), quer dizer que a besta fará uma maldade atrás da outra, virá com um grau gigantesco de crueldade e malícia. Quanto a atribuir isso ao Papa, a algum fundador de alguma Igreja Evangélica, a Hitler, a Stalin ou a Nero, fica por conta de quem tem ódio no coração ou gosta de assustar os outros. É religião de bicho-papão. Quanto mais medrosos e assustados os fiéis, mais o pregador os controla! É desonesto!

> Assim como há álcool, cerveja, vinho, sal, cigarro, pimenta, açúcar, sobremesa, frituras, tempero e ginástica demais, também pode haver e há religião demais. Quem se viciou em cigarro, bebida, açúcar e chocolate raramente admite que precisa mudar. Garante que sabe do seu limite. Mas aquelas três porções de bolo de chocolate ou as três garrafas de cerveja o traem.
> Dá-se o mesmo com religião. Quem fala demais de Deus, de milagres, de demônio, de fé em casa, no templo ou na mídia, jamais admitirá que está viciado em religião. Mas sua maneira de viver e tentar convencer os outros o trai. Até os contemplativos controlam o seu tempo de oração ou de estudos da fé. Uma coisa é usar a lanterna quando vem a noite e não se tem à mão outras luzes. Outra, é jamais apagá-la. O que você diria do sujeito que andasse de vela acesa na mão 24 horas por dia? Louvaria seu comportamento?

Filhos das trevas

Seguro da sua fé, o irmão de uma pequena e aguerrida Igreja pentecostal dizia ao microfone de seu carro de som, numa rua de maioria de católicos:

DE VOLTA ao catolicismo

– Vocês que ainda não conhecem as maravilhas de Jesus, irmãos espíritas, kardecistas, umbandistas, católicos, ouçam a palavra de salvação. Venham quarta-feira, às 8 horas da noite, na Avenida Brasil n. 600, para ouvir e ver as maravilhas que Jesus tem operado nos seus servos. Ele está libertando os filhos das trevas e devolvendo eles (sic) *para a verdadeira luz.*

Um senhor irou-se e quis reagir. Eu passava por ali vindo de uma farmácia e me apresentei como padre. Sugeri a ele que não o fizesse. Católico se defende, mas não ofende. Alguém que chega a ponto de agredir os habitantes de uma rua ou de uma cidade, gritando ao microfone que apenas ele e seu pequeno grupo são filhos da luz e que os demais são filhos das trevas, mostra que não está no uso da sua razão. A religião lhe fez mal. Perdeu-se quando achou que a luz do sol entrou toda no seu pequeno templo e, por conta disso, a cidade, o país e o mundo estão nas trevas. O melhor a fazer é perdoá-lo e orar por ele. Não leu e não entendeu a Bíblia que usa!

O medo de viver

O medo do "inimigo", que era o demônio ou o mundo, levou o confuso e excessivamente iluminado Montano a considerar-se um *avatar, um revelado* especial, e a proclamar-se o mais novo porta-voz de Deus. Uma vez chegou a dizer que ele mesmo era a Trindade. Seus discípulos achavam que quem ouvisse a ele, a Priscila ou a Maximila, porta-vozes dele, estavam ouvindo uma voz de além-mundo. Eles seriam um passo além do Cristianismo. Havia Espírito Santo demais naquelas cabeças. Mas quem os convenceria de seu exagero?

Montano era da região da Frígia, que é hoje parte da Turquia. Seu credo era apocalíptico. Profetizava o fim do mundo, propunha lugares de proteção e tinha enorme dificuldade em dialogar com quem quer que fosse. Com ele era ou tudo ou nada. Superelevava o celibato, a renúncia ao mundo e o martírio como condição de vencer o pecado. O que se prega hoje em alguns grupos cristãos mais radicais guarda mais semelhança com Montano do que com Francisco ou os santos penitentes da Idade Média. Estes acentuavam pouco a tragicidade do mundo e eram menos pessimistas. Eram bem mais esperançosos. Ocupavam-se pouco com o demônio. Os *avatares* de hoje lembram mais Montano e Joaquim di Fiori. Aquele achava-se a única luz cristã que valia a pena. Este preconizava a era do Espírito Santo, a presença do anticristo no mundo, e anunciava para breve o fim dos tempos. Foi condenado como herege, mas o que ele disse continua a ser repetido em muitos púlpitos. O que importa se o fim do mundo não chega logo, se os discípulos dos milenaristas chegam em bandos ao seus lugares de pregação e de profecia?

74. Fraternos e ecumênicos

Não é tudo a mesma coisa. Há diferenças, mas em Cristo somos muito mais parecidos do que diferentes.

Os outros também têm fé. Aprendamos a respeitá-los, mesmo que não pensemos nem oremos do mesmo jeito!

Católicos, apostólicos, romanos, unidos e ecumênicos

À guisa de fim de livro, repassemos o que já foi dito ao longo destas páginas. **Católicos** porque abertos, acolhedores, para todos, abrangentes, sem fechamentos e redomas, sem sectarismos, sem exclusões. Católico fechado é a própria contradição. É como declarar-se porta ou janela que apenas enfeita, mas nunca se abre. Há mentes católicas que se comportam como as portas daquelas magníficas catedrais das quais se perdeu a chave. Estão lá, mas não tente entrar por elas.

Estamos num determinado país, mas a Igreja abrange fiéis de todos os países; somos de um movimento, mas a Igreja é maior; adotamos determinada mística, mas a Igreja é maior. Há outros católicos orando, pensando, anunciando o que nos é comum e vivendo místicas, chamados e até liturgias diversas. Esta diversidade, porém, deve ser vivida na unidade.

Não há Igrejas Católicas Romanas: há templos!

Somos uma só Igreja Católica Romana, mas temos muitos templos, muitas místicas e muitos enfoques. Como já foi dito, não criamos Igrejas dentro da nossa Igreja. Ela é mais do que um movimento de fé. Os movimentos é que cabem na Igreja.

Não privilegiamos a parte. Ela não pode nunca agir acima do todo. Se a diocese, que é uma porção da Igreja, deixar de viver a ascese católica e seu bispo ou algum sacerdote começar a orar e a celebrar a Eucaristia de modo totalmente diverso dos demais, ambos serão chamados às falas e, com o tempo, transferidos ou exonerados de sua função. Já houve isso no passado e recentemente com alguns bispos e sacerdotes. A Igreja é **una**.

Não vivemos unidade perfeita

Não nos iludamos. Buscamos, mas não vivemos unidade perfeita. Há sempre algum grupo agindo à revelia, algum sacerdote pregando o que a Igreja não prega nem no catecismo, nem nos documentos oficiais. E existem, aqui e acolá, mundo afora, pequenos grupos com enorme dificuldade de caminhar com os demais católicos. Seu modo de falar, de se vestir, de orar e seus enfoques são diferentes dos demais. São "conservadores" demais, "progressistas" demais, místicos demais, políticos demais, fechados demais em seus pregadores, seus livros, suas canções e sua maneira peculiar de ser.

Assim mesmo a Igreja una e católica tem lugar para eles. São filhos que destoam. Não cantam no mesmo tom. Alguns até gostariam que toda a Igreja cantasse no tom deles, mas eles têm dificuldade de cantar no da maioria.

Os demais são bem-vindos a orar e a cantar do jeito deles, mas eles encontram dificuldade imensa em aprender os cantos dos outros e as preces dos outros, que são maioria. Quando começam a pregar doutrinas confusas demais, a Igreja intervém e eles são obrigados a tomar uma decisão. Ou ficam e se corrigem, ou deixam de ser católicos. A maioria fica. Não falta quem vá embora com o seu líder.

Existe uma disciplina católica

Gostemos ou não, a Igreja age como mãe. Permite e até tolera muitos comportamentos, mas intervém, se sua liderança achar necessário. Aos católicos cabe obedecer, ou sair e fundar algum movimento cristão dissidente.

Somos apostólicos

Consideramo-nos **apostólicos** porque cremos anunciar o que está nos escritos dos apóstolos e afirmamos levar, como Igreja, o depósito a eles confiado por Jesus.

As outras Igrejas também dizem isso. Adotam até o nome de ortodoxa, evangélica, pentecostal, para acentuar sua procedência. Alguns de seus pregadores se intitulam apóstolos. Nós, ao adotarmos o nome de católicos, nos abrimos à ideia de que, sendo muitos, ainda assim podemos ser um. Não somos a Igreja de um dos apóstolos, mas de todos. Por isso, na palavra "católico" está o termo **holos**: abrangente, de todos eles, para todos. Não somos Igreja paulina, petrina, bartolomeia... Nem somos Igreja pentecostal, embora creiamos na presença do Espírito Santo entre nós e em nós. Mas somos de Cristo, Igreja cristã. Isso está definido no nosso *CIC* (*Catecismo da Igreja Católica*).

Não nos assinamos "pentecostais". Mesmo que alguém dissesse que é carismático, pretendendo com isso afirmar-se um passo além de cristão ou de católico, continuamos primeiramente cristãos. O nome é católico, e o ser católico preenche de maneira suficiente o nosso ser cristão. É impossível afirmar-se católico sem adotar o **cristão**, o **apostólico** e o **romano**. É como pensamos. Nossa mística é "todos em um, todos por um"!

> **O TAMANHO DA NOSSA IGREJA**
>
> Já que outras Igrejas salientam seu crescimento e seus números, para motivar seus fiéis, falemos dos nossos. Somos mais de 1 bilhão. Um em cada 6,5 cidadãos do mundo é católico. Os números têm o seu lado épico e bonito. Que rei não se orgulha de seu exército de 1 milhão de soldados? Como não ficar feliz com 1 bilhão e 200 milhões de fiéis? Afinal, são 1.200.000.000 que se afirmam católicos num mundo de 6.500.000.000.
>
> Mas filiação e recrutamento são uma coisa e eficácia é outra. Bento XVI respondeu em *O sal da terra*[1] a Peter Seewald que as estatísticas não são fundamentais para a Igreja. Deveríamos rever a teologia do pequeno rebanho e revalorizar a vida em comunidades. Há sempre o risco de não vermos direito e não cuidarmos bem das flores quando o jardim é enorme.
>
> Mas que sirva de incentivo aos católicos saber que, no momento em que escrevo este livro, 74 de cada 100 brasileiros são católicos e, no mundo, de cada 650 seres humanos 100 são católicos. Esses cristãos adotaram como mística cristã a universalidade, a abrangência, a abertura, o evangelho para todos.

Estamos com Roma

Usamos o nome **romanos** porque aceitamos a unidade com a Igreja que está em Roma, e é para lá que vão os líderes de cada porção da Igreja que está toda e plena numa diocese, mas que forma unidade com a Igreja que há séculos se chama **universal** e que **está em Roma**. Há uma outra nova, de menos de 50 anos, que também se intitula Universal do Reino de Deus. Mas ela tem outras místicas, outros enfoques e outras propostas.

Não é que a Igreja de Florianópolis, de Barretos, ou de Taubaté, ou de Belém, Maringá, Toledo sejam um pedaço do

---

[1] Op. cit.

DE VOLTA ao catolicismo

Catolicismo. A Igreja de Cristo está por inteiro ali. Exatamente por isso é que ela deve fazer unidade com todas as dioceses. Do contrário, viraria uma seita e deixaria de ser Igreja.

Autonomia das dioceses

O bispo tem autonomia para decidir muitas coisas, mas não para decidir tudo sozinho. Terá que ouvir o seu conselho, e com eles ouvir os demais bispos, e com eles ouvir Roma, que, por seu turno, perderia o rumo se não os ouvisse. Pedro ontem fazia isso, convocava assembleias:

> E, se alguma outra coisa demandais, averiguar-se-á em legítima assembleia (At 19,39).

> Os apóstolos, pois, que estavam em Jerusalém, ouvindo que Samaria recebera a palavra de Deus, enviaram para lá Pedro e João (At 8,14).

Conferências, sínodos e concílios

Pedro hoje, na pessoa do Papa, precisa fazer o mesmo. Por isso convoca conferências, sínodos e concílios. Os bispos católicos do mundo **não são súditos** do bispo de Roma, a quem chamam de Papa, ou de Sumo Pontífice: são **irmãos de episcopado**, e é assim que o Papa a eles se dirige.

Ecumênicos por vocação

Finalmente, somos **ecumênicos**. E o somos por vocação. Está explicitado no *CIC* (*Catecismo da Igreja Católica*) e repetido em documentos como a encíclica *Ut Unum Sint*,[2] do Papa João Paulo II. Queremos diálogo com irmãos de outras Igrejas cristãs

---

2 João Paulo II. *Ut Unum Sint*. In: *Encíclicas*. São Paulo: LTr, 2003.

576 Pe. Zezinho, scj

e com outras religiões. E fazemos isso por exigência da fé cristã. É gravíssimo o fato de um cristão não querer dialogar com os outros e fechar-se (cf. *Ut Unum Sint* n. 15). Por isso, buscamos diálogo intereclesial e inter-religioso. Vale a pena reler o texto de João Paulo II naquele número:

> [...] Cada um tem que se converter mais radicalmente ao Evangelho e, sem nunca perder de vista o desígnio de Deus, deve retificar o seu olhar. Com o ecumenismo, a contemplação das "maravilhas de Deus" (*mirabilia Dei*) enriqueceu-se de novos espaços onde o Deus Trino suscita a ação de graças: a percepção de que o Espírito Santo age nas outras Comunidades Cristãs, a descoberta de exemplos de santidade, a experiência das infindáveis riquezas da comunhão dos santos, o contato com aspectos surpreendentes do compromisso cristão.
>
> E correlativamente estendeu-se também a necessidade de penitência: a consciência de certas exclusões que ferem a caridade fraterna, de certas recusas em perdoar, de um certo orgulho, daquele entrincheiramento antievangélico na condenação dos "outros", de um desprezo que deriva de falsa presunção.
>
> Assim toda a vida dos cristãos está marcada pela solicitude ecumênica e, de certo modo, eles são chamados a deixarem-se plasmar por ela.

O mesmo Papa acrescenta nos números 19 e 20 que a ordem de buscar o diálogo vale para toda Igreja, o Papa, os bispos, os sacerdotes e os fiéis. Ninguém pode achar que, já que tem dificuldade, não precisa praticar o ecumenismo. Vai mais longe o Papa, a ponto de afirmar que o ecumenismo não é *parte a ser colocada no fim do catecismo e sim parte vital da fé católica* (cf. n. 20):

> O movimento a favor da unidade dos cristãos não é só uma espécie de apêndice do catecismo, que vem como adendo e acréscimo à atividade normal da Igreja. É mais do que

> isso! Pertence organicamente à sua vida e ação, devendo, por conseguinte, permeá-la no seu todo e ser como o fruto de uma árvore que cresce sadia e viçosa até alcançar seu pleno desenvolvimento.

Ecumenismo tímido

Os passos são tímidos em algumas regiões e muito abertos em outras. Dialogar é uma das virtudes mais difíceis da vida. É um chamado para quem ama e aceita correr o risco de amar quem pensa e até age de maneira diferente da nossa. Quem tem medo de ser engolido pelo outro, a quem considera a hiena, o lobo ou o leão, não se aproxima. Quem o vê como alguém igual, mas diferente neste ou naquele aspecto, vai lá, convida-o a vir cá, e ouve e fala.

Ecumenismo difícil

Em comunicado oficial, a Igreja Renascer em Cristo fez rodar, no ano de 2008, um texto no seu canal de televisão em defesa do seu casal fundador, ambos procurados pela justiça por alegada desobediência às leis dos Estados Unidos, afirmando que eles eram inocentes. Nada mais justo do que defender dois irmãos, ainda mais os da mesma fé. Mas entre outras afirmações dizia o texto que "o Brasil será a maior nação evangélica do mundo". Sobrou para nós, católicos...

Veladamente e nas entrelinhas, para bom entendedor, disseram que pretendem reverter o quadro. Se éramos ou ainda somos a maior nação católica do mundo, eles apostam que o Brasil, que hoje tem 74% de católicos e 15 a 18% de evangélicos, um dia terá menos católicos que evangélicos. Alguns afirmam que já são 23%. O próximo censo o dirá! Para mudarem isso precisarão converter para eles, por mais de 50 anos, pelo menos 1 milhão de católicos por ano. Na sua nota, garantem que farão isso. O Brasil, que hoje ainda é a maior nação católica do mundo, segundo eles, será a maior nação evangélica.

Ouvir e reagir com serenidade

Para um católico que, quieto no seu canto, vê televisão, este é um pequeno exemplo do quanto é difícil praticar o ecumenismo. Lidamos com pessoas que **querem que diminuamos para que elas cresçam**. Assim mesmo, dizem os documentos oficiais da Igreja, entre eles *Unitatis Redintegratio* e *Ut Unum Sint*, que não temos escolha. Católico que é católico de verdade respeita e dialoga até com quem, abertamente, num comunicado de mídia para milhões de brasileiros afirma que vai derrotar a nossa Igreja.

Estamos lidando com irmãos que não nos acham suficientemente cristãos e que propõem o jeito deles em substituição ao nosso de muitos séculos. Eles se consideram o novo de Deus para o mundo. Nós seríamos os ultrapassados.

Defender sem ofender

Seria o caso de dizer a eles: *"Eu me defendo, mas não os ofendo!"*. A caridade nos manda perdoar e dialogar. De que forma responderemos ao Cristo por nosso ecumenismo é assunto nosso com a justiça divina. Como lemos anteriormente, um católico tem por vocação a missão de dialogar até com quem o fere. De que maneira eles responderão à nossa queixa é assunto deles diante da mesma justiça divina, que nos quer fraternos e irmãos. Como será que eles reagiriam se um católico jogasse na mídia de um país de maioria evangélica que um dia aquele país será católico?

Ecumenismo e sincretismo

Suco de frutas é coisa boa, mas depende das frutas e até da saúde da pessoa. Nem todo suco de frutas faz bem a todas as pessoas. Algumas, por exemplo, não toleram sucos ácidos ou excessivamente doces. Diga-se o mesmo com certas misturas religiosas. Ou são agressivas e acres ou doces demais.

Sincretismo é uma expressão, a princípio, bonita. O suco misturado pode ser muito agradável, mas seu sabor é diferente do sabor original de cada fruta. Se você quiser utilizar todas as cores na pintura de uma parede, pode ser que o resultado seja uma cor totalmente diferente de qualquer cor conhecida. Se misturar várias bebidas, de repente vai descobrir um novo licor.

Sem sincretismo

Com religião deveria ser e é diferente. Quando você mistura todas as crenças, o que vai ter é uma tremenda confusão. Quando mistura doutrinas, vai ter é confusão de conceitos. *Em termos de fé, é preciso haver definições.* Daí por que é impossível ser ao mesmo tempo católico e espírita, católico e evangélico, católico e mulçumano. Nem eles aceitam esse tipo de sincretismo.

Pode-se respeitar um evangélico e um espírita e ter muitas ideias semelhantes. Pode-se discordar totalmente de outras expressões de fé, mas daí a viver o Catolicismo de maneira espírita é impossível. Não vemos a morte e a vida do mesmo jeito.

> O sincretismo é uma atitude errada de quem acha que religiões são como frutas que, misturadas, dão em suco saboroso! Não dá! Conforme o caso pode causar ulcerações gástricas.

Que cada religião preserve a pureza da sua fé e cada seguidor respeite profundamente a fé do outro! É possível juntar várias flores no mesmo jardim – e até no mesmo canteiro –, e o jardim será bonito. O difícil será pedir que a rosa se comporte como lírio e o lírio se transforme em açucena. Juntos, podem fazer um belo buquê, mas é melhor que cada flor conserve a sua pureza.

O *sincretismo* não é uma boa ideia quando se trata de sincretismo religioso. O *ecumenismo*, sim, é uma bela ideia, até porque não são a mesma coisa. Sincretista foi o gesto daquele padre que, visando a agradar a comunidade negra, celebrou uma missa inteira copiando todos os ritos do grupo negro que foi lá. O padre quis mostrar boa vontade, mas deturpou a missa católica. Não agradou nem à sua Igreja, nem ao grupo que foi à festa. Não gostaram de ver seus ritos misturados a outro.

Ceder, nem sempre é dialogar

A missa não pode ser nunca uma cópia do candomblé, da mesma forma que um ritual de candomblé não pode copiar uma missa católica. Se um babalaô ou babalorixá copia a missa católica e introduz mistura de cultos, pratica sincretismo. Se um padre copia os ritos do terreiro e os mistura à missa, pratica sincretismo.

Seria diferente se o citado padre, ao convidar os irmãos africanos ou afro-brasileiros (que praticam o candomblé) para o encontro, tivesse feito um culto ecumênico, em que o padre orasse como católico pelos irmãos de outros grupos religiosos e seus irmãos, à sua maneira, falassem com Deus em favor dos católicos. Teríamos ali um encontro e até um culto ecumênico. Mas adaptar a missa e celebrá-la como se estivéssemos fazendo um momento de umbanda ou de candomblé é sincretismo. *A Igreja o condena*. Seria como celebrar a missa com cachaça e charuto para agradar a algum pai de santo que, às vezes, utiliza este ritual no seu culto. Tudo tem jeito, mas tudo tem o seu limite!

75. O caminho do outro

OS SÁBIOS DE OUTRAS CONVICÇÕES

Minhas leituras de sábios católicos, evangélicos, agnósticos e ateus entre outras coisas me ensinaram que há padres, religiosos, religiosas, pastores, pastoras, rabinos e imãs que sabem muito bem por que aderiram àquele modo de pensar em Deus. Também os ateus têm suas serenas e fortes razões. Com eles aprendi muitas coisas que não sabia sobre o outro lado do rio e sobre as águas que por lá se espraiam. Se há pregadores perigosamente superficiais que não hesitam em mentir ou exorbitar para conseguirem seus objetivos, há os profundos, honestos e sinceros. Posso discordar deles, mas não posso deixar de admirá-los. Se a verdade nos libertará, então eles já são livres. Esses irmãos buscam a verdade. Tento buscá-la com eles. E a grande verdade é que nem nós, nem eles acertamos em tudo.

Na Igreja Católica, esta é uma das verdades fundamentais: *Deus acima, o próximo ao nosso lado*. O caminho para vivermos eternamente com quem nos criou passa pelos outros. Não nascemos nem moramos numa ilha isolada de tudo e de todos. Sem o outro não vai haver céu para nós. Se o tratarmos como alguém inferior, menor, menos eleito, não escolhido, menos gente, e se nos considerarmos maiores do que ele, ainda que ele seja um bandido da pior espécie, corremos o risco de não estar para sempre com Deus. Se o inferno já aconteceu para alguém, não ousamos dar nomes, porque grande como a justiça é a misericórdia de Deus.

> Por isso, o Senhor esperará, para ter misericórdia de vós; e por isso se levantará, para se compadecer de vós, porque o Senhor é um Deus de justiça; bem-aventurados todos os que nele esperam (Is 30,18).

Mas, se vós soubésseis o que significa: "Quero misericórdia, e não sacrifício", não condenaríeis os inocentes (Mt 12,7).

"Não devias tu, igualmente, ter compaixão do teu companheiro, como eu também tive compaixão de ti?" (Mt 18,33).

E ele disse: "O que usou de misericórdia para com ele". Disse, pois, Jesus: "Vai, e faze da mesma maneira" (Lc 10,37).

Bendito seja o Deus e Pai de nosso Senhor Jesus Cristo, o Pai das misericórdias e o Deus de toda a consolação (2Cor 1,3).

Quem se tem em alta conta acaba pagando a mais alta de todas as contas! "Quem se exalta será humilhado", disse Jesus! (Mt 23,12).

Diferentes, mas iguais

Veremos Deus se tratarmos o outro como alguém humano, mesmo que ele seja um bandido; se não nos acharmos mais elevados do que ele, só porque ele fez o que fez e nós não fizemos o mesmo; se tivermos a humildade de tratar a todos com bondade... É Jesus quem alerta os seus discípulos para dizerem quando forem elogiados por alguma ação positiva:

O maior dentre vós será vosso servo (Mt 23,11).

Assim também vós, quando fizerdes tudo o que vos for mandado, dizei: "Somos servos inúteis, porque fizemos somente o que devíamos fazer" (Lc 17,10).

Mais ainda: seremos recompensados com o céu se tivermos a humildade de considerar muitos irmãos maiores, melhores, mais cultos, mais preparados, mais importantes e até mais merecedores do que nós. Somos candidatos à santidade e, por conseguinte, à salvação. Estaremos em perigo de acabar no inferno todas as vezes que acharmos que somos mais do que os outros. Teremos enorme chance de chegar ao céu se tratarmos os outros com franqueza, respeito e bondade, mesmo que eles não nos respeitem.

> Tanto o resgate de ideias do passado como de trajes ou devoções revelam uma insatisfação com posturas e doutrinas de atualização da fé. Tais irmãos raramente citam o Vaticano II, os documentos sociais do Celam ou os pronunciamentos sociais dos papas nos últimos 50 anos. Alguns abertamente os contestam. E não faltam os que buscam imagens e devoções da Idade Média ou catequeses de vencedores e guerreiros do Antigo Testamento para justificar suas campanhas e sua busca de adeptos. O leitor preste atenção nessas pregações e verá quem voltou ao passado e quem conseguiu conjugar as dores do passado com as dores de agora. O desafio continua sendo as palavras: *Cristo ontem, hoje e sempre*. A maioria não consegue situar-se.

O outro é sumamente importante

Jesus disse que semelhante ao primeiro mandamento, que manda amar a Deus sobre todas as coisas, há um outro: *Amar o próximo como amamos a nós mesmos* (cf. Mt 22,39). Supõe-se que a maioria das pessoas queira estar bem. Pois devemos querer também isso para os outros. Este mandamento precisa ser somado ao outro que nos ordena amar a Deus acima de tudo. Se Deus é sumamente importante, Jesus diz que o próximo também é, porque não se pode dissociar o amor a Deus do amor ao próximo.

O outro está na nossa transversal. Temos que passar perto ou por ele. Se insistirmos na tangente, faremos como o astronauta que tangenciou demais e por isso não chegou; perdeu-se para sempre, porque não achou a sua transversal da vida! **O egoísmo é a tangente da vida. O amor é a transversal.** Passa por todos e por tudo e acaba unindo tudo o que se deixou tocar por ele.

Em marcha para a plenitude

O reino de Deus é plenitude humana. Não admira que Jesus nas bem-aventuranças tivesse proclamado que estavam *a caminho e em marcha* para o Reino os que se importavam com os outros (cf. Mt 5,3-11). O tradutor do texto para o grego usou a palavra *makarioi*: felizes. A felicidade será a consequência dessa opção.

Como sempre, faz sentido o que Jesus disse a respeito dos rezadores, milagreiros e curandeiros de plantão. Nenhum deles tinha o céu garantido (cf. Mt 7,21-23). Espetáculos, vozes empolgadas, lágrimas no púlpito e na televisão, clamores, gestos dramáticos, não convencem Jesus. Ele ridiculariza isso nos fariseus. Não os reconhecerá, mesmo se, espetacularmente, diante da multidão encantada com sua performance, tiverem mostrado poder imenso a ponto de expulsar demônios, curar, pregar e orar em voz alta nas esquinas. Nada disso é garantia de céu. Se não tiverem mostrado gentileza e cuidado com as pessoas, não serão reconhecidos por Ele (cf. Mt 7,15-23). Que paguem o dízimo da erva e da hortelã, mas que façam mais do que isso! (cf. Mt 23,23). Para o céu vai quem amou e ajudou os outros (cf. Mt 25,31-46). O texto é tão claro que assusta! É o jeito de Jesus dizer que pregação não é teatro nem palco. Que os pregadores tomem cuidado com a espetacularização da fé! Uma coisa é ser jogado às feras como espetáculo; outra é buscar o espetáculo, aliás muito em voga na mídia religiosa de hoje!

Cuidado com a competição espiritual

Os crentes em Jesus que se acharem mais do que os outros, seja lá qual for o motivo, estarão mais perto do inferno do que do céu. Tomemos cuidado com o que andamos pregando e dizendo no rádio, na televisão e nas nossas Igrejas. Cuidado com as palavras **"eleito, escolhido, mais, especial, maior e melhor"**. A depender do seu uso, já levaram muita gente para longe da verdade, porque implicitamente tratavam os outros como "das trevas, do demônio, menos, qualquer, menor e pior"! Os donos da verdade mais verdadeira que se cuidem! Toda vez que declaram que alguém de outra fé tem o demônio correm o risco de perder o favor de Deus. *"Não julgueis e não sereis julgados. Com o mesmo julgamento sereis julgados e com a mesma medida sereis medidos"*, disse Jesus (Mt 7,1-2).

No dizer de Bento XVI, em *Dio e il mondo*,[1] que nossa volta a um Catolicismo **essencializado**, com fundamentação, sem superficialidades ou efeitos de ribalta, se ela acontecer, nos encontre vendo a luz de Deus em nós e nos outros. Só isso já terá sido um passo gigante na direção de uma fé mais aberta ao mistério de Deus nos outros.

---

[1] RATZINGER, Joseph (Papa Bento XVI). *Dio e il mondo*: in colloquio com Peter Seewald. Milano: San Paolo, 2001.

76. Católicos pró-social

Teve pena do povo com fome
e fez e mandou fazer alguma coisa por ele
(cf. Mt 15,32).

O livro Atos dos Apóstolos narra três momentos de preocupação pelo sociológico da fé:

- a escolha dos diáconos (cf. At 6,3);
- a fome no tempo do imperador Cláudio, profetizada por Ágabo, um profeta leigo (cf. At 11,28);
- o conflito dos ourives (cf. At 19,21-41).

Os três acontecimentos, mais a coleta de Paulo em favor das Igrejas carentes (cf. 2Cor 9,1-15) e o discurso iluminador de Jesus em Mateus 7,21-22; 25,31-46, fazem o pano de fundo da fé cristã, que tem que ser caridosa.

Chamados à compaixão

Jesus diz que, no julgamento final, rejeitará quem não tiver ajudado o seu irmão com fome, com sede, com frio e vítima do abandono e da solidão. Religião só de "Senhor, Senhor" ou só de rubricas não tem a aprovação do céu. Pagamento do dízimo em dia, até mesmo da tiririca e da hortelã, não substitui o dever de ajudar quem passa fome, sofre de alguma enfermidade ou precisa urgentemente de apoio (cf. Lc 11,42; 18,2; Mt 23,23).

Cristão que não entra nesse assunto, nem se faz presente na hora da dor do outro trai Jesus. Jesus ironizou os que pensavam que por pagarem o dízimo eram mais santos e merecedores de maiores graças. Pagar em dia o dízimo não é garantia de céu para ninguém, assim como orar bonito e andar com o nome de Jesus nos lábios não é prova de santidade.

"Este povo se aproxima de mim com a sua boca e me honra com os seus lábios, mas o seu coração está longe de mim" (Mt 15,8).

"Mas ai de vós, fariseus, que pagais o dízimo da hortelã, da arruda, e de toda a hortaliça, mas desprezais a justiça e o amor de Deus. Importava fazer estas coisas, e não deixar as outras" (Lc 11,42).

"Dois homens subiram ao templo, para orar; um, fariseu, e o outro, publicano. O fariseu, estando em pé, orava consigo desta maneira: 'Ó Deus, graças te dou porque não sou como os demais homens, roubadores, injustos e adúlteros; nem ainda como este publicano. Jejuo duas vezes na semana, e dou os dízimos de tudo quanto possuo'. O publicano, porém, estando em pé, de longe, nem ainda queria levantar os olhos ao céu, mas batia no peito, dizendo: 'Ó Deus, tem misericórdia de mim, pecador!'. Digo-vos que este desceu justificado para sua casa, e não aquele; porque qualquer que a si mesmo se exalta será humilhado, e qualquer que a si mesmo se humilha será exaltado" (Lc 18,10-14).

As perguntas para um cristão devoto são graves, gravíssimas até.

1. Nossa Igreja deve se envolver em política? 2. O que podemos fazer pela fome do povo? 3. O que podemos fazer para ajudar outras regiões e, nelas, outras Igrejas que passam graves necessidades? 4. É justo ajudar e dar emprego só para os do nosso grupo e da nossa Igreja? 5. Qual deve ser a nossa atitude diante dos movimentos sociais que reivindicam melhores salários e melhores condições de trabalho? 6. Como agiremos diante dos sem-terra, dos sem-teto, de uma passeata contra a guerra ou contra a violência? 7. Onde ficamos, quando uma população

inteira sai às ruas para festejar uma vitória no esporte, ou para chorar seus mortos, ou ainda para protestar contra o fechamento de uma fábrica com 2 mil desempregados? 8. Nossos sacerdotes têm o direito de nos aconselhar que fiquemos orando nas Igrejas e não nos envolvamos? 9. Guiados pelos textos acima assinalados devem ou não nos motivar a participar com todo o povo na luta democrática e sem violência por mudanças no país e no mundo? 10. Católico deve ter e dar a sua opinião contra a guerra, contra os traficantes, contra os mafiosos, contra governos opressores, contra país que invade o outro, contra indústrias que poluem nossos rios, contra agrotóxicos, contra aborto, contra a eutanásia, contra a clonagem de pessoas, ou vamos fugir desses assuntos com argumento de que somos pessoas de paz e não nos envolvemos nessas questões?

Católicos contra a guerra

As últimas guerras mataram milhões de pessoas. Sabemos quantas pessoas morreram e foram estraçalhadas, algumas enquanto dormiam ou cuidavam de doentes, em Nagasaki, Hiroshima, Camboja, Vietnã, Zaire, África do Sul, Angola, Iêmen, Eritreia, Irã, Iraque, Rússia, Afeganistão, Panamá, Kosovo?

A quem interessavam aquelas guerras? Quem fabricou e vendeu aquelas armas? Quem decretou aquela violência? Quantos inocentes morreram? O que a ONU fez? Que países não respeitaram a ONU? Quem ocupou que país? Não sabemos nem queremos saber? Se não nos preocupamos com a paz no mundo, como faremos a paz aqui? Se não nos preocupamos com a justiça aqui e não nos indignamos contra quem ateia fogo num índio que dorme num ponto de ônibus, com que direito podemos nos proclamar pessoas de paz e seguidores do Cristo?

O que disse a Igreja?

Leiamos os textos dos documentos sociais da Igreja. A Igreja nasceu preocupada com o direito de pregar e erguer templos. Mas também nasceu preocupada com a fome do povo e com o direito dos sindicatos de protestarem. Leia em Atos dos Apóstolos o episódio do sindicato dos ourives e a atitude de Paulo. Ele, Paulo, quis ir lá dialogar com os sindicalistas irados (cf. At 19,18-41). Em algum lugar da história alguns pregadores resolveram que a preocupação com o social não era tarefa deles. Mas, se querem continuar católicos, é!

Teologia da Prosperidade é, hoje, um enfoque polêmico. Um dos seus maiores defensores no Brasil, o bispo Edir Macedo, fundador da Igreja Universal do Reino de Deus, culpa a Igreja Católica de impregnar as cabeças das pessoas que riqueza é coisa do mal e que pobreza é um bem. Nossa resposta de católicos é serena. Se eles sabem do que falam, nós também. Não estamos sozinhos nessa doutrina. A maioria das Igrejas pensa como nós e não como as novas Igrejas, que acentuam o toma lá dá cá... Para nós, pobreza e riqueza podem ser um bem ou um mal. Independe de dinheiro, conforto ou sucesso financeiro. Depende da justiça. Há riqueza e há pobreza injusta. Dizer que Deus nos quer pobres ou ricos é ousadia. Ele nos quer justos e solidários. Se a Teologia da Solidariedade não leva necessariamente à prosperidade, também é verdade que nem sempre a Teologia da Prosperidade conduz à Teologia da Solidariedade. Acaba em barganha: "Dê que Deus dá! Se você não der, não reclame se Deus não dá!". O slogan parece bonito, mas é extremamente materialista. É injusto para com Deus!

77. Discípulos e missionários

> Os verbos são claros: *Vinde e vede* (Jo 1,39); *Ide* primeiro às ovelhas perdidas (Mt 10,6); *Ide* anunciar aos meus irmãos (Mt 28,10); *Ide* a todos (Mt 28,19) e *anunciai e batizai* (Mt 28,19); *Vinde,* ó benditos de meu Pai, e *recebei o prêmio* que vos foi reservado (Mt 15,34). Mas, antes, será preciso *ir ao encontro dos outros* e fazê-los mais felizes (cf. Mt 25,31-46).

Nos ouvidos de todo o cristão, mormente do católico, precisa ressoar o tempo todo a advertência de Cristo:

> E, respondendo o Rei, lhes dirá: "Em verdade vos digo que quando o fizestes a um destes meus pequeninos irmãos, a mim o fizestes" (Mt 25,40).

No dizer implícito do *Documento de Aparecida,* somos discípulos e aprendizes, e o seremos sempre. Mas somos chamados ao mesmo tempo a ser missionários e a ensinar o que já sabemos, desde que nos preparemos para fazê-lo bem.

Não vale a boa intenção, não faz sentido dar o microfone a qualquer um para que ele pregue de qualquer jeito. Infelizmente, pelo conteúdo de alguma pregações no rádio e na televisão, isso tem acontecido. É grande o número de pregadores da fé católica que ainda não leram os principais documentos nem o *CIC – Catecismo da Igreja Católica.* Confrontados num teste de conhecimento da doutrina católica, mais da metade não seria capaz de lembrar nem cinco dos trinta documentos básicos do Catolicismo nos últimos anos, desde o Vaticano II, a partir de 1965.

Palavra é para ser ouvida, pensada, aprofundada, vivida, e só depois anunciada. Ouvir sem pensar e anunciar sem pensar é missão de alto risco. Não vai dar certo! São Tiago convida os fiéis do seu tempo a serem *fazedores da palavra e a não se comportarem como quem olha superficialmente no espelho e não se lembra mais do que viu* (cf. Tg 1,22-23). Não prestou atenção. A fé é um ato de prestar atenção em Deus, na sua obra e no que acontece ao nosso redor.

Aquele que ouve a Palavra, mas não se aprofunda nela, faz como o sujeito que vai ao mar e apenas molha o tornozelo. Contenta-se com os respingos. Ou age como o indivíduo que vai pescar, mas não joga as redes nem o anzol, na ilusão de que algum peixe grande pulará no seu barco.

A Palavra que ouvimos tem que ser trabalhada!

Contínua conversão

Talvez tenha escapado a muitos o fato de que João Batista, Jesus e Pedro tenham começado suas pregações com a proposta de conversão. João dizia: **O reino está chegando, convertam-se e façam penitência** (cf. Mt 3,2). Seu Batismo era de penitência. Jesus se deixa batizar por João e retoma a pregação do profeta, assim que João vai preso.

Diz o quê? **Convertam-se. O reino está entre vocês. Façam penitência!** (cf. Mt 4,17). E manda os discípulos batizarem o povo. Eles batizaram mais gente do que João, o Batista (batizador), e até mais do que o próprio Jesus, que, segundo o Evangelho de João, pessoalmente não batizava ninguém; mandava batizar (cf. Jo 4,1-2). Pedro retoma a mesma pregação: **convertam-se e façam penitência** (At 2,38; 3,19). Batizou cerca de três mil já na primeira pregação e cinco mil na segunda.

Renascimentos

Aprendizes de Jesus, os discípulos ligavam os três valores: **conversão, vida de penitência, renascimento para Deus.** Propunham pureza de sentimentos, vida pura e voltada para Deus e para o próximo. João, que foi chamado de Batista, batizador, foi também um aplainador de caminhos, alguém cuja missão era tornar os caminhos viáveis, encurtar distâncias, abrir espaço para o Reino de Deus que Jesus traria. O Batista deixava claro que quem não produzisse frutos de conversão se daria mal. Chegou a dizer que quem viria depois dele viria com machado e instrumentos de limpeza do terreno (cf. Mt 3,10). *O Cristo viria queimar nossas excrescências e limpar a nossa sujeira e o nosso esterco. Teria pá e ancinho na mão. Viria com fogo. Seu Batismo seria de limpeza total.* A linguagem era radical.

A Igreja Católica no Brasil, na esteira do V Celam, que nos brindou com o *Documento de Aparecida* em 2007, optou por lembrar aos católicos brasileiros que *precisamos retomar nossa vocação de discípulos e missionários.* Anos antes lembrara, na Campanha da Fraternidade, a necessidade de agirmos como discípulos e batizados.

Sirva-nos o exemplo do convertido Paulo, que se declara discípulo formado aos pés do mestre Gamaliel (cf. At 22,3) e estudioso da Palavra muito antes de sua conversão. A graça não foi em vão nele, porque Paulo tinha substrato. O convite não caiu no vazio. Encontrou um homem sequioso de saber mais e zeloso a ponto de perseguir quem, segundo ele, andava deturpando a verdade...

Consciência de pecado

Há muitos fiéis – e talvez nós façamos parte deles – que não aceitam mudar, não querem ouvir falar de conversão, ou acham que não precisam dela. Sentem-se suficientemente batizados e preferem mais pregar do que ouvir a Palavra.

Paulo critica os que não querem a verdade e sim pregadores simpáticos, interessantes e encantadores (2Tm 4,1-5). Desligam-se dos outros, mesmo se forem da sua Igreja... Querem apenas cinco ou seis pregadores da sua linha.

Por que ouvir o outro, se já acharam a fórmula? Não têm nada que aprender no outro grupo, nem nada que mudar! Que os outros mudem e venham com eles! Batismo e conversão é para os outros. Eles já se converteram!

Mãe e mestra

A Igreja não se impressiona com essa conversa. Convoca todos os fiéis a se converterem, a pregarem e ouvirem sobre seu Batismo. Somos chamados a falar do Batismo dos outros, mas, primeiro, precisamos examinar o nosso.

Temos presente o tempo todo diante de nós a responsabilidade do Batismo? Ou ele vale só durante a missa, nas horas do show, da mão no peito e dos olhos fechados, dos aplausos e das lágrimas, no clima de festa e de multidão? Num mundo que exige mudanças e gente comprometida, que frutos de justiça e de paz temos demonstrado? Como se sentem os pobres perto de nós?... Tiago diz que não basta apenas abençoá-los e orar por eles... (cf. Tg 2,2-6).

Adorar a Deus é maravilhoso, mas sem ajudar os outros não dá certo! Lavar-nos-ão aquelas gotas de águas eternas que um dia alguém derramou três vezes sobre a nossa testa? Ou foi bonito, mas não pegou?...

DE VOLTA ao catolicismo

NOVAS COMUNIDADES

Ignorar a existência e os frutos das assim chamadas novas comunidades é miopia. Elas existem, agem, crescem, envolvem principalmente os jovens e revelam um novo jeito de ser Igreja. De certa forma relembram os começos do movimento franciscano que sacudiu a Europa no século XIII. Significativamente, muitos grupos, ainda que não sendo franciscanos, se vestem como naqueles dias. Há mensagem na roupagem? Qual? Devemos ler do nosso jeito ou eles nos explicarão por que se vestem como há oito séculos? O que desejam restaurar? E os que se trajam como os cavaleiros da Idade Média? O que desejam nos dizer? Podemos fazer nossa leitura ou virão a campo para explicar aqueles trajes e aquelas botas?

Para onde vão? O que será deles? O que será de nós? Estão cheios de promessas e valores. Mas quem os convencer a estudar mais Teologia, Sociologia e Filosofia terá ajudado grandemente a Igreja. A meu ver, faltam livros para estas cabeças maravilhosas. Oram muito, servem a muitos pobres, mas estudam muito pouco. Isso mudará! Um mundo como o nosso não dá certo sem diálogo. E quem deseja dialogar vai ter que estudar. São jovens. Descobrirão isso mais depressa do que imaginam...

78. Renovados e restaurados

> É missão de um católico. Canalizar, direcionar, reparar e restaurar, renovar a sociedade em que vive. O que é bom seja mantido e, se preciso, aperfeiçoado. O que trincou, ruiu, quebrou-se, espatifou-se, perdeu as cores, seja reparado e restaurado.

O que causa dano, mas tem força e vida, como é o caso dos pequenos rios que transbordam com frequência, seja canalizado, suas margens sejam contidas, seu leito, aprofundado, haja lagos e piscinões para conter e purificar suas águas.

É nossa missão aprofundar os leitos dos rios que inundam as cidades, aprofundar os relacionamentos, ensinar caminhos, ajudar a criá-los, mostrar novos enfoques, aprofundar culturas, semear sabedoria, libertar as pessoas da mesmice, do vazio, da superficialidade.

Inquietem-nos os verbos conviver, orar, ouvir, cuidar, anunciar, aprofundar, unir, aproximar. E haverá outros verbos igualmente libertadores. Não será Catolicismo sereno a fé que não rimar os verbos *amar e orar* com os verbos *cuidar e ajudar*. Que as mãos dos católicos que batem palmas, aplaudem e se elevam também procurem levar o pão, a pomada, a cesta básica, a roupa, a ajuda oportuna.

O Senhor nos dê um coração cheio de pedagogia que faça nossas mãos se elevarem na hora certa e do jeito certo, e depois segurarem um livro, um pedaço de pão, um prato, um par de sapatos, um paletó... E que os pés nos levem ao irmão que mais precisa.

Estas coisas são bonitas de se dizer em poema, mas muito difíceis de se fazer o tempo todo. Que nossa caridade seja eficaz, mesmo que não seja poética. Que nosso amor ao próximo não seja coisa de um dia ou de uma quinzena. Que tenhamos o difícil mas santo hábito de ir ao encontro de quem precisa, ou de acolher quem quer de nós um minuto de atenção.

Quem faz isso algumas vezes está a caminho. Quem raramente dá um pouco de si ou dos seus bens está em retrocesso. Quem faz isso todos os dias e até procura os sofredores está mais perto do projeto do Reino. Há sinais de santidade naquele coração.

79. Palavra final

Karl Rahner, Hans Küng, Hans Ur von Balthasar, Karl Barth, Clodovis Boff, Leonardo Boff, Martin Bubber, E. Schillebeeckx, John Sobrino, Thomas Merton, Jürgen Moltmann, Carlos Mesters, Romano Guardini, Rudolf Bultmann são alguns das centenas de autores de quem você talvez tenha ouvido falar, mas de quem nunca tenha lido um livro.

Bispos como Paulo Arns, Helder Câmara, Luciano Mendes, Pedro Casaldáliga, Aloísio Lorscheider, Ivo Lorscheiter, e outros nomes como Padre Josimo, Padre Penido Burnier, Irmã Dorothy, Índio Simão, nem sempre são conhecidos por milhares de piedosos jovens católicos. No seu grupo houve pouca informação sobre estas figuras do Catolicismo. Se quem formou vocês para a fé não lhes deu a conhecer estas vidas, procure você. Passe por uma livraria mais especializada e pergunte sobre suas obras e suas biografias. Entenderá por que a Igreja é católica. Nela cabem gente como eles e gente como você e seu grupo. Se pretende viver nesta Igreja, continue seus estudos. Descobrirá maravilhas.

José Fernandes de Oliveira,

Pe. Zezinho, scj

Bibliografia

ALMEIDA, Padre João Carlos de, scj. *Teologia da Solidariedade*: uma abordagem da obra de Gustavo Gutiérrez. São Paulo: Loyola, 2005.

ARIÈS, P.; DUBY, G. *História da vida privada*. São Paulo: Companhia das Letras, 1989.

ARMSTRONG, Karen: *Uma história de Deus*: quatro milênios de busca do Judaísmo, Cristianismo e Islamismo. São Paulo: Companhia das Letras, 1999.

_____. *Em nome de Deus*. O fundamentalismo no Judaísmo, no Cristianismo e no Islamismo. São Paulo. Companhia das Letras, 2001.

BERARDINO, Antonio Di (org.) *Dicionário patrístico e de antiguidades cristãs*. São Paulo: Paulus, Petrópolis: Vozes, 2002.

BLANK, Reinold J. *Deus na História*: centros temáticos da revelação. São Paulo: Paulinas, 2005.

BOFF, Clodovis. *Mariologia social*. São Paulo: Paulus, 2006.

BONHOEFFER, Dietrich. *Resistência e submissão*: cartas e anotações escritas na prisão. São Leopoldo: Sinodal, 2003.

BORTOLINI, José. *Tire suas dúvidas sobre a Bíblia*. São Paulo: Paulus, 1997.

BRIGHENTI, Agenor. *A Igreja perplexa*: a novas perguntas, novas respostas. São Paulo: Paulinas, 2009.

CAMPBELL, J. *O herói de mil faces*. São Paulo: Cultrix/Pensamento, 2005.

_____; MOYERS, B. *O poder do mito*. São Paulo: Palas Athena, 2003.

CASTELLANO, Jesus. *Liturgia e vida espiritual*. São Paulo: Paulinas, 2008.

CATECISMO DA IGREJA CATÓLICA. São Paulo: Paulinas/Paulus/Loyola/Vozes/Ave-Maria, 1997.

CELAM. *Documento de Aparecida*. São Paulo: Paulus/Paulinas, 2007.

COLLINS, Francis. *A linguagem de Deus*: um cientista apresenta evidências de que Ele existe. São Paulo: Gente, 2007.

COLLINS, M.; PRICE, M. *História do Cristianismo*: 2000 anos de fé. São Paulo: Loyola, 2000.

CONCÍLIO VATICANO II. *Lumen Gentium*: constituição dogmática sobre a Igreja. In: *Mensagens, discursos, documentos*. São Paulo: Paulinas, 1998.

_____. *Ad Gentes*: decreto sobre a atividade missionária da Igreja. In: *Mensagens, discursos, documentos*. São Paulo: Paulinas, 1998.

_____. *Gaudium et Spes*: constituição pastoral sobre a Igreja no mundo de hoje. In: *Mensagens, discursos, documentos*. São Paulo: Paulinas, 1998.

602 Pe. Zezinho, scj

CONGAR, Yves. *Creio no Espírito Santo*. São Paulo: Paulinas, 2005. 3 vols.

CROSSAN, J. D. *O nascimento do Cristianismo*. São Paulo: Paulinas, 2004.

_____; REED, J. L. *Em busca de Jesus*. São Paulo: Paulinas, 2008.

DENNETT, Daniel C. *Quebrando o encanto*: a religião como fenômeno natural. São Paulo: Globo, 2006.

DENZINGER, Heinrich. *Compêndio dos símbolos, definições e declarações de fé e moral*. São Paulo: Paulinas/Loyola, 2007.

DRUYAN, Ann. Prefácio. In: SAGAN, Carl. *Variedades da experiência científica*: uma visão pessoal da busca por Deus. São Paulo: Companhia das Letras, 2008.

ELIADE, Mircea. *Tratado de História das Religiões*. São Paulo: Martins Fontes, 1998.

ERHMAN, Bart D. *O que Jesus disse? O que Jesus não disse?* Rio de Janeiro: Prestígio Editorial, 2005.

FREUND, Philip. *Mitos da criação*. São Paulo: Cultrix, 2003.

GONZÁLEZ, Justo. *Dicionário ilustrado dos intérpretes da fé*. São Paulo: Hagnos, 2005.

Haight, Roger. *Dinâmica da Teologia*. São Paulo: Paulinas, 2004.

_____. *Jesus, símbolo de Deus*. São Paulo: Paulinas, 2003.

_____. *O futuro da Cristologia*. São Paulo: Paulinas, 2008.

HÄRING, Bernard. *Livres e fiéis em Cristo*. São Paulo: Paulinas, 1979.

HESÍODO. *Os trabalhos e os dias*. Tradução: Mary de Camargo Neves Lafer. São Paulo: Iluminuras, 1997.

JOÃO PAULO II. *Encíclicas*. São Paulo: LTr, 2003.

JOHNSON, P. *História do Cristianismo*. Rio de Janeiro: Imago, 2001.

JUNG, Carl. *O homem e seus símbolos*. Rio de Janeiro: Nova Fronteira, 2002.

KANT, Immanuel. *Crítica da razão pura*. São Paulo: Nova Cultural, 2000.

KÜNG, Hans. *Por que ainda ser cristão hoje?* Campinas: Verus, 2004.

LARGO, Michael. *Assim morreram os ricos e famosos*. São Paulo: Larousse do Brasil, 2008.

LUTERO, Martinho. *Do cativeiro babilônico da Igreja*. São Paulo: Martin Claret, 2006.

MELTZER, M. *História ilustrada da escravidão*. Rio de Janeiro: Ediouro, 2003.

MERTON, Thomas. *Novas sementes de contemplação*. Rio de Janeiro: Fisus, 1961.

MESSADIÉ, Gerald. *História geral de Deus*. Portugal: Publicações Europa-América, 1997.

MISCHE, Patricia; MERKLING, Melissa. *Desafio para uma civilização global*. Lisboa: Ciência e Razão, 2001.

DE VOLTA ao catolicismo 603

MORINI, Enrico. *Os ortodoxos*. São Paulo: Paulinas, 2005.

NEVES, Joaquim Carreira. *As novas seitas cristãs e a Bíblia*. Lisboa: Universidade Católica, 1998.

NOVO SÉCULO. *Apócrifos e pseudoepígrafos da Bíblia*. São Paulo: Novo Século, 2004.

PONTIFÍCIO CONSELHO PARA A FAMÍLIA. *Enchiridion de la famiglia*. Bologna: Centro Editoriale Dehoniano, 2000.

_____. *Lexicon, termos ambíguos e discutidos sobre família, vida e questões éticas*. São Paulo: Escolas Profissionais Salesianas, 2007.

_____. *Compêndio da Doutrina Social da Igreja*. São Paulo: Paulinas, 2005.

RATZINGER, Joseph (Papa Bento XVI). *Dio e il mondo*: in colloquio com Peter Seewald. Milão: San Paolo, 2001.

SAGAN, Carl. *Bilhões e bilhões*: reflexão sobre vida e morte na virada do milênio. São Paulo: Companhia de Bolso, 2008.

_____. *Cosmos*. Rio de Janeiro: Livraria Francisco Alves, 1983.

_____. *O ponto azul claro*. Lisboa: Gradiva, 1994.

_____. *Variedades da experiência científica*: uma visão pessoal da busca por Deus. São Paulo: Companhia das Letras, 2008.

SCHILLEBEECKX, Edward. *Jesus, a história de um vivente*. São Paulo: Paulus, 2008.

SOBRINO, Jon. *Fora dos pobres não há salvação*. São Paulo: Paulinas, 2008.

TOFLER, Alvin. *O choque do futuro*. Rio de Janeiro: Record, 2001.

VALERIU, Grigore Avram. *A verdadeira história da Igreja Universal*. Aracaju: Sercore, 2008.

VERMES, Geza. *Quem é quem na época de Jesus*. São Paulo: Record, 2008.

VIDAL, Marciano. *Ética teológica*: conceitos fundamentais. Petrópolis: Vozes, 1999.

_____. *Nova moral fundamental*: o lar teológico da ética. São Paulo: Paulinas, 2003.

VV.AA. *Teologia para outro mundo possível*. São Paulo: Paulinas, 2006.

Sumário

PARTE I
Atos e atitudes

1. Fatos e atitudes 11
2. Questão de felicidade 17
3. Questão de rumo 23
4. Questão de ouvidos.. 37
5. Uma lente para cada crente 41
6. Um outro mapa-múndi 45
7. Monóculos e lupas... 55
8. Questão de ver mais longe 67
9. Ex-católicos 75
10. Convite à infidelidade 81
11. Questão de coerência 85
12. Crer para entender... 91
13. Nossos pais nos contaram.............................. 103
14. Entre a descoberta e a revelação.................... 105
15. Perceber o invisível.. 111
16. O invisível se revela....................................... 127
17. Deus é uno e trino 133
18. O Filho 141
19. Um Filho nos foi dado.................................... 147
20. Do Espírito e ao Espírito................................ 159
21. Falar do Espírito Santo 169
22. Deus falou? O quê? A quem?......................... 195

23. Deus ainda fala? 203

24. Deslumbrados com o céu 211

25. Porta-vozes do Deus da vida 215

26. Porta-vozes do Filho 217

27. O começo e o fim de tudo 219

28. A criação não terminou 233

29. Recapitulando a Criação 239

30. Irmã ciência e irmã fé 243

31. A ciência humilde 251

32. A religião humilde 263

33. Guardiões do planeta 265

34. A mesa do diálogo 273

35. A mesa da fraternidade 279

36. Deus naquela mesa 289

37. Fome de justiça 295

38. Fome de comunhão 299

39. Fome de possuir 301

40. Fome de ver milagres 305

41. Fome de certeza 309

42. Dois a dois de porta em porta 317

43. Novos templos e novos profetas 327

44. Vida depois da morte 331

45. Sem medo do que virá 337

46. Nascer e morrer católico 345

PARTE II
Uns e outros em Cristo

47. Insatisfeitos como sempre 355

48. Humanos demais 361

49. Eu de menos e eu demais 371

50. Nascido semelhante 381

51. Nem deuses, nem semideuses 389

52. Católicos e guardiões da vida 395

53. Ai daquele que matar! 401

54. Os católicos e suas culpas 407

55. Santos e pecadores 411

56. Mais com Deus e mais de Deus 415

57. Separados em nome do aproximador 419

58. Graça depositada 425

59. Graça armazenada 435

60. Graça que nos capacita 443

61. Manchados pelo pecado 449

62. Marcados pelo perdão 457

63. Vencedores em Cristo 461

64. Entre o poder e o pedir 475

65. Entre o crer e o sentir 483

66. Entre o puro e o impuro 487

67. Amor que vem do céu 499

68. Jesus fez muitos santos 509

69. Santa Mãe Maria 513

70. Fósforos, facas e imagens 531

71. Pela Igreja e com a Igreja 541

72. Contestados e provocados...559

73. Irmãos que se acham mais.......................................565

74. Fraternos e ecumênicos...571

75. O caminho do outro..581

76. Católicos pró-social..587

77. Discípulos e missionários..591

78. Renovados e restaurados...597

79. Palavra final...599

Bibliografia..601